Debating Moral Education:
Rethinking the Role of the Modern University

反思当代大学的德育使命

［美］伊丽莎白·基斯　J.彼得·尤本◎主编

孙纪瑶　段妍◎译

人民出版社

Debating Moral Education：Rethinking the Role of the Modern University
Edited by Elizabeth Kiss, J. Peter Euben

ISBN：978-0-8223-4616-6

总　序

一

问题是时代的注脚，时代是问题的集结，理论则是在思想中把握到的时代。理论对时代问题的把握与破解，折射着人类理论思维发展的高度，也推动着人类实践探索的前进和深化。马克思说："问题就是时代的口号，是它表现自己精神状态的最实际的呼声"，"一切划时代的体系的真正的内容都是由于产生这些体系的那个时期的需要而形成起来的"。

当今时代是个全球化的时代。伴随全球化的飞速发展，国与国之间的相互依存日益紧密，不同思想文化间相互激荡、彼此碰撞，中外经济文化交流不断向纵深发展。在此情况下，我们所面临的"中国问题"越发具有时代性和世界性，反过来世界经济文化发展大环境、大趋势也越来越深刻地影响着"中国进程"。中国与世界越来越成为你中有我、我中有你的"命运共同体"。正因如此，十八大以来习近平总书记从人类和谐共处、存续发展的高度先后六十多次论及"命运共同体"问题，充分展现出中国共产党人面向未来的长远眼光、博大胸襟和历史担当。

对于当代中国马克思主义理论工作者来说，我们应该深刻领会、努力学习习近平总书记直面时代问题、关切人类命运的情怀和视野，自觉从当代中国实际与全球化的时代背景出发，运用马克思主义立场、观点和方法，凝练揭示出复杂现象背后的重大时代性命题，并以理论的方式回应和破解这些命题，从而对外向世界传播"中国声音"，对内服务中国特色社会主义建设。这是当代中国马克思主义理论工作者最为根本的社会责任和最为深层的理论自觉。

思想政治教育作为马克思主义理论研究和实践传播的重要力量，也要顺应时代发展，推进自我创新。应该看到，全球化时代的到来，使思想政治教育的外部环境已经由间接点位式面向世界转变为直接全方位面向世界。更加开放的外部环境给思想政治教育提供了广阔的世界舞台，也使之面临着多元文化交融交锋交汇的严峻挑战。如何既利用好世界舞台以广泛吸收借鉴不同国家思想政治教育的经验教训，又确保我国思想政治教育建设发展的正确方向，是全球化时代思想政治教育面临的重要课题。

"文明因交流而多彩，文明因互鉴而丰富。"破解全球化时代思想政治教育问题，既要立足中国，也要面向世界，努力在中外文化的交流互鉴中打造兼具中国风格与时代特征的思想政治教育理论和实践体系，从而为建设社会主义文化强国作出新的更大贡献。为此要坚持"以我为主、学习借鉴、交流对话"。"以我为主"就是要坚持中国立场、聚焦中国问题、彰显中国价值，确保思想政治教育能够始终担负起"围绕中心、服务大局"的基本职责。"学习借鉴"就是要树立自信开放的世界眼光，按照习近平总书记关于"中国要永远做一个学习大国，不论发展到什么水平都虚心向世界各国人民学习"的要求，学习借鉴各国人民创造的优秀文明成果，特别是国外道德教育、公民教育、爱国主义教育等相关教育形式的有益经验和做法，从而了解世界、壮大自己，始终掌握中外文化交流的主动权。"对话交流"就是要以更加开放包容的姿态，积极推动中华文化走出去，加强与世界一切优秀文明成果的交流互动。总之，全球化时代的思想政治教育要在坚持社会主义意识形态立场的基础上，树立国际视野，加强对外交流，立足对中国发展的深刻把握、对时代主题的深刻理解和对马克思主义的坚守，在穿透不同文化异质中捕捉时代精神、发现价值活力，为我国思想政治教育理论研究和实践创新提供有益借鉴。这就是新时期加强比较思想政治教育的本质意涵与根源所在。

二

做好全球化时代思想政治教育工作需要加强比较思想政治教育研究，促进思想政治教育学科发展也需要加强比较思想政治教育研究。新时期思想政治教育学科发展是创新发展、科学发展与内涵发展的有机统一。其中，创新发展是动力，科学发展是原则，内涵发展是抓手，三者相互联系，共同构成新时期思想政治教育学科发展的总趋势和总要求。

"创新是引领发展的第一动力。"思想政治教育学科发展离不开对党的思想政治教育优良传统和成功经验的总结继承，也离不开结合新的时代背景与实践条件的积极创新。推动思想政治教育学科创新发展，关键在于充分调动学科内部各要素的发展潜能，通过强化学科管理、整合学科力量、优化学科体系，不断增强学科建设服务实践工作的能力和水平。与此同时，也要立足开放多元的时代背景，进一步拓宽学科视野，将学科建设放置在中外文化交流对话的历史进程和实践活动之中，不断加强比较思想政治教育，通过与国外相关教育形式的切磋比较，找准自身定位，汲取发展经验，增强思想政治教育的时代性和有效性。

科学发展的核心是全面协调可持续。然而，一门学科在建设初期由于建设任务比较繁重，往往不能平均使力，只能有所侧重，以局部突破带动整体发展。思想政治教育学科也是如此。学科初创之时我们在基础理论研究上建立了思想政治教育学原理、思想政治教育方法论、思想政治教育史与比较思想政治教育等四个主干学科领域。其中，原理、方法论、史论的建设投入力度较大、产出成果较多、发展速度较快，形成了较为完整的原理体系、方法论体系和史论体系，但比较研究相对滞后，致使其成为学科体系中较为薄弱的板块。立足全球化时代思想政治教育"面向世界、面向未来、面向现代化"的客观需要，推动学科科学发展，应该在进一步深化原理、方法和史论研究的同时，加强比较思想政治教育研究，努力形成学科建设合力，推动学科建设整体跃进、协调发展。此外，加强比较思想政治教育，也有助于增强原理研究对不同国家思想政治教育现象的解释力，提升历史研究的恢宏感，推动方法研究从局部实践经验的归纳上升为具有广泛意义的方法论指导。

经过三十多年的建设，思想政治教育学科正在从注重规模扩张的外延发展转向注重质量提升的内涵发展。破解这一问题，不仅需要研究思想政治教育的中国特色和中国经验，还要将之放在各国历史文化背景下，把握其存在发展的具体样态、历史成因和文化品格。这就需要在更为广阔的世界视野中，通过方法互动、资源汇通，透视不同国家思想政治教育现象的理论品质与实践策略的异同，从而更好地把握思想政治教育的本质和规律。

总之，顺应新时期思想政治教育学科发展趋势，促进学科建设的创新发展、科学发展与内涵发展，需要加强比较思想政治教育。

三

我国比较思想政治教育研究兴起于 20 世纪 80 年代中后期。"比较思想政治教育"名称的正式出现，是在 1988 年 6 月在广州召开的思想政治教育专业会议上。从学术研究角度第一次提出思想政治教育比较研究，并把其正式列入教材编写计划之中，是 1995 年 10 月在北京召开的开展思想政治教育比较研究会议。此次会议以课程建设为主题，讨论编写被誉为国内第一本比较思想政治教育学教材《比较思想政治教育学》（苏崇德，1995）。后来又陆续出版了多本教材，并开始设置"比较思想政治教育"方向，招收硕、博研究生。与此同时，人们用"名实之辩"解决了国外是否存在思想政治教育的问题，用"实践论"解决了不同政治制度下思想政治教育的可比性问题，使比较思想政治教育获得了广泛认可，具有了学术上的"合法性"（陈立思，2010）。

面向未来，比较思想政治教育还面临着夯实理论基础、创新研究范式、整合研究力量等任务。但一个前提性、基础性的工作就是加强学术资源的开发，特别是要拥有域外思想政治教育相关理论和实践的第一手资料。这就需要开展深入细致的文献翻译工作。然而，目前围绕国外思想政治教育（德育）理论及实践，学界虽不乏翻译力作，但成规模的译丛还不多见，还难以满足比较思想政治教育长足发展的需要。

正是从思想政治教育的时代背景和学科立场出发，我们精选国外思想政治教育相关领域较具权威性、代表性、前沿性的力作，推出了具有较高研究价值与应用价值的系列翻译作品——《思想政治教育前沿译丛》（以下简称"译丛"）。

译丛坚持"以我为主、学习借鉴、交流对话"，旨在丰富我国思想政治教育在国外译著、理论研究与实践探索等方面的学术资源，实现译著系列在学科定位、理论旨趣以及国别覆盖上的多重创新，为推动中外相关学术交流和对话提供支撑。

译丛力争选取与我国思想政治教育相关性较大、国际学术界反响较好的学术著作，既译介国外相关领域知名专家学者的扛鼎力作，也译介对这些代表人物的理论有见地、有深度的研究专著，以及对美国、日本、俄罗斯、加拿大等国相关教育形式有独特研究的代表性著作，以期为广大读者掌握国外相关领域的前沿动态提供方便。

译丛主要面向三大读者群：一是教育学、政治学、思想政治教育学等领域的理论工作者；二是教育主管部门决策者、中小学及高校一线教师、辅导员等教育工作者；三是思想政治教育、道德教育、比较教育等相关专业的本科生与研究生。

译丛在翻译过程中特别重视研判作者的价值取向和意识形态立场，努力按照国家要求和中国实际对所选书目及其内容进行甄别。但是由于作者所处国家及学术立场的限制，有些内容可能仍然并不适合于我国国情，需要读者在阅读时各取所需、为我所用，批判地吸收其中有益的成分。

杨晓慧

2015 年 5 月于东北师范大学思想政治教育研究中心

目　录

第三部分　高等教育中的政治与伦理

前　言

诺厄·皮卡斯（Noah Pickus）

　　本书缘起于杜克大学举办的一次学术会议中的一系列探讨，由此引发了本书作者与其同人之间的后续讨论。凯南伦理研究所（Kenan Institute for Ethics）围绕解决当下道德生活中的核心问题出版了系列丛书。丛书之一，主要关注国家地位与公民问题；丛书之二，强调当前人们在探讨"罪恶"问题时所涉及的核心内容；本书作为丛书之三，旨在明晰道德教育的概念以及大学德育的目的。

　　作为一部论文集，《反思当代大学的德育使命》（*Debating Moral Education*）一书被阿拉斯戴尔·麦金泰尔（Alasdair MacIntyre）称为"杜克大学不同院系之间一种值得称颂的情感——朋辈友谊的传统"，并拓展到拥有众多长期合作的伙伴与朋友的其他机构中。本书中倡导这种传统与友谊的两位作者分别是：凯南伦理研究所杰出教授彼得·尤本（Peter Euben），以及凯南伦理研究所创会理事、阿格尼斯·斯科特学院（Agnes Scott College）现任校长伊丽莎白·基斯（Elizabeth Kiss）。

　　《反思当代大学的德育使命》一书以尤本与基斯共同关注的"推进高校伦理与道德教育的教学和实践发展"为基础。同样值得一提的是，本书以开放而非封闭讨论的方式，针对"这项事业可能遭遇的风险与困难"，就各种观点之间的不同之处展开了探究。使不同学科领域的专家学者，包括支持者、怀疑论者以及"高等教育伦理复归"的批判者，展开了"对话"，以实现此项研究的双重目的。

X 因此，本书具有广泛的受众群体，其中包括：致力于当代大学道德教育复兴或正在受其困扰的教职人员；正在考虑是否需要创建道德中心或将道德推理纳入课程要求之中的教育管理者；努力探究学校制度、实践和规范等"隐性课程"（hidden curriculum）的学生事务管理者；关注高校在学生品格发展与公民培养中所发挥的作用的大部分社会成员；或许还有相当一部分是那些好奇步入大学后会收获什么的学生。

本书从会议论文到最终成稿的过程中，我在课堂教学中对许多章节进行了实践检验，并借鉴杜克大学的历史文件将其完善，其中包括：大学的创立契约与不断更新的教育宗旨、教职工意见、校长会议致辞、宗教领袖训诫、学生意见和学生事务管理中的理念与实践声明，以及校内外对改善课程与校园文化的评价和建议。

同样地，我发现本书可以让学生以全新的视角来对其学校的过去和宣称的未来作出评定，思考关于自主性的意义、品格的形成、自治的本质、社区的作用以及政治与教育的关系等问题。对于处于迷茫状态的大学生而言，这是一本极为重要的指南。但是，书中鲜有对学生的大学时光及其未来作为父母、职场人士和公民角色的探讨。

现代的大学生活经常被描述成为了学位而奋斗的过程，因而拒绝自觉地思考以上提及的问题。政治评论家戴维·布鲁克斯（David Brooks）认为，大学"并没有像一个世纪前成年人及成人院校所做的那样，竭尽全力地塑造学生品格"，而这一事实让他感到惋惜。他写道："大学的职责是为学生的发展提供所需的知识，或者至多是为其提供品格自我塑造的平台。"这恰恰是斯坦利·费希（Stanley Fish）对自己在本书中的贡献感到欣慰的地方，且他希望这能成为现实。本书作者之一朱莉·鲁本（Julie
XI Reuben）以历史学家的视角看待复杂的矛盾现象，即大学总是在促进学生道德发展的同时，又告诉他们学校并不想限制其选择的自由。

我让我的学生试图分析高校是否正朝着布鲁克斯所提出的高等教育模式发展，即更加宽容、精英化以及本质上缺乏特征的模式。如果真是这样，那么在此过程中我们得到了什么？又失去了什么？大学教育是否应该回归传统的品格教育模式，或者至少可以指导现有教育模式的改进？或者，是否有可能且值得去创建新模式，积极聚焦强化全校努力以保护环境、维护人类与社会的权利、促进宽容等道德主张？抑或是，应该坚决反对这些倡议，而为大学不努力塑造学生道德与公民生活辩护？

在回答这些问题的过程中，学生不得不与本书中的这些观点进行抗争，因为这些观点挑战了他们作出回应所依据的道德基础。例如，斯坦利·豪尔瓦斯（Stanley Hauerwas）认为，在现代多元化校园中，任何尝试塑造文化与品格的做法，均会因缺乏参与公共讨论的共享能力、缺少进行辩护的共同标准以及欠缺对过去的共识观点而注定失败。与之相反，唐·穆恩（Don Moon）认为我们可以通过识别"普遍恶"（common bads），并为学生提供知识与技能，使其能够参与到公共生活的对话交流中，从而为其共同生活创立更有利的条件。

借助这些讨论以及我所在研究机构指定阅读的材料，使我的学生以新的思想深度、不断增强的风险意识参与到关于现代大学道德教育问题的探讨中来。学生认为，这不是一系列抽象的命题，而是关乎其生活与未来的具有重要意义的问题。《反思当代大学的德育使命》一书促使学生积极思考"大学何用"以及"为何要成为其中一员"等核心问题。就像任何老师都会告诉你的那样，激发对这两个问题的深入分析与讨论，尤其是结合哲学、教育与历史背景进行分析和探讨，这本身就是真正的通识教育的核心所在。因此，在对本书进行实际考察后，本人郑重向大家推荐此书。

最后，我还想提及本书的另一位作者，已过世的威尔逊·凯里·麦克威廉斯（Wilson Carey McWilliams）。他是一位学者，也是一位老师，毕生致力于他所热爱的"兄弟会"与"共同体"。幸运的是，他的女儿苏珊·麦克威廉斯（Susan McWilliams）完成了他未竟的章节。他们的文章对基于"自利"和"多元主义"而提出的"伦理复归"进行了敏锐的质疑，并倡导教育者们"清晰有力地发出美国政治文化中的第二种声音——这种声音见证了人类并非生而自由，而是重社会性而轻个体性，强调责任而非自我保护，崇尚精神而非自利"。这种质疑与承诺的联合加剧了"现代大学中道德教育之未来"争论的复杂性与紧迫性。基于此，本书作者诚邀所有读者参与到这场争论中来。

第一部分

导论: 为何要进行伦理复归?
为何是现在?

第一章 关于道德教育争论的梳理

伊丽莎白·基斯（Elizabeth Kiss）

J. 彼得·尤本（J. Peter Euben）

过去的二十年见证了美国学术界向伦理学研究的一个实质性转变，或者更准确地说是"复归"。① 虽然这个转变尚未完成并且备受争议，但在最近建立的一百多个伦理研究中心及其研究项目中，② 在众多本科及专科院校创立的实践性和应用性伦理课程中，以及在对不同学科规范性问题日益增加的关注中，这种转变都显而易见。新的全国性组织的出现推动了高等教育中的伦理研究，其中包括道德教育协会（Association for Moral Education，创立于 1976 年）、实践和专业伦理学会（Association for Practical and Professional Ethics，创立于 1990 年）、校园联盟（Campus Compact，创立于 1985 年）以及学术诚信中心（Center for Academic Integrity，创立于 1992 年）。已经有大学把伦理研究作为其核心课程，这样的大学数量不多却在逐渐增加，并且这些学校普遍更加强调课程的伦理维度。

对道德教育的持续关注不仅局限于课堂，人们在促进学术诚信、尊

---

① 该短语引自近期出版的《伦理复归》一书的标题，该书由加伯（Garber）、哈森（Hassen）与克维奇（Walkowitz）合著，旨在探究人文科学与社会科学学科中出现的对于伦理问题的研究兴趣。

② 实践与职业伦理协会目前有 117 个伦理研究中心与伦理研究项目，其中大部分都创建于过去的十年。

重多样性及公民参与等方面所付出的努力已经超出课堂范围，并拓展到学生生活、校园政策以及学校与社区关系等领域。包括我们所隶属的杜克大学凯南伦理研究所在内的许多道德机构都在追求着一个宏大的大学使命，即在日常校园生活与机构职能和重心中，以课程为途径传递伦理关怀，并开展伦理对话。①

这种与日俱增的关注与推动它的教育愿景也并非无人质疑。例如，1997 年著名的政治学家约翰·米尔斯海默（John Mearsheimer）在芝加哥大学新生入学时发表了"教育的目标"年度演讲。②他主张大学教育的目标是使学生学会批判性思考、开阔理论视野，并促进自我认知。大学不应该"为学生提供道德引导"，他补充道："实际上，大学是一个'非道德机构'（amoral institution）。"大学不应该提供"任何探讨伦理或道德问题"的课程，更不应该将帮助学生"解决"生活中遇到的伦理问题当作使命。③

正如本书其他文章所表明的那样，米尔斯海默并不是唯一持有此观点的学者。许多持有不同政治立场、方法和理论观点的学者们，即使没有对伦理和道德话语持有敌视态度，也会表现出中立的立场。更为复杂的是，学者们通常用"伦理"与"道德"这两个词汇去代指不同的事物，并且在探讨"伦理和道德"、"道德和公民教育"以及"道德和政治"的关系时持有不同观点。例如，伯纳德·威廉姆斯（Bernard Williams）强调伦理与道德间存在着明显差异，"伦理"一词应当保持其在希腊语中更为广

---

① 参见 http：//kenan.ethics.duke.edu。卡耐基教学促进基金会与邓普顿基金会近期均发起重大项目，旨在鼓励高等院校多管齐下，推进其道德教育的发展。（参见 Anne Colby, et al., eds, *Educating Citizens：Preparing America's Undergraduates for Lives of Moral and Civic Responsibility*，San Francisco：Templeton Foundation，2003，以及 www/collegeandcharacter.org/guide。）

② "教育的目标"年度演讲系列起始于 1962 年的芝加哥，是仿效阿尔弗雷德·怀海德（Alfred Whitehead）于 1912 年在国际数学家大会上发表的"教育的目标"的主题演讲，该演讲内容在他随后出版的《教育的目标》一书中发表。

③ John J. Mearsheimer, "The Aims of Education", *Philosophy and Literature* 22, no.1 (1998), pp.137-155.

义的内涵，避免吸收现代的语义；而"道德"一词则有特殊的指向，尽管其内涵存在着根本性缺陷，但它与西方启蒙运动传统中强调义务的这种伦理思想紧密相关。① 而劳伦斯·辛曼（Lawrence Hinman）认为伦理是关于道德问题的系统反馈，约翰·卡普托（John Caputo）则对伦理和道德都持批判态度。② 本书中，帕琴·马克尔（Patchen Markell）、乔治·舒尔曼（George Shulman）和罗曼德·科尔斯（Romand Coles）都对道德和道德教育的说法所忽略掉的内涵表示质疑。马克尔认为道德（或许不同于伦理）是存在风险的，会将一个复杂问题简化为单一维度的法律规范、忠诚服从与正当处罚来看待，这同样会使政治和公民层面的问题弱化为个人道德问题。与之相似，舒尔曼强调道德的实践方式构成了权力的不同形式，科尔斯认为大学中的伦理教育构想与实践，掩盖了亟须解决的系统性不公平问题。至于对公民教育的看法，一些人认为它的目标是礼貌修养，另一些人在看待公民教育时吸收了政治上更为严密的公民共和主义（civic republicanism）的传统内涵。我们没有要求本书的撰稿人在上述词汇的使用上保持一致，因为这种不一致所揭示的潜在争论，恰是本书所着力探究的根本问题。

即便学界普遍推崇伦理教育，但是在伦理教育的内涵上仍然存在着强烈的分歧。例如，道德教育的目标或者说教育的目标就应该是使人变得更加富有德性吗？还是说伦理教育的目标是避免鲁斯·格兰特（Ruth Grant）（继承卢梭）口中的"良知"腐化变质吗？在充满邪恶的世界里，良知又有

① Bernard Williams, *Ethics and the Limits of Philosophy*, Cambridge：Harvard University Press，1985."伦理"一词最初的古希腊含义涵盖风俗、习惯以及日常行为，通过不同维度的准则区分人们的信仰与行为。

② Lawrence Hinman, *Ethics：A Pluralistic Approach to Moral Theory*, Fort Worth, Texas：Harcourt Brace，2004；John Caputo, *Against Ethics：Contribution to a Poetics of Obligation with Constant Reference to Deconstruction*, Bloomington：Indiana University Press，1993. 区分和评价"伦理"与"道德"的其他例子，参见 William Connolly, *The Ethos of Pluralization*, Minneapolis：University of Minnesota Press，1995，以及 Jane Bennett, and Michael Shapiro, *The Politics of Moralizing*, New York：Routledge，2002。

何意义呢？道德教育能帮助我们避免另一个奥斯维辛集中营（Auschwitz）、卢旺达（Rwanda）或达尔富尔（Darfur）的出现吗？拿美国来说，道德教育能预防或阻止学生粗鲁无礼、种族歧视与性别歧视的行为吗？

道德教育的倡导者在"道德教育者究竟该**做什么**"这一问题上也存在分歧。例如我们是否应该教导学生去批判性地阐释那些会引发伦理问题的文本？是否应该向学生介绍伦理思想的历史传统，教授他们如何进行道德推理、道德思考或价值判断，是否应该培养学生们的道德想象力，让他们能从不同视角看待世界，抑或应该将上述的某些方式进行结合？从服务学习（service-learning）到学生自治的荣誉制度（student-run honor system），实验的方法在伦理教学中究竟有着怎样的角色和地位呢？我们该如何将伦理学习和传统学习的目标相结合，使二者能够相互作用与影响？若真如亚里士多德所说，道德的养成需要习惯、品格与行为的相互作用，那么大学该如何为道德发展创造环境呢？

本书的核心目的是探究并参与到有关道德教育问题的讨论当中。我们想要探讨的实质性问题是道德教育究竟意味着什么，以及在当今的大学里名副其实的道德教育可能会是什么样子。为了实现这一目的，我们汇聚了来自不同学科与机构的学者和教师，他们在这些问题上持有鲜明而又迥异的观点。我们积极参与到"伦理复归"（return to ethics）的讨论中，并且尊重那些支持者的道德抱负，同时我们也邀请批评者和怀疑论者参与交流，并对一些问题展开争论。从这种意义上讲，我们想要就这一争论展开探讨：从现象与本质两个维度去解读伦理的复归（和扬弃），所以我们要厘清对伦理问题持续的关注何以会在这样的时间、这样的地点并以这样的形式呈现。

但是，在达成这些目标之前，我们需要深层次理解当代"伦理复归"的内涵。为此，我们对伦理的衰落进行了历史性的叙述，同时梳理了它与高等教育基本问题之间关系的观念变化。① 正是这种宏大的历史性叙述为当今的争论奠定了基础。然而在叙述的同时我们承认，对衰落的描述总是

———————————

① 对于此段历史的详细情况，参见本书朱莉·鲁本的论文。

存在些许偏差。

在美国的殖民时期和建国初期，教育者将通识教育与公民道德发展联系起来，这种传统能够追溯到亚里士多德和古希腊时期。① 对品格形成和公民身份的关注，与基督教和公民共和主义中责任、美德等概念密切相关，并在整个 19 世纪支配着美国高等教育的发展。伦理"为整个课程体系提供了总的原则"，最引人注目的是，在许多教育机构中高年级学生都要学习道德哲学这一顶石课程（capstone course），② 然而这门重点课程却在 20 世纪来临之际突然终止了。③

斯隆（Sloan）、朱莉·鲁本和爱德华·麦克莱伦（Edward McClellan）最近出版的作品分析了导致伦理问题在 20 世纪的学术界被边缘化的复杂性文化、思想和制度因素。④ 这些因素包括：学科体系和专业规范都聚焦于学术研究的研究型大学的出现；社会科学中"价值中立"理论的提出；学术生活世俗化的加剧；规范伦理学在分析哲学兴起过程中的迅速没落；逻辑实证主义、行为主义与后现代主义等不同学术运动引发的对伦理学地位与日俱增的质疑；职业学校及招收了大部分美国学生的州立大学和社区学院对职业技术培训的愈加重视；高等教育中消费主义文化的出现；学术

---

① Martha Nussbaum, *Cultivating Humanity*: *A Classical Defense of Reform in Liberal Education*, Cambridge: Harvard University Press, 1998.

② Sloan, "The Teaching of Ethics in the American Undergraduate Curriculum, 1987-1976", *Ethics Teaching in Higher Education*, edited by David Callahan and Sissela Bok, New York: Plenum Press, 1980, p.5. [顶石课程（capstone course），是为高年级学生开设的，旨在为学生提供一个整合、拓展、批判和应用在其学科领域和跨学科领域中所获得知识、技能的机会。——译者注]

③ 道格拉斯·斯隆用阿默斯特学院的案例生动地阐释了这种转变。在阿默斯特学院 1985 年的大学情况概览中，开篇就用很大篇幅描述了学院院长亲自为高年级学生讲授伦理课程。而在 1905 年，伦理课程只是大学二年级学生的众多门选修课程之一，由哲学系开设。对于此段历史的发展，参见本书朱莉·鲁本所著章节。

④ Julie A. Reuben, *The Making of the Modern University*: *Intellectual Transformation and the Marginalization of Morality*, Chicago: University of Chicago Press, 1996; B. Edward McClellan, *Moral Education in America*, New York: Teachers College Press, 1999.

和学生事务管理的重新分工致使教师只在课堂上和学生们交流，而将学生生活的其他方面都交由其他工作人员负责。①

　　当然，伦理衰落的现实情况远比描述出来的复杂。首先，不论是在过去还是现在，高等教育机构常常承载着诸多冲突性的目标，只要没有人坚持把这些目标进行折中调和，那么这些目标就总会受到不同派系的支持。其次，现代研究型大学的最初构想是使公民具备道德理想和专业知识来解决复杂社会中的各种问题，进而实现高等教育的道德使命和公民使命的"**复兴**"。新兴的社会科学本应该继承伦理学传统中的伦理使命，而不是用迎合当代社会的方法去实现这些使命。然而，由于研究者在狭义的学科界限中对价值中立的追求过于理想化，社会科学和研究型大学的这种愿景仅在几年时间中就几乎化为泡影。② 大屠杀和第二次世界大战这样的灾难性事件确实催生了一些具有影响力的规范性学术研究成果，例如汉娜·阿伦特（Hannah Arendt）对邪恶的分析，赫伯特·马尔库塞（Herbert Marcuse）、马克斯·霍克海默（Max Horkheimer）和西奥多·阿多诺（Theodor Adorno）③ 的批判理论，以及斯坦利·米尔格拉姆（Stanley Milgram）备受争议的服从实验④。但是总的来说，关于伦理的研究与教学

---

① Patricia King，"Why Are College Administrators Reluctant to Teach Ethics?" *Synthesis* 10, no. 4（1999）；Julie A. Reuben，*The Making of the Modern University：Intellectual Transformation and the Marginalization of Morality*，Chicago：University of Chicago Press，1996.

② Pierre Bourdieu，*Homo Academicus*，Translated by Peter Collier，Stanford，Calif.：Stanford University Press，1988；Dorothy Ross，*The Origins of American Social Science*，New York：Cambridge University Press，1991；Douglas Sloan，"The Teaching of Ethics in the American Undergraduate Curriculum，1987-1976"，*Ethics Teaching in Higher Education*，edited by David Callahan and Sissela Bok，New York：Plenum Press，1980.

③ 针对"批判理论"深刻的历史学分析与批判性鉴赏，参见 R. Geuss，*The Idea of a Critical Theory：Habermas and the Frankfurt School*，New York：Cambridge University Press，1981。

④ Stanley Milgram，*Obedience to Authority：An Experimental View*，New York：Harper and Row，1974.

渐渐被归入到宗教和哲学的少数专业课程当中，甚至在这些学科中也越来越被边缘化。

在哲学范畴内思考道德教育的发展。20世纪中叶，英美的哲学家大多对批判思想家所使用的方法毫无兴趣，甚至持轻视的态度，他们更关注元伦理学（meta-ethics），而且削减了哲学对应用伦理学与现代社会复杂道德问题的关注程度。然而，分析哲学的日渐兴起常常被看作是清晰且缜密的逻辑的胜利，最新的学术研究表明，哲学对于社会和伦理问题的背离，在一定程度上是受到了麦卡锡主义时期冷战压力的影响。[①] 但无论是受到政治焦虑还是学术倾向的影响，20世纪五六十年代的许多哲学家均将道德判断看作是个体喜好的一种非理性表达。和新黑格尔主义那种极度的压抑相比，上述观点算得上一股清新的空气，尽管情绪主义等理论为枯燥而紧张的道德生活提供了其他的理论选择，最终还是未能照亮人们的道德生活，也没能在校园里激发多大的学术兴趣。1964年《通识教育》（*Liberal Education*）中某篇文章的作者在论述哲学的本科课程定位时提及，他所在的学校拥有12000名学生，但是平均每年仅有11名学生注册伦理课程。[②]

与此同时，在法学院和医学院中，对专业技术的重视取代了对专业传统伦理发展的强调，因而忽略了伦理问题，有时甚至对伦理考量持有敌意。前哈佛校长德里克·博克（Derek Bok）提供了一个令人难忘的例子，他在20世纪80年代致力于建立一个有关专业伦理的项目，但是这个项目受到了哈佛法学院某些资深教授们的反对，其中有一位教授很耐心地向博克解释，法学教育的目的正是"麻痹"学生的道德判断力。[③] 奥斯卡·王

① John McCumber, *Time in the Ditch*: *American Philosophy and the McCarthy Era*. Evanston, Ⅲ.: Northwestern University Press, 2001.

② George Henry Moulds, "The Decline and Fall of Philosophy", *Liberal Education* 50 (1964), p.41.

③ 德里克·博克在哈佛大学伦理与职业项目（Harvard Program on Ethics and the Professions）十周年庆典大会（1997）上重述了这个故事。一些律师可能会辩解道，作为辩护律师，其专业性要求道德上的分工，例如，克制自己避免对当事人做出道德评判等。然而，这种劳动分工本身，以及这种分工的理由，正是伦理与职业问题的核心主题。

尔德（Oscar Wilde）曾经嘲讽道，"耽于权衡举止的孰是孰非，是心智发展受困的表现"。① 而 20 世纪的美国学界却恰恰倾向于同意此观点。

可以肯定的是，传统道德与公民主题的相关内容依然出现在毕业致辞和学生手册当中，就像戴维·何克满（David Hoekema）指出的，"对品格、公民和道德共同体的过分强调使其被吹捧得天花乱坠"。他还补充道，在这些华丽辞藻背后的现实"也许可以这样总结：'我们为学院雇佣最优秀的学者，建立最好的图书馆，并在家长日用鲜花布置花坛'，我们真切希望学生能向好的方向发展"。②

讽刺的是，那些再次唤起人们对校园伦理问题关注的事件，也正是被保守派视为道德衰落催化剂的事件。正如爱德华·麦克莱伦所说："那些影响校园稳定的事件，如公民权利运动、越南战争、公众对环境的关注等，同时也为道德话语（moral discourse）重新注入了活力。"③ 的确，美国民主伪善面具下的道德恐慌以及重新审视伦理、政治和权力之间关系的愿望，推动了 60 年代和 70 年代早期的政治运动。"实践"或"应用"伦理学的兴起在很大程度上要归功于社会运动，这些运动要求赋予美国黑人、妇女、穷人及弱势群体权力和尊重，这些运动郑重地提出并重新定义了有关正义与美好社会的问题，以及男人和女人之间、白人和黑人之间、同性恋和异性恋之间的行为规范问题。

校园伦理复兴的第二个明显的原因是公众对个人、职业和公共生活中道德滑坡现象的担忧，从塔斯基吉、水门事件，到莱温斯基和安然公司事件，一波又一波丑闻的出现起到了推波助澜的作用。整体社会风气的日

---

① 摘自王尔德的"给年轻人的隽语哲言"（*Phrases and Philosophies for the Uses of the Young.*），刊登在牛津大学出版的第一期也是唯一一期的《变色龙》（*The Chameleon*）上，并被广泛地刊登与收录。

② David A. Hoekema, *Campus Rules and Moral Community*, Lanham, Md.: Rowman and Littlefield, 1994, pp.126-127.

③ B. Edward McClellan, *Moral Education in America*, New York: Teachers College Press, 1999, p.101.

益恶化也加剧了人们的担忧，譬如犯罪率、吸毒率、欺诈率、离婚率的 9
逐步上升，以及物质主义的日益猖獗和公民意识的淡漠等。这些群体事
件的发生引发了人们对公众产品、个人美德以及教育环境的思考。在伦
理理论与道德发展研究方面极具影响力的学者都对其展开了反思和研究，
其中包括约翰·罗尔斯（John Rawls）、劳伦斯·科尔伯格（Lawrence
Kohlberg）、伯纳德·威廉斯（Bernard Williams）、阿拉斯戴尔·麦金泰
尔和卡罗尔·吉利根（Carol Gilligan），这使伦理学在学术研究方面重
新获得了尊重。越来越多的教育者认为，探讨对与错、公正与不公、善
与恶的问题是良好教育的根本。海斯汀中心（Hasting Center）在1980年
的报告中首次提出"'高等教育'如果不能推动、支持和检视道德生活，
那么它就无法实现自己的目标，也无法满足学生的需求，无法促进社会
福利"。①

　　然而，刚才所说的和前面所提及的那些说法一样，都太过片面。伦
理学在学术领域的兴起与其衰落一样，始终是一件复杂的事情。例如，麦
金泰尔批评罗尔斯，吉利根批评科尔伯格（随后，麦金泰尔和吉利根又都
被玛里琳·弗里德曼等女权主义理论家们批评），这些批评推动并塑造了
伦理复归的进程。② 此外，伦理倡导者和强调个体道德改革人士之间保持
着明显的张力，前者主要涉及对非正义社会结构的探讨，詹姆斯·约瑟夫
（James Joseph）将其称之为"宏观伦理"与"微观伦理"之间的差异。③
但是，尽管将"宏观伦理"与右翼相联系、将"微观伦理"与左翼相联系

① Daniel Callahan, and Sissela Bok, *Ethics Teaching in Higher Education*, New York：
Plenum Press, 1980.

② Marilyn Friedman, "Beyond Caring：The Demoralization of Gender", *Science*, *Morality*,
and Feminist Theory, edited by M. Hanen and K. Nielsen, Calgary：University of Calgary
Press, 1987；Carol Gilligan, *In a Different Voice*, Cambridge：Harvard University Press,
1983；Alasdair MacIntyre, *After Virtue*, Notre Dame：Notre Dame University Press,
1981.

③ James Joseph, "Public Values in a Divided World：A Mandate for Higher Education",
Liberal Education 88, no. 2 (2002), pp.6-16.

听起来很诱人，现实却更加复杂。举例而言，品德伦理戏剧性的复兴成为在 K–12① 与大学阶段开展道德教育的基础。对品德的重新强调看似是对罗尔斯和科尔伯格等新康德主义者理性主义态度的反对，但其内在动因包含了多种多样的因素，从传统的保守主义，到新亚里士多德主义，再到女权主义和激进的社会运动行动主义都起到了推动作用。从特蕾莎修女到纳尔逊·曼德拉都是道德的楷模。因此，"伦理复归"不是政治上左翼或右翼的产物，而是一个复杂并且常常交织着进步与保守信念的综合性产物。

通过总结和预测的方式，我们想厘清当前有关道德教育复归和争论的十二个趋势。

10　　第一，在很多学科中，规范性问题都重新获得了知识的合法性（intellectual legitimacy），作为开展问题研究的核心维度，包括哲学、文学理论和自然科学。人们对许多问题展开着激烈的争论，例如道德的相对主义和多元主义、世界主义和普遍主义、生物伦理学和环境正义、堕胎和代孕等。从实验室科学到人种学等众多领域，都将伦理成分作为核心竞争力来看待。②

第二，很显然，伦理复归并非一项整体性运动，大家对于主要应存在的"**分歧**"已经基本达成共识。如杰弗里·哈芬（Geoffrey Harpham）所指，伦理学应该被视为在本质上具有**批判性**的一个"残酷与质疑的审查"过程，还是应该具有实践性并用以指导行动呢？③ 道德教育是否一定要根植于大量的伦理事实，还是说对于事实基础的寻找是徒劳无功的，应

---

① K-12，美国基础教育的统称，指代从幼儿园到 12 年级的教育；同时被国际上用作对基础教育阶段的通称。——译者注

② 自然科学的典例，参见 National Academy of Sciences, *On Being a Scientist*。人种学的例子，参见 American Anthropological Association, *Statement on Ethnography and Institutional Review Boards*。亦可参见 *War and Boarder Crossings*。

③ 哈珀姆认为这是典型的伦理学内在的张力。他说道："什么是道德话语？就是对一个必要的答案展开不懈的追寻，并且在追寻过程中提出更多根本性的问题。"Geoffrey Harpham, *Shadow of Ethics: Criticism and the Just Society*, Durham, N.C.: Duke University Press, 1999.

该转而将道德教育建立在开放式对话或民主化进程当中？[1] 道德教育是否应局限于教学与研究中必不可少的智性美德（intellectual virtues），[2] 还是应着眼于更为宽泛的个人、公民和政治美德？[3]

第三，尽管 19 世纪的顶石课程具有道德自信（moral confidence）的特征，但是当前的伦理复归仍面临着来自解释学（hermeneutics）的质疑。这种解释学对权威形成了挑战，将道德问题与文化相对主义置于知识议程中。事实上，人们对相对主义的看法存在极大差异。一些学者认为，它是道德瓦解的标志和征兆，另一些学者则认为，接受某种形式的道德相对主义，或者至少接受道德多元主义，是伦理成熟与智慧的标志。[4]

第四，人们再度强调高等教育承担着将人培育成合格民主公民的职能，尽管在采取何种民主形式以及"培养"何种公民等问题上还存在巨大分歧。对一些人而言，公民资格是一种最低限度的合法状态，基本上只要缴纳税款并遵守国家法律就能满足条件。另一些人则认为，公民的内涵聚焦于爱国主义与公共服务精神，公民应该为社会的共同理想甘心奉献。与此同时，仍有一些人强调道德教育是塑造审慎公民（deliberative citizens）

---

[1] 詹姆斯·戴维森·亨特在其《死亡的角色》（*The Death of Character*）一书中为前者提供了一个非常有说服力的例子。理查德·罗蒂与玛莎·努斯鲍姆则支持后者，参见 Richard Rorty, *Contingency, Irony, and Solidarity*, Cambridge：Cambridge University Press, 1989, 以及 Martha Nussbaum, *Cultivating Humanity：A Classical Defense of Reforming Liberal Education*, Cambridge：Harvard University Press, 1998。

[2] 可参见本书中斯坦利·费希的《眼见为实：回应基斯与尤本》与詹姆斯·墨菲的《反对学校中的公民教育》章节。[智性美德（intellectual virtues），亚里士多德将美德分为两个基本的类别，即智性美德与道德美德，所谓智性美德，主要是指一种沉思的生活，就是理性将其发现真理的能力充分发挥出来，智性美德可以依靠教育得到，但又不能完全依赖于教育。——译者注]

[3] 可参见本书中舒曼的《道德的力量》与科尔斯的《饥饿，伦理与大学：关于激进民主激励的十点断想》和本章内容。

[4] 亨特的观点很有代表性，他认为对多样性与民主进程的关注已经脱离了道德教育原有的轨道。近期众多规范主义理论家的研究成果，都很大程度上关注普遍性、特殊性以及多样性。（注释中列举的书目没有体现出来）

的一种手段，这样的公民能够对生物技术、全球化、堕胎、同性恋婚姻、移民和恐怖主义等问题的作出审慎的判断，并且在形势需要的情况下有能力且有意愿表达反对意见。①

第五，对道德发展更为复杂的理解引发了这样一种趋势，就是取代了对道德推理的单独强调，替换为将认知、情感、意志与行为能力相结合的复合模式。② 例如，科尔比（Colby）、欧立希（Ehrlich）、博蒙特（Beaumont）和斯蒂芬斯（Stephens）在最近的研究成果中强调，理解、技能和动机是道德发展的必要组成部分。③ 这种趋势反映了公众对美德、品格、社群和情感的关注，这种关注与康德主义和功利主义之间的争论相对应，同时这种趋势也重新燃起了人们对从前一直忽视的传统道德智慧的兴趣，其中涵盖哲学、神学和来自"非西方"文明的文学成果。④

第六，从传授系统的道德理论到案例讨论，到电影和小说，再到服务学习和社区研究，伦理教育者越来越关注课程的教学法。同时，一些人开始探究如何去考量这些道德教育方式的相对优势与劣势。⑤

第七，由于经验性方法将行为与反馈联系起来，所以应在当代伦理复归进程中得到特别的关注。越来越多的高等院校推行服务学习、社区研究、学生自治荣誉准则以及其他体验式教学。⑥

---

① 体现这一趋势的典例，参见 The American Association of Colleges and Universities, *Statement on Liberal Learning* (www.aacu.org/about/statements/liberal_learning.cfm)。

② 然而，值得注意的是，对道德推理方法的一些批判，忽视了由康德学派理论家们所提出的观点，这些观点不仅鼓励道德问题的讨论，也鼓励通过国家法规与风气建立共同体文化，使得师生可以在其中作出道德判断。

③ Anne Colby, et al., eds, *Educating Citizens：Preparing America's Undergraduates for Lives of Moral and Civic Responsibility*, San Francisco：Templeton Foundation, 2003.

④ Bruce Jennings, James Lindemann Nelson, and Erik Parens, *Values on Campus：Ethics and Values Programs in the Undergraduate Curriculum*, New York：Hastings Center, 1994.

⑤ David Ozar, "Learning Outcomes for Ethics across the Curriculum Programs", *Teaching Ethics* 2, no. 1 (2001), pp.1-29.

⑥ Richard Battistoni, *Civic Engagement across the Curriculum：A Resource Book for Service-Learning Faculty*, Providence, R.I.：Campus Compact Press, 2001；Anne Colby, et

第八，对教学法的强调延伸到了对教学行为的越发重视。教师该如何帮助学生培养分析能力、完善的道德想象力以及诸如移情、勇气、高尚和常识等美德？如果课程大纲中表现出的对伦理问题的重视不能对学生的道德辨识力产生显著影响，那么怎样才能奏效呢？这种影响在多大程度上取决于教师的品格及其课堂的活力呢？[①]

第九，人们对教师内在品格和外在表现的关注使得极端道德灌输与价值中立间留有了一定的中间地带。极端的道德灌输和价值中立都没有考虑到教师作为榜样所拥有的力量，也没有考虑到最适合培养学生道德判断力与道德责任感的专业立场。[②]

第十，人们愈加认识到应该为精神探索（spiritual exploration）保留 12 空间，使其成为道德教育的一部分。因为正是在宗教与精神层面上，在没有那么多教条的形势下，才能让很多学生深刻地思考如何过一种有道德的生活，并对这样的生活持有强烈的信念。[③] 但是人们对精神层面及其与道德教育关系的再次重视，也令许多学者感到深深地不安。

第十一，人们越来越重视学校政策、实践和规范中蕴含的"隐性课程"功能是如何作用于学生的学习和发展的。12 世纪的课程专业分化导

---

al., eds, *Educating Citizens：Preparing America's Undergraduates for Lives of Moral and Civic Responsibility*, San Francisco：Templeton Foundation, 2003；Thomas Ehrlich, eds, *Civic Responsibility and Higher Education*, Phoenix：Oryx Press, 2000；David Ozar, "Learning Outcomes for Ethics across the Curriculum Programs", *Teaching Ethics* 2, no. 1 (2001), pp.1-29.

① Ruth Grant, "The Ethics of Talk：Classroom Conversation and Democratic Politics", *Teachers College Record* 97, no. 3 (1996), pp.470-482；Adrienne Rich, "Toward a Woman-Centered University", *On Lies，Secrets，and Silence：Selected Prose*, 1966-1978, New York：Norton 1979, pp.125-155.

② 关于教师的典例，参见 Bill Taylor, "Integrity：A Letter to My Students", http：//www.academicintegrity.org。

③ Gary Pavela, "A Renewed Focus on Student Ethical Development", *Synthesis* 10, no. 2 (1999). 大学生的精神生活，以及高等院校为学生提供自我检视的机会，现已成为由邓普顿基金会所资助的高等教育研究协会的核心研究主题。

致了学术的碎片化，这一趋势在某种程度上体现了学界想要重新整合各个要素的努力。同时，它也展现了新的希望，即以批判性的眼光去审视作为实体机构的高等院校，是如何为其内部管理以及本地、国内和国际层面的外部联系设定严格标准的。因此，德里克·博克强调大学应该"在向学生发布讯息时更加留心"，同时努力让这些讯息"拥护而非破坏基本准则"，[①] 加里·帕维拉（Gary Pavela）和帕特丽夏·金（Patricia King）还鼓励学校为学生提供更多提升道德责任感与领导力的机会。[②]

最后一个趋势似乎印证了亚里士多德的名言，即伦理学的目标不是为了学习理论的知识，而是为了获得实践的智慧，"因为我们不是为了解德性，而是为使自己有德性，否则这种研究就毫无用处"。[③] 例如罗伯特·科尔斯（Robert Coles）在其著名的发表在《高等教育纪事报》的文章中写到，教师需要知晓道德推理与行为的重要关系，同时也要认识到纯粹知识性的道德教学可能会让那些虽然头脑聪明，却"自以为是、吝啬，甚至残暴"的学生获得奖赏。[④] 1994 年海斯汀中心发表的关于道德教育的

---

① Derek Bok, *Universities and the Future of America*. Durham, N.C.：Duke University Press, 1990, p.97.

② Patricia King, "Why Are College Administrators Reluctant to Teach Ethics?" *Synthesis* 10, no. 4 (1999)；Gary Pavela, "A Renewed Focus on Student Ethical Development", *Synthesis* 10, no. 2 (1999)；Gary Pavela, "Fifteen Principles forthe Design of College Ethical Development Programs", *Synthesis* 10, no. 2 (1999). 实例包括对荣誉准则的再次关注，大学领导者将学生的激进主义视作一种对道德审议与组织决策的渴望（Elizabeth Kiss, "The Courage to Teach, Practice, and Learn：Student Affairs Professionals as Moral Educators", *Exercising Power with Wisdom：Beyond* in Loco Parentis, edited by James Lancaster, Asheville, N.C.：College Administration Publications, 2006.），以及旨在动员大学的智力资源、社会资源和财力资源来推动城市更新、经济发展和其他公共产品供给的"参与型大学"项目。对于高校从事道德教育的方式要脱离传统课程的强调，近年来受到了众多国家机构与教育组织的支持，其中包括卡耐基教学促进基金会、邓普顿基金会、美国高等教育协会、学术诚信中心以及校园联盟。

③ Aristotle, *Nicomachean Ethics*. Translated by Richard McKeon, New York：Random House, 1941, pp.1103b27-28.

④ Robert Coles, "The Disparity between Intellect and Character", *Chronicle of Higher Education*, September 22, 1995, p.A68.

报告证明了这个趋势，1994 年的研究结果已经明显超越了该机构于 1980 年对同一主题所做的研究。早先的研究结论是，尽管伦理教学是高等教育中必不可少的组成部分，但其是否能够影响学生行为尚属 "未知"。① 然而 15 年后，长期的实验表明，人们越来越 "热衷且支持" 对行为发展起推动性作用的道德教育。后来的研究者强调，这种新的趋势不是意识形态上的左右摇摆，而是 "源自于文科的自身传统，源自于校园作为批判性推理、包容性对话与追求真理这样一种共同体的特性"。② 如此看来，高等院校应该努力为学生提供参与道德生活的实用工具，并认真对待其在青年 "道德养成" 过程中的任务。

尽管我们对伦理衰落与复归的阐释凸显了许多有争议的问题，但它依旧没有表达出一部分人的心声，这些人包括那些在表象层面看待伦理复归的人，或是那些认为道德教育争论忽略了其自身的前提假设、已经是陈词滥调的人。正如上文所提及，许多大学漠不关心或是质疑伦理学的话语体系，同时，那些发出更多质疑声音的人代表了不同的政治、理论和方法论倾向。例如，一些自称后现代主义者的人认为，伦理是一种监督与规范的模式。③ 许多自由主义者都对学术权威提出的道德计划感到不安，无论它是由大学提出的还是由国家颁布的。④ 社会科学家对强调工作规范化的做法表示质疑，因为这与他们的科学抱负相背离。社群主义者和神学家担

---

① Daniel Callahan, and Sissela Bok, *Ethics Teaching in Higher Education*, New York：Plenum Press, 1980, pp.64-72.

② Daniel Callahan, and Sissela Bok, *Ethics Teaching in Higher Education*, New York：Plenum Press, 1980, p.110.

③ John Caputo. *Against Ethics：Contribution to a Poetics of Obligation with Constant Reference to Deconstruction*. Bloomington：Indiana University Press, 1993；Michel Foucault, *Discipline and Punish：The Birth of the Prison*. New York：Pantheon Books, 1977.

④ Richard Flathman. "Liberal Versus Civic, Republican, Democratic, and Other Vocational Education：Liberalism and Institutional Education", *Political Theory* 14, no.1 (1996), pp.4-32.

心伦理学的语言会迅速变成世俗的自由的个人主义话语，然而激进的民主主义者则担心对道德问题的专注会削弱权力在"形成什么样的问题以及谁提出这些问题"过程中的作用。最后，现实主义者认为道德考量在政治生活中，尤其是国际范围内的政治生活中，根本没有存在的空间。

重要的是，我们要以极为严肃的态度对待批评和质疑。当我们尊重（实质上是分享）伦理复归支持者的道德追求时，我们也希望移除那些过于乐观的语言，避免反受其害。因此我们通过解读伦理复归的现象与本质，参与到伦理复归的讨论中。

然而需要强调的是，对复归现象的解读并不意味着我们认可这种质疑。例如，尽管我们认为伦理学的话语体系是一种规范化的语言，并且承认对道德的过分关注有可能转化成为狭隘的道德主义，但是这并不意味着我们认同这样就可以对道德教育全盘否定。首先，并非所有的规范都是平等的。伦理的功能之一就是将可接受行为与不可接受行为区分开（甚至伦理另一种同样重要的功能就是要允许对这种区分方式展开争论）。而且，无论我们喜欢与否，伦理教学都会继续下去，因此问题不在于是否应该教授伦理，而在于如何教、何时教以及由谁来教。亚里士多德认为所有团体，包括大学，都可以使用"善"这个概念加以定义。这种"善"体现在团体的人员、行为、成就或活动，以及其最为尊崇的特性和其自我讲述当中。每个社会和组织机构都应有既定的惯例，从而实现社会和组织的再生产，这种行为是"自然"的。同样，完成了这些任务的道德教育和公民教育，也应该很"自然"地先去认同这些惯例，随后再进行重新肯定或批评。从这些方面来看，道德教育包括了教育公民参与到塑造那些曾经约束过他们的条件当中。

一些自由主义者担忧道德教育作为一种集中化的政治和道德权力是有风险的，对此我们给予相似的回答。这种担忧由来已久，且影响深远，这些我们不想去否认。但是那些担心大学对于道德教育的追求很可能威胁学生创造力和自主性的人同样应该意识到，如果大学放弃了道德教育，那并不意味着学生生活中不再受到权力的支配，而恰恰意味着某种形式的经济权力或文化权力已经占据了统治地位。因此，在这种充斥着个人主义、物质主义和消费主义信息且媒体高度发达的文化中，大学推动学生道德推理和道德想象力的努力，并非像有些自由主义评论家所担忧的那样是唯一一股危险的强制力量。

一些社会科学家担忧，"规范"不仅会对他们的工作产生影响，甚至还会危害到他们研究成果的科学地位，我们对这些人所强调的规范与经验之间的差异性表示质疑。[①] 诚然，在我们看来，社会科学研究似乎不可避免地与规范性的假设及规范性的目标交织在一起。研究的主体（例如选举）要呈现其研究客体的价值。正如彼得·温奇（Peter Winch）指引我们去思考的"我们要做出何种假设，才能分辨出在白纸做标记与投票之间的区别"。[②] 从许多版本的《经济学基础课》（*Economics 101*）中搭便车的利己主义和许多版本的《社会学基础课》（*Sociology 101*）中不加批判的马克思主义可以明显看出，人们对社会科学的印象不是它缺少对规范问题的关注，而是它存在着很强却未经验证的道德假设。

社群主义者和神学家主张伦理学语言是由自由个人主义所支配的，同时这种个人主义倾向于摒弃大量理性的观点，并对人们对他人生活所产生的影响作出消极评价，从这些方面来看，他们的看法不无道理。但这并不意味对伦理复归的全面摒弃，其原因有二。第一，自由个人主义的道德话语对于我们理解道德责任、道德判断和道德行为仍然至关重要。第二，像前文所提及的那样，当前对道德教育的讨论为基于不同传统的看法和声音提供了广阔空间，而这些看法和声音也塑造着当前的

---

① Bruno Latour, and Steven Woolgar, *Laboratory Life：The Social Construction of Scientific Facts*, Beverly Hills：Sage Publications, 1979；Charles Taylor, "Neutrality in Political Science", *Philosophy, Politics, and Society*, edited by Peter Laslett and W. G. Runeiman, Oxford：Blackwell, 1967；Keith Topper, *The Disorder of Political Inquiry*, Cambridge：Harvard University Press, 2005.

② Peter Winch, *The Idea of a Social Science and Its Relation to Philosophy*, New York：Humanities Press, 1958.

讨论。

倒数第二点是，尽管激进民主主义者的担忧不无道理，道德教育的话语的确会掩盖权力对于道德的决定作用，但是就像亚里士多德所强调的那样，人们不能将伦理等同于政治，即使它们是相互交织的活动。最后一点是，现实主义者如果不是对道德思考存有偏见的话，那么他们的看法就是具有误导性的，即使像修昔底德（Thucydides）和马基亚维利（Machiavelli）这样权威的"现实主义"思想者也是如此。① 现实主义对伦理学的质疑和普遍存在于社会科学中的质疑一样，只有在其规范性假设未经检验的情况下才具有说服力。

尽管我们对怀疑论者提出质疑，但同时我们也尊重他们提出的重要问题。例如，为什么我们重新关注伦理学？为什么它以这样的方式出现在此时此地？它从显性和隐性的角度应对了何种文化焦虑与经济力量，又推进了何种社会理想和政治议程？伦理研究中心的广泛建立是否是道德危机或道德衰落的标志，昭示着现代资本主义事业、作为此项事业典型代表美国以及我们社会的行业或机构已经出现严重的问题？它是对我们公共生活和职业生活中虚伪一面的反抗吗？还是说归根结底它是对个人美德和社会公平的复归？这些问题非常重要，对答案的探寻可以深化道德教育的讨论。但这些都不会影响到我们直面苏格拉底之问的终极需要，即"我们应该如何生活"。

对伦理复归的解读，使那些常常被忽略的问题重新进入人们的视野。例如，大量有关道德教育的著作都集中研究美国，作者都来自四年制精英大学，而且多以美国 18 至 22 岁的学生群体为研究对象。② 但是，伦理学

① Richard Ned Lebow, *The Tragic Vision of Politics*, Cambridge：Cambridge University Press, 2003.

② 然而，存在着一些例外的情况。由安妮·科尔比、托马斯·欧立希、伊丽莎白·博蒙特，以及杰森·史蒂芬斯合著的《教育公民》一书中，在其参照组的 12 个机构中，有两个社区学院（夏威夷州的卡皮欧拉尼和北达科他州齐佩瓦族印第安人保留地的龟山）和大型公共机构波特兰州立大学。

作为一个学科与知识领域，其不断的专业化存在着将"普通人"排除在伦理讨论之外的危险，而且专业化还会导致伦理讨论的术语越来越被限定。此外，对伦理学的关注可能取代既有的研究模式和课程模式。非传统意义上的学生又是怎样的呢？如果学生是一个40岁的母亲，她有两个孩子，每周要工作20小时，而且她对世界的认知可能比教她的人丰富得多，这种情况下道德教育会是完全不同的状态。最后，我们比较关心的是，如果一些人工作的机构不参与这种"严肃"的讨论，那么这会不会被看作是见不得人的事情呢？我们之所以会有这样的担忧，是因为这会产生一种新的不公平，这种不公平取决于研究机构和学生在多大程度上重视并致力于伦理问题的研究。鉴于对道德的关注极易陷入道德主义和自以为是，所以道德教育要对这些危险状况保持警惕。

对伦理知识的不断重视还带来另一个风险：它模糊了人们对于学生也是我们的同胞这一事实的认知，而且在民主教育机构当中，这种现象还发生在崇尚法律平等和政治平等的语境之下。这意味着民主社会需要与众不同的伦理教学形式。当有人指责苏格拉底，说他使年轻的一代堕落时，他回应道，要么他是无心为之，如果是这样的话他应该被告诫而不至于被惩罚；要么他是故意为之，如果是这样的话那他简直愚蠢至极。为什么会有人愚蠢到使那些和他一起生活的人堕落呢？如果我们相信苏格拉底所说的，那么大学不仅应该鼓励学生成为积极的公民，还要传授提高公共协商和判断能力的知识和技能。然而苏格拉底的追随者不断提醒着我们应该努力避免让道德教育与公民教育消解在对民主政治、公民身份、批判性思维和美德的空谈之上，因为这些反而会阻碍道德想象和政治反思的开展。

那么，名副其实的道德教育应该是什么样的呢？我们无法对序言中提出的所有问题一一作答，也不能将道德教育争论中的所有问题一一列举，只能结合我们所处的时间和地点概述道德教育的一些核心特征。接下来的内容记录了合编者之间的讨论与分歧，既展现了我们共同的立场，又展现了我们在道德教育争论中不同的信仰。

17

正如之前提到的，问题不在于大学"**是否**"应该进行道德教育，而在于"**如何**"进行道德教育。即便道德（或者是非道德）教育不总是自觉地开展，但是道德教育的进程从未停止。正如我们所见，亚里士多德已经洞察到了这一点，他指出，每个机构都在日常的规范和惯例中建立了道德目标和价值体系。大学也有这样的道德目标和宗旨，这不仅体现在学校的使命宣言和课程安排中，更强烈地体现在日常校园生活的隐性课程中。这些道德责任表达得越不明晰就越难被查证，我们就越会忽略那些鼓舞我们行为和生活的道德目标。因此，现代大学的道德教育任务之一就是明确和审视我们共同追求的道德目标。探寻真理，乐于深入思考不同的立场和观点，乐于因论据和论证而改变自己的观点，乐于承认他人对我们思想的启发，并且根据工作的质量去评价他人，而不是看他们的家庭背景、肤色和政治立场：以上是在学术生活中我们需要去明晰和探索的一些核心道德责任。斯坦利·哈弗罗斯（Stanley Hauerwas）还提醒我们，特定的教育机构还会有特定的道德目标与责任。正如高等教育作为一项追求崇高理想的事业，其重要性并未发生变化，批判性自省与欣赏的重任也未曾变化。

这体现了道德判断更深层的含义。对于当今的学生（及教师）而言，"我有什么资格去评判"的这种表达已经是老生常谈了。然而，这种现象也是一种道德判断。我们时时刻刻都在做着规范性判断，所以问题不是我们是否应该作出判断，而是根据什么去判断。如果不能提供这样的根据，那么我们的道德判断或行为可能就会与我们最基本的道德承诺（moral commitments）和目标产生矛盾。因此，道德教育的第二个任务就是，无论在课堂还是大街上，都要勇于对不道德行为的借口（moral evasions）提出质疑，并去传授引领我们作出道德判断的实践智慧（practical wisdom）。

我们应该认识到争鸣和辩论在完成上述两个任务过程中所扮演的关键角色。道德教育的批评者提出，伦理学不能作为大学教育的核心使命，因为其需要较高的道德共识，而这恰恰与批判性研究和学术自由背道而

18

驰。① 然而这些批评者也承认，大学所追求的学术卓越，并不在于预先评判各种矛盾观点的正确性，而在于对有关什么是真实的、什么是正确的、什么是有说服力的这些问题持续展开争论，这其中还包括对于学术成果评判标准的争论。同样地，围绕着伦理学的争论以及关于我们应当教育和推广的伦理追求与伦理规范的争论，实际上对道德教育的追求有益无害。的确，关于"何为正当"、"何为公平"、"何为正义"等问题的争论是人类"从事伦理研究"（do ethics）的核心途径之一。这种争论跨越了不同的文化与宗教，其传统可以上溯到犹太法典、伊斯兰乌力玛（ulama）或习惯法，以及在柏拉图《理想国》中苏格拉底与特拉西马库斯之间基础性的道德对话。我们请学生参与到讨论和对话当中，赋予传统以新的形式，例如让他们从支持和反对的角度去讨论人权、干细胞实验、国际刑事法庭等事例，评价众学者对《安提戈涅》（Antigone）的不同解读，权衡考量教育政策的不同途径等。

当然，严谨的态度与激烈的争论是远远不够的。伦理学不能只限于分析式推理，更应关注道德生活的多样性和复杂性。仅凭争论并不能捕捉到伟大文学作品中的道德洞察力，也不能获得如汉娜·阿伦特在《耶路撒冷的艾希曼》（*Eichmann in Jerusalem*）这样的作品中所表达的训诫。阿伦特认为艾希曼的观点是不顾及他人的，因为他并不能站在别人的立场上考虑问题。艾希曼缺少的是道德想象力，用阿伦特的话来讲就是和他人交往的能力和意愿。② 你不需要和他们搬到一起生活，也不需要待在他们家里，只需要接近他们。在众多的道德传统和宗教传统中，对于黄金法则（Golden Rule）③ 的强调凸显了道德互惠（moral reciprocity），及其所需的

19

---

① Stanley Fish，"Aim Low"，*Chronicle of Higher Education*，May 16，2003. http：//chronicle.com；John J. Mearsheimer，"The Aims of Education"，*Philosophy and Literature* 22，no. 1 (1998)，pp.137-155.

② Hannah Arendt，*The Life of the Mind*，New York：Harcourt，1971.

③ 黄金法则（Golden Rule），出自基督教《圣经·新约》："你想人家怎样待你，你也要怎样待人。"这是一条做人的法则，又称"为人法则"，被视为人类普遍遵循的处世原则。——译者注

好奇心、同情心和想象力等特性的中心地位。① 因此，培养丰富的道德想象力是道德教育的又一任务。

但是，伦理学不仅是要去争论一系列问题，或是采纳一系列富于想象力的观点。正如威尔·威利蒙（Will Willimon）所说，它是一个"责任体"（body of commitment）。② 要想认真对待伦理学，不仅要求我们参与到伦理的批判与争辩中，还要求我们作出明确的道德判断，并且表明立场。如果培养道德责任感是道德教育的另一个任务，那么为了学生和我们自己，我们需要将重点放在原则与行动的相互作用上。但是，道德责任又是什么构成的呢？伟大的道德教育家们强调了一些道德生活的真理。例如，苏格拉底声称承受不公平要好过制造不公，他还说美德就是知识，你对别人做的即是对自己做的。但事实上，公正、知识和真理并非扮演着"禁言"的角色，因为他也承认，那些他愿意为之付出生命的真理，也许在下次讨论的时候就会变成谬误；他也愿意承认，在这个世界上他也许已经错过了一些东西，或者已经错过了可能会改变其信仰的争论。苏格拉底是一个宝贵的典范，他向我们展示了自我批评能力与坚守道德责任的结合到底意味着什么。我们只有把握好自己内在的张力，才能竭尽所能做好一名伦理教育者。

上述针对如何在当前的大学里教授伦理学而提出的四项任务表明了什么呢？我们推崇带有伦理复归特征的多元化教学，并且意识到课内外教学法多样性的重要作用，这些教学法包括对经典文献与大众文化的诠释、案例分析、服务学习以及学生自治荣誉准则。对道德反思、道德审

---

① 更多关于宗教与文化传统的典例，参见 Andrew Wilson, *World Scripture：A Comparative Anthology of Sacred Texts*, New York：Paragon House, 2003, 以及 ReligiousTolerance. org 和 TeachingValues.com 两个网站。当然，对于黄金法则亦存在着其批判者，其中包括伊曼努尔·康德，但是他们通常批判的是其互惠原则的局限性，而非否认互惠原则本身的道德价值（Immanuel Kant, *Groundwork of the Metaphysics of Morals*, Translated by H. J. Paton, New York：Harper Torch Books, 1964）。

② William H. Willimon, "Old Duke-New Duke：A Report to the President", 2000. http：// collegiateway.org.

议、道德想象与道德实践的认可，既是现代社会的重要共识，又是对诸如犹太法典那种伦理争论的文化与传统的复兴。然而，多元化的教学法并不意味着在实现道德教育目标时每种方法的效果都是一样好的。不同的教学技术有着各自突出的优势和明显的劣势。以传统的"道德哲学概论"（Introduction to Moral Philosophy）课程为例，它在为学生提供道德判断的系统框架方面有着极大的优势。然而它侧重"批评"，会给学生一种困惑和沮丧之感，认为没有哪个道德立场是站得住脚的，或者让他们觉得伦理学只关乎规范的争论而与其生活无关。相反，案例研究或传统的服务学习课程将学生置于现实道德问题和困境中，涵盖了个人动机和美德问题以及组织伦理、政治和政策问题。然而事实常常是这样的，这些课程可能非但没有为学生提供形成判断和评估判断的方法，反而让他们陷入到漫无目的的意见交换当中。学生真正需要的是理论和实践相结合、想象和思辨相结合的综合方法。

我们还认为，无论是在哲学课、司法听证室，还是在社会学的服务学习课堂中，道德教育都应该是对话式的，也就是说教师与学生在一定程度上要互相启发，在追求一种有道德的生活时也会有相同的脆弱感。这并不意味着每个观点都是平等的：在互动过程中学生必须参与讨论、提供论据，听取他人发表的意见，或认真地进行文献阅读。如果没有这种互惠，道德教育事业就失去了严肃和活泼。在民主社会中，对话在道德教育中的核心地位在于承认了伦理生活必然包含着一定程度的集体性，并让学生和教师能够互换视角来观察世界，以此来强化道德想象。

强调道德教育的对话方式而非说教方式，并不意味高校或教师不能传授道德责任。伦理教师应该向学生表明自己的道德责任，还是应该在道德问题上保持中立？我们认为这个左右为难的问题的提出本身就是错误的。一方面，真正的道德中立是很难实现的，在道德教育中几乎无法实现，反而会事与愿违：毕竟，如果一个人为了实现课程目标而声称自己没有道德立场的话，那么学生又能从他那里学到什么道德立场呢？与此同时，如果我们知道每个人都会表明自己的道德立场，那么我们也就几乎不

21　会再抱有期待了。（首先，那些不容易表露出来的最深层次的信念很可能被忽略掉，因为我们中的大多数人都不那么了解自己。）对我们而言，这个问题在根本上似乎是教学方法的问题，即如何营造一种课堂氛围，能鼓励学生进行深层的思考，提出尖锐的问题并积极反驳教师和同学的观点。我们认为，尊重和谦卑、幽默和友谊、好奇心和团结协作在这种课堂的构建中发挥着关键作用。

最终这引领我们思考这样一个问题，即"是什么使一个人成为一名优秀的伦理学教师"。在这里我们倾向于认为，"我们是谁"、"我们教什么"以及"我们如何教"这三者之间存在着重要的关联。换言之，对道德教育而言，教师的性格特点与教学行为居于核心而非边缘的地位。我们都有这样的同事，他们的执教方式有违于自己所传授的观点，就如同身处民主教育环境的教师以完全独裁的方式进行教学一样。但是与托尔斯泰所言"幸福的家庭都是相似的"不同，我们认为优秀的伦理学教师并非单一的，而是教师们在不同程度上展示出的多种优秀特质的集合。然而，我们不确定的是，这些特质是否可以通过教学实践予以传授，或者它们是否存在着根本性的差异。但是，无论这些问题多么难以回答，它们都应该在有关道德教育的任何争论中保持核心地位。

最后，伦理复归的当代价值体现在，它是否有助于展现那些可能会被忽视或不被认可的问题和可能性。就这点而言，我们似乎取得了一些进展，因为它使我们更加清晰地了解"伦理的教与学是如何出现的"，也使得"道德教育或教育的目标应该是什么"这一长期存在的问题重新得到关注。

用我们描述以上问题和目标的方式来分析不同的观点也许并不困难。观点的多样性不仅反映出不同的道德责任和道德话语，也反映出了我们作为合编者及朋友互相学习的愿望。我们希望这有助于预示和阐明书中接下来的内容。

22　本书分为四个部分。第一部分是朱莉·鲁本执笔的对美国高等教育中伦理学地位的历史回顾。除此篇外，本书的编排方式强调作者之间的差异性，并且突出标题中的"争论"二字。这样做一方面是希望鼓励人们参与争论，另一方面是希望使争论中的种种感情、投入和方法更加让人一目了然。

我们对于争论的鼓励在第二部分表现得最为明显，该部分的撰写得益于斯坦利·费希的启示，围绕他近期的一些作品进行编写。尽管我们与他的观点可能有很大的分歧，但费希的文章——包括这本书的一篇——指出了根本性问题，包括"大学的目标"以及要先弄清"道德教育是否应该出现在大学课程表上"，再去探讨它该不该成为大学的一项积极目标和组织原则。因此第二部分提出了"大学是否应该进行道德教育"这一问题。

第三部分探讨政治和文化给当今道德教育带来的挑战与机遇。学者们探究了"道德"的内涵（以及我们应该如何看待当前对于"道德讨论"的关注），分析了道德、伦理、政治和权力之间的关系。这一部分的作者基于文化多元主义、贫富两极分化、种族和公民身份斗争等事实，对道德教育前景提出了截然不同的观点。

最后，第四部分关注道德教育所应培养的美德与品格特征以及在当今校园里实现这一目标的途径。高等院校应该只培育理智德性，还是应把公民道德与政治美德放在同等重要的位置？全体教师和学生事务管理人员是否应该克服消极情绪为年轻人提供实践指导，还是说他们应该承认说教的局限性，转而去探讨自身职业道德与组织道德的缺失问题呢？对道德教育影响最大的媒介是在课堂中呢，还是说我们应该参考体育运动和校园生活的规范、程序以及奖励机制呢？

尽管本书收录的文章在语言风格和论证上各有不同，但它们的目标是相同的：都旨在让我们思考现代大学中道德教育的基本目标，以及高等教育的基本目标。

第二章　美国高校道德教育之变革[①]

朱莉·A. 鲁本（Julie A. Reuben）

　　1643 年，英国出版了一本刊物，名为《新英格兰最初的果实》(*New England's First Fruit*)，引以为傲地对哈佛学院进行了描述，毫无疑问，它的核心使命是宗教与道德。刊物详细介绍了哈佛学院是如何通过必修课程及对学生日常行为的细心监督，使学生理解基督教教义并以此作为生活准则。尽管哈佛通过对学生个体施加影响来实现教育目标，但其教育使命却是在社会层面设立的。该刊物还解释说，创建哈佛学院的目的是"增进学问并使之在后代中永存；避免当我们现有的牧师归于尘土后，只为教会留下目不识丁的牧师"。因此，哈佛的创建不仅是为了拯救个体灵魂，还在于维护社会公正。[②]

　　当我布置《新英格兰最初的果实》的阅读任务时，我的学生们发现，他们今天所身处的哈佛与 17 世纪的哈佛有着天壤之别。在课堂讨论上，他们最先说的都是："我难以想象最初的哈佛竟然充满着如此浓重的宗教色彩。"接着，他们通常还惊异于当时哈佛学生有多少规定要去遵守，并讨论道德养成在当时哈佛的使命中处于一个多么核心的地位。在这些讨论中，我的学生们很快就都对高等教育中道德教育的历史进程做出了解

① 衷心感谢斯宾塞基金会以及拉德克利夫学院对于本研究中涉及第二次世界大战后期内容的相关研究所给予的大力支持。

② "New England's First Fruits" (1643) 再版于 S. E. Morison. *The Founding of Harvard College*. Cambridge：Harvard University Press，1935，p.433。

读，那就是衰落。他们指出，曾经在高等教育中居于核心地位的道德关怀（moral concern），如今已经消失殆尽。

学生们还将道德教育的衰落与另外一种变化联系在一起，那就是世俗化。哈佛学院的道德教育与特定教派紧密相连，所以学生们推断，在哈佛中断与教派联系的同时，也遗弃了道德教育。但是，这种解读极易将道德教育的衰落理解成是一种进步。基于不同的视角，美国的高等教育进程既可以被视为从清晰界定的、以宗教为基础的道德教育向相对主义的、与道德毫不相关的教育的退化过程；也可以被视为从独裁主义的、由教会控制的狭隘教育向开放的、兼容并蓄的探究式教育的进化过程。①

然而，伴随着课堂讨论的进行，有的学生不可避免地对上述说法提出质疑。他们指出了一些存在延续性的方面——在大学推崇全面塑造学生和培养未来领袖的氛围下，许多老哈佛的传统在一些当代文理学院中仍被保留下来。学生为此探讨了大学试图灌输宽容、欣赏文化差异等价值观的方式。同时他们还注意到，学校依旧关注着学生的课余生活，只不过详尽的行为规范已被宿舍助理以及那些旨在促进健康行为和良好朋辈关系的项目所取代了。不出所料，同学们此时又展开了争论，一部分学生认为现今的哈佛与 17 世纪的哈佛之间的相似性才是最为突出的，而另一派则坚持认为二者是完全不同的。学生们没能解决这一争论，然而他们也许都同意这一点，那就是这个问题比最初呈现出来的样子要复杂得多。

学生们的讨论表明了在美国高等教育中道德教育的历史进程存在着两个看似互相矛盾的特点，即道德目标的长期削弱与始终不变的道德渴

---

① 关于描述衰退态势的例子，参见 James Tunstead Burtchaell, *The Dying of the Light：The Disengagement of Colleges and Universities form Their Christian Churches*, Grand Rapids, Mich.：W. B. Eerdmans, 1998, 以及 G. M. Marsden, *The Soul of the American University：From Protestant Establishment to Established Nonbelief*, New York：Oxford University Press, 1994。关于进步态势的经典描述，参见 R. Hofstadter and W. P. Metzger, *The Development of Academic Freedom in the United States*, New York：Columbia University Press, 1955。

望。自哈佛成立以来的几个世纪，道德教育的主导形式不断被质疑与重构。然而，这种形式的更新并没有使道德教育获得长久的稳定。相反，知识生产的改变及社会的多元化，使得以权威的方式来维系有力的道德教育形式变得日益艰难。结果是，那些研究性大学或综合性大学，抑或是兼有研究性和综合性特征的大学，都会尽力在学生的道德养成方面保持适度的承诺。只有那些持续服务于小范围人群的院校，通常是宗教性院校，才会将道德教育作为其课程与校园生活的核心，同时这类院校还面临着其作为教育机构的合法性之挑战。

殖民地时期的大学

29

马萨诸塞州公理教会（the Congregational Churches of Massachusetts）为早期的哈佛学院提供了十分明确的知识权威与道德权威。他们帮助制定了学生的学习内容以及师生需要共同遵守的行为准则。教会在社会中的权威强化了其在哈佛学院的权威，特别是教会具有使群体同质化的能力，在这种同化作用下，那些不认同教会权威的人群，例如原住民和宗教反对者，会被驱逐或被归入社会底层地位，也可能会是两种惩罚兼而有之。在此背景下，哈佛学院的道德目标居于主导地位且无可争议。①

在殖民地时期建立的其他大学遵循了哈佛学院的模式，即依托特定教派树立威信，并服务于一个相对同质化的、在社会与政治上占主导地位的群体。例如，威廉与玛丽学院（College of William and Mary）同英国国教（Anglican Church）相关联；新泽西学院（College of New Jersey）（即后来的普林斯顿大学）同基督教长老会（Presbyterian Church）相关联；罗德岛学院（Rhode Island College）（即后来的布朗大学）同浸礼宗

---

① S. E. Morison, *The Founding of Harvard College*, Cambridge: Harvard University Press, 1935.

（Baptists）相关联等。然而，公理教会虽在早期的马萨诸塞海湾殖民地处于统治地位，在其他大部分的殖民地却并非如此（到了18世纪，公理教会在马萨诸塞州的地位也难以为继）。大多数殖民地在不同程度上实现了宗教多元化。虽然大学作为精英教育的机构仍然可以保持与某一教派的联系，但前提是该教派在政治上拥有强势地位，但宗教多元化还是不可避免地削弱了教会对大学的控制，这反过来使得教会赋予大学的道德教育权威也受到了挑战。教会内部的分化是不稳定性的另一个来源。这种分化会导致竞争院校的出现，此时创建了耶鲁学院，它是新英格兰第二所公理教会院校，分化还会引发对现有院校控制权的争夺。教会内部分化的影响与教派多样化的影响相似，它们都损害了特定学院所教授的道德真理的制度基础。①

　　大学采用了两种手段来应对宗教的多元化与教会的内部分化。第一，努力强化现有教会的地位，并保护现有传统不受外来侵害。第二，扩大宗教基础，使其更具包容性。这两种手段在殖民地时期都取得了显著的效果。例如，大学开始接纳来自不同教会的学生并取消了入学宗教测试。然而，第一种手段逐渐占据了主导地位。唯一试图独立于特定教会的费城学院（College of Philadelphia）（即后来的宾夕法尼亚大学），也很快屈从于教派间的混战，并被英国国教所接管。殖民地时期结束时，已有的9所大学都与教会建立了明确的从属关系，教会选定授课教师，并且在一定程度上影响着教学内容。该做法确保了道德教育的核心地位，也确保了道德教育在基督教教义的背景下开展。基督教教义还融入到以拉丁语、希腊语、数学、自然科学及伦理学为基础的其他课程中，同时也应用到了与教会并无特定从属关系的院校中。

---

①　关于殖民地大学的内容，参见 J. D. Hoeveler, *Creating the American Mind: Intellect and Politics in the Colonial Colleges*, Lanham, Md.: Rowman and Littlefield, 2002; R. Warch, *School of the Prophets: Yale College, 1701-1740*, New Haven, Conn.: Yale University Press, 1973。

泛新教主义的胜利

(18 世纪 80 年代至 19 世纪 70 年代)

　　然而，革命为前面提到的第二种手段带来了更多支持，也就是使道德教育更具包容性，独立于某一特定教会的教义。那些非常有影响力的革命领袖们，尤其是托马斯·杰斐逊 (Thomas Jefferson) 与本杰明·拉什 (Benjamin Rush)，他们认为，新民族的存亡依赖于教育的革新，教育要着力培养新一代的公民领袖。杰斐逊在其改革威廉与玛丽学院的活动中表达了这一观点（后来在其弗吉尼亚大学计划中亦有提及），拉什则在提议成立国立大学时阐明了自己的看法。他们都认为，现有的大学课程根植于牧师的培养，但是国家需要的是世俗社会的领袖，即未来的政治家、工程师、医生、律师及商人等。为了满足这种需求，他们提倡在学习课程的选择上给予学生更多的自由，并且将引入实践化与科学化课程体系的自由赋予他们。他们反对教会控制大学，并力求将不同教派和地区的学生与教师团结起来，超越已有的社会分化。拉什与杰斐逊将他们理想的教育看作是广义的基督教式教育，但是他们都强调古典共和主义中美德和理性的概念，而非上帝的启示。尽管在杰斐逊和拉什看来道德教育是高等教育的核心，但他们所提倡的改革，如选修课程、引入科技课程、给予学生更多自由等，都会削弱道德教育在高等教育中的相对重要性。出于这个原因，以及他们对教会控制所持的态度，使得改革的反对者为他们贴上了不道德与反宗教的标签。①

　　杰斐逊的威廉与玛丽学院改革计划并没有取得成功，拉什的国立大

---

① H. Hellenbrand, *The Unfinished Revolution: Education and Politics in the Thought of Thomas Jefferson*, Newark: University of Delaware Press, 1989; Frederick Rudolph, ed., *Essays on Education in the Early Republic*, Cambridge: Belknap Press of Harvard University Press, 1965.

学建议书也以失败告终（然而，杰斐逊的努力取得了一定成果，因为弗吉尼亚大学在一段时期内遵从杰斐逊的启蒙思想来运行）。但他们的思想引发了 19 世纪早期众多关于高等教育取向的争论。较为著名的争论之一出现在达特茅斯学院。约翰·惠洛克（John Wheelock）原为达特茅斯学院院长，1815 年被学校董事会解雇。应他的请求，新罕什布尔州的立法机关通过扩大学校董事会和任命新成员的方式取得了对达特茅斯学院的控制。随后新董事会引入与杰斐逊所倡导的相类似的改革措施，如设立范围更广且实用性更强的课程。然而，观念的冲突使事态变得更为复杂，这种冲突部分地反映出高等教育目标上的分歧——前者认为高等教育应为广大"公众"服务，而后者则倾向于对某一教会的信徒尽责。原有董事会成员拒绝接受立法机关的改革措施，为此他们兴办自己的学校，并与新董事会创建的改革型"大学"竞争。同时他们还向法院提出诉讼，以夺回对达特茅斯学院的管理权。虽然他们最初在州立法院输了官司，却在美国最高法院获得胜利。最高法院认为，尽管所在州特许并且部分地支持了学院的改革，但是学院的创建是为了服务于创办者特定的慈善目的，这一点是新罕什布尔州不能改变的。这一案例支持了解决宗教多样化问题的第一种解决方案——很多大学都只为特定群体服务。①

达特茅斯的案例加强了宗教对大学的控制，却没有终结大学改革之战。在新罕什布尔州立法机关试图改变达特茅斯学院的十年之后，康涅狄格州立法机关也要对耶鲁学院进行改革。对此，耶鲁的院长杰里迈亚·戴（Jeremiah Day）发表了一份文件，为传统大学课程做出了有力的辩护，这就是后来为世人所熟知的"耶鲁报告"（*Yale Report*，1828）。他将道德教育课程的重点由课程内容转移到课程价值上，用他的话讲就是从精神的"装备"变为精神的"训练"。他认为标准化课程对于彻底且有效的智力训

---

① F. N. Stites, *Private Interest and Public Gain：The Dartmouth College Case，1819*, Amherst：University of Massachusetts Press，1972；J. S. Whitehead, *The Separation of College and State：Columbia，Dartmouth，Harvard，and Yale，1776-1876*，New Haven，Conn.：Yale University Press，1973.

32　练是必不可少的。课程中的每门科目在锻炼学生心智方面都有着独特且同等重要的作用，并且科目之间是互相关联的。通过提出心智训练（mental discipline）的概念，戴捍卫了传统课程，他要求学生广泛地学习各种科目，却不承认课程体系中应包括实践科目。他认为经过这些科目的学习，学生的心智会发展成熟，能更好地完成大学的课程。他还认为，这种广泛的心智训练对于培养未来的农民、工程师而言，有着与培养牧师相同的价值。他还坚称，传统课程是有益的，能让从事不同工作的人都从中获益；同时传统课程还是具有爱国精神的，能让这些人去推动国家物质财富、精神文化及道德修养方面的发展。通过用现代术语捍卫传统课程的方式，戴成功地打击了大学改革的发展势头，并将道德教育牢牢地保持在基督教的框架之内。[①]

　　尽管传统的大学教育模式在美国大革命的改革浪潮中存留下来，但美国社会的变革也让关于高等教育的两种不同观点相互妥协。18世纪末至19世纪初期，新的学术发展，尤其是虔信主义与理性主义影响力的逐渐扩大，促使学院形成了新的道德教育模式，更好地适应了北美的宗教多元化与新的美利坚合众国的政治现实。虔信主义降低了从神学角度进行教派区分的重要性。这推动了教派间的合作，并促进了19世纪上半叶新教改革运动的蓬勃发展。在高等教育方面，许多教派合作创办大学并一同致力于牧师的培养。在学院内部，课程从原本以神学为基础的道德教育，转为主要依靠自然神学与道德哲学的教育。这些学科主要依靠推理来提出各种问题，例如"上帝是否存在"、"人性究竟为何"以及"如何虔诚地生活"，这使得道德教育能够更好地适应宗教多元化的社会。威廉·佩利（William Paley）的《道德与政治哲学原则》（*The Principle of Moral and*
33　*Political Philosophy*，1785）一书在19世纪初被许多大学指定为教材，但

---

① *Reports of the Course of Instruction in Yale College by a Committee of the Corporation and Academical Faculty* (New Haven，1828)；J. C. Lane，"The Yale Report of 1828 and Liberal Education：A Neorepublican Manifesto"，*History of Education Quarterly 27*，no. 3 (1987)，pp.325-338.

又逐渐被美国教材所取代，尤其是弗朗西斯·韦兰（Francis Wayland）那本非常受欢迎的《伦理学要素》（*The Elements of Moral Science*）。这些教材开创了一种全国性的道德教育，既能被不同的新教学生所接受，同时又能让教授们在特殊问题上适应教派与地区间的差异。①

　　大学行政人员还面临着学生对其道德权威的挑战。部分学生漠视学校精心设计的行为准则，以此对抗学校的道德权威。到 19 世纪初期，许多大学中的个人抵抗行为逐渐演化成了集体抗议。但在此情况下，大学仍然拒绝放宽对学生生活的监管。即便学校被迫开除大量学生，也仍坚持以道德的名义来规范学生行为。只有当校园过度拥挤，学校不得不允许学生住在校外的学生宿舍时，学生才获得了更大限度的自由。学校虽不能继续监管学生的日常生活，仍要求学生参加每日的祷告活动，并遵守严格的学生行为准则。就像学校领导始终拒绝教育改革，认为教育改革会削弱基督教在课程中的基础性作用一样，他们也一再强调其以规范学生行为来塑造学生品格的权力。②

---

① D. H. Meyer, *The Instated Conscience*：*The Shaping of the American National Ethic*, Philadelphia：University of Pennsylvania Press, 1972；Wilson Smith, *Professors and Public Ethics*, Ithaca, N. Y.：Cornell University Press, 1956；D. Hogan, "Moral Authority and the Antinomies of Moral Theory：Francis Wayland and Nineteenth-Century Moral Education", *Educational Theory*, winter 1990. 当然，奴隶制问题导致了南方有着独特的道德教育模式，参见 M. Sugrue, "We Desired Our Future Rulers to Be Educated Men：South Carolina College, the Defense of Slavery, and the Development of Secessionist Politics", *History of Higher Education Annual* 14 (1994), pp.39-72。

② S. J. Novak, *The Rights of Youth*：*American Colleges and Student Revolt*, 1798-1815. Cambridge：Harvard University Press, 1977；H. L. Horowitz, *Campus Life*：*Undergraduate Cultures from the End of the Eighteenth Century to the Present*, New York：Knopf, 1987.

自由时代的道德教育

（19 世纪 80 年代至 20 世纪 40 年代）

上文论及的道德教育模式一直主导着美国高等教育，直至 19 世纪 80 年代，新的学术发展激励了新一代的教育改革者。这些改革者对支撑传统课程的演绎推理的权威性提出了质疑。他们将"自由"推崇为一所"真正"的大学所具有的决定性价值，以此对当时的高等教育展开更广泛的抨击，将自由作为理想是一个具有偶然性的选择。自由承载着相当强大的修辞力量，直接关系到德国大学的学术自由实践，德国的实践后来被认定为世界上最好的；同时自由也使人联想到了美国民主的胜利以及新教传统的荣耀。此外，自由作为一个更为广阔的平台，还让那些现代化推进者们能够证明大量教育改革措施的正当性，这些措施包括高校治理的正式世俗化、选任教职工标准的改变，以及课程体系中选修课的引入等。教育家挥舞着自由的标语，他们引入的实践创生了美国的研究型大学，并最终在一定程度上影响了美国其他的高等教育机构。①

教育改革者将自由提升为大学的核心价值，并不是为了取消高等教育中的宗教与道德教育。相反，他们期望以现代化的方式强化高等学校的道德使命。但是，他们的改革产生了意料之外的后果，导致在接下来的几十年中，大学为了提供一种现代化的道德教育模式，推行了一系列不成功的战略。教育改革者认为，大学可以通过推进对宗教的科学化研究，为学生提供现代化的宗教教育。它的拥护者表示，对宗教的科学化研究能够使宗教融入现代的学术生活之中。教育改革者与学者希望进行"宗教的现代

---

① 接下来的内容，基于 Julie A. Reuben, *The Making of the Modern University：Intellectual Transformation and the Marginalization of Morality*，Chicago：University of Chicago Press，1996。

化重建"，以此开创"宗教的新概念、新说法、新管理，使之适应现代世界与社会需求"。教育家们希望对宗教的学术研究能够帮助定义这种现代宗教。①

对宗教的科学化研究是道德教育现代化的首次尝试。然而在 20 世纪初，这项尝试却以失败告终。它非但没有使宗教融入现代学术生活，反而得出"事实性知识与宗教'真理'在本质上相互分离且截然不同"的结论。大多数学者想要证明，宗教在现代科技文化中扮演着重要的角色。他们认为，通过研究宗教的心理学功能与社会功能可以证明这一点。然而，这种功能研究并没有带来现代的宗教信仰。此外，学生对这些新的宗教课程也兴趣寥寥，在许多著名大学中，由于学生缺少兴趣，宗教课程逐渐失去活力。

宗教科学没能成为道德教育的新方式，于是教育家们纷纷转向了科学本身。19 世纪末 20 世纪初，美国学者普遍将科学视为道德指导的重要根源。他们认为科学研究和基督教一样，能够培养良好的行为习惯。他们还对科学知识的进步进行了乌托邦式的设想。科学家们坚信能够产生一种可以解释一切的普遍性理论，无论是最简单的物理过程，还是复杂的人类文明，都可以用科学加以解释。他们假定科学知识能够轻易地转化为行为指导，并将科学方法视为一把钥匙，认为它可以开启个人与社会无限发展的大门。

生物科学与社会科学的支持者认为，这些新的领域能够为道德问题提供答案。他们叩问生命与人类社会的本质，从而触及核心的道德问题，即最好的生活方式是什么。生物学家与社会学家认为，他们的研究有助于解答此问题。例如，具有道德意识的科学家认为生物学包含着对个人行为的训诫。芝加哥大学植物学家约翰·库尔特（John Coulter）写道："一个重要的事实是，最有利于人类发展的行为准则起源于人类的行为经验，随后被制定成为宗教教义，现在成为生物学的定律法则。"此外，大多数社

---

① C. W. Votaw, "Courses in Religion", *Religious Education* 5. no. 4 (1910), p.300.

会学家都是作为激进主义分子、顾问或宣传人员参与到当代的社会活动及政治活动中的。如生物学家积极投身优生学与卫生学改革，社会学家参与了一系列旨在解决市政问题、劳动条件、城市住房、乡村学校、移民政策以及种族关系等问题的活动，并且他们将参与这种活动视为科学家的职责之一。①

　　19世纪末，科学具有道德价值的假设主导着有关科学探索的话语。在这种观点的影响下，学校负责人在20世纪之初都在期望生物科学与社会科学能为学生提供现代化的道德教育。20世纪头20年，大学教育者试图开设"通识"的科学课程以扩大科学的影响力。各大学规定或强烈建议学生选择生物与社会科学的概论课程。一些大学还引入了生物进化学作为必修课程，并且更多的大学开展了社会科学课程的新生调研。这些课程反映出了这样一种理念，那就是对社会科学的研究和介绍是大学履行其对社会及学生责任的最佳方式。

　　但是，大学教育者意将生物科学与社会科学作为现代道德教育来源的计划，并且生物科学与社会科学学科朝向交叉学科发展。在20世纪，科学家开始对关于科学的乌托邦式愿景感到不安，并开始对其所在的学科做出更为有限的要求。他们支持专业化，不去做统一所有知识的努力。他们认为自己所在的学科能够生产出有用且"实用的"信息。但是"实用的"和"应用的"内涵仅包括物质价值和职业价值，不包括道德价值。这些变化首先体现在生物科学领域，年轻的生物学家开展实验性研究，并在专业研究中规避了更为宏大的哲学问题。社会科学领域亦是如此，新一代的学者从年轻的时候开始就带着特殊的研究兴趣提出更为狭义的科学概念。和生物学家一样，社会学家也强调研究过程的严格控制与经验数据收集的重要性。他们提倡使用统计数据及其他研究方法来增强研究的标准化与可信度，如案例研究法与调查研究法。他们认为，剔除专业术语中的道

---

① John Coulter, "*Christianity and Science*", pp.8-9；John M. Coulter Papers, University of Chicago Archives.

德与哲学问题就能终结学科中长期存在的争论。他们坚信，真正的科学是"客观的"并且是"价值中立的"，社会学家应避免自身道德责任对其研究的科学立场产生影响。

大学改革者最初也用自由的理想来指导他们在管控学生生活方面的转变。他们认为自由能激发责任感，并主张学生自主地选择课程、选择是否参加以及去哪里参加礼拜活动、选择交往的对象，从而成长为独立的成年人。大学的改革者感兴趣的是开发学校的学术资源，所以他们停止兴建宿舍，允许更大比例的学生独立居住。他们允许这些刚刚独立的学生成立自己的组织，由于没有学校的直接监管，学生课外活动迅速丰富起来，从出版幽默杂志到成立足球队，形式多种多样。改革者还鼓励扩大招生范围，部分学校还招收女学生，并且招收了比过去更多的经济和宗教背景多样化的学生。

然而改革再次未遂人愿。新的课外活动虽免去了学生的一些麻烦，却带来了新问题。最初，大学的领导者试图忽视他们身边不健康的活动并继续颂扬自由的优势。但是许多专门揭发丑闻的记者把枪口对准了大学，披露了大学体育运动及学生生活的阴暗面。大量的校园小说也证实了这种负面形象，例如弗朗西斯·斯科特·基·菲茨杰拉德（F. Scott Key Fitzgerald）在《人间天堂》（*This Side of Paradise*）中，描述了大学生专注于性体验、酗酒、恶作剧以及在等级分明的校园社会结构中努力提高自身地位等场景。① 37

大学的领导者再也不能回避上述问题，他们开始限制学生的自由，并利用课外活动作出积极的道德引导。学校接管原本由学生与校友自主运行的组织，并雇佣专业人员监督学生。在此期间，学校领导开始筹集资金兴建宿舍。一旦学生再度回到校园住宿，教师就更为严格地约束学生的个

---

① F. Scott. Fitzgerald, *This Side of Paradise*, New York: Scribner's, 1920; H. L. Horowitz, *Campus Life: Undergraduate Cultures from the End of the Eighteenth Century to the Present*, New York: Knopf, 1987.

人生活。他们还对兄弟会、姐妹会及其他形式的校外住宿施以类似的监管。另外，精英学校还通过限定新生规模和犹太学生数量的方式来限制生源的多样性。这些新的规定遵从传统的道德规范，除了呼吁诸如正直、忠诚、友爱、自控和性节制等共同价值观外，不需要其他合理的理由。

各个大学在不同方面进行着有关自由的改革。那些有特定民族宗教团体为其提供生源和财政支持的大学，通常都无视改革活动，直至社会变革瓦解了这些团体，才迫使高校开始寻求多元化的支持。一批成立于20世纪早期的新兴组织也推动了这些大学的改革进程，如慈善机构、专业协会等。例如，成立于1905年的卡耐基教学促进基金会（Carnegie Foundation for the Advancement of Teaching)[①] 为大学教职工提供退休金资助。但是，这项资助并不提供给受教会控制的院校。此外，一系列宗教认证机构在这个时期发展起来。这些机构在很大程度上依赖于改革派大学为大学教育所设立的"标准"。[②]

38　　尽管如此，一些机构仍积极地试图寻找主导教育模式的替代方案。这里面大部分是宗教机构，它们探寻着将道德教育保持在宗教范畴内的有效途径，其中天主教院校取得了突出成就。20世纪初，天主教院校保留了一门侧重学习经典的必修课程，该课程模仿耶稣会信徒于1599年设立的7年制课程——"研究计划"（Raticio Studiarum)。[③] 当权威性不断增强

① 卡耐基教学促进基金会（Carnegie Foundation for the Advancement of Teaching，简称 CFAT)，该基金会旨在促进美国教育事业发展，鼓励、支撑教学职业，为美国、加拿大等地区的大学、学院和技术学校的教师提供退休补助金。不论这些教师的种族、性别、信仰和肤色如何，只要他们长期担任教师工作，或因年老失去工作能力，或有其他原因（如遗孀需要照顾)，基金会都要为他们提供补助金。——译者注

② W. B. Leslie, *Gentlemen and Scholars*：*College and Community in the "Age of the University"*，*1865-1917*, University Park：Pennsylvania State University Press，1992；E. C. Lagemann, *Private Power for the Public Good*：*A History of the Carnegie Foundation for the Advancement of Teaching*, Middletown, Conn.：Wesleyan University Press，1983.

③ 研究计划（拉丁语：Raticio Studiarum)，全称 "Ratio atque Institutio Studiorum Societatis Iesu"，是1599年发布的一份用于规范全世界耶稣会教育影响力的文件，是提供给学校官员和教师的规范的集合。——译者注

的认证协会拒绝承认天主教院校为合法高等教育机构时，天主教院校才试图实现基督教学校形式的现代化，但这种现代化绝非如新教般世俗化。利用新经院哲学（neoscholastic）在天主教知识分子中的复兴，天主教院校基于"经典"文章推出了一套新的必修课程，包含了一系列哲学课程和神学课程，以确保学生能够熟知天主教教义。除了这些新的课程之外，天主教院校还采用了其他院校的标准化形式，例如四年学制、选修课程体系、现代化的学术学科制度以及专业化的科目设置。①

　　一些世俗大学也拒绝采用主流的教育模式，并探寻新的教育形式来解决价值中立课程与课外活动各行其是的问题，因为二者的统一才是社区发展和学生个人发展应有的轨迹。其中包括许多小型院校，如贝林顿学院、黑山学院及里德学院等。尽管这类学校提供多样化的课程，但它们都有一个共同的关注点，即培养"全人"，包括关注学生的心理健康、品格、创造性表达及人际关系等。这样的学校深受约翰·杜威教育哲学思想的影响，通常被称为"实验型大学"。他们强调学术与经验相结合，依据学科界限对知识进行划分，并强调个人与社会关系对于学习的重要性。此类大学常常是"反主流文化"的，他们故意挑战传统的社会及文化习俗，吸纳了一小部分来自持有自由主义政治观家庭的学生。②

---

① P. Gleason, *Contending with Modernity*：*Catholic Higher Education in the Twentieth Century*，New York：Oxford University Press，1995；K. A. Mahoney, *Catholic Higher Education in Protestant America*：*The Jesuits and Harvard in the Age of the University*，Baltimore：Johns Hopkins University Press，2003.

② D. Reisman, and G. Grant, *The Perpetual Dream*，Chicago：University of Chicago Press，1978.

民主的危机与公民教育的复兴

（20世纪40年代至60年代）

道德教育在第二次世界大战后期再次成为主流大学棘手的问题。尽管刚刚获得"保卫民主"战争的胜利，美国进入了休战时期，但他们为之战斗的"自由社会"在当时却十分脆弱。伴随着广泛蔓延的社会疾苦与矛盾冲突，美国可能重回大萧条时期；与日俱增的纳粹政权恐怖消息，以及伴随而来的对于一个"文明"国度为何能够发生此类事件的困惑；可能引发世界毁灭的原子弹威胁等——诸如此类的种种因素让人们更加感觉到危险几乎无处不在，而且这种危险并非通过技术修复或政府政策就能解决。只有从内部增强国家实力，只有让国民理解、重视并行动起来才能捍卫国家的民主原则，才能扭转广泛的危机局面。

20世纪40年代后半期出版的一系列报告与书籍，考察了"大学应如何将学生塑造成为能够强化民主力量的公民"。其中最突出的代表作有：美国总统任命的第一个高等教育委员会发表的《美国民主的高等教育》（*Higher Education for American Democracy*）（1947）；《纽约时报》教育版作者本杰明·法恩（Benjamin Fine）撰写的关于重新定位美国高等教育的倡议书——《民主的教育》（*Democratic Education*）（1945）；还有由哈佛大学教授委员会（其成员来自于不同学科）以及哈佛大学教育研究院所撰写的评估美国中等和高等教育的报告——《自由社会中的通识教育》（*General Education in a Free Society*）（1945），旨在为通识教育献计献策。这三本书被广泛阅读与讨论，同时还陆续出现了许多对相关观点进行批评、阐述、应用及评价的其他书籍与文章。大量的此类文献主要聚焦于两点：第一，第二次世界大战后高等教育应该承担公民教育的责任；第二，公民教育在很大程度上归属于"通识教育"领域，但是在部分高等教育课程中被忽视了，并且亟待发展。除此之外，还有许多不同意见。[①]

通识教育的支持者分为三大阵营，并均起始于第二次世界大战前。其中，一个阵营不出所料地倡导宗教教育的复兴。他们梳理了公民教育与基督教道德之间相互关联的悠久历史，坚称若想提高国家实力就必须强化基督教的价值观念。然而这种观点与第二次世界大战后人们对民主的理解相矛盾，尤其是人们逐渐意识到了宗教偏见的危险，并且希望能够跨越基督教、天主教及犹太教的分界将美国人民团结在一起。在此背景下，将通识教育建立在某一特定宗教传统的基础之上，显得有些自相矛盾。尽管如此，许多高等教育领导者也认同宗教的重要性。同时，宗教科学，也就是我们现在所说的宗教研究，在主流院校也迎来复兴。1945 年至 1960 年间，有关宗教研究的本科项目数量几乎翻了一番，20 世纪 50 年代，宗教研究博士学位的数量是原来的 3 倍。然而，这一领域还是被那些过去就已经存在的紧张关系困扰着，即学术规范和虔诚信念之间的冲突，以及超越新教根源的困难。[②]

第二阵营倡导进步主义思想的实验型大学。这一阵营的教育者强调通识教育与学生生活和当代世界政治问题紧密相关的重要性。这种观点当中，最有影响力的成果是美国总统高等教育委员会（President's Commission on Higher Education）发表的《美国民主的高等教育》（*Higher*

40

---

① *General Education in a Free Society*, Introduction by J. B. Conant, Cambridge：Harvard University Press, 1945；G. F. Zook, *Higher Education for American Democracy：A Report of the President's Commission on Higher Education*, Washington：United States Government Printing Office, 1947；Benjamin Fine, *Democratic Education*, New York：Crowell, 1945. 亦可参见 Frederick Rudolph, *Curriculum：A History of the American Undergraduate Course of Study since 1636*, San Francisco：Jossey-Bass, 1977。

② D. G. Hart, *The University Gets Religion：Religious Studies in American Higher Education*, Baltimore：Johns Hopkins University Press, 1999；C. Welch, *Religion in the Undergraduate Curriculum：An Analysis and Interpretation*, Washington：Association of American Colleges, 1972；P. Ramsey, J. F. Wilson, and G. F. Thomas, *The Study of Religion in Colleges and Universities*, Princeton, N. J.：Princeton University Press, 1970.

Education for American Democracy)。该报告引用了先进的教育术语，并将通识教育的目标阐述为"调整"——尤其是将个人活动调整为符合他们所认为的，对于健康的民主政治而言必不可少的社会规范行为。同时报告还提倡直接进行政治教育，使学生了解亟待解决的如种族不平等等国家问题。此外，报告中还强调，不仅要将学生培养成国家的公民，还要成为世界公民，并推荐了一些必修科目，使学生从中了解国际事务以及诸如联合国等国际性组织的相关知识。这些课程旨在鼓励学生确立一种看待国家及国际大事的特定道德立场——参与公共事务、培养正义感、尊重并接受宗教与种族差异。

最初，这一阵营似乎已经准备好要为通识教育设立标准。除了总统委员会的支持外，在这一领域的高等教育研究者们大多倡导通识教育模式。这些研究者试图将通识教育的目标定义为包括思考方式在内的清晰结果，他们还开发工具来评估学生在多大程度上符合预期的结果。然而，伴随着冷战的升温，通识教育模式遭受着越来越多的公开批评。进步派关注改量和可量化的结果这一点被贴上灌输的标签，被视为一种与法西斯政权相类似的政治教育。而进步主义所支持的课程内容涉及争议性的政治话题，他们希望在通识教育中讲授国际主义与政府行动主义，这受到了保守主义的批判。积极宣传这些观点的教职工被视为危险的激进主义分子。在此背景下，即使大学想要教授这些科目，也只能面向社会科学专业的这一小部分学生，当然不能面向全体新生。①

第三种阵营来源于 20 世纪 30 年代的经典著作运动（the Great Books Movement），这也成为战后通识教育的标准。受到芝加哥大学罗伯特·胡查恩斯（Robert Hutchins）与哥伦比亚大学莫蒂默·阿德勒（Mortimer Adler）及圣约翰学院重建的影响，经典著作运动的焦点最初集中于学生的智力训练，而非品格的培养。然而，在战争期间，胡查恩斯重塑了经典

---

① E. W. Schrecker, *No Ivory Tower: McCarthyism and the Universities*, New York: Oxford University Press, 1986.

著作课程设置在维护民主与教育公民方面的正当性。他认为，学生通过修习经典著作，能够对人性与良善社会产生"理性"且"正确"的认识。只有拥有这样的认识，他们才会理解为什么民主是政府的最佳形式，并且掌握寻求社会进步的标准。他坚持认为，以实用主义的说辞——例如效率——来捍卫民主是存在固有弱点的，因为其他的政府形式，例如法西斯主义或共产主义的政府可能会更有效率。胡查恩斯还认为，对政治原则的知性理解相比于情感和习惯上的理解更加值得信赖，因为在他看来，智力控制着意愿。①

然而，经典著作课程对于主流学者而言是存在问题的，他们认为这种课程是教条的、反现代的。经典著作课程同天主教大学所采用的核心理念的相似性强化了这一观点。因此在课程被广泛采纳之前，需要对其加以调整。最有影响力的调整来自于哈佛大学通识教育委员会。它认为通识教育应该以西方文明的经典著作为基础，并且将通识教育历史化。所以，与胡查恩斯将这些著作视为永恒的真理之源不同，哈佛委员会将著作融入现代文明发展中，这样才能够"领会创新与变革的精神"，而这种精神恰恰被视作"西方文化的根基"。哈佛委员会将"西方思想与制度"（Western Thought and Institutions）这门课程视为通识教育的核心，它被设计成为"西方"的"选择性"历史，聚焦于同当代民主"重大问题"相关的历史时期。从柏拉图、亚里士多德到边沁（Bentham）和穆勒，他们的作品"不仅是经典的著作，还是对特定历史时期思想的极佳诠释"。②

这门课程会包含这样一讲，它以陈述的方式来传递稳定与变化、传统与革新之间适度的平衡。但是，课程的核心本应是对经典著作文本的讨论。委员会希望能够以鼓励学生进行自我解读与反思的形式开展文本讨

42

---

① R. M. Hutchins, *Education for Freedom*：Baton Rouge：Louisiana State University Press, 1943.

② *General Education in a Free Society*，Introduction by J. B. Conant, Cambridge：Harvard University Press, 1945, p.39, p.216.

论，这种教学法旨在培养学生"审慎与进取的个人主义品质"，委员会将其视为好公民不可或缺的品质。通过将授课与开放式讨论相结合，委员会希望形成一种新的教学方法，达成灌输特定价值观念与鼓励自由和独立之间的平衡，同时还能激励未来公民在"自由与忠诚"之间保持适度的平衡，这两种品质都被视为民主政治中的基本要素。哈佛报告成为战后时期各类通识教育书籍当中最具影响力的作品，同时西方文明课程亦成为通识教育最常见的形式。①

西方文明课程提供了一种间接的政治教育形式——课程旨在潜移默化地灌输政治观，而非让学生专注于当代社会与政治问题的讨论。20世纪50年代末，人们对大学生政治态度冷漠的担忧与日俱增，这种形式的公民教育远远不及所需。在高等教育界，高校领导与社会科学家开始寻找能对学生道德观念与社会参与产生更大影响的方式。倡导改革的教育家再一次呼吁将大学教育个人化、社会化。这同时也激发了人们对于独立研究、新生研讨会、宿舍课程及实验型学院等项目的兴趣。但是，改革倡导者很难在那些专注于学校发展的管理者中找到听众。②

然而，20世纪60年代，一个新的群体加入到大学课程的讨论中——学生。60年代伊始，美国高校中形成了小的学生团体，这些团体在朋辈间宣传政治激进主义。受南方的黑人大学静坐抗议运动的启发，同时受到校园中日渐盛行的冷漠态度的困扰，学生们分析了与外界隔绝的生活状况，并将学生们的自鸣得意归咎于他们所在的大学。他们认为高等教育的种种本质导致了培养出来的都是毫无参与感、以自我为中心的在校生和毕业生，比如它忽略了当今社会问题的抽象课程；对于客观性理想的热衷与对责任和参与的质疑；鼓励学生被动接受而不是主动参与的独裁主义的教

---

① *General Education in a Free Society*, Introduction by J. B. Conant, Cambridge：Harvard University Press, 1945, p.77.

② N. Sanford, and J. Adelson, *The American College：A Psychological and Social Interpretation of the Higher Learning*, New York：John Wiley, 1962.

学风格；以及不必要地限制学生自由的校园规定；等等。①

学生中的激进主义分子面临着两难境地：他们想要改变课程，却对学校课程的内容与结构没有掌控权。1965年，由许多大学的教职工和学生共同组织的越南辩论会（Vietnam Teach-Ins）为此问题的解决提供了可行方案，即学校在常规课程之外提供替代性的政治教育。在接下来的几年内，来自美国上百所院校的学生自发成立了"自由大学"（free universities）。为了"摧毁无关紧要的大学"（destroy the irrelevant university），学生试图通过自由大学挑战他们认为助长了学生消极思想的学术传统。自由大学让学生能够控制自己的教育。其组织者力求减少教师的权威。他们鼓励教师将自己视为推动者，并使用基于学生自身经历的、促进学生主动学习的教学方法。尽管有普通教师在自由大学中任教，组织者们也欢迎学生、社团激进主义分子及其他人士来做教师，但组织者们拒绝政治中立的模式。尽管大多数被采用的课程没有意识形态立场，但是政治课堂的初衷是为了让学生参与到某一事件中，而不是简单地让其客观分析事件。自由大学避免了评分及其他的评价机制，学生当中的积极分子认为这与学习无关，并会加剧竞争和从众的趋势。② 44

然而，学生中的激进主义分子并不满足于成立替代机构——他们想要改变现有的大学。学生需要黑人研究、女性研究、环境研究、种族研究以及和平研究等新项目，以此将政治因素和其他观点引入课程当中。学生希望这些项目能够摒弃"客观"的学术研究模式，而是鼓励道德责任与政治参与。他们希望这些课程可以采用自由大学所倡导的教学活动方式。他们还在项目的开发过程中以及高等教育课程的其他方面争取与教师分享权力。部分大学教师也成为学生激进主义分子的盟友，他们参与到对大学的批判中，这引起了人们对这些教师所从事的研究类型的关注。教师激进主

① 接下来的内容借鉴了 Julie A. Reuben, "Reforming the University：Student Protests and the Demand for a 'Relevant' Curriculum", *Student Protest since 1960*, edited by Gerard J. DeGroot, New York：Addison Wesley Longman, 1998, pp.153-168。

② P. Lauter, and F. Howe, *The Conspiracy of the Young*, New York：World, 1970, chap.4.

义分子指出，大学的结构与价值观扭曲了知识的产生方式，他们认为大学信奉客观和中立的叙述性研究观念——这种观念既是错误的，又是虚伪的。这些理想化的观念之所以错误，是因为从实现的程度来看，它们生产的知识毫无意义；之所以虚伪，是因为大学所生产的知识并非客观与中立的，而是服务于精英群体利益的。在客观性的伪装下，大学和学科支持一种冷静和超然的研究风格，但是这种风格不能表明"真相"，事实上却总是阻止真相的揭露。

激进主义分子认为他们正在重新定位大学的社会功能，从权力转向了正当性，因此重新唤醒了高校道德教育的使命。他们认为，大学在以牺牲大多数人的利益为代价去让少数人获益。相对而言，尽管大多数学生也能从中获益（大多数激进主义分子来自富裕的中产阶级家庭），但他们仍认为自己是这个体系的受害者。随着学生运动逐渐与反主流文化合为一体，激进主义分子开始对中产阶级生活进行文化批判。他们认为学生被带入令人窒息的未来，被强迫去接受不真实的自己，并忽视自己真正的情感与需求。这些批评使他们的另外一个目标变得更有意义，即与"代替父母制"（in loco parentis）进行斗争。最初，激进主义分子将"代替父母制"视作攻击对象是基于战术考虑。他们认为大多数学生厌恶诸如着装要求与宿舍访客时间规定等对个人自由的限制，因此，如果他们为取消这些限制而斗争，就很容易吸引学生参与到他们当中。此外，在许多学校里，"代替父母制"维护了纪律体系的正当性，这一体系通过惩治激进主义分子而削弱政治参与。然而，反主流文化不断在个人自由中强调政治与道德的重要性。头发长度、穿衣与吃饭都不再是个人品位或行为举止的问题，而是人生哲学的体现。

激进主义分子成功地挑战了"代替父母制"，一部分原因在于他们在教师与管理层中找到与之共鸣的盟友，另一部分原因在于他们能够动员很大一部分中等生，还有一部分原因是法院也支持在校园里提供更多的公民自由。因此，20世纪70年代初，各院校修改学校的纪律体系，撤销了针对"与学生身份不相符的行为"或"损害学校形象的行为"的广泛禁令，取而代之的是更加合理的规范，如禁止扰乱教学秩序或是在校园伤害他人。此外，标准的纪律程序取代了院长个人裁定制。着装要求、宵禁令、行为监护要求等条例对个人的限制都被取消了。学生在发表文章、艺术表演方面被赋予更大的掌控权，演讲者禁令和对学生团体的限制都被取消了。学生们成功地废除了 20 世纪最主要的高等教育道德监督形式——对学生行为的规范。

在教育改革的制度层面，激进主义分子在其他教育改革的制度化方面只取得了部分成功。许多大学开设如"黑人研究"与"女性研究"这样的新研究方向。这类研究方向将重大的社会与政治问题引入课堂，这至少为那些在教学与学术方面有积极构想的教师们提供了广阔的平台。然而，激进主义分子的教育理念从未被完全接受过，大学经常拒绝接受或忽视那些严格挑战成规的做法，例如雇佣没有传统学术文凭的教师，或规划有关社会参与的研究方向。学生倡导的其他改革也从未被大范围地采纳，如废除评分制或民主教学活动等。大学特别抵制"学生权力"这一理念。激进主义分子要求学生能够在教育政策中有更大的发言权，但学校对此的回应通常就是给予学生更多的自由。20 世纪 60 年代末 70 年代初，许多大学降低了对通识教育的要求。学校管理者通过选举上任，让学生们通过个人选择的方式来"掌控"（control）教育，而非通过制定赋予学生学校管理权的有关制度来实现。这一改变伴随着"代替父母制"规定的废除，去除了许多学生不满的来源，使得激进主义分子更加难以围绕教育问题去动员对政治不感兴趣的学生。同时，这一改变也有效地完成了大学在战后将学生培养成为民主公民的使命。

尽管原因不尽相同，但天主教院校也发生了类似的变革。20 世纪 60 年代初召开的第二次梵蒂冈大公会议（Vatican Council）引发了美国天主教的深刻变革。这次会议后人们陆续脱教，同时入教的青年人数量也大幅下降，这使得天主教院校的教师与管理层经历了长期的"世俗化"趋势。另外，许多天主教院校还经历了结构性的变革。他们把自己从宗教秩序的正式权威当中解放出来，建立了无关宗教的董事会，还采取了与其他世俗

46

化学校相类似的管理策略。许多天主教院校聘请了更多来自主要研究型大学的教师，并且要彻底取消或大量减少哲学与神学的必修课程。此外，与其他学校一样，它们给予学生更多的个人自由与学术自由。早已开始的主流新教大学的世俗化进程在这一时期仍在持续着。结果，只有与美国新教当中的原教旨主义分支相关的大学，才继续在其全体教员中施加一种强烈的宗教取向，并对学生的行为与信仰进行积极的监督。[①]

倒退与复兴

（20 世纪 70 年代至今）

20 世纪 60 年代的校园激进主义，使得大学对政治活动采取更加宽容的态度——取消限制学生政治活动的规定，并增加了处理政治问题的新课程。但在接下来的几十年中，学生或高校并没有见证社会参与的复兴。与此相反，经济成为高等教育关注的焦点。这体现在制度政策、学生态度以及课程设置等多个方面。自 20 世纪 90 年代开始，高校试图努力扭转这一趋势，并复兴高等教育中的道德与公民教育使命。尽管如此，他们仍面临着许多常见的问题，如社会多元化与现有知识局限性带来的价值观冲突，以及学生和学校当中日益凸显的物质主义取向。

70 年代初，高校饱受严重经济衰退的威胁，例如办学费用的上涨、常规年龄学生数量与公共援助的减少等，而这在某种程度上也是由立法机关对校园激进主义的打压所引发的。尽管对这一时期最坏情况的预想并未成真，但是大学在 70 年代的资金来源较之于从前的增速有所放缓，因此领导者只能寻找新的创收模式，并采取企业界新的"管理"方法。

---

① J. L. Elias, *A History of Christian Education：Protestant，Catholic，and Orthodox Perspectives*，Malabar, Fla.：Krieger Publishing，2002，chap. 7；A. Gallin, *Negotiating Identity：Catholic Higher Education since 1960*，Notre Dame：University of Notre Dame Press，2000.

由于政府对科研支持的减少，大学开始在企业部门寻找新的合作对象。1980年的《拜杜法案》①（*Bayh-Dole Act*）与《史蒂文森—怀勒技术创新法案》②（*Stevenson-Wydler Act*）对这些努力给予了很大帮助，法案允许大学实验室获得研究的专利权，即使这项研究曾经得到过联邦政府的资助。这些法案鼓励大学将技术授权给企业，并且允许大学持有由职工和学生创建的公司的普通股份。美国国家科学基金会（National Science Foundation, NSF）还在其不断缩减的预算中投入更大比例的资金，以支持带有商业用途的项目研究。大学之所以是有价值的，是因为它能通过技术创新促进经济增长，这一认识逐渐成为公众对于高等教育的主流看法。大学设立"技术转让"办公室，鼓励教师科研成果的商品化，并与公司签署获利丰厚的合同。③

与此同时，大学还修改了入学政策，采用"注册管理"技术。该技术应用了更加积极的市场策略，旨在招收特殊类型的学生，例如可以支付全额学费的学生或 SAT 分数高到能够提高学校声誉的学生。同时对大学进行排名的做法日趋流行，如美国新闻世界报道（U.S.News & World

---

① 《拜杜法案》，由美国国会参议员伯奇·拜尔（Birch Bayh）和罗伯特·杜尔（Robert Dole）提出，1980年由国会通过，1984年又进行了修改。该法案使私人部门享有联邦资助科研成果的专利权成为可能，从而产生了促进科研成果转化的强大动力。其成功之处在于：通过合理的制度安排，为政府、科研机构、产业界三方合作，共同致力于政府资助研发成果的商业运用提供了有效的制度激励，由此加快了技术创新成果产业化的步伐，使得美国在全球竞争中能够继续维持其技术优势，促进了经济繁荣。——译者注

② 《史蒂文森—怀勒技术创新法案》，又称《技术创新法案》，该法案出台于1980年，是美国第一部定义和促进技术转移的法律，明确了联邦实验室的技术转移职责。——译者注

③ S. Slaughter, and L. L. Leslie, *Academic Capitalism：Politics，Policies，and the Entrepreneurial University*, Baltimore：Johns Hopkins University Press, 1997；Derek Bok, *Universities and the Future of America*, Durham, N.C.：Duke University Press, 1990；E. Gould, *The University in a Corporate Culture*, New Haven, Conn.：Yale University Press, 2003.

Report）中所发布的排名，采取一些标准来衡量大学，包括申请学生的人数、申请人录取的比率、注册学生的考试分数等，这些排行榜加剧了大学间对于"适合"生源的争夺。学校也推出了新政策来吸引学生，如奖学金、学费折扣与提前录取等。①

这些活动为大学带来新收入的同时，也增加了支出。购置研究设备、吸引更具商业前景的教师、维系行政办公室的运转来实现知识产权的许可，这些都需要较大的花销，然而这种投资的回报却是不确定的。有的学校拥有可以大量吸金的项目，但大多数学校则没那么幸运。然而，院校间的竞争使得研究型大学很难放弃这些努力。恰恰相反，通行的模式是不断扩张与强化这种应用科学的研究。争取"适合"生源也成为大学一项新的支出。为吸引学生，大学都在努力使自身变得对消费者更加友好，建设新的娱乐设施、建造更多豪华宿舍、拓展学生服务种类等。拥有较为优厚资源的学校为学生提供更多便利设施，并以此吸引学生。结果是，在那十年之间，精英学校与其他高等院校间的差距越来越大。可是即便对于比较富裕的大学而言，不断拓展服务的需求也成为了沉重的负担。无论是在资金充裕还是拮据的学校，领导者都被迫不断关注物质需求，而较少有时间去思考教育目的这一实质性问题。②

大学在投入更多努力，以获取越来越多资源的同时，学生也越来越多地从经济视角来定义教育。就如刺激经济增长被视作高等教育最主要的社会职能一样，高等教育对于个人的价值，也倾向于主要以获取收入的能力加以判定。经济学家已经证实，大学毕业生与高中毕业生的收入差距越来越大（主要是由于工业类职位需求的减少），这些事实也引起了媒体的大量报道。学生表示他们上大学的主要目的就是能够开启职业生涯，这

---

① E. A. Duffy, and I. Goldberg, *Crafting a Class：College Admissions and Financial Aid, 1955-1994.* Princeton, N. J.：Princeton University Press, 1998.

② R. G. Ehrenberg, *Tuition Rising：Why College Costs So Much*, Cambridge：Harvard University Press, 2000.

一点也就不足为奇了。此外，在过去的几十年中，更多的学生将物质上的成功视为人生的主要目标。1966年以来，高等教育研究机构（Higher Education Research Institute）的亚历山大·阿斯廷（Alexander Astin）与他的同事不断围绕大学新生对不同问题的态度进行调研。其中最显著的变化在于学生对"人生最重要的是什么"这个问题的回答。在60年代末期，学生将"建构一个有意义的人生"视作人生最高价值的体现，有80%的新生认为这"非常重要"或是"必要的"。与此同时，只有45%的新生认为"经济上富裕"是"非常重要"或是"必要的"。但是到20世纪70年代，学生的思想重心开始转移，20世纪80年代末期以后，上述两种价值观的支持人数便颠倒过来。①

49

学生价值观发生变化的同时，大学的课程设置也变得更加职业化。60年代末70年代初，大学降低了通识教育的标准，学生将这些课程替换为职业导向的课程。传统的学术课程在学生研修总课程中只占据了很小比例。70年代至80年代，高等院校迅速扩大了职业化课程的范围、实用领域的专业，如商业管理和通信等，使得英语、经济学、历史学等过去受欢迎的专业逐渐被边缘化。只有一些最著名的大学仍保持着强烈的人文气息。这些学校之所以能够不受职业化趋势的影响，是因为这里的大多数学生打算申请法学、医学、商业等学科的研究生项目。②

尽管许多教师与管理者对这样的趋势表示担忧，却难以改变。首先，通识教育的复兴面临诸多挑战。学生在课程选择上倾向于灵活的课程，而教师则倾向于在其学科内教授专业课程，所以新的通识教育很难获得普遍支持。其次，随着知识边界的扩大，想要让大家意识到"某一特定课程对于所有学生的必要性"也变得愈加困难。此外，在过去的几十年，政治冲

① A. Astin, et al., *The American Freshman：Thirty-Five Year Trends*, Los Angeles：Higher Education Research Institute, Graduate School of Education and Information Studies, University of California, Los Angeles, 2002, pp.16-17.

② 参见《高等教育纪事年鉴》(*Chronicle of Higher Education Almanac*)，来查看各个领域的学位列表。

突也给通识教育的复兴带来了挑战。20世纪80年代末，几所大学试图为本科生重新设置核心课程。教师试图开展关于种族与性别问题的研究，却引发了公众的争议并受到了攻击。最为著名的一个案例发生在斯坦福大学，教育部部长威廉·J.本内特（William J. Bennett）控诉斯坦福教师破坏了西方文化，并屈从于学生施加的政治压力，因为他们修改了大一学生的必读书单，增加了几本女性作者与有色人种作者的书籍。威廉·J.本内特的这一指控引起媒体的广泛关注。①

在反对多元文化课程改革的过程中，还伴随着对大学其他政策的攻击，例如平权法案、言论规则以及旨在打击约会强奸与预防艾滋病的学生宿舍活动等。尽管这些活动遭到了不同的批评，但是反对者认为，这些活动的出现同时证明了大学已经被左派政治化了。虽然像班尼特这样的保守派政治家利用校园争议的方式使这种政治化的控诉显得有些讽刺意味，但是至少在一定程度上来看，这种政治化倾向是真实存在的。此类活动的确是起源于20世纪60年代的抗议运动。然而，考虑到它们在学生们道德养成方面的作用，这些活动还应该被视为大学长远利益的一部分，因为活动提倡者们希望灌输的美德当中强调了学生们的同情心、宽容与正义。②

尽管政治斗争延缓了课程改革的进程，但并没有使其完全脱离轨道。过去的二十年，许多大学采取措施强化通识教育，其中包括多元文化课程等。美国高等院校协会（American Association of Colleges and Universities, AAC & U）领导了此次运动，同时资助了一些旨在发展通识教育示范课

---

① W. B. Carnochan, *The Battleground of the Curriculum：Liberal Education and the American Experience：Stanford*，Calif.：Stanford University Press，1993.

② J. Arthur, and A. Shapiro, *Campus Wars：Multiculturalism and the Politics of Difference*：Boulder：Westview Press，1995；Patricia Aufderheide, ed, *Beyond PC：Toward a Politics of Understanding*，St. Paul，Minn.：Graywolf Press，1992；John K. Wilson, *The Myth of Political Correctness：The Conservative Attack on Higher Education*，Durham，N. C.：Duke University Press，1995.

程和复兴博雅教育的课程。美国高等院校协会的成功，一部分取决于其对于当代大学生物质主义倾向的务实态度。他们没有抱怨主流的职业化专业，而是与大学合作，寻求灌输博雅教育价值观念的方式，例如将批判性思维融入课程中。[①]

对于大学生物质主义与性格冷漠的担忧还推动了新项目的实施，促进了高校学生的公民参与。其中最成功的举措当属"服务学习"，将社区服务融入高等院校的必修课程。服务学习是由以校园联盟（Campus Compact）为代表的众多组织机构提出的。校园联盟由几位大学校长于1985 年创立，旨在激发学生的志愿精神。20 世纪 90 年代，校园联盟迅速发展（到 21 世纪初发展到 900 多个成员学校）并开设一些项目，目的在于强化学校责任，进而提高学生的社区参与度。过去的几年中，主流专业协会包括美国高等院校协会与美国教育委员会（American Council on Education，ACE）等机构实施了关于大学公民教育的新举措。此外，一些私立大学还开设了创新型项目，如专门的道德与公民教育中心、关于新课程的提议以及学生生活的相关项目等。[②]

同一时期，具有宗教从属性质的院校也开始采取措施去复兴其宗教与道德教育使命。1990 年，若望·保禄二世（John Paul II）[③] 教宗发布了一份旨在强化天主教会与天主教大学之间联系的文件，即《天主教大学

51

---

① 关于美国高等院校协会项目的更多信息，参见 www.aacu-edu.org。

② 关于校园联盟的更多信息，参见 www.compuscompact.org，以及 Matthew Hartley, and Elizabeth L. Hollander，"The Elusive Ideal：Civic Learning and Higher Education"，*The Public Schools*，edited by Susan Fuhrman and Marvin Lazerson，New York：Oxford University Press，2005。关于其他推进公民参与的举措，参见 Anne Colby, et al., eds. *Educating Citizens：Preparing America's Undergraduates for Lives of Moral and Civic Responsibility*，San Francisco：Templeton Foundation，2003。

③ 若望·保禄二世（拉丁语：Ioannes Paulus PP. II；英语：John Paul II），是罗马天主教第264 任教宗，梵蒂冈国家元首。若望·保禄二世生于波兰，1978 年 10 月 16 日被选为教宗，是第一个成为教宗的斯拉夫人，也是自 1522 年哈德良六世后第一位非意大利人教宗。——译者注

宪章》（*Ex Corde Ecclesiae*）。[1] 该文件呼吁天主教大学雇佣以天主教徒为主体的教师队伍，选任天主教徒作为校长，并要保证董事会成员以天主教徒为主。文件还要求教授神学的教师必须拥有主教的"任命授权"，以保证其对天主教的虔诚。美国天主教院校的领导者最初抵制该文件的规定，十年后，他们却开始寻求不同的方式来强化大学的天主教特征。一些大学甚至严禁出现与天主教教义相悖的行为，诸如部分团体所倡导的堕胎权利等，一些学校则赞助那些能够使学生更广泛地参与到教会传统活动中的项目。与此同时，莉莉·恩多蒙特（Lily Endowment）还赞助了一个有关宗教与高等教育的项目，在天主教院校与新教附属院校中加强广义上的基督教教育。作为该项目的成果，一些大学成立了促进宗教研究和宗教教学的学术中心。此外，保守的新教院校尽管从 21 世纪初开始已经处于高等教育的边缘地带，这类院校也在此期间努力提升其公众形象与教育的合法性。基督教高等院校委员会（Council of Christian Colleges and Universities，CCC & U）成立于 1976 年，旨在加强"以基督教为核心"的成员校在财政、管理、教师队伍和学术声誉方面的实力。成立之初，基督教高等院校委员会只有 38 个成员，30 年后已发展到约 100 个成员，其中还不包括一些新兴的基督教院校，如利博帝大学（Liberty University）或帕特里克亨利学院（Patrick Henry College）。[2]

---

[1] 天主教大学宪章（拉丁语：Ex Corde Ecclesiae；英语：From the heart of the Church），是天主教教宗若望·保禄二世于 1900 年发布的一篇宗座宪章，其为天主教办学理念提出了呼吁，提倡在教育时不应只注重技术的传授，也要关注伦理精神的培育。同时该宪章针对天主教大学的规章做出总论的规范。——译者注

[2] A. Gallin, ed, *Ex Corde Ecclestae：Documents Concerning Reception and Implementation*, Notre Dame.：University of Notre Dame Press, 2006；Beth McMurtrie, "Silence, Not Confrontation, Over 'Mandatum'", *Chronicle of Higher Education*, June 14, 2002. 在莉莉·恩多蒙特的网站上还有很多相关链接可以查看由莉莉资助的中心：www. lilyendowment.org. 更多关于基督教高等院校委员会的信息，参见 www.cccu.org。

未来何去何从？

  过去 20 年的发展历程展现出教育家们对大学生道德养成问题的持续关注。尽管他们的努力对高校实践活动产生了一定的影响，但并没有完全改变那些制约高校道德教育使命的主导价值观，即注重物质利益、个体选择、专业化以及价值中立研究，并在制度方面谨小慎微。当前对道德教育的关注是会迅速降温，还是会不断增强，并最终改变高等教育的大方向，进而产生一种道德教育的新形式，现在作出判断还为时尚早。其结果很大程度上取决于学校教师、行政人员以及学生是否能解决美国高等教育历史发展进程中所出现的种种难题：包括如何在强调道德养成的同时尊重多样性？如何平衡思想自由、言论自由与道德教育理念之间的关系？如何处理道德与政治、道德与宗教的关系？如何平衡高等教育多样化的使命？如何使个人和高校的自身利益与道德需要协调一致？

52

第二部分

大 学 何 为?

第三章　追求卓越：回应斯坦利·费希

伊丽莎白·基斯（Elizabeth Kiss）

J. 彼得·尤本（J. Peter Euben）

　　大学是否应该开展道德教育并帮助学生提升公民责任感？当今时代，每一个主要的美国社会机构都充斥着道德丑闻，包括商界、政府、教会、媒体和军队，关于大学生校园不端行为的报道也屡见于电视广播中。一场新的辩论正悄然拉开帷幕，即高等教育在道德和公民教育中应当扮演何种角色？

　　辩论的一方来自教育工作者，这一群体如德里克·博克、安妮·科尔比、汤姆·欧立希①及数百位大学校长，人数虽较少却不断增加。他们都签署了校园联盟的"高等教育之公民责任公告"（Declaration on the Civic Responsibility of Higher Education）或美国大学联盟（American Association of Colleges and Universities）的"个人与公民责任感教育的核心承诺"（Core Commitment to Educate Students for Personal and Civic Responsibility）。② 这些教育工作者声称，引导青年具备道德与公民责任应

---

① Derek Bok, *Universities and the Future of America*, Durham, N.C.：Duke University Press, 1990；Derek Bok, *Our Underachieving Colleges*. Princeton, N. J.：Princeton University Press, 2006；Anne Colby, Elizabeth Beaumont, Thomas Ehrlich, and John Corngold, *Educating for Democracy*：*Preparing Undergraduates for Responsible Political Engagement*, San Francisco：Jossey-Bass, 2007.

② 校园联盟，"关于高等教育公民责任感的校长宣言"起草于 1999 年，至今已有 563 位校长签署。参见 http：//www.compact.org（2008 年 2 月 12 日相关内容）。美国大学联盟的核心项目"呼吁行动"于 2007 年发布，至今已有 169 位校长签署。参见 http：//www.aacu.org（2008 年 2 月 12 日相关内容）。

该是高等教育机构的第一要务。他们认为，既然上大学会不可避免地塑造学生的品格、习惯与态度，那么大学应该更加有意识地投入努力，在课程、课外活动及校园文化中采取多种多样的途径来提升学生的道德水平，促进其公民发展。这种努力帮助大学重新与通识教育所鼓励的目标建立联系，并恢复了对这一目标的追求。更好地用知识、技能与态度武装毕业生，使其成为复杂的民主社会中有思想的且积极参与的公民。最终这种努力也有助于改善美国青年人正直品格的衰退、政治参与的减少以及对公共善的日趋淡漠等一系列令人困扰的问题。

其他学者并不认同上述观点。最强有力的批评者是原伊利诺伊大学芝加哥分校文理学院院长，杰出的、极具影响力的学者斯坦利·费希。他在《高等教育纪事报》（*Chronicle of Higher Education*）与《纽约时报》中发表了一系列带有煽动性标题的文章，如《浅希近求》（*Aim Low*）、《在我们自己的时代拯救世界》（*Save the World on Your Own Time*）及《我们为何建造象牙塔》（*Why We Built the Ivory Tower*）等。费希认为，大学将道德和公民教育作为目标是"糟糕"且"不可行的"。在他看来，大学应该追求学术上的目标，而非道德教育。全体教师应该努力将学生培养成为优秀的研究者，而且要避免课堂之外任何试图塑造学生品格与生活的行为，任何为道德和公民教育所做的努力都注定会陷入教条主义与党派偏见的危险之中。①

尽管拥护者坚信道德和公民教育有助于拯救学术界的灵魂，费希却认为这会从根本上腐蚀它。他们的争论因此涉及"高等教育的本质与目的"及"大学与社会的关系"等重要问题。

---

① 本文引用费希如下文章：Stanley Fish, "Is Everything Political?" *Chronicle of Higher Education*, March 29, 2002, http：//chronide.com；Stanley Fish, "The Same Old Song", *Chronicle of Higher Education*, July 11, 2003, http：//chronicle.com；Stanley Fish, "Intellectual Diversity：The Trojan Horse of a Dark Design", *Chronicle of Higher Education*, February 13, 2004, p.B23, http：//chronide.com；Stanley Fish, "Why We Built the Ivory Tower", *New York Times*, May 21, 2004, p.A23。

　　道德和公民教育的支持者与实践者是否应该认真地对待费希的观点？不可否认，费希的观点在学界内外拥有众多支持者。更讽刺的是，这些观点也为他赢得了意想不到的朋友，其中包括令人讨厌的保守派戴维·霍罗维茨（David Horowitz），对其高度赞许（"我要为斯坦利·费希的孤身努力而鼓掌……他致力于使大学复归其知识价值"）。[①] 尽管成为保守派评论家的谈资可能不是费希教授的初衷，[②] 在学术圈内掀起波澜却是他的本意。掀起波澜可能是一件好事，我们有必要对费希的观点进行仔细审视。

　　事实证明，费希的部分观点被人们很好地接受了。他对道德和公民教育中一些不切实际的主张的质疑是正确的。他呼吁开展学术研究要秉持谦逊诚实的态度，这既有说服力又令人耳目一新。同时，他强调党派知识与"门徒训练"的危险，并担心道德与公民承诺会混淆教学与党派宣传，从而扭曲学校的核心价值观，他的这种担忧是合理且重要的。总而言之，　59
他在论文中阐明了需要建立一些标准来衡量道德和公民教育知识的准确性与完整性，并以此与"政治"教育和"政治化"教育进行区分。[③]

　　但费希自身并没有设立这样的衡量标准，而是以一个讲究修辞却缺乏逻辑的方式批评了整个道德和公民教育体系，这种方式依赖于"知识"学习与"道德"学习、"学术"活动与"政治"活动的对立二分。他坚持认为，没有任何形式的道德和公民教育能完全体现如严谨的分析、对多种观点的关注以及对真理的追求等学术优点。很显然，民主的公民权除了体现党派的政治主张，也不能意味着什么。大学的**唯一**目标应是进行学术研究，并培养未来的研究者。因此，任何使我们关注学生课余生活的尝试都

---

① Jamie Glazov, "The University Is Not a Political Party, or Is It?" Frontpagemagazine. com, March 28, 2003.

② 的确，费希随后继续对霍罗维茨提出的《学术权利法案》进行记载。Stanley Fish, "Intellectual Diversity: The Trojan Horse of a Dark Design", *Chronicle of Higher Education*, February 13, 2004, p.B23, http://chronide.com.

③ J. Peter Euben, *Corrupting Youth: Political Education, Democratic Culture, and Political Theory*, Princeton, N. J.: Princeton University Press, 1997, pp.49-51.

无异于训练门徒和灌输。费希反对学术上的"浅希近求",这最终反映的不是对学术诚信和谦逊的明智承诺,而是教条地以狭隘的、区分化的视角看待高等教育,忽略了对人文科学传统核心的洞悉,即培养学生倾听、思考、辩论,超越个人观点的局限性看问题,与他人商议并得出理性判断等能力,对于道德与公民生活和学术成就同等重要。费希教授全面彻底的批评,为那些希望探讨并最终改善道德教育的人提供了重要的研究领域,但对这一领域的详细研究将依赖于对费希讨论框架中所涉及的术语的反驳。

让我们更具体地思考一下费希的论述。他的观点集中在关于道德和公民教育的四个紧密相关论点上:第一,道德和公民教育是"不可行的"。因为"课堂中发生的事情"与"生活的最终形态"之间"有太多中间变量,大多的不可控因素"。你"不能使别人(你的学生)变成好人,你也不应该试图这样做"(《浅希近求》)。

第二,道德和公民教育是一个"糟糕的想法",因为这要用到危险的且在学术上已经被废弃的教学方法——"门徒制"——来"决定学生的行为与价值观"(《浅希近求》)。

第三,道德和公民教育并非我们的本职工作。"毫无疑问,我们应该鼓励青年人践行公民责任和道德行为,但这并不是大学的任务,除非该道德问题涉及对作弊、剽窃与低劣教学的处罚"(《我们为何建造象牙塔》)。

最后,道德和公民教育违背了学术工作的核心规范与要求。我们作为学者的任务"不是改变世界,而是解释世界"(《我们为何建造象牙塔》),是提供"对智力问题精准的描述,并给出可能的解决方案"(《老调重弹》)。道德和公民教育使学术与政治间原有清晰的界限变得模糊,但如果大学试图保持其完整性并最终得到社会的支持,则必须确保对这一界限的控制。事实上,"学者或是学术机构阐明道德立场"是不道德的,大学或大学行政人员"对任何社会、政治或道德问题表明立场"也是不道德的(《在我们自己的时代拯救世界》)。

费希的第一个观点,即道德和公民教育是"不可行的",其理由是无论何种课程,甚至是整个课程体系,所产生的作用都十分有限且无法预料。这一观点在本质上呼吁教学和研究中应秉持谦逊态度。他告诫教师应该清楚自己对学生影响的有限性，并意识到他们几乎没有可能"决定学生会利用你所提供的知识做些什么"（《浅希近求》）。通过回顾他所授学科变化的纷乱历程，即从一个以"宏大理论"为主导的时期回归到更为适度的、传统的文本分析的方法，费希反对那种为推动学术而认为自己的理论适用于万物的狂妄自大，例如声称"如果你跟随我们学习，你的思维会更加敏捷，你的性格会得到更好的改善，你的政治见解会更加纯正，世界都会更加美好"（《老调重弹》）。相反，他认为学术工作是狭义的、有技巧的，并敦促教师按照学科要求传授知识和技能。

从许多方面看来，这一切都是明智且吸引人的。道德和公民教育的支持者和其他教育空想家与改革者一样，都不可过于自信或夸大自己所付出的努力。[①] 例如，每一代教育家都乐于为青年人的道德缺失叹息，并提出他们的解决方案，作为解决美国在公民能力方面缺陷的灵丹妙药。费希正确地指出了这种危险，并认为现代大学"以不可预测的、随意的方式……来塑造青年人"（《浅希近求》）。然而，令人好奇的是，他从未提及他的一个主要批评对象——《教育公民》（*Educating Citizen*）一书的开篇中，民权运动家弗吉尼亚·福斯特·杜尔（Virginia Foster Durr）在韦尔斯利学院（Wellesley College）的教育经历，该书尖锐地指出了上述局限。作者在书的首页写道："我们以这个故事开头，不是因为弗吉尼亚在大学期间发生了巨大的变化，而是因为她在大学中的经历在相当长的一段时间内发挥了重要作用，从升入大学之前就已开始，并持续到毕业之后的很多年。"[②] 弗吉尼亚于20世纪20年代早期进入韦尔斯利学院学习，这段教育经历对她的人生产生了延迟性的深远影响，这出于学校在"唤醒对知识的兴趣，敢于质疑，并培养理解世界的新方式"上的有意努力，以及更

61

---

① 本文中朱莉·鲁本的文章从更早前的教育改革运动中提供了关于这一倾向的生动案例。

② Anne Colby, et al., eds, *Educating Citizens：Preparing America's Undergraduates for Lives of Moral and Civic Responsibility*, San Francisco：Templeton Foundation, 2003, p.1.

多"偶然的"影响，甚至最终改变了她的人生轨迹。同样，根据《教育公民》作者们的观点，道德和公民教育并不会"改变"学生，而是会"推动学生一直沿着能赋予他们所需要的理解力、动力与技能的道路前进，以应对公民参与的挑战"。[①] 费希并没有深思教育在这方面的力量，它的作用就像一个铁轨转辙器，微小却持久地改变着学生的人生方向。他也没有考虑到如柏拉图和保罗·弗莱雷（Paolo Freire）等不同的理论家提出的对教育进行激进改革的设想，他们都（或好或坏地）改变了我们对教育本身的理解，并向我们展示了教育与社会结构之间的强大关联。

当然，教师在道德和公民教育领域内影响力的有限性并不能成为反对道德和公民教育的理由，只能用来反对对道德和公民教育的过高期待。毕竟，费希也认为，教师培养学生成为优秀学术研究者的能力是有限的，但这并不足以成为教师放弃追求这一目标的理由。区别在于对费希而言，道德和公民教育不仅是不可行的，还是"一个糟糕的想法"。用他的话讲，"你根本没有机会（缺少门徒训练，尽管其本身也是备受质疑且危险的）去决定生活中学生在这些方面的行为与价值观，严格来讲这并不是关乎学术的……你不能使他们成为好人，你也不应该试图这样做"（《浅希近求》）。

强调"决定"学生的行为与价值观以及"使得"他们成为好人这一观点，表明了在费希看来，道德和公民教育旨在让学生养成一种特定的道德和公民行为。他阐明了他对道德和公民教育的最终目标和方法的理解，称"大学只有在可以预先决定哪种道德与公民观念是正确的，并投入学术资源及精力去实现这些观念的情况下，才能够参与到道德和公民教育之中"（《我们为何建造象牙塔》）。

现在，这显然是一场奇怪的争论。费希教授很高兴地承认，在学校中一切都是可以并且应该是可以争辩的，并将这一准则应用到其文学理论

[①] Anne Colby, et al., eds, *Educating Citizens：Preparing America's Undergraduates for Lives of Moral and Civic Responsibility*, San Francisco：Templeton Foundation, 2003, p.21.

的研究领域中。例如，在讲授弥尔顿时，他通常让学生思考并讨论对弥尔顿不同的解读。但他似乎不愿意设想道德教育课以这样的方式去辩论及探讨争议性问题，例如，让学生讨论是否支持人权、干细胞研究以及国际刑事法庭；或是涉及研究对孔子道德观或对安提戈涅的不同理解；抑或是思考实现社会的公正性或教育政策的不同途径，以及二者各自的优缺点。被普遍认同的观点是，道德和公民教育的目标正是帮助学生思考道德与政治问题，培养他们的道德想象力与道德推理能力，且帮助他们形成并捍卫自己的观点，即使这些观点会挑战教授的权威。而要实现这个目标，需要采用协商与对话式的教学方法，**不能**通过门徒制或灌输的方法来实现。

有的教师滥用职权，将自己的道德与政治观点强加给学生，或是以不诚实的、带有党派偏见的方式授课，这样的教师都不是在用可争辩的形式进行道德和公民教育。费希教授举了几个这样的例子，有的教师在课程描述中提出不接受保守派学生的要求，有的教师表示他课程的目的是教授"和平、自由、多元化……并批判美国的单边主义"（《在我们自己的时代拯救世界》）。这些都是应当受到谴责的做法，道德和公民教育的支持者应该与费希教授一同公开谴责它们。

对灌输的危险进行警示是一回事，然而，就像费希教授所做的那样，建议只能以党派与意识形态的方式进行道德教育又是另外一回事了。费希主张，任何形式的道德和公民教育都不能始终体现学术的优点，如严谨的分析、对不同观点的关注以及对真理的追求，借此他将一切关于道德教育教学法的讨论排除在外。

确实，费希在一系列关于道德和公民教育的文章中很少谈及教学法，而他对该问题的看法也偶尔与自己的主要观点背道而驰，这引起了人们的注意。例如，尽管他声称学术工作需要接纳"正反两方观点"（《我们为何建造象牙塔》），但他还主张，教学的任务不是"唤醒学生的批判性思维"，而是提供"材料"，"让学生掌握他们所未知的领域"（《浅希近求》）。在这一过程中，教师试图让学生认同自己的立场，只要这种立场与学术及学科问题相关，而与道德无关，那么这就无可厚非。正如他与斯蒂芬·鲍尔奇

63

(Stephen Balch)交流时所说："我在弥尔顿或是法律理论课堂上所教授的内容都是可以争辩的，但这并不意味着我应该控制自己，不让学生接受我正确的观点。"①

为什么教师在文学课堂上大力宣传自己的观点是合适的，而在道德课堂上却不是？原因不甚明朗。费希一方面坚持学术工作中需要展现不同的观点，另一方面赞成教师在非道德问题上有内行人的主张，这两者明显不一致，表明了在道德和公民教育领域需要从教学法维度进行更为细致的讨论。例如，在提出道德与公民问题的课堂上，要保持一个公正且开放的心态去面对不同的观点，这需要做些什么？教师是否需要保持价值中立，并不向学生透露个人的道德与政治取向？或者有着强有力主张的教师可否营造一种鼓励学生提出并维护自己观点的氛围，即便他们的主张与教授的相悖？这些都是棘手却重要的问题。为道德教学所做出的努力无疑被灌输所败坏，类似的危险来自于更多普遍的、学者们持有的道德立场，这向学生传达了"没有一种价值体系值得去捍卫"的观点，强化了时下较为流行、缺乏判断力的道德相对主义与道德冷漠的形式。② 最终，教师应怎样以身作则，来帮助学生调控处于道德生活核心的批判与承诺间的紧张关系，同时将不断的自我批评与肯定、维护道德责任相结合？③ 作为道德和公民教育的支持者，我们需要思考并讨论教师该怎样设计课程、怎样营造课堂的动态系统，以确保不同观点都能得到平等的展现，并欢迎提出反对

---

① Jamie Glazov，"The University Is Not a Political Party，or Is It?" Frontpagemagazine. com，March 28，2003，pp.9-10. 费希的意见使鲍尔奇意识到，尽管有很多途径都能成为一名好教师，如果应用到本科课程中，费希对自己教学方法的描述，"即便充满智慧，但也会适得其反。教授可以宣扬自己的思想，但是在一些学科问题本身比较复杂和模糊的领域，好的教师需要在一定程度上涵盖一些思想家的异见"。

② 学界关于这些意见及他们共识的有趣探讨，参见 Andrew Light，"Public Environmental Philosophy"，*Higher Education Exchange*，edited by David White Brown and Deborah Witte，Dayton，Ohio：Kettering Foundation，2003。

③ Geoffrey Harpham，*Shadow of Ethics：Criticism and the Just Society*，Durham，N.C.：Duke University Press，1999，pp.x-xi.

意见（包括与我们自己的教育理念相反的意见）。费希的批评只指出了我们应该避开的一些危险，却未给出积极的指导意见。

尽管如此，费希可能还是会反驳，即便道德和公民教育的支持者强调对话与协商式教学法的重要性，但依旧"预先决定了何种道德与公民观念是正确的"，进而投入"学术资源与人力去实现观念的传播"（《我们为何建造象牙塔》），难道不是这样么？《教育公民》一书以弗吉尼亚·杜尔的故事作为开篇，刻画了一个来自南部上流社会种族主义家庭的年轻白人女子，她在韦尔斯利学院的经历挑战了她原有的认知与价值观，并推动了她在道德、知识与政治上的成长，使她最终成为一名黑人选举权的拥护者与人头税的反对者。杜尔选修的经济学课程让她认识到贫穷不只是简单的性格缺陷，而是政治与经济结构的产物。韦尔斯利餐厅的规定强迫她与非裔学生同坐一张餐桌，这是她最初坚决反对做的事。难道韦尔斯利教职工所使用的方法不相当于费希所谴责的狭隘的党派宣传形式么？

这里，我们面对着道德教育讨论的一个关键点。在校园中培养核心民主原则，鼓励甚至偶尔强迫学生平等地尊重具有不同种族、文化、宗教及意识形态的人，这种方式是否算作无正当理由的灌输？通识教育是否可以被理解为在本质上与平等、尊敬的民主原则相关联，并被这些民主原则所强化？换句话说，韦尔斯利学院坚持让弗吉尼亚·杜尔同伴般地对待非裔美国学生，这一想法可以追溯到学术价值观上，即在一个充满自由、严谨探究的社区中，评判人的依据应该是思想和观点，而非肤色。费希认为，民主价值观与学术价值观是完全不同的，尽管"尊重他人"与言论自由是合法的民主价值观，并不是学校的核心价值，会败坏学术价值（《浅希近求》、《老调重弹》）。在这一点上，费希与《教育公民》的作者对通识教育本质的认识从根本上是不同的。

弗吉尼亚·杜尔的经济学教授为她布置了一项作业——研究她的家乡阿拉巴马州一个炼钢工人的家庭收入与支出，并为其制定一份预算，这有何用意？显然，他有意质疑弗吉尼亚关于贫穷缺乏证据的假设。教师以质疑学生过于简单的假设、培养其批判性思维、增进其对复杂事物的理解

65

能力作为教学目标的做法是否恰当？（和其他地方一样，麻烦在细节，大家都希望这位教授能够同样质疑那些在课堂上自信地讲述自由福利主义理论或是马克思主义结构主义理论的学生，阐述跨代贫穷的文化与心理复杂性。）问题再一次集中在教学法上：从某种程度上讲，道德和公民教育依赖于大量假设之上，让学生为成为民主公民做准备，那么在实现这一目标过程中所使用的方法，是应采用如理查德·弗拉思曼（Richard Flathman）所说的"强加与灌输"的方法，还是让学生参与到一个开放的批判性探究过程中？彼得·尤本将这两者的不同阐述为"政治"教育与"政治化"教育的区别，"政治化教育""将教育对象看作是被动的知识接纳者，依据美好社会的蓝图来塑造他们"。① 而"政治"教育则相反，它注重对学生独立判断能力的培养，包括思考那些与教育者思想与观点相悖的论断。②

最后，也是很重要的一点，根据弗吉尼亚的描述，韦尔斯利教职员工并没有因为她的种族主义观念而欺凌、侮辱她，或阻止她发表自己的看法。事实上，她活跃于南方俱乐部中，《教育公民》的作者注释道：这是一个原本可以轻易强化她原有种族主义观念的课外活动组织，尽管它起到了意外的相反作用。据杜尔所说，她在韦尔斯利的教育经历，无论是有意识的还是偶然的，都教会了她非常重要的一课："运用自己的头脑并从中获得快乐"，她又补充道："所以我在韦尔斯利的教育经历是颇具解放性的。"③

费希似乎因为这样的表述而遭到了冷落。实际上他认为教师**唯**一正确的立场应该是脱离学生生活的。他认为："发生在学生个体身上的事情无疑是一个有趣的社会学问题，但没有教育者关心这一问题；学生的品格

① J. Peter Euben, *Corrupting Youth*：*Political Education*，*Democratic Culture*，*and Political Theory*，Princeton，N. J.：Princeton University Press，1997，p.50.

② J. Peter Euben, *Corrupting Youth*：*Political Education*，*Democratic Culture*，*and Political Theory*，Princeton，N. J.：Princeton University Press，1997，pp.50-51.

③ Anne Colby，et al.，eds，*Educating Citizens*：*Preparing America's Undergraduates for Lives of Moral and Civic Responsibility*，San Francisco：Templeton Foundation，2003，p.2.

得以塑造，我们的言语与行为将会对这一过程产生影响，但我们不应该将其视为目标。"① 另外，就像费希在其他评论中说的那样，教育者不应该找寻追随者或门徒，也不应该将教育视为灵丹妙药。这一警告逐渐成为了一种流行的论断，即认为教师唯一的行为标准，表面上看就是对学生表现出明显的疏离或不近人情的态度。

由此引出了费希反对公民和道德教育的第三个论点：道德和公民教育不是我们的职责。"毋庸置疑，我们应该鼓励年轻人做有责任感、有道德的公民，但这并不是大学的任务，除非该道德问题涉及对作弊、剽窃与低劣教学的处罚"（《我们为何建造象牙塔》）。

费希的这个观点使许多学者产生共鸣，当被催促推动学生的道德与公民意识发展时，学者们就恼怒地回应道："这不是我们的职责！我们是受雇向学生传授学科知识与进行学术研究的，而不是为下一代做道德导师。"

诚然，费希肯定了"学术美德"的重要性，他将其解释为"应在教学、研究与出版等学术活动过程中体现的道德"。他认为，教师"应该按时上课，准备教学大纲，教授既定内容，紧跟其领域的研究前沿，及时批改作业与论文，确保固定办公时间，给予学生学术（非政治或道德）建议……研究者不应该伪造证书、编造事实、捏造证据，或是忽略不利于得出他想要的结论的数据"（《在我们自己的时代拯救世界》）。他还赞许地引用了詹姆斯·墨菲（James Murphy）关于智性美德的研究，称在课堂上唯一准许的道德主张即是关于"智性美德"的主张，例如"认真仔细、坚持不懈、诚实守信"，并认真"追求真理"（《在我们自己的时代拯救世界》）。因此，教师可以并应该努力培养学生的智性美德，制定高标准，并让学生坚守这些标准，同时，大学应该在研究行为中倡导对学术的诚信和道德。

费希对于学术诚信与智性美德的强烈呼吁是非常重要且备受欢迎的。

67

---

① Jamie Glazov, "The University Is Not a Political Party, or Is It?", Frontpagemagazine. com, March 28, 2003, p.6.

学校在自己的核心工作中对这些道德问题鲜有关注。然而，令人好奇的是，尽管这些行为得到了如《教育公民》作者们的广泛讨论，但费希并没有将其作为最近支持道德和公民教育运动的组成部分。[①] 相反，他将批评的目标转向了一些更宽泛的问题："我们应该怎样生活"，这样的问题与学术生活并没有联系，因为二者完全是两码事。

然而费希对于学术和智性美德（学者们能够并应该教授的）与其他美德（不是我们教学的职责）的划分至少存在两点疑问。第一，对于像学术诚信这样严肃话题的讨论，不可避免地要提及生活其他领域的品德问题。教授科研伦理的人明白，学术原创与引用会迅速地转向更深层的道德与政治问题，从尊重与诚实，到不同权力阶层的人们怎样对待彼此，再到专业的规范准则如何被界定、质疑并修正。无论是品德本身，还是作为学者、教师与学生的生活，都不是像费希所说的那样能够被清楚明确地划分的。

第二，坚称大学的"职责"是"产出与传播学术知识，并训练那些在未来接此重任的人"（《老调重弹》）。费希忽略了本科生通识教育、专业和职业教育、宿舍生活，及美国大学校园的课外活动等许多方面。[②] 他所描述的学术机构为社区学院、"拓展合作与技术转让办公室"[③] 留下了有限的空间，为那些希望提升专业能力的年长学生，或是所有的职前教育几乎没有留下任何空间。这样说来，假设一个护理学、药学或是法学的教授一定会明智地避免在课堂外对学生的行为施加影响，原因仅是"不是她的职责"所应关心的事，这就违背了专业教育的首要目标。

尽管费希正确地指出了教师对学生生活影响的有限性，鉴于来自家

---

① Anne Colby, et al., eds, *Educating Citizens：Preparing America's Undergraduates for Lives of Moral and Civic Responsibility*，San Francisco：Templeton Foundation，2003，参见 230 页 35、76、78。

② 这一点也被彼得·莱文所强调，参见 Peter Levine, "Stanley Fish vs. Civic Engagement"，May 25, 2004, http：//www.peterlevine.ws（参见 2006 年 8 月 16 日相关内容）。

③ Peter Levine, "Stanley Fish vs. Civic Engagement", May 25, 2004, http：//www. peterlevine.ws（参见 2006 年 8 月 16 日相关内容），p.2.

庭、朋辈与流行文化的种种影响，大学在学生道德探索与认同形成的关键时期扮演着重要角色，这点对于传统时代的大学生尤为突出。避免对学生在课堂外道德发展的担忧，以及拒绝信奉根植于通识教育与民主中的道德品质与理想，这都是对理性生活与学术的社会价值的放弃。类似这样的道德沉默在大学中屡见不鲜，甚至在道德准则中也是普遍存在的。但是在深层意义上讲，当我们避免谈论美好生活与理想的个人行为时，我们也抛弃了我们的学生。正如戴维·布鲁克斯在一篇描述精英大学学生的犀利文章中提及到的那样，"当触及品格与品德问题时，青年人就只能靠自己了"①。

事实上很奇怪的是，费希承认"我们应该鼓励青年人做有责任感、有道德的公民"，但接着又坚持"这并不是大学的任务"（《我们为何建造象牙塔》）。尤其是住宿制大学，是学生24小时的生活场所，在很多情况下那里是学生多年内全部的社交界。如果大学不去思考课程与环境可能会对学生的价值观与行为产生怎样的影响，那么又该由谁来思考？尤其是大学本科阶段，是学生道德发展和自我认知形成的重要阶段。②费希认为高等教育机构对于学生生活与价值观的影响十分有限，尽管这一点是正确的，但这一点上如果这些机构不做出任何反省与有意的努力，则会使学生（或者至少是那些不从事学术工作的学生）陷于"消费主义、享乐主义、追名逐利"（彼得·莱文）之中。③

这又为我们引出了费希的第四个，也是最后一个论点，即道德和公民教育违背了学术工作的核心规范与要求。对学者及高等教育机构而言，69
将道德和公民教育作为目标会威胁到学术事业的诚信。费希认为，我们应该着眼于作为学者这个职业的本质与精髓。对他来说，我们的目的"不是改变世界，而是解释世界"（《我们为何建造了象牙塔》），并提供"学术问题精准的描述与可行的解决方案"（《老调重弹》）。道德和公民教育使得学

---

① David Brooks, "The Organization Kid", *Atlantic Monthly*, April 2001, p.53.

② William G. Jr.Perry, *Forms of Ethical and Intellectual Development in the College Years*, San Francisco：Jossey-Bass, 1999.

③ Peter Levine, "Stanley Fish vs. Civic Engagement", May 25, 2004, p.3.

术与政治间清晰的界限变得模糊，但如果大学要保持诚信并得到社会支持，则必须对这一界限进行监管。事实上，"学者或是学术机构发表道德观点这一行为是不道德的"，任何大学或大学官员"在社会、政治或道德问题上表明立场"也是不道德的（《在我们自己的时代拯救世界》）。

费希在这里呼吁学界对学术诚信给予更加宽泛的理解，这并不是指禁止作弊与剽窃，而是尽职尽责，保护学术的真实性，使其避免因外界压力的威胁而腐坏变质。这些外界压力来自于"学生……信托人、捐赠者、政客、家长及普通大众中的相关者"（《一切都是政治吗?》），还有"资本入侵"以及"道德入侵"（《浅希近求》）。

用费希的话来讲，他从战略和原则两方面阐述了对学术工作与其他事情之间的界限进行监管的缘由。战略上，鉴于近来美国政局形势，我们怀疑他担心那些有可能对大学道德和公民教育起导向作用的人是保守的原教旨主义者，他们要求控制课程设置、学术标准与教师聘用。原则上，正如费希所认为的那样，学术工作的质量取决于问题的狭隘性与目的的纯粹。学者们所要做的是解释世界，而不是努力改变它。他们回避一些与之有相关性的问题的诱惑与政治影响，专注于认真谨慎地追求真理。费希明确地将其上升为一个原则："你所专注的领域越精准越狭小，你所取得的成果越有可能对你毅然忽略的、范围更大的问题有益。社会不需要学者提出宏大计划与宏伟蓝图，而是需要学者们形成精准的学术问题与可行的解决方案。"费希很好地唤起了他的同行们对这份"精益求精的匠人般的工作"的热忱，强烈号召学者们满足于专心做一件具体的事，例如"翻译一首诗、排列一组基因、描述一种文化、发现一段过去"，如果做得很好，他们可能会"创造出全人类都不愿让其消逝的事物"（《老调重弹》）。

费希劝说学术研究应当"走向深入"，抵制肤浅地将事物关联在一起，这强有力地证明了当今学术界"现代主义"（presentism）的危险。①

---

① 关于"现代主义"，参见 J. Peter Euben, *Platonic Noise*, N. J.：Princeton University Press, 2003, pp.7-8。

渴求与学生的生活及时代的问题进行关联，很容易会减少或消除一个学者研究工作的范围、细微性、原创性及独立性。费希清醒地认识到，对于学术而言，参与的准则与选举政治截然不同。对真理的寻求使学者们需要有更为严格的职责：我们希望学者在做出学术解释和判断时，能比说客或激进主义分子更加谨慎。彼得·莱文在巧妙地批判了费希的同时，很好地总结了他的观点："我们希望学者与政客、激进主义分子不同，能深思远虑，少受眼前利益的影响，少依附政党，能更加开放地与对手进行论战，提供更具复杂性和精妙性的见解。"[1]

然而，讽刺的是，费希使用对学术严谨性的辩护来证明对"独特工作"这一粗略分类的合理性，却又不能公正对待学术的准则以及社会氛围的规范，费希将这种社会氛围作为学术的衬托。费希声称学者的职责是解释世界而非改变世界，同时学者也"不应扮演这样的角色"（《我们为何建造象牙塔》）。

但正如莱文所言，费希只寻求黑与白，而实际上却存在着"一大片灰色区域"。谨慎的学者也可以渴望改变世界，方式之一就是他们通过提出对世界新的解释来支持一种公共行动或其他行为。费希区分了"解释"与"公民参与"或"社会变革"，但像他的批判所基于的许多二分法那样，两者的界限并不像他想要呈现的那么清晰。科学家研究全球变暖，心理学家探究媒体暴力与青年人行为之间的联系，律师考虑专利政策或死刑问题，这些都可能以负责的、严谨的方式影响公开辩论或公共政策，而这正是学者的学术义务所在。此外，正如莱文指出的："立法机关、法庭与管理机构的争论并不缺乏对研究方法争议性的探讨。"[2] 学者们不能也不可以参与政治，就因为他们理应关注真理、证据，并开怀接纳反对意见，这对于学术**和**政治来说都是不公平的。我们并不会始终拥有关注真理与证据，或认真思考反对意见的政客与政府官员，我们的民主程度因此变得更加薄

71

① Peter Levine, "Stanley Fish vs. Civic Engagement", May 25, 2004, p.2.

② Peter Levine, "Stanley Fish vs. Civic Engagement", May 25, 2004, p.2.

弱。事实上，讲真话是一项核心的民主准则，一旦官员欺骗公民，公民就无法对他们进行评价，[①] 并且斯蒂芬·卡特（Stephen Carter）呼吁"文明倾听"（civil listening），即"带着'他人可能是对的，我们是错的'的意识倾听他人"，[②] 这对于民主生活和课堂教学都至关重要。学术与民主的品德有许多相同之处，这表明大学以道德和公民教育为使命并非错误。

或许费希最强烈谴责的是学术机构以道德和政治问题为名在公共领域采取行动。他宣称"大学和大学官员不应该在任何关于社会、政治或道德问题上表明立场"，并认为这样做是"不道德的"（《在我们自己的时代拯救世界》）。但他承认的确存在一种特例，"当然，如果这些问题与教育使命相关，例如学术诚实、剽窃及通识教育的价值等，学术界可以并且应该采取集体（和个人）行动。实际上，没能尽早并经常在这类问题上发表意见已经是玩忽职守了"（《在我们自己的时代拯救世界》）。

将"通识教育的价值"囊括其中是值得回味的，因为费希拒绝将通识教育与更宽泛的社会利益联系起来。例如，戴维·霍罗维茨在《学术权利法案》（Academic Bill of Rights）中所言，大学的目标之一是"教学与促进学生的全面发展，帮助他们在一个多元化的社会中成为更有创造力和生产力的公民"（《知识的多元化》），而费希则坚持表示这样的宣言是错误的。这样看来，费希对于学术价值的倡导和拥护的界定是十分狭隘的。费希很崇拜约翰·弥尔顿，其在《论出版自由》（Areopagitia）中表达了反对图书出版许可法的公开立场，这一点或许能够对此证明。费希坚持从狭义范畴定义"教育使命"，这使我们不清楚他是否认同学术团体有权利

---

① 就像舒尔曼（和其他人）提醒我们的那样，真理与政治之间的关系较之于我们这里探讨的更加具有可争辩性与复杂性。这种关系与柏拉图、亚里士多德到马基雅维利、霍布斯、康德、哈贝马斯、阿伦特、瓦茨拉夫·哈维尔的理论与政治反思相关。尽管诚实是民主公共生活中必备的一种品德，但是诚实在多大程度上是政治中高于一切或者首要的价值尚不明晰。现阶段最佳的论述之一，可参见 John Mary，"Working in Half-Truth：Habermas，Mchiavelli and the Milieu Proper to Politics"，*Turning Operations*：*Feminism，Arendt，and Politics*，New York：Routledge，2002。

② Stephan Carter，*Civility*，New York：Harper Perennial，1998，p.139.

（更不用说是一种义务）去推动安全保障与公民自由之间平衡的争论，或 72
是去谴责世界各地的高压教育政策，例如塔利班或是南非种族隔离时代所
执行的政策。

更直白一点说，费希关于大学不应该在公共道德问题上发表意见的
观点忽视了一个事实，即许多政策问题，如公平收入、育婴假、环境问题
等，不可避免地出现在大学体系与教育实践中。大学不能避免对工资的问
题表态，因为它要为管理员、餐厅工作人员以及保洁人员设立工资标准。
大学不能避免在环境问题上表明立场，因为它要决定是否对垃圾进行再循
环利用、怎样分配能源，以及在新的建筑施工中实行怎样的环境标准。费
希对待在这些或相似维度制定大学政策的学生、教师与管理者持有明确的
态度，他谴责"那些给大学施加压力以改变惯例的人"，其中包括改变制
作校服的规定，增加全球投资政策的公正性，或是努力提高大学职员的工
资或福利，他认为这些都是判断力上的集体失误（《在我们自己的时代拯
救世界》）。

实际上，费希认为学者应该接受**除**教学与研究**外**，存在于大学生活
各领域中的共性基础政策。他称，大学官员的职责是"尽可能地以合法手
段扩大捐赠"、"尽可能地以最低的工资雇佣最棒的工人"，并且让"运动
项目尽可能地有利可图"（《在我们自己的时代拯救世界》）。

为什么费希最终坚持反对大学履行共有的社会责任呢？他所给明的
原因是程序化与策略性的。他担心那些出于政治或道德因素试图影响大学
政策的人，会提出不被"学术界所有人"认同的观念。但是，在没有达成
共识的情况下（或者由于设立了一个可能达不到的高标准），大学、教师
委员会及董事会成员可以通过遵循程序来作出合理的决定。而对于这些程
序的可争论空间很大，因为提议者要运用适当的方法来尝试说服大学决策
者们采纳某一政策而非另一个。但是，正如我们之前提到的，在费希提出
的大多数问题上不存在中立立场。对于工资、探亲假、投资或体育资助的
政策，无论其是否受到道德审查或存有争议，大学都要制定这些政策。作 73
为一位杰出的学术领导者，以真理与诚信为名，谴责大学像许多营利性公

司一样实行规范与限制，这种行为令人十分沮丧。

费希更担忧的或许是，如果大学表明了道德与政治立场，"一部分公众会将大学视作有特殊利益需求的游说团体，并拒绝支持大学"。正如我们上文提到的，换句话说，大学不仅应该"浅希近求"，还应该"保持低调"，以期避免争议与丧失拥护。但是，除了学校在社会角色与影响方面的被动性让人沮丧外，这种建议自我保护本身也是存在问题的。假设没有经过讨论，大学基于道德的理由而决定改变工资与投资政策，不会获得民众的更多支持，而是会失去支持。除此之外，还有证据证明与之相反的论点是正确的。讽刺的是，有一个有力的例证，费希教授通过说服大学"浅希近求"来保护其免收外界批评，然而该策略却产生了事与愿违的结果，由于他带有误导性地描述了一个现象，即有党派倾向的道德和公民教育者下决心对美国年轻人进行灌输，这强化了左派学者恣意妄为这一典型形象。

最后，费希为我们描绘了一个狭隘且割裂的高等教育图景，却没有对大学教学与追求有思想的道德生活二者给予公正的对待。最佳的答案就是，道德和公民教育运动并不是道德灌输或施行强制一致性的成功秘诀，而是一种承诺，保证学生有机会深入思考道德问题，学生在较高的道德标准指导下体验了学术与校园生活，并受到鼓励，勤于思考、开阔思想、坚持自我批评，同时形成并坚持自己的道德承诺。

第四章　眼见为实：回应基斯与尤本

斯坦利·费希（Stanley Fish）

在上一章中，伊丽莎白·基斯与彼得·尤本对我的观点提出了质疑，我（在若干论文中）坚持认为，大学教师应该将学术活动与非学术活动区分开（我不是说"现实世界的活动"，因为整个世界都是实际存在的），无论是政治、经济，还是公民、社会等问题，都应该避免任何形式的党派宣传。基斯与尤本提出了许多观点，但不外乎两方面：一方面，我所做出的"学术"与"非学术"的界限划分不是一成不变或明确的，而是模糊不清的，这使得学术行为和非学术行为不可能有明显的区分。另一方面，即便划出了明确的界限，结果也不会是一个纯粹的学术机构，而是一个水平倒退与毫无创造力的学校，体现了"对高等教育的一种难以理解且支离破碎的解读"。

第一个观点，即某些关注点和能力在我希望被厘清的界限两侧同时存在，其中包括"倾听、思考、辩论的能力，能突破自己观点的局限性看待问题，与他人讨论并得出理性而果敢的判断，这些能力对于公民生活与学术优异同等重要"。这种构想存在一个问题，就是上述这些能力并非是以普遍形式存在的，这种普遍形式是指在某一范畴（领域）中的实例可以被认为等同于其他范畴中的实例；相反，每种能力的表现形式都会因其所应用的活动的本质不同而不同。例如，"辩论能力"在法庭、活动室、会议室、家庭中与在课堂及学术论文（如本篇）中的表现形式不尽相同。作为律师，你的辩论能力只会体现在有利于当事人的诉讼事由中（不论你本

77

83

身是否相信)，哪怕机会微乎其微，你也会将其加入到辩词中。作为政客，你的辩论能力体现在反驳对手的论点时对他的人格进行贬低（或许只是替代）。在家庭中，你的辩论能力体现在，在不影响家人之间关系的前提下（可能性微乎其微）表达自己的观点。但是，如果在学术环境中说出偏激的言论或做事只是碰碰运气，抑或是担心伤害与你意见相左的人的感情，那么你的朋辈会认为"你是不合格的"，他们希望你能保持与自身职责相适宜的得体。这种得体并非与职责毫不相关，它们不仅是约定俗成的礼貌问题，更是职责的一部分。如果是一项学术任务（描述一个现象、解读一个篇章、质疑一种解释、提出一种更正或提出一项新研究思路等），这将不仅是礼节问题更是责任问题，他们要求仔细且毫无保留地整理证据；避免人身攻击；无论你在哪方面付出努力都要重点关注"做到正确无误"；并了解与你相反的观点（至少是那些你重视的观点），找到你拒绝接受它们的原因或者更深入地了解等。我重申一遍，这些要求与礼节并不是学术任务的附加条件，相反，它们界定了学术任务的范畴，并使这些任务具有自身的特殊性。

这就是我常用的短语"任务的特殊性"的含义。某种程度上，特殊性是一个逻辑问题。正如法学理论家欧内斯特·魏因瑞伯（Ernest Weinrib）所说，如果一个任务或活动具有特殊性，那它本身必须体现出"是这样而不是那样"，同时必须有一个"确定的内涵"能够"将它与其他事物区分开"。[①] 否则它将不会是可理解、可辨识的事物，也没有形式与界限。如果学术任务最终不能与政治任务、品格形成、国家构建等区分开，如果教学内容与研究成果对这个世界没有意义，那么就没有理由为其提供空间，更不用提设置预算与培养专业的相关人员了。这并不是说学术工作不能触及政治、道德、公民及经济问题，而是当这些问题出现在学术背景中时，应该用学术语言加以探讨；也就是说，应该将其视为分析与对

78

---

① E. J. Weinrib, "Legal Formalism: On the Immanent Rationality of Law", *Yale Law Journal* 97, no. 6 (1988), p.958.

比的对象，并将其放在历史中去审视等；与这些问题相关的论点应该作为论点本身被仔细分析与评估，而不是被视作评估过程中的预备环节。在学术讨论的最后总会提出一个**学术的**结论，如"这个论点有道理"、"这个推理中存在漏洞"、"作者确实（或者没有）实现了她的预期"、"在这场辩论中，X 要好于 Y"、"这个案例还没有被证实"。这些相似的评判是关于技巧和连贯性（craftsmanship and coherence）的评判，是用来回答"它构思巧妙么？"与"它是前后一致的吗？"等问题，但是技巧和连贯性并不是进行评判的唯一手段，在非学术环境中也不是主要手段。你可以在课堂上反对某项政策支持者的论证，却在选举日支持它。你可以这么做，是因为尽管你认为在此政策辩护的过程中缺乏技巧（一个学术结论），但对国家而言这是一个正确的政策（一个政治结论）。"一个政策对国家正确与否"这个问题，并不是在课堂上决定的，在课堂上你会（或应该）对思想的构成以及形成的历史更感兴趣，而不是向学生推荐（或不推荐）这些思想。的确，无论你剖析或是推荐，这些思想都是不变的。但是，如果你是一位学者，那么你应当对其进行剖析。而当卸下学者身份，作为一位家长、政治活动家、报纸专栏作家或课下其他任何身份，那么你所要做的事情就是宣传它们，但是如果是基于学校与国家的立场，那么就不应该这么做了。

这种特殊性也存在于道德课程中。基斯与尤本想知道为什么我认同文学课堂中"有力的宣传"，讨论对《失乐园》的何种解读是正确的，而不认同将其延续到道德课堂上。如果我的学生"思考并讨论对弥尔顿的不同理解"，为什么我"不愿意让一个道德课程以类似的讨论或辩论的方式进行，例如，让学生讨论是否支持人权、干细胞研究或国际刑事法庭等事件，或是研究对孔子道德观或对《安提戈涅》的不同理解，或是思考实现社会公正或教育政策的不同途径，以及二者各自的优缺点"？事实上，我们可以想象一个类似于讨论弥尔顿那样的道德教育课堂。但是，在这个课堂上分析对"道德问题的讨论与争议"才是关键，而不是探讨在讨论中哪种立场是正确的，哪种是我们应该采取的态度。例如，特里·夏沃

79

(Terry Schiavo）的案例① 在教学上很有用，因为它关注了在建国初期以来有影响力的一系列问题：程序正义与实质正义之间的冲突，"正确"（如康德与罗尔斯等哲学家所界定）与"好"之间的矛盾，自然法与制定法的对立。由夏沃事件入手，首先要调查在众多法庭中传递出来的不同意见，然后找出这些意见形成的哲学与法律传统。接着提出足以反映这些传统的假设，然后弄明白挪用、改变这些假设对哪些议题有用处（无论是否有意为之）。值得注意的是，这一系列调查中，直接参与论战的人，即夏沃的丈夫、父母、论战双方的政客、报纸的专栏作家以及牧师，他们原有的紧迫感被**学术**紧迫感所驱散与取代，迫切地要将事情做对，并提供一大堆有说服力的想法，其中也包括政治观点，但这并不会强迫人们接受或拒绝其中的任何想法。也就是说，对于道德事件的思想史分析得越透彻（夏沃的案例就属于此类），你就越不可能将自己视为一个实际参与者，一个试图去决定如何做出行动的人。考试的题目不应该是在"在这种情况下（详细情况已给出），互为矛盾的价值观共同存在，你该做些什么？"而应该是"在互为矛盾的价值观共同存在的情况下，柏拉图、霍布斯（Hobbes）、卢梭与康德会告诉你做什么及为什么这样做，基于何种传统，以什么假设为前提，是否每个人都会这样告诉你？"

然而，这并不意味着在学术分析过程中你得出的结论和"我现在应该做什么"中得出的结论没有任何联系。这种联系是十分间接的，绝不是随意的。因为你在研讨会的论文中对功利主义或是道义论作出过判断，所以不会在自己的道德生活中去决定做这样或那样的事情，有些和你持相同价值判断的人也许会和你走出完全不同的伦理路径，尽管你写过那篇文章这个事实是其中一个因素，但和许多其他同事一起，共同成为你现在决心要做的事情。基斯与尤本谈及了许多弗吉尼亚·福斯特·杜尔在韦尔斯利

---

① 特里·夏沃（Terry Schiavo），是美国佛罗里达州圣彼得堡的一名妇女，1990 年 2 月 25 日，她被确诊患有因心脉停止而导致的严重的脑损伤，其丈夫坚持移除其生命支持系统的行为导致了一系列关于安乐死、监护人制度、联邦制以及民权的严重争论。特里在拔掉进食管 13 天后因脱水死亡。——译者注

的受教育经历对她日后生活的影响，杜尔将这种影响描述为"延迟的"，这恰恰证明了我的观点。在许多年后，当她有了其他经历时必然会发现，从当下**向前**推理，得出了"一切归功于她在大学所学的课程"的结论。人们所不能做的事情是向前推论，即不能认为如果学生上了这些课，被这种方法教过，了解了这些观点，他们就会成为特定种类的人，即"更能思考道德与政治问题"的人，以及"培养了他们的道德想象力与道德推理能力"。基斯与尤本（还有《教育公民》的作者）喜爱弗吉尼亚·杜尔的故事，是因为她为统一而斗争并反对人头税；然而，不难想象一个韦尔斯利的学生，与杜尔上了相同的课程，提升了道德想象与道德推理能力（无论是何种能力），却在这些政治或道德问题上持相反意见；那么人们想知道那些相信教育在性格塑造中扮演重要角色的人，是否会愿意将**这种**结果也归因于大学教育的影响。作为教师，我们不应为那些在道德与公民问题上"表现不好"的学生（至少在我们看来）负责，而是应该称赞那些通过相信我们所相信的、投身于我们支持的事业，而让我们满意的学生。如果我们没有为学生介绍相关的知识（相关是指与课程主题有关），没有训练他们分析、描述与评价的能力，我们可以（并且应该）为此负责。以上能力被称为"批判性思维"能力，并不意味着我们必须试图得出一些神秘且难以表述的结果，或总是朝挑战正统说法与破坏权力结构的方向思考（一些正统说法是很好的，同时权力结构也是有效行动的先决条件）。弗吉尼亚·杜尔将"运用头脑并从中获得愉悦"的能力视为其大学教育的收获，在这一点上她是对的。培养学生运用他们的头脑并从中获得愉悦，这种能力是一个合理且对学生负责的目标。说它是合理的，因为这是一个教师能够实现的目标；说它是负责任的，因为这是我们一直以来接受培训并希望达成的目标。

基斯与尤本断言，我被杜尔案例中的表述所冷落。实则不然，我与其他认同杜尔生平所展现出的进步性价值观的人一样喜爱这些故事。我所不认同或者无法被说服的是"学习的过程本可以或本应该被设定好，去让学生拥有那样的生命历程，或使其更有可能发生"这一观点。我们所能设

81

定的，以及我们有机会加以影响的，应该是学生获取的知识及分析的技能。这些知识与技能一旦被习得，便会对学生的未来产生许多方面影响，也可能毫无影响。教学过程中产生的不确定影响可能会让我们开心或难过，但这些也只是偶然的，并不能也不应该作为目标。基斯与尤本提到了一位经济学教授为杜尔布置的一项任务——研究她家乡阿拉巴马州的炼钢工人家庭的收入与支出。他们称："显然他的意图是质疑弗吉尼亚对贫穷没有足够论据的假设。"然而，我并不清楚，他们是否拥有没有透露的证据来支持**他们的**假设。同时我认为（希望）教授意在揭示杜尔对工资、预算、家庭管理等诸如此类知识的匮乏。这些知识是否质疑了她的假设也属不确定之事；如果这些知识证实了他的假设，或是填补了她在这一领域的知识空白，那么就和知识一样有价值。事实上，如果教授**曾**意在通过质疑（或是改变）她的假设，以便使她在最低工资、剥削工人等问题上拥有与他更一致的政治观点，那么他的做法就是将教育变成了政治灌输。

基斯与尤本质疑："在校园中承诺培养核心民主原则，鼓励甚至偶尔**强迫**学生平等地对待不同种族、文化、宗教及意识形态的人，这样的方式是否相当于不正当的灌输？"答案是肯定的，究其原因，请容许我再谈他们另一个的观点，即我好像认同（在别人看来很奇怪）"道德与公民教育……旨在培养一种特定的道德与公民行为"。他们质疑这其中的证据与被证之事：尊重其他文化、宗教及意识形态是一种特殊的道德行为模式，但这并不是自由主义者、自由市场派经济学家、正统的犹太人、孟诺教派教徒（Amish）、原教旨主义基督徒、雅利安民族所偏爱的行为模式，而据我最近一次观察，这些人都是美国公民，并且许多都是大学生。大学的管理者也许相信"平等与互敬原则"构成了民主生活的核心，但是如果给学生施压，要求他们像自己那样去接受这些原则，那么大学就是在利用职权将一种道德观强加于对其不认同的人身上，这就是灌输。（应该说这种指控不包括具有明确宗教指向的大学，因为灌输就是他们特有的教学目标。）只要"尊重其他的文化、宗教及意识形态"依旧是一个有争议而非普遍认同的道德观念，大学需要或试图灌输这一观念的行为就都不是教育行为，而是党派行为。

如基斯与尤本所言，我对大学"在公共道德问题发表立场"也是同样的看法，其中包括"世界上强制实行的教育政策，例如塔利班或是南非种族隔离时期所执行的政策"。但是他们对此提出异议：费希"忽视了一个事实，即许多政策问题，从公平收入、育婴假到环保问题，不可避免地与大学体制和实践交织在一起"。我理解的他们的推论是：（1）大学处于世界中，所以必须要做一些事情，例如支付工资与管理硬件设施；（2）什么是公平收入，什么是资源利用的最好方式，这些都属于公开辩论的问题；（3）因此大学"不可避免地卷入"到这些讨论之中，无论是否承认这一点。但是这个逻辑过于宽泛，包含太多内容，因为这实际上等于说任何人任何时间做任何事，都会站在政治争议的某一方。在一些城市，是否允许沃尔玛设立店面成为一个政治问题。昨天，我的妻子需要一些东西，并在沃尔玛超市采购。难道她这么做就是一种政治行为吗？我知道有些人会说是的，并以下列论据支撑他的观点：没有人是孤立存在的，在现代经济社会，一切都是相互联系的。因此，没有一件事情像消费者的选择一样，是纯粹的经济行为或简单的方便之事。但这一说法混淆并合并了两个层面上的理解：一方面，在技术而非贬低的意义上，一切事物之间都存在共性；另一方面，当对差异与相同不采取一般的衡量方法时，差异就出现了，同时又是真实存在的。例如一把椅子、一张桌子、一个棒球拍，它们的分子结构是相同的，如果分子结构是其同一性的衡量标准，它们彼此之间就是相像的，但如果以其用途（或是花费）来衡量，它们就不尽相同了。你需要做的就是指出并尊重这些差异。确实，我妻子在沃尔玛超市的购物行为，从最低程度上讲，也为沃尔玛公司实现在各地开店作出了贡献。但这并不是她的本意（她需要一根电脑配线，而沃尔玛是可以采购到的地方），也可以说在沃尔玛采购，她解决了一个工作上的问题，这就是她全部的意图。在自我有意识的政治行为（例如我妻子拒绝购买参与或从动物研究中获利的公司所生产的产品）与无政治意图却不可避免产生政治影响的行为（至少是在对政治非常宽泛的界定之下）之间，存在着一定

83

差异。与此类似，大学可以带着（至少）两个目的去支付工资：(1)保证那些能够出色完成既定工作的人员（无论是教师还是职员）的正常生活，(2)改善工人阶级的处境。第一个目的与政治无关，而与劳动力储备、供需规律及行业现行做法等有关。第二个目的与政治密切相关，就像大学声称"我们在这里表明我们在当今重大问题上的立场"，这对于教育机构而言是一个不恰当的目标。在是否入侵伊拉克的讨论达到最高峰时，威斯康星大学麦迪逊分校的教务长说："威斯康星大学没有外交政策。"这所大学也没有任何国内政策，除非在一些关乎存亡与发展的领域，如国家拨款、政府对研究的支持、教育机构免税等。

84 我坚持认为，"适合于大学的做法与专门属于立法机关或政党的做法之间是存在差异的"，这与基斯和尤本的观点不谋而合，他们写道："大学不可避免地在工资问题上'表明立场'，因为它要为管理员、餐厅工作人员及保洁人员设立工资标准；大学不可避免地在环保问题上'表明立场'，因为它要决定是否对垃圾进行再循环利用、怎样分配资源与能源，以及在新建设的项目上实行怎样的环境标准。"在"表明立场"上加引号是作者承认他们并不是指一般意义上的"表明立场"，即我支持这一方或那一方，而是一种比喻，即他们用引号是要表达他们在发表言论，而不是从字面上描述大学真正做的事。当大学设立工资标准时，它就是单纯设立工资标准，仅此而已（并不是每个举动背后都有深意）。这种做法有自己的运行模式，尽管人们总是让自己脱离某一具体时间，进入一个更大范围的背景之中，但是在这种背景下，某一行为的具体特征就会丧失，人们所做的每一件事情就变成了"表明立场"，在这种情况下，除了得到一些模糊的参考之外，很难拥有像样的收获。我所任职过的大学在决定新建设项目应该实行怎样的环保（或残疾人设施）标准时，不会研究其道德核心，而是会参考市级、州级和联邦准则（尤其是消防准则）。这样做不是想要表明立场，而是保证不会有任何导致处罚或停工的违规行为。

有时基斯和尤本将我对大学参与政治或社会问题（无论是以个人还是整体的形式）的谴责视为近乎怯懦的表现。他们声称，我所说的"浅希近求"等同于"降低目标"，还有我所给出的建议是"被动地对待大学的社会角色与影响"。事实上，我不断地指出高层管理者的错误，当面对资金削减、立法干涉与公众压力（例如，应用报纸社论和电台访谈节目）这些问题时，他们需要捍卫大学的权益，而不应该降低目标。实际上我主张的是主动和进取的立场，让大学管理者主动进攻而不是被动防守。[①] 我进一步提出，当大学与立法机关、高等教育州立董事会或是国会委员会沟通时，是从缺点的角度在说："看，我们所做的实际上有利于本州的繁荣，有利于丰富社区的精神文化生活，也有利于输出有技能的劳动力。"所有这些主张可能都是正确的，但是如果要将它们作为例证的基础，就是从别人的角度捍卫你的事业了，我认为这是在被动地捍卫大学的核心价值观。我认为更好的做法是，捍卫这些价值观，支持分析那些可能永远不会有确切的或有用处的答案的问题，支持研究者开展某项研究，就是因为发现有趣的问题，支持解决那些哪怕只有 500 人（他们中的很多人居住在美国以外）渴望解决的谜题。当这些价值观被摒弃或轻视时，对那些轻视者发出挑战，列举出在课堂上或实验室中真实的认识，哪怕只是一点点；如果做不到这一点，可以发出质疑："这就是你的做事方式吗，对你完全不了解的事情发表看法？"虽然这可能不是个好建议——尽管天晓得，管理者当前采用的防守策略是完全无效的——但这个建议绝不是被动性的，也不是要降低目标。相反，我的建议是要全力以赴，主动出击。

　　为了说明我的建议是被动性的，基斯和尤本引出了保罗·斯特里特（Paul Street）的观点。20 世纪 20 年代的一位德国学者，她的研究"让她相信她的家乡将要被法西斯极权主义者掌控"，同时她被告知"'坚持进行研究'，并将她的认知与观点控制在适当的学术范围内"。但是，斯特里特假设这个学者的研究本来可以撰写成一篇很好的文章，从当前的政治局势推断出一个可能的黑暗未来，并且只要她的观点与结论符合学术辩论的术

① Stanley Fish，"Make'Em Cry"，*Chronicle of Higher Education*，March 5，2004，http：// chronicle.com.

语表达，就仍保持在学术范围内；也就是说，只要她拷问现行的政策，思考并且证明（或者声称会证明）一旦遵循它们的逻辑，就很有可能产生不良后果。其他学者也可以撰写文章作为回应，不支持她的分析及得出结论的推理。这两者都是在研究政治问题，但他们不是在从事政治活动，即论文中只是提出他们的观点，而不是为某一特定的政治活动争取支持力量。当然，他们文章的读者们可能会认为他们在思考党派政治，并且他们还可能被游行抗议者引用，去支持一方或另一方（正如我最近得知的，这种事情甚至可能发生在弥尔顿《力士参孙》的文章上）；但这是偶然的影响（既不能对其有所期待也不能规避），不是学者想要产生的影响，即提出更好的论点在学术界取得成功。我所说的并不是禁止在学术讨论领域中出现政治、宗教与性别的内容；只是这种讨论应该是学术性的，应在政治激进主义面前止步，尽管大学教师也可以像其他人一样在下班之后成为激进主义者，这里我们就不用魏玛共和国与纳粹德国作为例证了。[①] 现今的教授经常发表关于《爱国者法案》（*Patriot Act*）的利弊的文章，争论某项规定是否侵犯了公民自由。法律评论性刊物与政治科学期刊刊登这样的文章，并邀约关于这些文章的回应，同时人们可以针对某篇文章发表看法，探讨如果文章中的分析是正确的，《爱国者法案》是否应该被废除。但如果文章的论点及出发点是要提出废止的呼吁（或是相反的呼吁），那么它就不是学术行为，而是党派行为。

第一次阅读斯特里特的文章时，我困惑于魏玛或是纳粹的例子，并且疑惑于为什么他没有列举一个更贴近当代的例子。但当我更加深入地阅读时，意识到在他心目中是这样的：在费希看来"好的教授就如好的德国人一般，乐于将政策事务留给'有资格'处理国家事务的人，如乔治·沃克·布什（George W. Bush）与唐纳德·拉姆斯菲尔德（Donald

---

① 历史学家海登·怀特（Hayden White）曾对我说："在你的巡回演讲中，如果第一个或第二个问题被问到大屠杀的内容，那么这一天对你而言将是糟糕的，因为它并非是以知识为目的，而是鲜血淋淋的。"

Rumsfeld)"。在斯特里特看来，乔治·沃克·布什与唐纳德·拉姆斯菲尔德是当代的法西斯军国主义者，同时每一个思想正确的（即左派）学者应该教授并撰写文章讨论他们政策的不利之处，这样当一个新的第三帝国出现时，就将其扼杀在摇篮之中。现在许多美国人，以及大多数人文社会科学的学者都认同斯特里特的政治观点，但这是否意味着学生（学生中的许多人持有相反的观点）的教育应该由他们来引导？布什政府的罪恶与背信弃义是否该作为基础的假设，并据此进行历史、文学、政治理论、哲学与社会科学的教学？我并不这样认为（就像我也不认为布什政府的优点可以作为基础假设一样），因为在那样的课堂上最主要的学术活动，即搜集证据得出结论的过程，从一开始就被摒弃了；相反，在这样的课堂上证据已经存在（或者教授是这样认为的），并且结论（一个具有党派性的结论）已经提前得出了。简而言之，斯特里特极力推进我所警告的政治化学校，却通过谴责确切地说明了这样的课堂将会是危险且**反教育**的。随后，他在这篇文章中称自己是"前任学者"，离开了学术界，现在利用他的时间开展宣讲会并从事有政治导向的社区工作。然而他的离开是正确的，学术并不适合他，他错在对那些一直想要和他交换使命的人进行劝告。

　　基斯和尤本可能会回答，就像他们在文章中所写到的那样，学术工作与党派政治之间界限的模糊可能存在着危险（请记住我并没有在学术讨论与以政治问题为中心的讨论之间划定界限，只要这个问题吸引学术上的关注，而非意在改变他人的宗教信仰），我认为对二者进行区分也很危险："有更多类似的危险来自于较为常见的学者道德冷漠与讽刺疏离的立场，这向学生传达了没有一种价值体系值得去捍卫的观点，同时也强化了时下较为流行且不加批判的道德相对论与道德冷漠的形式。"这是基斯与尤本第二个总体观点的实例：我希望从课堂与学术领域中去除政治选举的活动，（我想说）这种活动更适合出现于竞选的过程之中，这将带来一种遗弃了价值、责任与激情的枯燥乏味的学习经历。但是，我不主张道德或其他形式的疏离。我心中的课堂应是，学生们能够激情四射地讨论撒旦是否是《失乐园》的英雄，或是讨论《第一修正案》的宗教条款是否应该禁

87

93

止在足球比赛中出现学生组织的祷告者，或是讨论罗尔斯主义从"无知之幕"中构建的一个权利制度的概念是否言之有理，以及讨论关于文化必然性的人类学研究是否破坏了其完整性。我遇见过讨论这些以及相似问题时的学生们，他们虽不至于唇枪舌剑，但也是跃跃欲试、摩拳擦掌。这些学生绝不是冷漠或疏离的，但是他们所感兴趣的（这又是关键的差异）是他们被劝说之后采取的立场。尽管这种他们强烈拥护的真理在日后也许会使他们为某位候选人或某项政策服务，做这个决定的过程却并没有发生在课堂上。此外，如果任何事情都可以用价值来衡量，那么真理也一样，像我所设想的那样，课堂中暗含的（有时是明确的）假设是，真理以及对真理的追求需要始终被拥护。诚然，真理并不是唯一的价值，其他构成核心的价值同样都应得到拥护；但是真理具有十分重要的学术价值，对真理的遵循与道德相对主义是对立的。在我的课堂上，你绝不会遇到类似于两方各执己见，并争论由谁来裁定孰是孰非的情况。我试图在与学生合作的过程中，探讨针对一个问题的若干不同意见哪些是正确的，哪些是错误的以及错误的原因是什么。道德相对主义的词典中并不存在"对"和"错"，以这些词作为判断标准的学生在使用的时候是十分确定的，就像他们发表对重大社会事件的观点时一样。

真正的学术课堂不仅充满激情与责任，而且较之于其他事物更加有趣。没有什么比与一群19、20岁的青年人坐在一起讨论协助自杀、处方大麻或伊拉克战争，并回答"你怎么看"这类问题更无聊的事情了。结果可以预见：大家在晚间新闻上听到的不过是已经预先录制好的正反方排演而已；简而言之，是观点的排演。教师不应该对学生的观点感兴趣（除非是对认真的询问）；你们共同追求的是知识，提出的问题永远都不该是"你怎么看"（除非你是社会学家，正在做公共意见调查）。问题应该是"事实是什么"，并且答案必须应该涉及（在其他内容中）证据的数量与质量、观点的说服力、结论的条理性等方面。在这一过程的（暂时的）最后，学生与教师都应学到以往不曾了解的知识（你总是知道自己的观点的；这就是容易拥有这些观点的原因），并且他们会通过锻炼自己的认知能力进行学习，这会让他们非常愉悦，而不仅仅是自我满足。分享观点的课程如垃圾食品：它们用淀粉填饱你，让你感到既饱食又饥饿。对一个问题本质的不断研究就像做运动，可能会让你精疲力竭，但同时也会让你有所提升。 89

　　所以，总结一下，我希望保留的界限既不是模糊不清或无法遵守，也不是说遵守界限就会使学术体验变得难以理解、毫无创造性或缺少活力。基斯和尤本对我的批评中，有我认同的部分，尽管他们给出的缘由与我的不尽相同。例如，他们称，我忽略了"广阔和多样的领域，如本科生通识教育、专业和职业教育、宿舍生活及美国大学校园的课外活动等"。的确如此，而我这样做是因为"课外活动"是与"课程"相对的词。尽管大学生活的核心应该是对不同学科的问题进行学术研究，宿舍管理办公室、交通、娱乐、助学金、辅导、心理咨询、学生服务以及其他许多管理机构都围绕这个核心。在现实的大学（不是虚拟的网络大学）中，这样的活动在本科阶段是必不可少的；它们不是学术活动，但它们支撑了学术活动，在某些情况下使得课堂与实验室得以运行。因此，参与这类活动的人，无论是学生还是教职工，都不该为此获得学分。我并不是反对实习项目、社区活动、朋辈指导、服务学习等，只要它们不会被视作满足毕业或成绩的要求。别人的异议并不会影响我的观点，反而会使我的观点更为清晰：一位学生结束实习，写了一篇学术论文分析并总结了他的经历（而不是每天所写的日记，或者有关这个暑假"我做了什么"的文章），学生应当为此得到学分；一位教育学院的学生在教师的指导下，在市中心的学校教课当然也应该得到学分，因为这是她学术训练的一部分。

　　基斯和尤本还认为，我"所描述的学术机构几乎没有为社区学院、'拓展合作与技术转让办公室'、希望丰富学术经历的年长的学生，以及任何职前教育留下空间"。我并不十分熟知社区大学；但就我所知道的一些而言，它们与其他四年制院校一样，都具有学术性。至于职前教育与职业院校，它们的名称中可能有抑或没有"学术"的字样，这要取决于它们所进行的活动的本质是学术属性的，还是职业学校属性的。基斯与尤本理解 90

得非常准确，职业教育的"核心使命"，就像它通常所被理解的那样，不可避免地涉及在课堂之外影响"学生"的行为，让他们掌握技能并直接应用在特定的工作中。事实上，如果职业学校只教授学生方法与技术，而不让他们探究其来源、有效性、哲学基础等问题，那么职业学校并不算作学术活动的场所，它仅仅是因为坐落在大学里才"学术的"。在法学院中，"是学术还是职业培训"这一问题被无休止地讨论，法学院的实践训练（在法学院诞生前就有这样的训练）与学院威望之间呈现负相关的关系。法学院的排名越靠前，学生越难以接触到实践中得到的真相；而对理论奥秘、道德哲学、科斯（Coasian）经济学，甚至是文学评论就越精通。排名前十位的法学院毕业生常会反映，在学校的经历并没有让他们做好应对在工作中面临的任务和遇到的问题的准备。一位法学院的教师也许会如此回应——这样的回应强化了我一直坚持的这种差别——"我们是学者，不是机械师或水管工，我们要做的是教授学生如何去思考问题，使其做好成为法学教授的准备，这才是我们的职责，其余的能力都应从别处获得。"

最后两个相关的观点，基斯和尤本提到，尽管我用许多时间来警示各类危险，但并没有提供积极的引导。例如，对于"如果大学不思考课程与文化对学生价值观与行为可能带来何种影响，那么又该由谁来思考？"这个问题我并没有给出答案。谴责我吧！但我不认为这是一个我必须要回答的问题。我的观点是关于何为学术活动以及什么不是；简而言之，我的观点界定了学者发表观点与研究的范围，而不是让我对此范围外的问题作出判断，不允许我这样做。至于"积极的引导"，我认为我给出的已经足够了。然而，我会提出一种黄金法则，以问题的形式，如果你对自己是否在从事学术活动或其他活动（我认为其他活动可能与学术活动一样，甚至更有价值）之间存在疑虑，你可以问自己："我这样说或这样写，是在努力了解一些学术问题的事实，还是在试图宣传自己（我毫无疑问坚持的并可能有益于社会的）关于公民权或社会公正等问题（记住，任何事情都可以成为学术讨论合理的主题，只要讨论表面上不具备政治性）的观点？"如果你想要一张可以区分真正的学术活动与其他活动的列表，那么此问题显然是狭隘、无益的。我无法提供这样的列表，我所做的是清除那些被认为可能会出现在列表中的选项。它不是一项内容，因为任何内容都会成为学术分析的对象；它也不是与现实世界联系的缺失——学校中任何事项都与外部世界存在一种或诸多联系；它不是冷漠或讽刺疏离——学者们以极大热情而非讽刺态度来坚持他们提出的观点。那它是什么呢？人们怎样加以识别？我借用法官波特·斯图尔特（Potter Stewart）的名言来回答："眼见为实。"并且，我要说，对你们而言也是如此。

第五章 大学的困扰：以斯坦利·费希为例

斯坦利·豪尔瓦斯（Stanley Hauerwas）

做好准备

大学教师与管理者很少提及两个问题，即"创办大学的目的是什么"与"它们为谁服务"。毋庸置疑，有众多原因导致这两个问题鲜被问及。有的人不问这些问题，可能是因为他们认为答案显而易见，所以无须提问，而且当前大学做得很不错，所有人都认为接受教育是一件好事，所以这些问题不需要被探究；还有一种可能的情况是，许多人认为这些问题的答案并不是唯一的，尤其是对综合性大学而言，答案可能非常复杂且意义不大。

但我认为，还存在着一个更为直接的原因，那就是，我们觉得大学的管理者与教师对此并没有现成的答案。大学可以引以自豪的地方在于它体现了"不知反省的人生不值得一活"这一主张，但正如大多数人与学校所了解的那样，这并不正确。就像小说家彼得·德瓦尔斯（Peter DeVries）所说，不知反省的人生不值得一活，但经过反省的人生也并非舒适和享受。①

---

① 彼得·尤本指出，这些问题之所以尚未被问及，是因为大学教师与管理者早已准备好忽略我们所能找到的各种答案。他观察到，大学趋向于将自身置于其要求其他机构所回答的问题之外。

现代大学的管理者与教师不知如何回答"创办大学的目的是什么"与"它们为谁服务"这两个问题。所以我们不断重申使受教育者具备批判性思维的重要性，并以此来自我安慰。这就意味着上过大学的人，尤其是顶级院校的学生，将会有更突出的赚钱能力，关于这点我下文还会提及。

我要声明：我不是因为这种现状在指责任何人。这就是这个世界，尤其是世界大学的运转法则。但是我也认为，那些大学的管理者和教师没有能力提出这些问题并研究出解决方案，这对大学的健康和生存都是无益的。当我们不知道如何处理这些问题，不知道如何研究问题之间的关系时，提出的解决方案常常使大学变成本不该有的样子。

为了解释其中的原因，我将对斯坦利·费希在《高等教育纪事报》发表的系列文章中提及的观点展开研究，即大学不需要回答关于目的与服务的问题。我这么做的原因是，没有人比费希表达得更清楚：大学的目的和理由很简单，就是支持他作为文学评论家的工作。我专注于分析费希的观点是因为他的答案是那么坦率直白，他说出了我认为所有接受这个世界的人都会说的话，即这个世界已经不存在对于真善美的统一认识。在这样的世界中，大学至多被视作一首具有独特内涵的优美的诗。你不需要去问大学的目的与服务对象，因为这样的问题会危及其独特性。

但我认为，这样理解大学的观点不能持久，也不合理。费希对大学的认识被大学对金钱的从属性推翻了。但是，金钱是大学给关心其能够怎样和应该怎样的人提供必要服务的媒介，也就是说大学不能回避有关其性质与服务对象的问题。①

我要阐明我自身对大学的作用与服务等问题的思考。我努力探寻，如果大学服务于教会这样的组织将会有什么不同。大学通过信仰上帝的民族去理解知识是如何构成和相互联系的，我想要探究这种做法会为大学带

---

① 很明显，我将这一句的语言结构变得复杂化了。关注这所大学意味着它具有所有大学和学院共有的"本质"。但我并不认为当前存在这种本质。毫无疑问，大学之间存在着相似性，但是过多地谈论"大学"，是一种规避问题的表现。

94 来何种不同。我希望劝告斯坦利·费希，鉴于他自身的喜好，他最好不要在希望他从事弥尔顿研究的大学里教书，因为弥尔顿认为上帝十分重要。

费希对大学的辩护

斯坦利·费希在《高等教育纪事报》发表的文章中强调，现代大学的教师与管理者不应该在任何社会、政治或道德问题上表明立场。[①] 在《在我们自己的时代拯救世界》（*Save the World on Your Own Time*）中，费希批评了新学院（the New School）校长鲍勃·克里（Bob Kerrey）关于号召伊拉克政权变革的观点。费希不反对克里以公民的身份提出此看法，但他认为克里作为大学校长发表这样的言论有违其大学代表的身份。[②] 他如此做，是因为在他看来，"学者或学术机构发表道德观点的做法都是不道德的"。

需要注意的是，费希并不是说大学不应该有道德目的。他十分明确地表明，学者发表道德观点的做法是"不道德的"。在这里他提出了一个道德观点来反驳一部分人，因为那些人希望利用大学来支持违背其内在目标的道德事件。费希所认同的这个目标出现在 1967 年向芝加哥大学校长递交的"大学仅为教学与研究有限的目标而存在"报告中。报告总结道："由于大学仅是为有限且特殊的目标而存在，所以大学不应在时代问题上采取集体行动，因为这会危及大学的存亡并妨碍其有效运转。"

费希认为，大学可以并应该在与其教育使命相关的问题上有所作为，

---

① 费希的文章刊载在 2003 年 1 月 23 日、5 月 16 日以及 7 月 11 日的《职业纪事》（*Chronicle Careers*）上。他还于 2004 年 6 月 1 日，在《纽约时报》上发表了题为《我们为何建造象牙塔》（Why We Build the Ivory Tower）的文章。

② 费希假设对"公民"的分类是可以理解的，这一假设当然需要辩护。大学经常声称它们在把青年人培养成"全球公民"，但这样一个声明让人难以理解。公民身份只有在与角色责任相关的历史和地域中才能讲得通。"全球"意味着应该质疑假设的普遍权力，这些假设对维持一个有关公民身份的清晰解释是必需的。大学使用"全球"以及"公民"来定义其目的，不过是主导大学生活的虚假意识的象征而已。

如学术完整性、剽窃的危害及通识教育的价值等。但是他反对那些为了保持自由民主政治而认为大学应该言论自由的人。同时，大学也不应该利用自己的资源对南非或以色列施压来促使它们向公正迈进。大学所开展的计划性活动的关键问题在于，这种决策所基于的理由是否合理，例如为有争议的演讲者或运动提供场地和时间。

该问题也同样适用于课堂。教师的道德责任是传授他们的学科知识。他们的任务不是教授和平或战争，不是倡导种族主义或反种族主义，也不是让学生加入到他们所拥护的事业中。只有上述情况是他们研究领域的本质内容时，相关信息才能出现在课堂上。在课堂上唯一恰当的倡导就是智性美德，如"认真严谨、坚持不懈及诚实"，这些品德在追求真理的过程中都是必需的。美国民众希望教师们追求真理，如果他们没有这样做，那么也就不应该在大学里工作。

在之后的一篇论文《浅希近求》中，费希进一步深化了他的观点，警示不要将民主价值观与学术价值观相混淆。学者的任务不是培养学生的道德意识与公民责任感。尊重他人是一件好事，但这方面的发展不是，也不应该是学术训练的目标。实际上费希认为，如果这样的目标成为大学工作的核心，那么大学的根本目的就会受到侵害。然而更重要的是，费希认为大学只应该制定其能够达成的目标。对在大学中任职的人而言，道德与公民教育超出了他们的能力范围。此外，还要明晰的是，民主价值与教育价值是不同的，若将二者混淆，将会危及教育使命。

最后费希在《老调重弹》中，提出了他对大学的论断，就像他之前为学科严谨性辩护时提到的那样。一个学科之所以成为学科，能在大学里得到认可，是因为它有明确且独特的中心问题，能让其研究者向其他学者证明该学科的实用性。简而言之，只有当研究者在某种意义上限定学科的研究焦点时，该学科所呈现的知识才是有意义的。

适用于各学科的原则应该也适用于大学。当然，大学承受着来自家长与政客的压力，他们要求大学实现他们的目标，如薪资更高的工作或保守的政治立场。但是大学应该拒绝那些要求它们做其力所不能及之事的人们。简单地说，大学的目的是"十分单纯地产出并传播学术知识（通过教学和发表刊物），并训练出在未来能被委以重任的人"。大学要致力于对真理的追求，但要尽职地完成这一任务，就意味着大学不能进行品格塑造与公民教育。简而言之，大学是一个"自我消耗"的产物。

费希关于大学的论证背景

费希关于捍卫大学非政治化特点的观点，不过是他在《专业正确性：文学研究与政治变革》（*Professional Correctness：Literary Studies and Political Change*）一文中所使用观点的脚注罢了。[1] 在他的书中，费希将目标对准了新历史主义者与进行文化研究的人，因为他们认为自己的研究任务是为了政治变革而研究文学。相反，费希认为，文学评论家不是也不应该是一个"有机知识分子"（葛兰西），而应该希望立志成为"一位被其行业传统界定并限制的专家，他的工作条件之一就是，在美国，至少表现出他并未致力于社会结构变革的工作"（《专业正确性，1》）。

文学评论是一项与众不同的事业。费希说"与众不同"的含义是，其必须具有内在独特性，而非其他。这样的独特性保证了学科的独立性，但独立性意味着从事文学评论的人有责任"完成社会需要他们完成的工作"（20）。[2] 费希认为，在某一时期有些人为了确保在法院中有一席之地而追求文学，然而那段时期已经成为过去。现在

　　　文学活动在学校中越来越多，其成就依据学术标准进行衡量，

---

[1]　Stanley Fish, *Professional Correctness：Literary Studies and Political Change*, Oxford：Clarendon Press, 1995；此后文中的引用将会附带页码。

[2]　人们可能希望费希提供一个关于"学科如何自治并实现社会预期"的更为宽泛的解释，至少费希为我们描述了"学科"发展的历史，只是在某种程度上，这样的历史揭示了偶然的内容，即创造或损害他们所呈现出的学科性或知识。

并由学术协会给予奖励。这叫做专业化，以组织的形式，通过特殊的训练获得成员资格，他们经过训练后能够彼此识别，不是因为他们定期在同样的正式场合会面（除非一个人将医学图书馆年会会议场所和伊丽莎白二世法院等同起来），而是因为他们在同样的"游戏"中采取相同的"行动"，即他们分享了相同的"内在的可理解性"，具有相同的，而不是非固有的"内在"目标（32）。

费希认为，文学研究专业的出现是过去百年的一个发展。而且，发展是有代价的，不仅仅是"将文学工作与它曾经影响的领域连接起来的困难"（43）。有些人会为这种发展感到惋惜，但费希认为，你不能逆转已经发生的事情。一些文化研究领域的人认为，他们可以通过关注电视（而非诗歌）的方式来改变社会。新历史主义者希望用政治议程代替更适合于学校的标准，然而这是无法实现的。

费希并不否认，如果足够多的文学学者都试图为了政治影响而工作，并称他们的工作是文学评论，那么文学评论就成了他们所做的那样了。但是，费希认为，这会带来巨大的损失，能够体现文学研究专业的特点会受到消极的影响。同时他并不认为源自新批评主义的研读不可以被新历史相对论取代，但这种取代意味着文学评论家将不再从事他所做的工作了（69）。

费希直白地告诉我们他这样做的原因，是"我喜欢我这样做时的感觉"（110）。他称，这就像是"美德就是其回报一样"，文学评论并不容易，但正是因为不易，自己才投身其中。他说道，

> 我喜欢被曾有过但还暂时不能理解的经历突然打断的感觉；喜欢用平平淡淡的语言描述其不平淡的成就；喜欢品味语言固有的"味道"，并发现其中的奥妙。而当这些乐趣（暂时地）消耗殆尽时，我喜欢在阅读诗篇时将作者或其先人、同代人、后人作品中的语句联系在一起。只要我可以一直继续下去，沉浸其中，反复思考并获得

认知和感官上的感受，最终，一切都不再重要（110）。

费希并没有为他所从事的文学评论工作提供外部辩解，就像他认为大学也不该在此方面付出努力一样。唯一的辩护行为即是从事文学评论活动本身。有些人也许反对，他们认为一定要有一个规范的结构来分析类似的文学评论，但他们没有认识到，这种结构是根本不存在的。"辩护不是从零开始，其前提是所要证明的一切都是合理的"（113）。

于是，费希认为没有人会出于道德或哲学的考虑选择专业或学科。因为有一天当你察觉到"你置身其中，陷入固定的模式，在每一次行动中发挥想象时，你会发现自己毕生的工作是一个错误的开始。当要求做出解释时，你应该保持中立的态度，用学科的自我激励性话语与方式给予回复……解释的过程不是一连串的推论，而是往复的循环，它通过一个个故事推进。在每个故事里，每个细节都是一个伏笔，这些伏笔在细节之中却又超出其外"（113）。

除了以"大学能够并应该做什么"为理由外，费希反对以其他形式为大学工作辩护，这显然是他对文学评论学科理解的延伸。他并不否认，学术活动与社会和政治变革之间的关系是一个程度问题。例如，将非经典作品引入课程，可能会对学生的公民、信徒或父母等身份产生影响。但是这样的"成功"并不能被寄予厚望，尤其是在美国。

可能有人会说美国的情况更糟糕，但费希认为，在大学里与外界"隔绝"也有其自身优势。于是，最近许多学者常以进步事业的名义寻求社会更广泛的关注，但都遭到了右翼势力的强烈抵制。因此费希指出，"这也许终究不是一件坏事，即那些在美国操纵着贸易与政府的人，并没有给予课堂与学术期刊过多的关注"（96）。我认为，这就是费希在《高等教育纪事报》的文章中探讨大学管理者与教授不应该利用自己的职务来讨论社会与政治问题的原因。同时他希望大学与政治无关，通过回答大学的目的与服务对象的问题将大学从政治中拯救出来。

金　钱

　　然而费希的思考似乎并不全面。我认为他遗漏了"金钱"——鉴于他声称自己是一个热忱的消费者，那么这样的遗漏显然很奇怪。一名消费者是需要金钱的，斯坦利·费希从没为他的高薪而致歉，同时还希望其他的学者也能获得高薪。所以他清楚地知道大学是依靠金钱来维持运转的，但是对金钱的需求并没有被他纳入对大学本质的理解中。

　　他了解许多家长将孩子送入大学，是希望孩子接受教育来提高他们未来赚钱的能力。费希无法否认这可能是大学教育的副产品，但他似乎反对将赚钱作为大学的目的。但为什么那些认为大学可以帮助他们的孩子赚更多钱的人，要被费希说服，其中的原因不甚明朗。例如，人们是否应该支付金钱给费希，好让他从阅读弥尔顿中获得快乐？①

　　费希有关大学的论述意为解决问题，他可能会反对这一观点，但是我认为，即使他使用自己的理由，也无法成功。在他为大学的辩护中，他推崇"通识教育的价值"与尽职尽责"追求真理"的学术品德。对谁而言通识教育是"有价值的"？为什么费希从弥尔顿的研究中获得快乐，就等同于"对真理的追求"？如果通识教育是有价值的，那么也同样需要解释对谁来说它是有价值的。而且，无论是谁要坚持认为通识教育有价值，都要明白衡量价值的唯一标准就是金钱。

　　在一篇《专业正确性》（*Professional Correctness*）的评论中，特

---

① 对于欣赏弥尔顿诗词的学生，费希乐于提出质疑并提出，弥尔顿并不希望得到他们的崇拜，而是希望得到他们的灵魂。因此，费希坚持认为，任何想要理解弥尔顿诗词的人都必须铭记，如果你忘了弥尔顿所言——"上帝就是上帝，并不是众多。"为何《弥尔顿》要被视为"文学"读本？《弥尔顿》理应被作为基督教神学的内容来被阅读，而费希也恰恰是这么做的。然而，基督教神学家却并不经常阅读弥尔顿的作品，而这一点正是弥尔顿成为英国的财富同时也是神学失败标志的原因之一。

里·伊格尔顿（Terry Eagleton）认为，费希的观点是寻求旧式的新批评主义文本自主权，但又因在其中采用了该理论的措辞方式而引起了新批评主义读者的反感。在《专业正确性》中，作者一直不断重复他的习惯策略，展开一个复杂的理论最后将之推翻，利用激进的见解来维持现状。① 伊格尔顿认为，这使得费希没有为其文学评论的工作进行辩护。费希没有人本主义式地研究文学（为了让你成为更好的人），也不是激进式的（旨在政治解放），而是像一个享乐主义者一样表达着自己的感受。

在这方面，费希坚持文本细读的做法也许会使现代主义诗人受到弗兰克·兰特里奇亚（Frank Lentricchia）的批评。兰特里奇亚认为，现代主义作家，如弗罗斯特（Frost）与艾略特（Eliot），通过成为纯粹原创的带头人与某一领域的独创者，来将自己的创作定义成有别于大众市场的标准。他们尝试保持独立的人格，反对市场、反对金钱，却被市场推翻，这并不是因为他们依据流行准则而写作，而是因为他们给予了我们一种现代主义现象，"他们的诗歌好像窥阴癖者美妙的经历，一种能够接近著名作家生活与思想的幻想，在诗歌中的诗人就像动物园中的稀有动物。这是弗罗斯特与艾略特唯一产出的商品：现代主义现象，大众文化最终向轻视它的人实现了复仇"。②

与此相似，费希这种试图保持大学自主权的做法，可能导致为大学利益服务的管理者和教师采用一种自我欺骗的躲避策略，尽管他们声称自己不会为任何人服务（如果他们像费希一样诚实）。费希关于大学的论述避开了现实，这里的现实指在费希所执教和管理的大学中起到重要作用的

---

① Terry Eagleton, "The Death of Self-Criticism", *Times Literary Supplement*, November 25, 1995, p.6.伊格尔顿的批判对于费希的理论中没有结果的观点而言是一种挑战。例如，参见费希 *Doing What Comes Naturally* 一书中的文章 "Consequences"。我认同费希反对该理论的论述，因为从根本上讲，一般性永远无法代替局部性。事实上我认为他对大学的辩护并没有充分找准理解大学的定位。

② Frank Lentricchia, *Modernist Quartet*, Cambridge：Cambridge University Press, 1994, pp.112-113.

金钱现实。我认为，詹姆斯·恩格尔（James Engell）与安东尼·丹杰菲尔德（Anthony Dangerfield）非常直白地阐述了事实，他们注意到：

> 现今美国高等教育迅速扩张的最强大动机就是金钱。其他的目的与功能当然也起作用，但与财富积累这一终极目标相比，都变得黯然失色。金钱，不再是一种手段，现在逐渐成为高等教育最主要的目标。伴随着频繁的增长，大学的目标不再是文化价值观或批判性思维、道德认识与学术技能。当大学追求这些目标时，并不是因为它们用途众多或者相关，而是因为它们可能转化为金钱。①

恩格尔与丹杰菲尔德为此提供了证据，他们想让大家注意到金钱对当代大学里那些备受偏爱的研究领域的影响。费希对学科专业性发展的理解违背了一个事实，即当代大学繁荣活跃的学科是研究金钱（经济学）的，是关于金钱（科学）的来源，或者与未来高收入的职业联系起来的（这似乎是错误的）[（《在金钱时代拯救高等教育》，(89)]。结果，恩格尔与丹杰菲尔德认为，人文学科"重要的特征就是贫穷……自 20 世纪 60 年代后期，人文学科一直被忽视、贬低，并被迫减少开支，而同时高等教育其他的领域在数量、财富与影响力方面却不断增长"(88)。

恩格尔与丹杰菲尔德认为，对于人文学科在大学失去中心地位这件事，人文学者都要负责。"正是因为对金钱的狂热追求，对文化学习产生了冲击，许多陷入困境的人文研究倡导者分成了几个派别，并开始了一系列无益的公共辩论，包括贬低'人文学者'的称号"(98)。与此同时，许多人文学者发现他们是"跨学科的"——但是跨学科性比他们曾宣称的专业性更加专业化。人文学科的重要任务之一就是要吸收其他研究领域的成果，但在这方面的尝试却处于缺失状态，就连科学领域中对人类价值、相

101

---

① James Engell, and Anthony Dangerfield, *Saving Higher Education in the Age of Money*, Charlottesville：University of Virginia Press，2005，p.2. 此后文中的引用将会附带页码。

关性和重要性等方面进行判断的科学方法也没能渗透进来（99）。①

然而，与费希不同，恩格尔与丹杰菲尔德认为，如果大学存在的目的被否认，那么它将无法存活。首先，非资本市场的本质使得大学不能仅仅作为各部门松散的集合而存在。大学其他的并未有损于市场的目标，事实上可能对市场是有利的，但由于大学的构成太复杂，以致不能受支配于雇佣问题。大学不能回避对"何种形式的知识是最值得学习的"这一问题作出决策。② 因此也许大学必须坚持发展并教授某些学科，因为这些学科对于将我们塑造成为更好的民族是必不可少的。

恩格尔与丹杰菲尔德认为，金钱对大学造成的致命破坏就是使其失去道德目标。金钱以难以辨别的力量及方式逐渐破坏了大学的本质目标与独立功能，而且这些目标与功能是其他机构不追求的或没有大学做得好的（20）。恩格尔与丹杰菲尔德还表示，这些目标和功能与爱德华·希尔斯（Edward Shils）所描述的相一致，即"发现与传播真理是学术专业独特的学术任务"（102）。

但这不是费希也在谈及的观点吗？恩格尔与丹杰菲尔德似乎还是与费希不同，正如他们所说，民主的未来取决于大学培养出引领我们"度过

---

① 正如费希一样，恩格尔与丹杰菲尔德也不认为学习人文学科可以保证德育效果相反，他们认为"就像对知识的应用一样，对文学的应用并不意味着任何事情没有任何保证。知识扮演着工具的角色。就像手术刀和激光能够切开或缝合已知的囊肿，但也可以带来毁灭或杀害。一些学生管理人员接受过很好的教育"。（166）

② 恩格尔与丹杰菲尔德引用了前明尼苏达大学校长马克·尤道夫的评论，即"存在于州政府与其所属知名大学间的'默契'几近消失。在过去的一个多世纪里，二者有着一个共识：为了回馈纳税人在财政方面的支持，大学应当尽量收取较低的学费、为经济能力较差的本科生提供更多的入学机会、帮助解决地方性问题，以及进行开创性研究。然而不幸的是，州政府与大学所达成的协议在过去的25年中迅速恶化，使得公立性研究型大学处于资金匮乏的状态之中，即较低的学费以及较少的财政拨款"。（186）我认为，导致这种变化的原因之一是，大学并没有能够清楚地表述自身及其道德目标。相反科学承诺大学将治愈这样或那样的疾病，赋予我们超越"自然"的能力。但是在道德品格是什么或应该是什么还没确定的情况下，你要如何解释社会秩序中的大学的道德目的呢？

这段复杂与危险的时期"的人。能够引导我们的人必须精通语言、综合有力的论据、从过去吸取经验教训，

> 并见证作家与艺术家记录中人类历史上的荣耀与罪恶。人文学科能够并应该广泛发挥作用，同时存在对愉悦与美的追求。它们的功能是多样的，尤其是在语言、历史与道德反思的使用上，并警示人们对它们的滥用；同时人文学科能让我们灵活地、因地制宜地、爱钻研地、包容开放地思考，不仅能接受合乎逻辑的论述，还能积极找寻该论述最好的表达方式。(2005，103)

然而，这可能就是费希所谓的通识教育价值。但是恩格尔、丹杰菲尔德与费希不同，他们认为，对大学而言仅仅探寻并保存知识是不够的，大学还应该思考知识如何使人类进步成为可能。理所当然他们有一章对道德成为大学中另一门专业化的学科进行了批判，他们认为"道德"与大学的每个科目和活动都是密不可分的。① 与此同时，他们还提到了纽曼主教(Cardinal Newman)，尽管纽曼经常被用来证明对知识的追求有其自身目的之合理性，但是他确实设立了一个更高的终极目标："一切知识，不论是只被应用或品味，都应该以道德行为与人类福祉为出发点。"(131)

我认为费希不会发现，恩格尔与丹杰菲尔德的"从金钱对大学的破坏中拯救大学"的观点，可以代替他在《高等教育纪事报》论文中的观点。恩格尔与丹杰菲尔德引起了人们对"金钱腐蚀大学"的关注，这与费希的观点相悖，但是他并没有反驳这一点，而是承认大学可能不符合他

---

① 他们特别强调历史的重要性，"商业领导者，若没有历史发展的眼光，则将会是低效、不断重复失败的经验、缺乏环境洞察力以及长远考虑的。当事业成功人士积累了一定的财富，并做好准备通过慈善事业奉献社会时，历史发展的眼光将会确保其行为的高效性，并产生深远的影响。缺乏自然历史知识的科学领导，将会承担不道德后果的风险。缺乏历史意识结果的政治领导，最好的情况会犯错、效率低下，而最坏的情况则是惨败或酿成悲剧。"(121)

103　"理想中的大学"。费希甚至承认恩格尔与丹杰菲尔德的观点，即"知识应该从人类福祉的角度去思考"，这一观点与他对大学的理解紧密相连，并且他确实认为学者发表道德观点是"不道德的"。

　　此外，恩格尔与丹杰菲尔德以及费希都没有表明，他们认为大学的负责人处在迷失的危险之中。他们在书的开始就声明，他们不是为了呼吁"回归到金钱对高等教育几乎没有影响的时期"（1）。实际上，这样的时期也未必存在，但是恩格尔与丹杰菲尔德没有告诉我们，谁将为他们认为应该存在的大学负责。金钱对于大学的服务对象而言只是一个名称，"创办大学的目的是什么"与"大学为谁服务"是大学筹款人不能回避的问题。① 但是在这个我们知道的世界，仍然不确定恩格尔与丹杰菲尔德有没有确切地提供比费希更好的答案。因为实际上，费希说过在一个不能回答这样问题的世界，最好不要问这些问题，也不要希望那些支持大学和进入大学的人能让我们从事自己喜欢的事情。然而，恩格尔与丹杰菲尔德会认为，费希为社会利益而拒绝将大学当作道德教育的场所，这意味着费希并不反对金钱对大学课程的改变。恩格尔与丹杰菲尔德认为，如果要使大学成为能够畅所欲言的地方，那么举个例子，它应该教授学生关于弥尔顿的课程。但这似乎又是费希希望回避的。

　　与费希相比，恩格尔与丹杰菲尔德坚持大学应该具有道德目标，但是这并未表明他们对目标的理解超越了费希。至少，他们没有告诉我们大学代表了谁的道德目标。仅模糊地去诉求大学民主的重要性是不够的。更重要的是，恩格尔与丹杰菲尔德需要告诉我们，那些代表了道德目标的人（两人认为道德目标是大学的核心，即培养能够追求真理的人）是否愿意用金钱来支持此目标？

---

① 学者们经常不屑于大学的募捐，但在深思熟虑后，我认为发展是大学教育产出的决定性因素。教授人们他们应该为大学募捐的原因，是大学教育赋予其毕业生的永恒使命。那些募捐来的钱，一定希望募捐者受到良好的教育，以使其清楚为何要资助一家机构，教会他们赚钱不是幸福生活的全部。

为何美德不是其回报？

我早些时候注意到，斯坦利·费希作为一位文学评论家，使用"美德是其回报"来捍卫自己的观点。但是亚里士多德并不认为美德是其回报。亚里士多德对美德的解释要求社会认可那些有道德的人已经过上了好的生活。与之相反，斯多葛学派认为美德是对其自身的回报，因为被认为是影响亚里士多德美德论的城邦制已经不复存在。是帝国而不是城邦塑造了这个世界，在这里斯多葛派不得不彻底想清楚有价值的人生应该包括什么。美德必须成为其回报，因为政治不再需要定义或让人们理解道德生活。斯多葛派提供了注定为帝国服务的官僚主义者道德形成的最好解释。

我知道关于费希对美德是其回报的拥护态度，反映了斯多葛派式的道德解释，这可能有些牵强，但相对于费希诉诸美德的深意，我对他的言论所反映的背景更感兴趣。我认为，他所反映的背景即是由自由主义政治活动塑造的美国社会秩序。"自由主义"认为社会秩序由市场规律构成，并不需要公共美德。这些规律经常表现在被假定是人们所普遍认同的价值观中，例如自由与平等。这也是美国能够成为帝国主义强国的原因，即使它自己并没意识到这一点，因为美国人民相信如果任何人拥有他们的财富与教育，那些人也会想成为他们这样。

当然，费希一直是认识论观点的严厉批判者，这种观点一直为自由主义的政治体制辩护。[①] 然而，正如伊格尔顿在其《专业正确性》的评论中所说，相对主义者费希偶尔会记起他的立场呈现褊狭的美国模式。伊格尔顿认为，费希"代表着美国学者危险的现状，即被放逐在过度平庸与金

---

① 例如，参见他对斯蒂芬·卡特的精彩回答，Stanley Fish, "Liberalism Doesn't Exist", *There's No Such Thing as Free Speech ... And It's a Good Thing Too*, New York：Oxford University Press，1994，pp.134-138。费希对自由主义的批判，与其对各种表现形式的形式主义密切相关。

钱至上的社会中"。① 虽然过于犀利，但是伊格尔顿认为费希对大学及其文学评论的辩护，尽管有对自由主义的批判，却依旧是自由主义理论与活动的反映与再现。而在一个人们不再像信任弥尔顿那样信仰上帝的世界，捍卫阅读弥尔顿及其他人文学科著作的唯一方式，就是让这些著作成为"自我消耗"的人工制品。我要声明的是，我并非为此而批评费希。鉴于别无选择这个事实，他还能做些什么呢？

105　　我怀疑费希所愿意选择的正是阿拉斯戴尔·麦金泰尔口中的"一个受过教育的公众的想法"，但这个选择没了。② 麦金泰尔认为，现代大学（主要指 18 世纪以后的大学）的主要目标是促使青年人承担社会责任并发挥功能，而这些都需要青年人不断地充实自身；它的次要目标是教会青年人独立思考。这些目标取决于大学的目标，存在于这个时代的陈词滥调中，并给出一系列问题，如"为什么做这些事情"的最终答案（17）。

　　麦金泰尔认为尽管这两个目标并不是必须相互排斥的，但是在现代，两者确实不能共存。这是因为现代拒绝接纳受教育公众的存在，这些受教育者对"为了什么做这些事情"这一问题的回答做了审判。据麦金泰尔所说，受教育公众的存在取决于三个条件：（1）许多人都接受过教育，养成积极辩论的习惯，并有机会参与辩论，同时认识到辩论对于社会的意义；（2）有一个公认的、对于论点成功与否的评判标准；（3）存在一个受教育的社区，其中人们广泛阅读大量相同的著作，这些著作起着规范性的作用，并影响了人们信仰形成的背景。最后这个条件还需要一个阐明如何阅读著作的惯例（19）。

　　麦金泰尔认为，18 世纪的苏格兰证明了受教育的公众能够理解苏格兰大学的伟大改革。此外，他还认为，苏格兰的成就被以一种能为当下带

---

① Terry Eagleton, "The Death of Self-Criticism", *Times Literary Supplement*, November 25, 1995, p.6.

② Alasdair MacIntyre, "The Idea of an Educated Public", *Education and Values：The Richard Peters Lectures*, edited by Graham Haydon, London：University of London Press, 1987, pp.15-36. 下文将继续引用该文本。

来启示的方式推翻了。据他所称，哲学常识的发展导致了哲学的专业化，而这种专业化使哲学作品对接受通识教育的人来说不再易懂。社会发展也发挥了一定作用，因为人口发展使得美德的兴盛更加困难。经济的发展，尤其是不同的贸易与职业的专业化侵蚀了公民道德，并降低了个人对社会忠诚的理解度。

发展所带来的结果被放大了，因为经济发展建立在社会的阶级结构 106 之上，知识分子阶层在这种社会结构中面对体力劳动者与制造业从业者之间的冲突时，却无能为力。与此同时，专业化的发展与劳动分工不仅影响了工业，还影响了知识领域与大学的课程。日益增长的专业化使得每个学科内容也愈加专业化，各学科不再需要其他学科的知识。于是大学只能成为许多不同且不相容的争辩模式集合的范例，并在以前和现在让我们无法达成共识，甚至在我们应该争论些什么上，也是如此（26-28）。简而言之，大学变成了斯坦利·费希期望变成的样子。

麦金泰尔解释道，即便他已经阐明了是什么终结了苏格兰受教育公众的发展，仍有人可能对此提出异议，他也没有提及受教育公众的塑造和再塑造是现代教育体制已经预先设定好的。然而，对此他回应道，如果否定对这一受教育者"具有相同的争辩标准、具有对过去社会相同的看法，以及具有相同的参与社会讨论的能力"的假设，那么结果将会是以人文科学和自然科学为代表的知识不得不转化为消费者被动接受的产品（29）。

有人可能会认为，麦金泰尔对苏格兰受教育公众的解读是一种浪漫主义怀旧之情的体现，但我认为，他为我们提供了有益的对照，帮助我们理解了为什么斯坦利·费希不为大学作为培育学生道德认知形成的机构而辩护。我认为麦金泰尔的分析还帮助我们理解了，为什么主张大学知识应该为道德服务的恩格尔与丹杰菲尔德要模糊处理"道德行为"的含义。费希、恩格尔与丹杰菲尔德都缺少表达大学有必要为道德目标服务的权威性，这种权威性需要建立在受教育公众的基础之上。

如果大学或许曾经甚至现在与教会有着某种联系，那么最终将会给我带来何种不同。至少基督教在几个世纪以来都在不断进行一种争论，即

为何必须保持阅读文本及相关文本的传统。基督徒，虽有不足，却代表着
不断受教育的公众。这也意味着，就像麦金泰尔建议所有受教育者都应该
做的那样，他们必须求同存异。所以，如果基督徒没有被世俗的学术界吓
倒，他们应该尝试揭示知识及知识间的内在联系，并更好地塑造学生。①

　　基督徒应该了解他们大学的目的。它们是为了培养学生对上帝的热
爱。基督徒应该清楚大学为谁服务。大学所服务的人群必须认识到，发挥
到最好程度的大学并不是我们所渴望的大学，即使斯坦利·费希愿意去捍
卫这种大学。如果基督徒有另一段评判真与善的历史，那么他们只能建立
另一所大学。这意味着基督徒必须做好信仰与金钱相适应的准备。如果问
及最重要的问题之一"大学为谁服务"，那么变得更重要的是，大学的服
务对象就是大学的资助者。

　　基督徒资助的大学在这个时代是什么样子，我们一点都不清楚。但
我相信，如果基督徒有这个决心与想象力来创建这样一个大学，毫无疑
问，他们将会利用现在大学中的基督徒资源，我们不仅会为这样一个大学
会多么有趣而感到惊讶，也会惊讶于斯坦利·费希期望在这样的大学教
书。因为这样建成的大学会向我们解释，为什么从这所大学毕业的学生
中，没有一个是不知道斯坦利·费希是怎样教我们阅读弥尔顿的。

---

① 这对于像我一样的，在世俗大学教书的基督徒而言，始终是一个挑战。这种挑战可以
通过求助于制度安排加以避免，例如我任教于神学院，而非一所大学。就像卫理公
会机构一样，我所任职大学的神学院，是其历史发展的产物。但是，更为普遍的观点
是，杜克大学因为神学院作为其教育部门之一而更加闻名。然而，我认为本科生中的
基督徒不应该强迫自己不去探索他们信仰的不同之处。当然，这些不同会随着学科的
不同而不同，但是这也确实是大学所应该致力的工作。这些工作会使大学变得饱受争
议，但是没有任何理由来证明其具有消极影响。

第六章　道德徽章的分配：几点担忧[①]

伊丽莎白·V. 斯佩尔曼 （Elizabeth V. Spelman）

在高等教育中，伦理复归的概念不应该对我们造成误导。无论是早期关于道德教育处于大学使命之中心地位的假设，还是当前对教育的道德维度的抵制，我们都不应该允许这一复归掩盖这些事实。有些事情我们无法模棱两可，即无论我们是否明确地讲授伦理学或者在课程中强调道德，我们都是具有德性的动物，并永远处于丰富的道德体验之中。包括像决定是否道歉这样相对常见的事，也包括像是否或者如何接触一个强迫学生与自己发生性行为的教师这样相对罕见的事。对于什么是道德意义上允许的或者是不允许的，或者什么是需要的或不需要的，我们不经意间就会在行动中体现我们的信仰和态度（我们也许不会清楚地意识到这一点）。

所以，我们面前的问题不是是否能够或应该恢复我们生活的道德记录。无论我们怎样设置课程，无论我们创立多少个道德委员会、道德中心或举办多少场道德会议，它始终在那里。现在本篇讨论的问题是，人文教育机构应该投入多少，并以怎样的方式明确地致力于践行这种标准。在这种情况下，教育者中出现了"道德撤离"的现象，这并非是如我们之前所想的，道德体验已经被判定不再是我们生活的核心。但是这种撤离现象，

[①] 非常感谢伊丽莎白·基斯与彼得·尤本的邀请，使我能够对高等教育的"伦理复归"进行深入思考。同时，我也很感谢基斯与尤本教授，以及莫妮卡·罗洛夫斯（Monique Roelofs），对我复归思想的批判性评论。

112　反映了对教育使命或教育机构使命理解的变化，以及对道德信仰本质认识的改变，① 也反映出教育机构（或其校长）对民族生存方式的影响力发生了改变。某种程度上，在更广泛的群体向高等教育寻求指引与帮助的今天，我们被要求提供道德指导的频率有多大？例如，坊间证据表明，企业领导（以及如前教育部部长玛格丽特·斯佩林斯这样的政府官员）并不会过多地要求我们去解决棘手的道德问题，而是可能更需要我们以成本 / 盈利分析作为工作的出发点。人们并没有要求教育机构在企业首席执行官与普通工人工资差异的公平性等问题上引导公众作出反思，而是质疑教育机构为何不能给出可以倚仗的方法或手段，让企业向公众展示它们所能提供的是物有所值。

　　然而，无论其他人是否领会或找出它，问题依旧存在，即教育机构在道德教育上能做些什么？关于它能提供什么其他社会机构所不能给予的，我们有一个很好的想法，例如，人们通常不能（即使可以也会相当困难）从别处获得某种技能与某种形式的知识，因为那里缺少正确的指导与充足的资源。学习历史并不仅是阅读被称之为历史书籍的文本，还必须开发、锻炼批判性思维与文本解读的能力。同理，如果没有合适的资料、充足的设备与正确的训练，人们就不能进行化学实验。但在道德判断方面，大学是否能够提供专门的知识？你可以依托在学校获得的知识成为优秀的历史学家，但你是否也能成为优秀的道德评判家或道德实践者呢？

　　有些机构在其已声明的使命中宣称，它们旨在通过正确的方式教育学生，使世界变得更加美好。（例如，我所供职的史密斯学院的使命宣言是"教育女性使其生活得与众不同"。作为一所国际化的大学，史密斯学院将人文科学的力量与研究和学识的卓越有机相连，培养领导人才来应对社会挑战。）但我认为，教育机构并不希望因为这些方面的成功或失败而

————————

① 复杂之处在于，关于道德信念本质的观点众多，是因为道德究竟在我们的生活中处于何种地位这一问题。例如，看似是道德决策的问题，实际上不过是富有经验的"啦啦队引导"——"到我们这边来！"——他们甚至都不如一系列用于引导人们判断对或错的引导性信念来得重要。

受到评判，至少表面看来不是这样。我们没有试图以诸如"来知名的大学（Magnificent U），你会成为更好的人"这样的公开承诺吸引申请者；也没有试图通过提供"知名大学的毕业生要比平庸大学（Slacker State）的毕业生更优秀"的明确证据来吸引申请者。从道德层面来说，当教育机构表现得自负时，他们不会声称自己赢得了培养优秀人才的"比赛"。为了证明他们的引以为荣的事情，他们经常提及学生的法学院录取率，博士或硕士的数量，或者首席执行官排名的提升，诺贝尔获奖人数的增加，再或是有多少足球、篮球比赛的冠军（甚至更具体到他们学者型运动员的历史）。与此同时，即便校友杂志毫不迟疑地在光亮的油纸上着重描述该校毕业生在道德层面的许多高尚做法，我们也不认为依据对学生行为的评估来判断其道德是多么高尚的做法是恰当的。这并不意味着我们不会评估学生的学术品德（尽管如此，学术品德与道德品德的区别是模糊的，这一点我在下文中还会提到）；也不意味着我们不会保留惩罚违反道德准则学生的权力（比如剽窃或性伤害）。但事实表明，成绩最好的人、获得最高奖学金的人和工作最好的人，往往都不是道德品德最出众的学生，当然并不排除偶然性。

　　上文所述的内容并没有减少高等教育机构成为道德教育绝佳场所的可能性。这种道德教育通过指导学生学习道德理论的历史争论过程，学习不同文化所具有或呈现的不同的道德基础，或者学习甚至被视作道德圣人或罪人（如甘地、希特勒）的生活与作品，但它并不是一种使学生变得具有德性的教育形式，而是一种对其进行有关道德的教育。当然，人不能过分在意学习道德知识与通过学习来具备德性之间的区别，因为可以明确的是，要成为道德品质出众的人的方式之一，就是要思考别人之所想及其如何生活。与此同时，我们似乎很看重"为道德反思提供空间"与"为道德教化提供机会"之间的区别，或者对于后者更加公正地说，是指为培养一种坚定品质的道德训练。我们并不要求受过良好教育的人必须持有特别规范的观点，但他必须具有良好的道德反思。并且鉴于道德对我们生活的重要性，及其对我们提出的复杂要求，我们需要获得有助于这种反思的工具。

114　　　同时还需指出，尽管我们拒绝用特定的道德观点去描述受过良好教育的人，但如果一个受过良好教育的人做了"可怕的事"，我们一定会认为其中出现了某种偏差，例如当得知纳粹政权最积极的支持者都是从享有盛誉的大学毕业且拥有高等学位的人时，我们是多么地震惊。

　　如果不再惊讶，那么我们会为那些被认定为接受过良好教育的人所造成的严重故意伤害而沮丧，从某种程度上讲，我们揭示出如果一个人并不具备特定的道德，那么也不会充分地习得学术品德。这些不同的品德又是什么？联系到这一点，科学哲学家海伦·朗吉诺（Helen Longino）在其对"科学是否是价值中立的"这一问题的讨论中，提出了一个我们认为很有价值的观点。朗吉诺指出，尽管不可否认科学活动受支配于规范与价值观，但是**基本**价值观（constitutive values）与**特定**价值观（contextual values）是有区别的。基本价值观提供了"判定组成可接受的科学活动或方法的规则来源"（例如，对真理的追求不允许捏造证据以得出想要的结论）。对历史学家与科学哲学家而言，一个重要的问题就是"基本价值观与特定价值观有多紧密或应该有多紧密"，也就是说，这些价值观遍布在社会环境与文化环境中，而科学就是在这两种环境中进行的。① 例如，不管科学家们认为他们应该在预防疾病上投入多大的精力，而可利用的资金却导致他们专注于对于治疗的研究，而非预防。相反地，现在的研究者为了获得在研究中使用受试人的许可，较之于过去他们投入了更多的精力，但这种转变更多地源自于更广泛的特定价值观，而不是研究过程中的基本价值观，尽管就像例子中所阐释的，特定价值观中的变化也许会重新塑造特定领域已被接受的工作。

　　难道我们希望在受过良好教育的人身上看到的，不是那些美德么？这些美德使他们在个人领域出色地完成工作，并反映了在他们所探寻领域的基本价值观。斯坦利·费希似乎认为，尽管我们似乎可以尝试灌输基本

---

① Helen Longino, *Science as Social Knowledge：Values and Objectivity in Scientific Inquiry*, Princeton, N. J.：Princeton University Press, 1990, pp.4-5.

价值观，但是它将会是浪费精力的，甚至会危及我们的基本价值观。我们应该在非专业范围中，鼓励学生接受并认同其他价值观，即便其与教学或研究并非直接相关。[①] 政治评论员戴维·布鲁克斯支持基斯与尤本的看法，他们担心对基本价值观的关注还不够，我们不让学生参与"一个适用范围更大且不太明确的价值"的讨论，像科学中的例子一样，会直接影响到基本价值观，而事实上我们的做法也放弃了我们对学生的责任。

这场讨论的本质有以下两点：第一，尽管在讨论"学术品德与道德品德的区别"时，我引入了海伦·朗吉诺所提出的基本价值观与特定价值观的区别，但是这些差异并不会以相同的方式进行区分。事实上，包括费希在内的一部分人，希望把诸如诚实、正直等道德纳入到在学校被反复强调和推崇的美德之列，他们不能将学术品德视为学校的基本价值观，也不能将全部的道德品德视为危险的掠夺者。更确切地说，费希的立场并不是反对道德教育本身，而是反对扩大道德教育的范围，反对超出狭义的学术工作范围中的道德品质。第二，至少在对学校基本价值观的讨论上，基斯、尤本与费希似乎并没有分歧：那就是他们都认为要时常反省和讨论学校的基本价值观应该是什么。也就是说，可以设想斯坦利·费希与其他对高等教育中"伦理复归"进行评论的人，都不希望这些评论被那些批评者直接忽视或全部接受，从而停止进一步的讨论。如果对学校基本价值观的反思没有被理解为是那些价值观的核心，那么正如费希与其他人所做的那样，他们那些质疑会遭到有力的还击。

回到实质的问题上，即在何种程度上，教育机构可以并应该排除任何形式的、违背某个学科学术要求的道德教育。无论是否愿意，我们都无时无刻不在进行着道德判断，无论是否正在试图传授特定的道德观点，我们的行为都不自觉地表达着道德态度；因为无论教什么、做什么，我们都

---

① 例如，参见 Stanley Fish, "Aim Low", *Chronicle of Higher Education*, May 16, 2003. http：// chronicle.com，以及 Stanley Fish, "Why We Built the Ivory Tower", *New York Times*, May 21, 2004, p. A23。

在反映着自身的道德判断。

116 　　除非我们的研究领域是化学，否则我们不希望被要求依据化学知识作出判断。但我们确实希望在每个关键点上作出道德判断，因为从这一意义上来说，就不会出现"道德退行"。在认识到道德判断与特定价值观的普遍存在性之后，我们可能会认为无论学生学习何种知识，他们都应该接受道德教育，因为他们不可能远离道德体验。或者至少说明，如果教师不管怎样都会传递特定价值观，那么他们可能想要更加深刻地反思所能做的事情及原因。另一方面，这也使得单独关注学生的道德教育显得十分奇怪。

　　学术界所有人，无论是教师、管理者、学生或职工都是道德主体，从这个意义上讲，绝不会或绝不可能会产生"道德退行"，因为所有人都处于道德生活的网络中。那么为什么我们只应将注意力放在学生身上？难道他们是社群中唯一需要接受道德教育的人？还是他们是社群中我们唯一敢于说是需要接受道德教育的人？难道他们是社群中唯一在我们的权限内接受道德教育的人？社群中的每一个成员都是道德主体，为什么我们认为只有作为道德主体的学生需要变得更加优秀？教师、职工与管理者是否接受过充足的训练？还是只有那些拥有高等学位的人才可以？当德里克·博克宣称大学应该"呈现高道德标准，以处理其面对的道德问题……对于教育机构传递给学生不计其数的信号应更加警觉，努力使这些信息支持而不是破坏基本规范"，[①] 他是否认为大学领导者需要接受道德教育，还是他们只需要展现出在道德方面的积极态度？如果他们知道这些高标准是什么，并且知道如何遵行，那么这是否与他们在大学接受了良好的道德教育有关？如果是这样，是否是因为教师在他们所接受的道德教育中倾注了更多努力？如果不是这样，假设无论他们的专业与兴趣为何，他们都可以通过学习成为道德上的领导者，那么他们现在所领导的大学为什么还要将道德

①　Derek Bok, *Universities and the Future of America*, Durham, N.C.：Duke University Press, 1990, p.97.

教育当作一项特殊任务呢？

"伦理复归"的一部分很可能就是让教师与学生健康地参与到"作为有影响的参与实体，大学是否成功地设立了关于内部行为和与地方、国家乃至国际社会存在的外部关系的较高标准"的讨论中。① 如果是这样，为何不是大学中所有人都参与到这样的讨论中？正如基斯与尤本所描述的，科尔伯格的"公正团体法"，包括了"团体构建的文化……在这里学生和教师能够依据其道德决定而行动"。② 为什么大学中的其他人被排除在外？这是否意味着其他人没有做出道德决定或依此行动的能力，尤其是那些没有获得高等教育学位的人？又或是他们有这个能力但对此无动于衷？还是即使他们与其他人一样，能从道德反思中获益，但是他们所在大学的工作却不需要他们这样做——可以假定他们接受了足够的道德教育，并能很好地完成自己的工作？即便是这样，为什么学生在人生的这个阶段需要更多的道德教育？教师似乎不需要什么特别的东西就可以为学生提供道德指引，并且职工如果本职工作完成得很好，或是其工作与大学实质工作无关，那么他们就根本不需要关注此类问题。

之所以将"公正团体法"限定在学生与教师中看起来十分奇怪，还有另一个原因。关于学校管理其内部事务与外部关系标准的决定，影响着团体中的所有人，其中也包括监管大学投资的理事，以及承包商与供应商。职工是否与这些决定无关？还是他们主要是执行别人的决定？或是提供关于实施道德审议的环境，就像酒店中的女侍应和炊事人员在酒店帮忙一样，促使我们能够在探究公正的会议上热烈地讨论？在这一点上，基斯与尤本提到了亚里士多德"实践智慧"的观点，这需要与之相关的探索。③

众所周知，亚里士多德认为，只有一小部分人能够掌握他所描述的

① 参见基斯与尤本的作品，即本书的序言部分。
② 参见基斯与尤本的作品，即本书的序言部分，注释34。
③ 参见基斯与尤本的作品，即本书的序言部分。

"实践智慧";他还认为,尽管他们拥有与生俱来的天赋,但是如果人们不能从维持物质生活水平的劳动中解放出来,他们还是不能获得实践智慧。那些从事对城邦存在而言至关重要工作的人,不应该参与到审议中,而参与的人也不应该涉及施行该审议的工作。从事对城邦不可或缺工作的人(对亚里士多德来说,当然就是男性公民的妻子、奴隶与劳动群众)并不是没有美德,但他们的美德属于受限人的有限品行,即注定要被统治。只有在那些统治者身上,我们才有希望找到人类优良品德的完美例证。但如果不是因为有这些优秀品行的人的工作,人类成功的模范,即好人、好公民,也不会存在。

当然,我并不认为在基斯与尤本教授头脑中的"伦理复归"是一种亚里士多德式城邦的复归。但是当我们思考道德价值观、美德或技能是否应该被受过良好教育的人所拥有,并体现在他们的行为之中时,我们要问自己是否在假设或推进这种观点,即他们是否拥有(无论如何花点心思考一下是否应该拥有)这样的价值观、美德与技能,可以作为区分一个人是否受过良好教育的标准。即使这种观点不是基斯和尤本的本意,但他们所呼吁的探索道德学习所需要培养的分析能力、精炼的道德想象力及移情与勇气这样的美德也并不相互矛盾,即便不是其本意,这也很难算作是对亚里士多德"美德习得的概率分布"观点的无条件认可。但是我们应该仔细审视,这一观点在多大程度上暗示了应该对劳动力进行道德区分,这种劳动力反映也助推了社会其他领域中常见的差异。

这是我对基斯与尤本所使用的方法表示担忧的关键之处。费希担心,对特定价值观道德标准的明确关注会破坏学术事业,而我的担心却是"伦理复归"会加强现有的不平等现象。作为一个让学术界和社会感到不安的现象,这会进一步强化学术对这种不平等现象的作用。

在这一点上,我不得不提到皮埃尔·布迪厄(Pierre Bourdieu)和另一些人的研究效果,即教育机构总体上倾向于将不平等影响的研究继续下去。鉴于经济、政治与社会机制的巨大惯性,他们保持了不公平等级制度的有序性,所以我们理应对"高等教育中的'伦理复归'变成了对道德精英的创造与复制"这一事实保持警觉。道德精英是一个特殊的阶层，他们被认为在一定程度上接受了道德培养，让他们超越旁人，并且他们的社会地位也不同于那些没有接受过道德培养与道德情操熏陶的人。

从布迪厄的观点出发，学校是众多社会机构之一，其功能是产出以大量财富为形式的经济资本，由人和机构组成强大网络的社会资本，以及表现为对罕有的知识、技能以及标志着优越社会地位的与众不同的文化资本。比如说，人们能够获得一种对美的认知力与敏感性：

> 艺术品仅对具有文化鉴赏力的人有意义和吸引力，就如只有编码的人才懂得解码。有意识或者无意识地实现对显性或者隐性设计的感悟与体味，构成了音乐或绘画的文化，这是识别一个时期、学派或是作者，以及更普遍艺术作品典型样式的隐性条件，也是精通富有审美享受的作品内在逻辑的前提。①

就像一个人鉴赏艺术品或聆听音乐的能力，取决于已具备的特定认知能力与情感熏陶，这可以通过学习美学理论与艺术史知识加以强化。从这个观点出发，"阅读"道德著作的能力，洞察道德生活的细节与差异的能力，都可以通过熟识道德思想史得以加强。这能让人在参与道德理论讨论时，对那些不断变化的专有名词获得概念上的从容，很轻松地说出道义论与结果主义的区别，或给出关于"道德品质"含义的权威性解释。

布迪厄认为，针对这种问题仅有这样的"技术能力"是不够的。一个人可能拥有"理解、复制与产出政治论述的能力，这是教育经历所给予的"，但可能不会"被社会认可与鼓励"去参加政治审议与讨论。② 所以，拥有高水平的审美或道德能力并不能保证你的观点会得到关注与倾听。必

120

---

① Pierre Bourdieu, *Distinction：A Social Critique of the Judgement of Taste*, Translated by Richard Nice. Cambridge：Harvard University Press，1984，p.2.

② Pierre Bourdieu, *Distinction：A Social Critique of the Judgement of Taste*, Translated by Richard Nice. Cambridge：Harvard University Press，1984，p.409.

须要有方法查出冒名顶替者和其他不称职的人，否则因拥有文化资本而显示出的阶级和地位差别就会失去必要的证明。

也许从上文关于"大多数高等教育机构中的职工被排除在校园道德讨论之外"的观点中，可以为布迪厄的某些观点提供解释。通常，尽管大多数高等教育机构保持沉默，但是部分都做出了一个承诺，即获得学位的毕业生和秘书与从事体力劳动者之间将不止是经济上的差异。然而如果秘书、清洁工与园丁也可以，或是被鼓励获取与教师和学生同样的文化能力，那么这个承诺似乎就将无法兑现。

布迪厄的工作引起了学术界成员的密切关注，特别是考虑到不断增长的压力，迫使着人们把高等教育很明显地视作为一种消费产品，抑或是一种投资，能够提供经济、社会、文化回报。实际上，如布迪厄所说的，我们被鼓励要把一些东西看作是对教育某些特定功能的深奥的学术理解（仅为布迪厄的个人理解），而这些东西已经开始侵蚀学校：被学者所珍视、为内行人小心钻研却未被广泛理解的文化资本运作，已经被一些人热情接受而非羞于承认，这些人是教育的消费者，他们要求教育能够产出布迪厄所描述的经济、社会与文化资本。（无论他们是否了解布迪厄的观点。）

在这里提到布迪厄的论点，并不是否认一些人比他人更有道德洞察力，否认一些人比他人更诚实、更忠诚、更有勇气、对公正更热忱。但考虑到高等教育机构期望能为毕业生在竞争激烈的世界中提供帮助，在这个世界里平等竞争依旧是一个残忍的神话，所以我们必须对于要提供的道德教育的类型与深度描述得非常谨慎。我们要清楚地知道，也要向他人清楚地解释，差异一方面在于（1）承诺从我们学校毕业将使你得到一定的文化资本，与那些没有接受教育的人相比，你将成为——或至少看起来是——拥有更多道德知识和道德深度的人，一个更好的人；差异另一方面也在于（2）认识到除了道德学习，还有其他种类学习的存在，事实上它们也是密不可分的。教育机构提供了道德教育的场所，尽管实际上它们就是这种类型的教育机构。

如果大学进行了明确的"道德转向"，并注意到为享有特权的少数人分配道德徽章的风险，那情况将会怎样？这会使校园文化对道德对话与讨论的态度更加包容，例如，学校职工的讨论需要全员参加。但反过来，这需要坚定的意志以克服障碍，这些障碍来自于使得这种对话变得困难和稀少的地位和知识。若能恰当操作，这将是一个值得尝试的实践，但我怀疑这会给学校良好的自我形象带来威胁，而这远比费希教授所担心的更加极端。

第三部分

高等教育中的政治与伦理

第七章　多元主义与精神教育

威尔逊·凯里·麦克威廉斯（Wilson Carey McWilliams）
苏珊·简·麦克威廉斯（Susan Jane McWilliams）

　　大学中伦理复归的迹象并不常见，即便存在也模糊不清，但是我们坚信任何转变都是从教育者们有限的认知中发展起来的。

　　对于道德教育者而言，最著名的文章当属《新约·马可福音》之《播种的比喻》（*the Parable of the Sower*）中的第四章，耶稣教导门徒"福音就像播撒的种子"：一些散落在路旁，从不扎根；一些散落在贫瘠的土壤里，虽能快速发芽，但根部尚浅，秧苗一旦遇到挫折或困难就会死去；一些遭受到竞争者的压制，被杂草紧紧揪住；仅仅有一些种子扎根于优质的土壤中，苗壮成长。正如我们所知，大学和其他所有学校，在某种程度上，只是作用于那些已经受到影响的"灵魂土壤"之上，无论好坏，道德品质的本质部分几乎都已经形成，无论我们施以何种影响，在很大程度上其结果都是与社会生活大课堂的博弈。

　　当然也并非完全如此，尤其鉴于大学教育阶段是人生中相对来讲最紧张的体验阶段之一，学生可以自主学习，包括掌握与道德和经验相关的语言。无论如何，我们所追求的目标受到诸多十分严格的限制。

　　正如道格拉斯·斯隆提醒我们的那样，当今道德教育已成为大学教育的主题和顶石课程，教育的各项指标由新教教义和美国民主所设定。大学，被视为最适合探究"'人类存在的基本问题'与文化的目的"的文化性机构，它不试图改变学生，而是希望传递给学生一种使命去探寻"生活 126

129

各领域中的真理"。① 但是，大学和教会的关注点是紧密联系的，因为它们都强调在古典文学、神学、政治和道德哲学方面的教育。并且大学教师和牧师都致力于探讨如何将这类知识付诸道德实践。特别在将基本原理应用到实践任务中时，道德教育可以为模糊性问题提供指引；人们希望通过道德教育拓宽学生的道德视野，有些大胆的教师也许会挑战种族主义，甚至质疑两性不平等问题。② 尽管十分严格地界定了道德辩论的限制，但条理清晰的道德对话在校园中依然随处可见。

当然，在追求条理分明道德对话的大学中，道德辩论**能够**深深扎根其中，并被严格界定。然而，由于一些不受大学行政人员与教师控制（甚至可能是注意力）的因素，现在情况已经发生了变化，或者说几乎已经不是曾经的模样了。近几十年，许多科技革新改变了大学生活，同时制约了教育机构在其自身"道德对话"中的影响力。技术的"交互性"，一个流行的概念，或多或少减少了校园与整个社会传统的特权式分离，弗雷德里克·鲁道夫（Frederick Rudolph）告诉我们，这个分离是美国大学的有意设计。③ 美国大学的创立者，希望鼓励青年人虔诚地生活，保持着一种苦行般的状态，相信道德品质能够在相对隔离的环境中得到最好的培养。因此，他们在田园式的地方建造校舍，或是用围墙将建筑与周围的人口中心分隔开，致力于一种高等教育的住宿模式。他们认为，将大学生和喧闹的社会隔离开，将会增强学生们在大学生活中的集中力与注意力，同时提高道德教育者而不只是实践者和专业教育者的动力。远离了这些最初的影响因素的学生，将被迫在大学中向教师和彼此寻求关于如何更好生活的指导。

127　　　如今，从一个学生迈入大学校园起，他所要做的第一件事就是给电

---

① 参见 Douglas Sloan, *Faith and Knowledge*：*Mainline Protestantism and American Higher Education*, Louisville, Ky.：Westminster John Knox Press, 1994, p.1, p.41ff。

② 参见 J. Royce, *Race Questions*, *Provincialism*, *and Other American Problems*, New York：Macmillan, 1908。

③ 参见 Frederick Rudolph, *The American College and University*：*A History*, New York：Knopf, 1962, p.54ff。

脑联网。绝大多数学生都有移动电话，这些"系着家的长绳"缓和了大学是一个独立过程的体验，或者让学生挣脱了早先生活中的权威力量。① 在学生的日常行为中，大学不再作为最有力的道德榜样与权威之源发挥作用。学生在进入大学前或在校期间，经常接触到一种观点，即最好要对学校或教师所持有的价值观持怀疑态度。（当然，我们想起许多众所周知的没落的大学都曾被作为宣扬"自由"的场所。但我们也会记得令人遗憾的高等教育中"顾客化"的比喻及其造成的大学中许多实际的转变，我们看到社会对大学传统权威地位的尊重日渐减少。）② 很多学生因此谨慎地选择大学，他们变得不相信任何被揭露出来的信息，或许就以一种"一只脚进，一只脚出"的讨巧方式度过大学生涯。

如同大学所处的社会一样，大学的界定变得越来越模糊，大学中缺乏基本的安全和庇护条件来支持学生独立的道德探究行为。③ 的确，随着开放程度日益增加，大学与社会的隔离程度在逐渐降低，大学生正表现出前所未有的焦虑状态。④ 焦虑的状态加大了他们对安全的渴望，因此大学生群体乐于探究实质性问题而规避道德问题的现象并不稀奇。许多学生甚至从入学之初就开始为其毕业后的职业生涯而担忧，加之职业生涯规划中心在大学校园中涌现的速度远远超过伦理项目或课程，在这种情况下，学生将富有创造力的精力用于创建受保护的生活，而不是高尚得体的生活。

---

① 参见 Jane Gross，"A Long-Distance Tether to Home：New Technology Binds College Students and Parents"，*New York Times*，November 5，1999，p. Bi。在其他事情中，格罗斯采访了青少年发展问题的专家，这些专家认为在青少年被期望不断自立并发展成人的若干年中，此类技术提供了依赖。

② 参见 James G. Hutton，*The Feel-Good Society：How the "Customer" Metaphor Is Undermining American Education*，*Religion*，*Media and Healthcare*. West Paterson，N.J.：Pentagram Publishing，2005。

③ 参见 R. M. Merelman，*Making Something of Ourselves：On Culture and Politics in the United States*，Berkeley：University of California Press，1984。

④ 参见 J. M. Twenge，"College Student and the Web of Anxiety." *Chronicle of Higher Education*，July 13，2001，p.44。

正如普林斯顿大学前校长哈罗德·夏皮罗（Harold Shapiro）所言，也许在一个自由、多元的社会中，"大学应该义不容辞地肩负起培养学生的使命，使其获得在社会中生存的能力。因为在社会大环境中，学生要能够独立地做出道德选择，有能力帮助整个社会去塑造道德面貌，他们的生活也直接受到他人道德选择的影响。"① 但是考虑到目前的情况，我们很难理解学生为何会被道德理论中最精练或最智慧的部分所触动，看起来似乎这些部分来源于直接的感情、压力与焦虑，且已经被抽象化了。

情况常常如此，考虑到现实我们会发现这种问题无处不在。对于道德教育者而言，他们总会遇到很多满足于走寻常道路的学生，他们不会受到道德争论的影响，也不会从一开始就相信它的合法性。道德教育者还经常遇到这种学生，虽然他们在论文或课堂中都十分重视伦理问题，但是他们在理解"真正的世界"时却质疑这些伦理问题的用处。

我们想到了克里托（Crito），他是一个好公民，不仅看到了苏格拉底的闪光点，还直观地感受到了哲学的魅力。在以他的名字命名的对话里，他似乎认同苏格拉底的学术观点，即我们应该遵循正确的事情，而不是盲从大多数人的观点；在做正确的事情时，我们不应该畏惧死亡，更不用说更小的困难了。克里托甚至好像理解苏格拉底的隐含意思，即如果苏格拉底惧怕死亡，就表明他是一个伪君子，而哲学也如大多数人一直猜测的那样——只是冗长且夸张的文字。但本质上克里托是一位雅典绅士，注重伦理观点，但对实践法则的重视程度远不如前者。（人们不会轻易错过克里托回答中隐含的重点，"苏格拉底，我认为你说的是正确的，但想想我们应当**做**什么"。)② 如果苏格拉底身陷囹圄且被处死，那么他的敌人将欢呼雀跃；这将剥夺他家人的权利并可能会损害其朋友的社会声誉，因为他的朋友会被认为没有帮助苏格拉底去免除死刑。有很多理由可以用来解释克

① H. Shapiro, "Liberal Education, Moral Education", *Princeton Alumni Weekly*, January 27, 1999.

② Plato, *Crito*, *Five Dialogues*. Translated by H. N. Fowler, Indianapolis：Hackett, 1981, p.171 [49d].

里托的说法，其中很重要的一点就是克里托是一位好公民，他认为个人的荣誉与对朋友的责任比法律更重要。

然而，我们感兴趣的是苏格拉底作为一个道德教育家，他改变了自己的观点，换了说辞，以期获得克里托的认同，并且他希望克里托不仅在一些学术观点上认同他，还要"一路向下"。当然，该篇采用了与法律对话的臆想模式，得出了"法律凌驾于个人权利之上"的结论（其中暗含了克里托的声誉和他对苏格拉底的热爱）。在这样做出论证时，苏格拉底实际上利用了克里托对朋友及老师的高度忠诚；借法律之名指出，如果苏格拉底离开雅典，逃离城邦对他的审判，他将"成为一个不体面的人"，同时他的朋友则有可能"陷入流放、被剥夺公民选举权、丧失财产的困境"。①

当然，我们了解，如果法律要求苏格拉底违反理性，那么他将选择违抗。我们也了解，对于他自己甚至他朋友的公众形象与物质财富，都不是苏格拉底想要保有的东西。但是在《克里托篇》中，苏格拉底不仅仅想要从理性或知识层面上说服克里托，还想从高贵的克里托所看重的标准上对其加以说服。苏格拉底教导克里托必须在某种程度上遵守法律，从而彰显对朋友的忠诚。即苏格拉底**"在有限的实践范畴内"**进行着道德教育，换言之，他所进行的道德教育是和伦理理论相悖而行的。

（值得一提的是，克里托是一个 B+ 水平的学生，但如柏拉图所说，根据经验的判断他比绝大多数普通的雅典人更值得教育。在《普罗塔哥拉篇》中，通过苏格拉底的观察，他认为雅典人能做的最好的事，就是把孩子们送到普罗塔哥拉② 那里，他并不支持普罗塔哥拉所宣称的胆识以及其他美德能够通过功利主义的预测而被培养起来：他认为大部分雅典人——

① Plato, *Crito*, *Five Dialogues*, Translated by G. M. A. Grube. Indianapolis：Hackett, 1981, p.55 [53b-d].

② 普罗塔哥拉（Protagoras），公元前 5 世纪希腊哲学家，智者派的主要代表人物。他出生在阿布德拉城，多次来到当时希腊奴隶主民主制的中心雅典，与民主派政治家伯里克利结为挚友，曾为意大利南部的雅典殖民地图里城制定过法典。一生旅居各地，收徒传授修辞和论辩知识，是当时最受人尊敬的"智者"。——译者注

至少是那些资助诡辩派的人——如果靠他们自己，而没有苏格拉底的帮助，就会做得更加差劲。）①

当代美国的道德教育

在当代美国何种道德教育是可行的？在当代美国的实践范围内什么是可能的？很显然的是，美国的政治文化，尤其是在宗教与道德方面，比过去多元得多。我们所珍视的具有里程碑意义的事件发生在1988年，时任马萨诸塞州州长的保守派共产党人保罗·切卢奇（Paul Celucci），被迫为自己冒犯女巫的言论而道歉。② 在很多方面，这种多元化是值得肯定的（我们通常被要求这样做）：与道德教育全盛时期相比，今天的美国已不再那么具有压迫性了，并对近来甚至一直做得令人无法容忍的群体采取了相对开放和包容的态度。（例如，现今保守的道德家对同性恋婚姻的关注，体现着政治的巨大退步。同样值得注意的是，芝加哥市市长理查德·戴利宣布，他将效仿旧金山市发行许可证，我们不难想象他父亲对于该做法的可能反应。再如，2003年路易斯安那州的共和党州长候选人是一个昔日的印度教徒。）③

---

① Plato. *Protagoras*, Translated by C. C. W. Taylor, Oxford：Oxford University Press, 2002, p.49 [349e] .

② 参见 Gustav Niebuhr, "Salem Journal：Witches Appeal to a Political Spirit", *New York Times*, October 31, 1998, p.A8, 切卢奇并不是唯一一个为此受到压力而道歉的公众人物；一年以后，在1999年，内布拉斯加州官员迈克·约翰斯由于其立场问题遭到了公开谴责。在一场新闻发布会中，他宣布他要为国家的多信仰而奋斗，约翰斯认为他并不知道何为巫术，通过学习，他暗示他不会签署支持巫术的宣言。参见 religioustolerance.com，授予了约翰斯第一届"燃烧时间"奖（"Burning Times" award）。

③ "Daley Backs Marriage for Gays in Chicago", *New York Times*, February 20, 2004, A12；Lee Hockstader, "Surprise Front-Runner in La. Governor's Race：Son of Indian Immigrants Seeks 'Bubba' Vote." *Washington Post*, October 4, 2003, p.A6.

　　然而，正如亨利·亚当斯（Henry Adams）提醒我们的，多元化是要付出代价的：信仰和道德的多元化意味着在通常状况下信仰和道德也失去了约束行为准则的力量。[①] 就像艾伦·沃尔夫（Alan Wolfe）所暗示的，大多数美国人继续或多或少保有着传统的道德信仰，但他们把这看作是个人喜好、选择或风格，与公众生活关系甚小。[②] 沃尔夫指出，这种逐渐占据主导地位的道德观点直接来源于人们对道德多元性的认识；由于道德或宗教功能的多元性公开地以准则的形式发挥作用，信仰的全部形式必须在本质上进行私有化。[③]

　　在某些程度上讲，这里存在着一种更深层次的共识，即美国允许信仰和道德多元化的存在。这种共识不批判或压制别人的信仰和实践，但仍是一种消极的共识。因此它并不赞成在公共范围内对共有的道德或信仰进行探讨。特别是在国家大选中，越来越多的政客开始热衷于表达"个人信仰"，这种表达意味着政客运用了道德指南针（moral compass），这种行为却从未在公共场合出现。例如，2008 年的总统大选，在初期民主辩论环节，候选人们似乎都极力认同参议员约翰·爱德华兹（John Edwards）的主张，即"在总统任职期间，对美国人强加任何自身信仰的做法都是错误的"。[④]

　　即便对于那些我们认为其信仰和处事方式是错误的人而言，宽容也是占据重要地位的公共准则，并且美国人倾向于诉诸《圣经》的禁令，即

[①] Henry Adams, *The Education of Henry Adams*, New York：Penguin, 1995. 亚当斯写道："这种全新的关系非常具有吸引力，随着生活中各种复杂性、丰富性及矛盾的浮现，他在新式教育中受到了极大的冲击。他自己无法挣脱这一切。无论是政治还是科学，这种教训都是一样的，所以无论如何选择，都必将受其影响。在政治中，他感受到了；在科学中他也感受到了；而在生活中，这更是无处不在，仿佛他仍然是生活在伊甸园中的亚当。在这里面，上帝代表着团结，撒旦代表着复杂性——但谁也无法辨明事实。"(377)

[②] Alan Wolfe, *The Transformation of American Religion：How We Actually Live Our Faith*, New York：Free Press, 2003, pp.17ff.

[③] Alan Wolfe, *One Nation after All：What Middle-Class Americans Really Think about God, Country, Family, Racism, Welfare, Immigration, Homosexuality, Work, the Right, the Left, and Each Other*, New York：Penguin, 1999, pp.62-63.

[④] 2008 年总统大学第四次民主辩论文字记录，查尔斯顿美国参议院，2007 年 7 月 13 日。

"不作评判，免得被评判"。当然这种理解是错误的：耶稣是在论证黄金法则，是指一个人不能用两种不同的标准去对待自己和他人；他指出，在清洁兄弟眼中的微尘之前，人们应该首先擦亮自己的双眼。人们不应当带着伪善去评判他人，而是应小心翼翼并且擦亮双眼；最终，所得出的评判应该对涉及的所有人都有效果。耶稣希望他的信徒都能够关爱教友，他认为为他人拭去微尘显示了对他人状态的关心和为改善他人状况做出的努力。（当然，他从不认为礼貌的微笑且假装没有看到别人和自己眼中的微尘的行为是恰当的。）简单地说，耶稣表达的是一个关于责任的标准，它植根于对人类共有瑕疵的理解与对同胞的爱之中。

相反，大多数美国人借用耶稣的话向他人表示看似温和的冷漠。他们充其量是不想伤害自己的同胞，希望自己的同胞能好起来，这是一种慷慨的同情。但是，并不像他们经常公开使用的"宽容"那样，他们不是非常愿意去帮助自己的同胞。因为在闲谈时，美国人说的是他在"容忍"某人（一个叛逆的少年或者麻烦的同事），他的意思是他在忍受一些令人反感的事，但这些事情最终也无关紧要。我忍受着我同事的坏行为，我这样做是因为尽管**她**的行为令人讨厌，并且这行为可能会长期给她造成伤害，但从长远角度看这并不会对**我**造成危害。在这个意义上，容忍别人是和他人保持礼貌的距离。从根本上讲，美国人的容忍不是一种责任的标准，而是一种疏离的标准：准确地说，这是一种有礼貌的疏离，但仍是一种疏离。

当今的政治中，十分明显地盛行着对他人疏离、冷漠的精神状态。例如，试想民众对乔治·W. 布什总统成功撤销房地产税的广泛支持，而这个税种即便是年迈的社会达尔文主义者威廉姆·格雷厄姆·萨姆纳（William Graham Sumner）也将其视为一种我们非常应该承担的政治社会义务。① （尽管权威人士迅速将其归功于或归咎于共和党在说辞上的转

---

① 萨姆纳写道，"毫无疑问，快速的资本积累过后，随之而来的是一系列的安全、良好管理以及国家稳定秩序等问题；如果国家介入资本持有人的'身后事'，宣告分配其财产，这种宣告则是合乎情理的。"W. G. Sumner, *What Social Classes Owe to Each Other*, Caldwell, Id.：Caxton Printers, 1986, p.43.

变，即把"房地产税"变成"遗产税"，多种调查发现无论其称呼为何，美国人都对这种税收极为反感。）① 美国人对税收持有敌视态度的现象已经越来越普遍，还对逃税者进行颂扬，这展现了一幅相似的图画；正如罗伯特·普特南（Robert Putnam）所说的那样，当"社会资本"（即互惠互利、社会信任和共享责任）很少的时候，对税收的仇视和逃避将愈演愈烈。②

我们的一部分问题是，"多元化伦理"只是矛盾中的一个方面。当游叙弗伦提出"神喜爱什么"时，对苏格拉底而言，这是一个简单的问题，他表示众多神灵经常发生冲突，有一个人热爱就会有另一个人憎恨。从表面上看，多元化伦理在最简单的层面上提供了最低的安全保障，同时它最吸引人的地方可能是发现了（借用本杰明·富兰克林对理性多元化的赞赏）"任何人们想做的事"的伦理。③

132

当然，人们可以坚持遵守既定的神灵或他们群体的伦理法则，谴责任何试图采用新规范或新的参照群体（这种教导方式在身份政治的一些形式中可以看到）。然而，如果是那样的话，一个政治社会就需要使这些伦理个体从属于某种占统治地位的公共规范——最低限度就是禁止暴力，避免陷入混乱。远离危险的最好方法就是坚持和罗尔斯《政治自由主义》（*Political Liberalism*）中"重叠共识"（Overlapping Consensus）④ 本质上相同的立场，而对那些更年迈的人来说，则是坚持戴维·杜鲁门（David

① Mayling Birney, Ian Shapiro, and Michael Graetz, "*The Political Uses of Public Opinion: Lessons from the Estate Tax Repeal* "（Working paper, Yale University, April 2007）, p.8. (http: //www.yale.edu/macmillan/macmillan/shapiro) .

② Robert Putnam, *Bowling Alone: The Collapse and Revival of American Community*, New York: Simon and Schuster, 2000, p.348ff.

③ Plato, *Euthyphro*, *Apology*, *Crito*, *Phaedo*, *Phaedrus*, Translated by H. N, Fowler: Cambridge: Harvard University Press, 1999, p.11 [7] a; Benjamin Franklin, *The Autobiography of Benjamin Franklin*, New York: Touchstone, 2004, p.28.

④ 重叠共识（Overlapping Consensus），出现在罗尔斯 1971 年出版的《正义论》中。罗尔斯指出，尽管公民们对正义的理解有诸多差异，但这些不同的政治观念有可能导致相似的政治判断。罗尔斯说这种相似的政治判断是"重叠的共识而不是严格的共识"。这个共识的逻辑含义很简单，那就是"不同的前提有可能导致同一个结论"。——译者注

Truman）的《政府过程》（*The Government Process*）。①

这种共识可能只支持极少部分的民主。然而它的确建立起了一个规则框架或标准，来对可接受的多元主义加以限定：它规定了一种伦理，却没有规定一种多元化。如果需要进行说明，那么这种伦理只在某种特殊意义上是"中立的"。在一些"全能教义"中它是保持中立的，是与忍受他人这个最主要的责任相共存的。它希望这种对真理的追求能与国家安定并存，但又坚称伦理是从属于安定的。它表明了一种高于一切的政治责任，正如我们被教授的那样，国民安定作为一种公共信条必须被视为真理，超越任何其他主张。就像霍布斯写的，因为"教义"与"和平"相排斥，再也没有比"和平"与"和谐"反对"自然法"更加真实的了。②

有趣的是，在当代美国实践中，人们坚信的道德多元化明显已瓦解成为单独占主导地位的伦理——和平与友善。在乌尔夫的调研中，大多数美国人通过宣称"真正的道德宗派主义实际上并不存在"，来试图改变多元化伦理的边界。用一位受访者的话说，就是"所有的宗教本质上都包含着相同的美好事物"。③即所有的道德信仰体系都是教导人们要善待他人，所以它们是可以互换的。在这种假设下，任何以"信仰"为名义，但本质上并不是以和平为目的的行为——我们想起 2001 年 9 月 11 日针对劫机者的许多官方回应——就是建立在"误导的"或"非代表性的"观点上

---

① John Rawls, *Political Liberalism*, New York：Columbia University Press, 2005, p.12ff；David Truman, *The Governmental Process：Political Interests and Public Opinion*, New York：Knopf, 1951.

② Thomas Hobbes, *Leviathan*. Edited by Edwin Curley, Indianapolis：Hackett, 1994, p.113. 然而，并不存在能够有效说服大众的"全能教义"，对于这一点的传授存在着不明确性。就像许多自由主义者——以及对该问题敏感的人们——一样，罗尔斯认为，进化论对此有一定认识，而创世论却没有，该认识只能被具有倾向性的观点所适应，不像创世论，进化论并不是真正的"全能的"。

③ Alan Wolfe, *One Nation after All：What Middle-Class Americans Really Think about God, Country, Family, Racism, Welfare, Immigration, Homosexuality, Work, the Right, the Left, and Each Other*, New York：Penguin, 1999, pp.63-64.

的。① 美国人愈加明白，所有形式的信仰只要不造成公众暴力或敌视都是可以被接受的；多元化的"个人"信仰在占主导地位的国家安定伦理范畴内运行，也都是好的。

当多元化使得国家安定成为一项占主导地位的公众责任标准时，出现一种从属的多元化是很有可能的。即便如此，一个真正的多元化伦理也只是更加接近于战争的停止，而非永久和平。一个真正的多元化伦理趋向于在那些本质上共存的"全能教义"中，消解低级的敌对行动。但当面临来自伦理范畴之外的挑战时——这些挑战来自那些不认为宽容是一种伟大或是站得住脚的美德的人们，或来自于那些拒绝将和平视为首要益处的人们，或来自于那些信念并未反映出"重叠共识"的人们——一个致力于多元化伦理的政体将会发现这里存在着道德承诺，并且这些道德承诺需要争论、斗争，甚至战争。② 甚至在那些赞同其信条的人们看来，如果没有致命的冲突，真正的多元化伦理就意味着一场道德争辩。

美国道德文化的逻辑

在美国这处于核心地位。共和国历史上著名的"重叠共识"——也许在《独立宣言》的巨大歧义中得以最好地表达——已经预测了一场在真理之间进行的争辩，一场关于政治文化道德术语的持续争斗。这场争斗在民主政治当中持续上演，并贯穿其中。例如宣告"人人生而平等"是一个

① 事实上，这个议题对布什总统解决国会问题的影响远不及十天后恐怖组织对世贸大厦与五角大楼的袭击。应该注意到，他很自信地认为穆斯林"真实的"内容告诉人们："恐怖袭击清楚地体现了伊斯兰极端主义并没有被穆斯林学者和大批穆斯林牧师拒之门外。今晚，我想在全世界人民的面前对穆斯林说，我们尊重你们的信仰，它正在被成千上万的美国人所追崇，也被视为挚友。它向我们传达着美好与和平，也教导着那些以真主的名义诉说亵渎真主的话的人们。恐怖袭击者是其信仰的叛徒，事实上，他们是在打劫自己。"（Address to Joint Session of Congress，September 20，2001.）

② 基本上没有必要强调这些挑战是源自于多元化政权的内部或界限之外。

"不证自明的真理"意味着什么？用 G. K. 切斯特顿（G. K. Chesterton）的话来讲，如果不是说像"一些简单的童话故事里说的所有人都是同样高或狡猾"，即这不是在宣称我们所能感知到的、浮于事物表面的一种人类平等，我们又怎样说出它的含义？① 罗伯特·弗罗斯特写道：这是一个难以解开的杰斐逊的秘密，"它将困扰我们许多年，每一代都将对其重新加以思考"。② 美利坚合众国最基本的理论责任可以从多方面被阐释；因此美国的政治生活一直是，也必须是一个公共道德争论的场所。

众所周知，托克维尔（Tocqueville）认为，美国生活的活力在于"自由精神"与"宗教精神"之间的平衡，前者体现于法律，后者则根深蒂固于感情的习惯之中。③ 托克维尔发现，在短期内，道德习惯比法律更重要，但从长远来看，为更好地争取公共权威，他期望"自由的精神"可以以牺牲对手为代价来获得越来越多的支持，特别是考虑到美国众多的信仰与风俗文化。托克维尔还注意到，美国人已经为其几乎所有的利己行为找到了合理的借口，他发现这种说法带有误导性，因为美国人经常表现出明显的利他性或公益精神。托克维尔半开玩笑半惊恐地总结道，相对于他们自己，美国人更愿意尊重"他们的哲学"，即"所有人的行为都是出于利益"的公众信条。④ 因此，"理解正确的自身利益"这一信条似乎是对美国伦理最大的希望。作为道德教育的标准，它至少可以对更纯粹的自身利益及个人主义提供一些限制，也正是自身利益和个人主义使旧有的责任话语失声。⑤

---

① G. K. Chesterton, *What I Saw in America*, London：Dodd, Mead, 1922, p.17.

② Robert Frost, "The Black Cottage", *The Poetry of Robert Frost*, New York：Henry Holt, 1979, p.57.

③ Alexis de. Tocqueville, *Democracy in America*, 2 vols. Translated by Phillips Bradley, New York：Vintage, 1990, v.1：p.26, p.299.

④ Alexis de. Tocqueville, *Democracy in America*, 2 vols. Translated by Phillips Bradley, New York：Vintage, 1990, v.2：p.122.

⑤ Alexis de. Tocqueville, *Democracy in America*, 2 vols. Translated by Phillips Bradley, New York：Vintage, 1990, v.1：p.393；v.2：p.121ff.

尽管托克维尔清楚地表达了这个观点，但他还是质疑这一信条减少了美国民主趋于隐晦与利己主义的力量。托克维尔参观了位于密歇根州萨吉诺市的边境偏远村镇，并目睹了他所担忧的美国民主可能会面临的景象：

> 来自人类大家庭的许多流亡的人聚集到一片广袤的森林中，他们有着类似的需求；他们必须与森林中的野兽、饥饿和恶劣的天气抗衡。他们身在荒野中，人数不足三十人，几乎他们所有的努力都是白费的，但是，他们仍旧对彼此持有敌意与怀疑的目光。

托克维尔问道："难道人们还能够在更加狭小的空间找到一幅更为全面地反映出人类可悲本性的图景么？"重要的是，在美国实验的悲惨征兆中，美国"平等"仅仅意味着单独追求个人自身利益，托克维尔将其部分归因于该城镇宗教的多元化，他指出："六个宗教或不同教派瓜分了这个本不成熟社会的信念。"出身和见解的不同使这些人有很大不同，这样的统治并未随生命的终结而终结，而是已经延伸到死后了。[①] 对于托克维尔而言，宗教多元化增加了美国人转向自我并远离彼此的可能性。

无论你是否考虑罗伯特·贝拉（Robert Bellah）、艾伦·沃尔夫或戴维·卡拉汉（David Callahan）最近出版的关于"欺骗文化"的书籍，在当今也不难找到支撑美国道德文化逻辑的证据。（卡拉汉写道："最近，许多美国人都在表明他们自己的道德准则。"）[②] 许多证据表明，人们并没有

---

① Alexis de. Tocqueville，"Fortnight in the Wilderness"，*Journey to America*，edited by J. P. Mayer，New York：Doubleday，1971，p.395.

② 参见 Robert Bellah，*Habits of the Heart：Individualism and Commitment in American Life*，Berkeley：University of California Press，1996；AlanWolfe，*One Nation after All：What Middle-Class Americans Really Think about God，Country，Family，Racism，Welfare，Immigration，Homosexuality，Work，the Right，the Left，and Each Other*，New York：Penguin，1999；David Callahan，*The Cheating Culture：Why More Americans Are Doing Wrong to Get Ahead*，New York：Harcourt，2004，p.169。

135　很好地明晰"正确理解利己主义"这一微妙的信条，更别提实践了。美国人生活在这样一种文化中，那么他们很快会**宣称**他们"支持我们的军队"，但除了悬挂黄丝带以外，他们做其他事情时就表现得很犹豫了，这似乎表明托克维尔学说在起着反面作用，即美国人说得多却做得少，说得很无私却表现得很自私。

但这并不是故事的全部：即便我们只能在尖叫和耳语中听到它们，但基本的东西依然适用。沃尔夫调查的一名受访者感叹道："社群是如此地变幻无常，而且真情难觅。"① 美国人——不只是青年人——渴望高尚，因为就理性和自我利益而言，这是无法计算的：目睹了对托尔金三部曲或哈利·波特的压倒性热情回应，在这些作品中友谊、道义与魔法同等重要。（哈利·波特故事提醒着我们，那些希望得到永生的人，想要通过对权力的自私欲望来掌控自然，他们实际上是在摧毁自我而非解放自我。）在2001年9月11日的灾难中，美国人没有欣赏那些追求自身利益的人，而是欣赏那些甘愿冒险甚至牺牲生命的人。这里有大量证据支撑着托克维尔的观点，"宗教需求是人性本质的构成要素之一"，诸多证据表明，当人们自己感知到自己的精神需求时，缺少精神教育，很可能会导致他们"缺乏常识"。②

当代道德教育的挑战

无论在大学内还是大学外，当代道德教育者面临的重要挑战都在于如何运用自己知识的深度和力量来教育那些容易冲动的人，去清晰地传达

---

① Alan Wolfe, *One Nation after All：What Middle-Class Americans Really Think about God，Country，Family，Racism，Welfare，Immigration，Homosexuality，Work，the Right，the Left，and Each Other*，New York：Penguin，1999，p.205ff.

② 托克维尔预言"对某一特定宗教形式的狂热将在美国社会广泛盛行"这一事实，在普查数据中被证实，同时，这也证明了在美国公民中，越来越多的非传统宗教信仰的出现。

美国政治文化的第二种呼声，即人类并非生来自由，而是作为附属品，注重集群性而非个人主义，强调义务而非自我保护，崇尚精神而非利己主义。我们想到了约翰·温思罗普（John Winthrop）的"基督教慈善的典范"以及上帝创造了各赋才能的人类，是为了证明"我们彼此依赖"的观点，即"每一个人也许都需要其他人，因此我们在手足之情的纽带下联系得更加紧密了"。[1] 我们又想起托克维尔，他认为美国政治生活的承诺与风险依旧占据重要地位，他也看到了美国人需要培养团结、友谊与牺牲精神。我们想到了詹姆斯·鲍德温（James Baldwin），想到了他所描述的令人难以忘怀的美国人，他们在不安中失去了爱，即便爱能够使他们回归平静。我们想到马克·吐温和库尔特·冯内古特（Kurt Vonnegut）用黑色幽默的方式去传达想法，他们的故事一次又一次地回归到掌控课题的无意义性，以及那些把人与人之间彼此相爱和牺牲的能力当作民主生活最大希望的人们。用冯内古特的话说，"无论遭遇什么，我们都在这里相互扶持以渡过难关"。[2]

这些声音和其他很多声音源于美国传统的深处。同样，他们直接与美国的文化实践对话，与占主导地位的利己主义和控制力量对话，与占据主导地位的无节制经济扩张的逻辑对话。但是，他们认为自由的意义并不是自然地存在于权利不被干涉和不干涉他人的权利之中；人类自由的程度是由人类可以为彼此或和彼此一起牺牲的程度决定的。他们清楚地表达了内在发展的价值与外在扩张的价值截然相反，尊重人类的有限性与追求人类的统治权截然相反。他们眼中的法律，不仅是人们自我保护、防止别人

136

---

[1] J. Winthrop, "A Model of Christian Charity", *The Norton Anthology of American Literature*, edited by Ronald Gottesman et al, New York：Norton, 1989. 就像帕特里克在 2007 年的演讲中提到的那样，温思罗普所教授内容的本质在现代美国政治中被弱化了；美国总统罗纳德·里根引用了演讲中的内容，以佐证关于人类自力更生的信念。("The Alternative Tradition in America", speech at ISI Regional Leadership Conference, "Liberty, Place, and Community in the American Tradition", Charlottesville, Virginia, March 23, 2007.)

[2] Kurt Vonnegut, *A Man without a Country*, New York：Random House, 2007, p.66.

伤害的手段，也是接受鼓励与互帮互助的方式，借此我们可以鼓励道德与公民品质，这些是一个繁荣的民主生活所依赖的。

另一个巨大的挑战是要展现其他文化，这并非出自人类学上的好奇，而是来自于对回答人类问题所作出的努力，并且通常来讲，就是把道德观点视为对重要事物的严谨探讨。由于熟知的一些原因，学校受到了赞扬，因为它近期努力地使课程多样化，使学生接触到更广阔的声音和观点。但是，多样文化传统下的教学，很容易快速变成那种道德相对主义，即始终传授差异性，并且也不能为学生在思考人类存在等永久性问题上提供抓手，人类存在的问题包括爱、迷失、时间以及死亡等，他们要用这些来鼓励学生们的生活。

因此，那些在当代美国施行道德教育的人们会发现，他们已站立于古老的熟悉与陌生之间，吸引着学生在熟悉的传统中展开陌生的争论，或者是在陌生的传统中探讨熟悉的问题。就如同它一直以来的样子，道德教育开始于安全与无羞耻感（safety and shamelessness），其中包括帮助学生进行自我定位以及为其未来人生走向提供建议。

这种"转身的艺术"有种修辞特点。① 在《申辩篇》（*Apology*）中，苏格拉底告诉雅典人要像对待外国人一样对待他，然而他却依旧使用希腊语；因为他使用熟悉的语言，所以他教学的基本内容看似古怪，却更具煽动性。民主的道德教育以使用人们日常生活中的语言，给听众讲述他们所知道的问题为开端。同时它还假定一些重大问题——那些重要、困难又持久的问题——是普遍问题，推动并鼓舞着人类的生活，因而它们能用普遍接受的语言表达出来。就像民主本身，其假设是这样的，经过周密地观察，正如常见的问题——人人生而平等——是最大的政治之谜一样，普通的问题最终被证明是非凡的。

① Plato, *The Republic*, Translated by Allan Bloom, New York：Basic Books, 1991, p.7.518d.

第八章　多元文化主义与道德教育

劳伦斯·布卢姆（Lawrence Blum）

20 世纪 90 年代初中期，公众与一些学者纷纷关注美国高校中多元文化主义的崛起。① 随后这股狂热逐渐消失，但许多高等教育观察者仍认为多元文化主义的崛起不能促进道德教育的发展。他们认为，愈加多样的民族、文化与种族团体充斥着大学，挑战并威胁着共同价值。有时还会认为，当学生趋同时，传授价值观会更容易些。

托马斯·斯坎伦（Thomas Scanlon）把部分现象称作"相对主义恐惧"（"fear of relativism"）。② 该理论认为不同的文化、民族与种族团体具有不同的价值观，其中的任何一个团体都未占据价值主导地位，因此这些

---

① 众多出版的关于多元文化主义的重要文档大多收录在两个文集中，即 Patricia Aufderheide, ed, *Beyond PC*: *Toward a Politics of Understanding*, St. Paul, Minn.: Graywolf Press, 1992, 以及 Paul Berman, *Debating P.C.*: *The Controversy over Political Correctness on College Campuses*, New York: Dell Publishing, 2002。还有一系列极具影响力的书籍: Arthur Jr. Schlesinger, *The Disuniting of America*, New York: Norton, 1992; James Atlas, *The Battle of the Books*, New York: Norton, 1992; David Bromwich, *Politics by Other Means*: *Higher Education and Group Thinking*, New Haven, Conn.: Yale University Press, 1992; Dinesh D'Souza, *Illiberal Education*: *The Politics of Race and Sex on Campus*, New York: Free Press, 1991; Roger Kimball, *Tenured Radicals*, New York: Harper Collins, 1991; Todd Gitlin, *The Twilight of Common Dreams*, New York: Metropolitan Books, 1995。

② Thomas Scanlon, "Fear of Relativism", *The Difficulty of Tolerance*, Cambridge: Cambridge University Press, 2003.

文化团体的成员也不能批评或评价其他团体成员的信仰或行为。

然而，从更广义上来说，道德教育与多元文化主义各自发展、关联甚少。我想补救它们之间已经割断掉的关系，即寻找方法使多元文化主义成为共同价值观的来源而非威胁。但首先必须要注意的是，"相对主义恐惧"的**来源**之一是错位的。有人认为在大学里构成当代多元主义的团体拥有独特且全面的价值观，这是十分具有误导性的，更不用说这些团体实际上已经被这些价值观所界定。这样的观点是和一些通常做法联系在一起的，即人们常常认为所有这些团体都是"文化"团体，当然"多元文化主义"的支持者希望如此，但处于讨论中的很多团体被认为根本不具有文化性。

对于非裔美国人、亚裔美国人、韩裔美国人、海地美国人、拉丁美洲人、墨西哥裔美国人、白人、黑人、意大利裔美国人的界定，他们各自构成了一个重要的社会认同，而这个社会认同是和该团体其他成员所共享的。（此刻先不考虑是什么使得这种认同具有重要性，以及它是如何依赖环境的。）这些社会认同与从属关系，就是学生们提到多元化与多元文化主义时所要表达的意思。他们认为校园中存在着这些种类繁多的团体，他们的校园才是"多元的"。

而其中一些团体，如具有泛民族身份的"拉丁美洲人"与"亚裔美国人"（pan-ethnic identities）。正如艾瑞克·刘（Eric Liu）在其《偶然生为亚裔》（*The Accidental Asian*）一书中生动的叙述，泛民族身份（例如，韩裔、越南裔、华裔构成了亚裔）组成的民族团体们可能拥有不同的文化，但是泛民族群体本身并不拥有特有文化，即几乎并不存在"亚裔美国人文化"或是"拉丁文化"。艾瑞克·刘认为，后者会强一些，因为至少所有的拉裔人都与西班牙语有着一定的联系（暂时不考虑巴西裔人），而亚裔美国人甚至都没有这一点。然而，这种语言或文化的共性实际上是十分薄弱的。许多——或许是大部分"拉丁美洲人"并不讲西班牙语，并且他们不认为自己需要或应该讲西班牙语，也不认为西班牙语对于他们拉丁美洲人的认同是重要的，他们之所以被笼统叫做"拉丁美洲人"，是因为他们的祖先来自于拉丁美洲（当地讲西班牙语）。

尽管没有文化，这种泛民族身份对个体而言却可能非常重要。事实上，在某些实例中，"拉丁美洲人"的身份可能比"萨尔瓦多人"更重要，"亚裔美国人"的身份可能比"韩裔美国人"更重要，尽管前者更具有文化性，而后者却没有。萨尔瓦多或是韩裔的学生，可能会觉得其成长过程中在家庭、邻里或其他的机构中所接受的民族文化比较少。也许他们生活在一个同化很严重的环境中，换句话说，就是他们并未在自己的民族群体中成长，而是成长于某一群体的文化环境中，这种环境可以指郊区的白人或市区的黑人群体。① 另一种情况，一个女孩成长在一个多元文化的环境中，身边的人来自不同的民族，她很难认同其中某一群体的排他性。她可能会认为自己是一个文化全球主义者（cultural cosmopolitan）。

大学是青年人获取泛民族身份的主要场所之一。一个常见的现象是，拥有同化背景的学生可以在同龄泛民族主义者中找到一个强大的群体。（当然，也不能否定这些人或其他人在校园同一个民族团体中找到群体。）华裔、日裔、越南裔以及韩裔血统的区别似乎并不太重要，很大一部分原因是对这些学生而言，相较于"亚裔美国人"的共性，自身血统的差异就不是很大的文化差异了。且这样的身份与文化及价值观的联系并不大。（还有部分原因是，当谈及社会认同时，必定会提及"文化"，并且人们经常要求"文化"在大学中获得地位与认同，而有时这些泛民族身份的成员也把泛民族身份指代为"文化"或是文化群体。）

尽管民族认同，像泛民族认同一样对学生而言至关重要，并有助于

① 在传统理解中，"同化"这一概念是指与某一民族的主流文化保持一致，而摒弃了与主流文化相异的民族文化；但是，在近期社会工作关于移民文化适应方面的研究中发现，移民团体能够很好地适应居于非主流地位的次文化，其中这种次文化既有别于传统的民族文化，又有别于主流文化。参见 N. Foner, and G. Frederickson, eds., *Historical and Contemporary Perspectives on Immigration, Race, and Ethnicity in the United States*, New York：Russell Sage, 2004, 以及 Gerald Jaynes, "Immigration and the Social Construction of Otherness", *Historical and Contemporary Perspectives on Immigration, Race, and Ethnicity in the United States*, edited by G. Frederickson and N. Foner, New York：Russell Sage, 2004。

界定多数人认为的"多元化"，但民族认同如黑人与白人等种族认同，并不该与文化合并。例如，"黑人"身份意味着歧视与屈辱的历史，是一段历史记忆，是一个历史身份，来源于历史，并经常（并不总是）是当前不公平的象征，在有些时候象征着偏见和不公平的对待。毋庸置疑，美国黑人与白人之间也存在着一些文化上的差异。但讽刺的是，由于非裔美国人对主流美国流行文化有着超出其人数比例的影响，所以黑人与白人之间实际的文化差异被大大地削减了，特别是在青年人当中。此外，甚至在有文化差异的地方，这也不意味着是**价值**上的巨大差异。詹妮弗·霍奇尔德（Jennifer Hochchild）与其他的调查研究者都发现，美国白人与黑人的基本价值观（fundamental values）差异很小，并且差异主要存在于种族歧视的程度上以及社会机构各领域的公正性中，而非价值观。①

143　　可以说，黑人与白人的**文化**差异，相对于**身份差异**而言小得多。此外，黑人逐渐成为一个内在很复杂的身份。由于来自世界各地的黑人移民到美国，"非裔美国人"与"黑人"之间的联系被削弱，并且广义上"黑人"的特点也越来越模糊。多米尼加人、波多黎各人、各国的非洲人、巴西人以及加勒比黑人作为或者被视为"黑人"的方式是多种多样的。②更进一步说，种族与种族身份是由个人经历、社会地位以及历史来界定的，并非是文化或价值观在起作用。更不必说，其他社会身份的文化性就更少了，这些社会身份在学校里很重要，并常常被视为是"多元化"的一部分，例如由性别或性取向所界定的团体。因此，正是认同的实际内容构成了大学校园中日益增多的多元主义，通常与真正的文化差异关联不大，而当它们有联系时，这些文化差异与那些能够引起道德相对主义担忧的价值观也并无很大

---

① Jennifer Hochschild, *Facing up to the American Dream：Race，Class，and the Soul of the Nation*，Princeton，N. J.：Princeton University Press，1996.

② 关于美国黑人文化及其他不同的内容，参见 Mary Waters, *Black Identities*，Cambridge：Harvard University Press，1999。贯穿在美国语境中，关于充分表达黑人身份特点的内容，参见 Paul Gilroy, *The Black Atlantic：Modernity and Double Consciousness*，Cambridge：Harvard University Press，1993。

关系。然而这种认同的差异，确实会引发道德挑战，而不是相对主义的挑战。这些挑战却可以丰富大学道德教育的可能性，而不会造成干扰。

大学中的道德价值观

然后让我将目光对准校园中的多元化，这是共同价值观的来源与道德教育的资源。当我们想到道德教育时，大多数人自然会联想到，学生个体逐渐理解、内化并遵守某些基本价值观，然后将其转化为其品格或情感的一部分，如尊重、勇气、公正、同情心与多思。但当个体处于不同机构（如一所大学）、某一群体以及组成机构的不同群体时，我们就理应审视价值观在机构与个体上的表现方式了。机构也可以通过政策、实践活动（官方或非官方的）和明确的立场来表明其价值观，比如，大学校长公开谴责一些不尊重和藐视整个社区或者学校所在社区的行为。

进一步准备：为达到目的，我们应该区分大学中进行价值观教授、表达、灌输的三个场合，即课程、课堂互动与课外活动。在 20 世纪 90 年代早期和中期，对多元文化主义的反对主要集中在课程上，当时的课程试图在西方社会，尤其是美国范围内纳入非西方文化和有色人种的历程，却遭到了批评。这类批评的道德维度并未被凸显出来，常见的批评是人们认为这些新的课程发展并不具有学术和知识价值。然而，这类批评却具有一些重要的价值支撑。其中之一就是上文提及的"相对主义恐惧"。相关的还有，把"西方价值观"移出课程的核心。至少这让人隐约（甚至是明显）感觉到诸如自由、民主、平等的西方价值观优越于其他文明，并且也应该这样教授给学生。（我只是在陈述这个观点，并没有审视它。）①

---

① 在课程与政治教育方面，对于"正典圣经战争"微妙且和谐的论述，参见 J. Peter Euben, *Corrupting Youth: Political Education, Democratic Culture, and Political Theory*, Princeton, N. J.: Princeton University Press, 1997。

多元文化主义的拥护者对上述批评的回应也并不总强调道德，一部分原因在于，有影响力的、后现代形式的多元文化主义不愿做出直截了当的道德承诺。但是，我不会继续抓住与多元文化相关的道德教育的课程维度不放，因为这一问题过于宽泛，已经超出了本书的范围。在此我只想发表一些简短的评论。课程计划是否有效，应以学术为基础，而非道德。与现在相比，美国历史课程是否应该包含更多关于西班牙裔或非裔美国人的内容，这一决定的基础必须依托于这样做能否为课程提供更为真实的有关某一时期或某一主题的描述。尽管这些决定中可能会包含一些道德含义，例如，让学生欣赏受污蔑或被边缘化的群体，然而这些考虑并不应该影响课程制定。强调道德含义会破坏学术的完整性，而学术的完整性则是大学承担其他道德责任的条件之一。例如，如果将道德置于知识之前，会导致教师在讲授跨大西洋奴隶贸易时，对非洲人在向欧洲奴隶交易者贩卖（其他）非洲人时的角色进行隐瞒或轻描淡写，而教师这样做的理由，是因为白人或其他学生可能会在这一节课后做出如下判断：既然非洲人也参加了人口贩卖，那么白人则不应该为承担奴隶制的历史责任而如此忧虑。这并不是说白人的道德立场没有问题，实际上也是有问题的。问题就是当进行课程选择时，道德因素不应该超越学术因素。如果教师担心学生可能会在课堂上形成虚假的道德认知，那么他应该考虑通过讨论一些争议性问题，来将这种可能性降到最低。毕竟，即便有时会让某些学生产生这样的想法，但了解非洲人在奴隶贸易中的角色同时也不应削减欧洲人的道德责任。明确讨论这一问题会达到道德教育的目的，同时也不会削减所教授内容的完整性。（实际上，我们应该讨论一个问题，即在关于奴隶贸易的课堂中引入道德因素是否会加深学术理解。）

课堂互动也是学习的重要来源，我想将大学课堂的纯课程维度与课堂互动区分开来。尽管课堂互动是围绕着课程内容展开，但将课堂互动本身视为道德教育的一个独特来源或场所，将其与课程以及诸如寄宿计划、学生组织、大学活动等进行区分也十分重要。①

　　对于"道德价值观"这一范畴的界定并不是完全清晰的。一方面，道德价值观会逐渐演变为学术或知识价值观，例如，如果一个学生学会在教室中尊重其他学生并与其互动，那么通过这种方式，这个学生就能够与其他学生互相学习，这从某种角度来说属于学术价值。但是，能够尊重他人，尤其是尊重在共同实体中密切相关的人，也是一种道德价值。另一方面，道德价值观也会逐渐演变为公民价值观。二者的区别或许更不明显，但不妨把公民价值观视作与"参与各种政治制度"相关的价值，或许能帮助区分。例如，尽管对其他个体的尊重通常被视作一种道德价值，但是对一个社区的责任，如大学所在的地方社区，则是公民价值。但我不认为规范的重要性取决于这种区分，并且非常自然地认为公民价值观属于道德价值观的一个子集，并非其他种类的价值观。

146

　　我并不打算全面总结，由此我们可以区分出三种不同的价值观体系，这些价值观分别涉及大学校园中民族、文化、种族、国家（或国家起源）与宗教的多元化（一般谈到"认同群体"时，我都会想到这些群体）。这三种价值观体系是**多元主义**、**平等**与**共享**，我认为它们都是"与多元化相关"的价值观。它们并不总包括重视多样性本身，只有"多元化"的一些形式是这样。但是这些价值观的特点回应了多样性（的形式）。并且，每一种价值观的大类中又包含一些不同的子价值观。

---

① 自从课程学习大规模地出现在课堂互动的媒介中，引人注目的是，道德教育课程的拥护者鲜有将课堂互动作为道德教育的来源之一。例如，参见迈克尔·沃尔泽对道德教育的辩护，Michael Walzer, "Moral Education and Democratic Citizenship." *To Restore American Democracy: Political Education and the Modern University*, edited by Robert Calvert, Lanham, Md.: Rowman and Littlefield, 2006, 以及 Robert Calvert, "Political Education and the Modern University: A Prologue", *To Restore American Democracy: Political Education and the Modern University*, edited by Robert Calvert, Lanham, Md.: Rowman and Littlefield, 2006。

多元主义：宽容、认同与欣赏

我们首先看一下多元主义，这是与多样化相联系的价值观。宽容就是其中一种价值观。人人都希望自己属于某一群体，这个群体能够对其他群体的成员宽容以待或持宽容态度。不宽容是校园中一种非常消极的价值观，并被公认为是个体的品格缺陷。例如，基督徒或犹太人不能容忍穆斯林，白人不能容忍黑人，黑人不能容忍拉美人，或是某宗教团体不能容忍同性恋群体等。我们可以看出，不宽容既存在于同类中——一个宗教的成员不能容忍另一宗教的成员，也存在于不同群体中——一种宗教或一个种族成员不能容忍某一性取向的群体。

宽容是一种复杂的美德，因为有道德的人不应该宽恕所有事情，而且这种不宽恕个别事情的行为并不会被认为是"不宽容"（比如身体暴力）；因为这种美德似乎十分依赖于环境（在特定的环境中，宽容仇恨的言论是适宜的，而在其他环境中这样做就是不适宜的）；并且人们认为一旦坚持了某种信仰，这种信仰就会使人认为无此信仰的人是错误的，而且这些人不值得被宽容（某些宗教信仰似乎在暗示着，选择其他信仰的人一定是错误并且是不值得尊重或宽容的）。① 对我们而言，宽容的定义是以文明的态度对待那些因种族、民族、文化或宗教原因而不赞同我们的人。

147 　　尽管一个以普遍不宽容为特征的大学得不到大家的支持，但与此同时，宽容的益处在道德上似乎也被限定在特定的条件中。如果许多学生仅仅是宽容彼此，即虽然不认同他人的种族、文化或宗教，但还是以文明的方式对待彼此，那会是糟糕的局面。有人想要设立一些规定来让学生以更好的方式去处理多元化。宽容是必需的，但在大学中这种美德并不足以应

---

① 关于探索这些或其他有关宽容的复杂性的作品，参见 David Heyd, *Toleration：An Elusive Virtue*, Princeton, N.J.：Princeton University Press, 1996。

对多元化。所以我们谈及第二个与多元主义相关的美德，即"认同"。认同是一种尊重，是一个针对别人与自己不同的某种特定身份所给予的尊重（即在宽容的美德中身份是可以被接受的身份）。穆斯林学生不仅希望得到基督教学生的宽容，还希望别人认同她，即尊重她是一个穆斯林的事实。（如果基督徒认同穆斯林同为人类，那么这不是正确的尊重。我用"认同"这个词是想说明那种对于身份的尊重。）①

通常（但不总是），学生希望他们的身份能够被更多人认同，比如被其他学生、教师与管理者所认同。黑人学生通常希望他们的黑人身份能够获得认同，他们不希望其他人认为自己的黑人身份无关紧要，并以这种方式对待自己。这样的方式对他们本身是不尊重的表现。获得认同并不简单，也不是自发的，因为这需要认识到此类身份对个体而言意味着什么，从而对个体产生尊重。所以在这里存在着价值认知要素，但是这种尊重不仅仅是承认对琼（Joan）来讲作为一名穆斯林很重要，或是对阿罕默德（Ahmad）来讲作为一名黑人很重要，还要鉴于两者的身份而对他们展现出积极的尊重。

然而，也并非所有给定身份的学生都希望其身份得到认同。这可能出于以下几个原因：该身份可能对个体而言不重要——"确实我是意大利裔美国人［穆斯林，犹太人］，但这对我来说并不意味着什么［意义并不大］"。或是该身份可能是重要的，但是个体并不需要得到认同，或者只希望在特定的环境中得到认同。例如，在没有特定宗教身份的大学中，有人会有明确的宗教信仰，但她认为宗教信仰与大学之间是不相关的，与她希望从大学中收获的事物也是不相关的，所以她不会特别希望得到认同。（当然，并不是说这样的人希望他人不尊重其身份，并且对没有致力于尊重其身份的人而言也是如此。渴望积极的认同比渴望消极的认同要好一点。）

148

---

① 将他人视为具有独立社会身份的个体的美德，与恰当地依据身份来对待他人的美德之间的不同之处，参见我的文章，即 Lawrence Blum, "Racial Virtues", *Working Virtue*, edited by Rebecca Walker and P. J. Ivanhoe, Oxford：Oxford University Press，2007。

我在这里提及宗教的例子，是因为近些年进入非宗教大学的学生对自己宗教得到认同的渴望程度发生了改变，或者说，他们将宗教视为其在大学中公共身份的重要组成部分。对此可能存在不同的原因，其中一个原因更具普遍意义，即对学生个体而言，重要的身份应该是被公众所认同的身份。由于大学已经对之前被排斥的种族持有开放的态度，所以种族与民族身份在过去的几十年中已经获得了这样的地位。虽然性取向不在本章的讨论范围内，但与讨论内容却有着有趣的联系，因为一些学生非常希望他们的性取向能获得他人认同，但其他学生却不尽如此。

值得注意的是，在这个意义上讲，被他人认同的渴望被历史与环境变化所支配，而不仅是有时被认为的那样——是简单的"本能"或人类所给予的。有些学生可能会渴望他人认可其身份，而这仅仅是因为其他人也是如此。他们没有感到被认同，是因为其他学生或组织获得了认同，可他们没有，另外他们也许并不在意或并不十分在意。同样，在认同中也存在着不对称性。我们有理由认同黑人或是亚裔人的身份，而对白人却没有这样做。因为一般来说，我们有理由认同"少数群体"，而对多数群体则不必这样做。而当白人是少数时，我们就应认同他们，而这就有别于他们属于多数群体的时候了。另外，如前文提及的，对个体身份某些特定组成部分认同的渴望，也依赖于个人因素。

然而，上述内容并不能改变"认同是一种真正的价值观"这一事实。当有人合情合理地渴望在特定的公共环境中其身份的某一方面得到认同时，例如在大学中给予认同就是一种真正的价值。某种程度上，这是因为，作为一个人，每个个体都理应获得尊重。正如查尔斯·泰勒（Charles Taylor）十分有说服力的论点所称，当某种社会身份（在道德上是可接受的）在个体身份中处于中心地位时，对个体的尊重也必须包括对该身份的尊重。① 然而，作为人类普遍的价值观，我所定义的认同并不意味着它不

---

① Charles Taylor, "The Politics of Recognition", *Multiculturalism：Examining the Politics of Recognition*, edited by Amy Gutmann, Princeton, N.J.：Princeton University Press,

是一个独特的、与多样性相关的价值观。这是因为跨越诸如种族和宗教这样不同的社会界限来对人表示尊重，引发了一种独特的道德挑战，而这种挑战在更多相同的环境中是不存在的。简单地说，如果我（既不是黑人也不是穆斯林）要尊重琼的黑人或穆斯林身份，我必须确保已经摆脱自身的偏见与思维定式，因为它们在我生活的社会中经常妨碍我给予该群体所应获得的尊重。

大学在培养学生"认同"这一价值观的过程中，发挥了一定的作用。然而大学成员仅仅尊重彼此不同的身份是不够的。他们必须认识到这些身份对其他同学的重要性（当这些身份重要时），并且要对这些身份有足够的了解，以理解为什么这些身份对其他学生是重要的、有意义的。大学可以通过课程、课堂互动与课外活动来帮助学生实现这一目标。当非黑人学生对黑人有了更多的了解后，如他们的经历、组织、成就与历史，就会自然地对校园中黑人学生身份的产生认同。当然，这不是**必然**的结果，因为非黑人学生通过学术学习了解了更多的关于黑人的知识后，仍然可能会对黑人存有偏见与思维定式。

教师不必也不适合要求学生，甚至鼓励学生公开自己的某种身份，例如黑人、穆斯林或是同性恋。然而，教师可以通过组织与身份相关（种族、宗教或是文化）的课堂讨论等方式，来培养认同价值观，即营造一种信任与尊重的氛围，从而当学生感到课上所讨论的内容与自己的某种身份相关时，他也许会向同学公开自己的身份。教师还应注意到，如何从有关种族、宗教与文化的谈话方式中发现学生认同与否的态度。一个同事跟我说到了他和学生的一次交流，一名基督教学生称自己不赞同同性恋关系，但她并不歧视同性恋者，她"憎恶这种罪恶但并不讨厌犯罪者"。这名学生知道班级里有同性恋学生，并真挚地希望给予他们认同。她认为她对于

150

1994. 使人产生误解地，泰勒继续暗示着文化身份对个体而言始终是十分重要的。更确切地说，他认为唯一持久不变的例子是其所给出的"这种社会身份是一种文化身份"。他的观点被用于意指"他认为文化身份对于所有个体而言都十分重要"，然而事实并非如此。

同性恋的看法表明了这种认同。然而，班级里不止一名同性恋学生认为，该基督教学生的说法冒犯了自己，并（在课下）对教师表达了自己的想法。于是教师想了一个方法，在课堂中发起了关于这个问题的讨论，该基督教学生十分惊讶地发现，同性恋学生并不认为她在表示尊重，并且她希望进一步讨论这个问题。在这个案例中，教师意识到了她应该对所有学生进行道德教育的责任，根据他们的不同身份，帮助他们找到恰当表示认同的方式，并讨论这种做法的复杂性。

目前为止，我已经描述了在大学中两种与多元化有关的不同价值观——这涉及与不同身份群体和平共处，这两个价值观就是宽容与认同。但还存在着第三种超越认同的价值观。认同要求学生认识到其身份对其他学生的价值与意义。但是，认同并不要求其本身去珍视那种身份。[①] 也就是说，认同并不要求某个学生去相信，身处一个有着黑人与穆斯林的校园中是一件有益的事情。认同包括"身份 X 对你很有意义，我认同这一点并给予尊重"的想法。但是这种态度与"无论一个人所处的群体中是否有 X 身份的人"的冷漠态度如出一辙。然而，我认为理想的情况应该是大学中的成员能够欣赏并欢迎其他身份群体的人。"我很高兴 X 身份的人是我们社区的一部分。"这句话诠释了"欣赏"的真谛。

同样，教师在课堂互动中对学生欣赏能力的培养所发挥的作用，与培养学生认同和宽容能力时所起到的作用同样重要。他们能意识到，不同种族群体的成员是怎样不能经常"聆听"彼此的。白人学生通常具有防备意识，将有色人种学生对他们的观察看作是直接的个人批判。黑人与拉美学生有时会对白人学生作出过于草率的道德评判，并非真诚地想要学习或了解情况。这一现象不仅出现在白人与非白人之间，每个种族与对立种族都面临着一些具体的困难。通常教师可以帮助学生认识到影响他们欣赏彼此的障碍，鼓励其带着同情心去倾听，让学生简单地重复另一群体学生刚刚说的话，在课堂中营造一种信任与开放的氛围来鼓励学生说出自己的想

① 感谢理查德·韦斯伯德对"欣赏"这个观点及术语的强调。

法，并带着开放与欣赏的心态去聆听他人，能够温和且有针对性地帮助学生认识到他们的偏见与思维定式，并询问他们等。

2003 年，在同时获悉格鲁特尔（Grutter）与博林杰（Bollinger）案件，以及格拉茨（Gratz）与博林杰案件后，高等法院通过了《平权法案》（*affirmative action*）。① 这一法案有助于阐明认同与欣赏之间的区别，以及为何二者对于大学而言是至关重要的价值观。② 主流观点认为，拥有多元种族的校园是大学的合理目标，这一目标可以通过调整入学政策得以实现。（因此种族偏好是允许的。）多数人对这一观点的论述并非完全一致，但是一部分学者认为，种族多元化要比单一种族更可能提供多元化的看法，并且这些多元化的观点对群体中每个学生的教育都是有益的。

在"以'视角'多元化（有时称为'观点'多元化，尽管二者并不完全相同）为基础来维护种族多元化"这一观点中，存在着一些我们并不陌生的问题。③ 稍后我会回到这些问题上。这里我想强调的是，主流观点表明了大学成员对待从平权法案中获益的群体成员时所应采取的立场。④ 它暗示学生应该认识到，他们自身的教育正在因这些群体成员的存在而获得提升。这是实现个人对这些群体欣赏的一小步。当然，学生也可能从纯工具的角度看待其他学生，而并没有将他们当作个体来看待，他们可能会想"听琼发表对美国外交政策问题的穆斯林观点是非常有趣的"，并

---

① 平权法案（*affirmative action*），诞生于 20 世纪 60 年代美国风起云涌的黑人运动和妇女运动的洪流之中。最早始于 1961 年肯尼迪总统的一个反对歧视的行政命令，后来几经修改，成为今天一个影响无数美国黑人的重要法案。黑人是这个法案最大的受益者。——译者注

② *Gratz v. Bollinger*（02-516）U.S. 244（2003）；*Grutter v. Bollinger*，123 S.Ct. 2325（2003）.（前者是美国高等法院关于密歇根大学本科生平权法案的招生政策；后者为美国高等法院的一个里程碑式的案例，是关于密歇根大学法学院平权法案的招生政策。——译者注）

③ 主流的观点比较明晰，即种族只是这个观点并不恰当的代名词。

④ 我不是在审视"非平权法案确认的内容"对"平权法案确认的内容"应该采取何种态度，而是所有群体成员（包括那些群体本身当中的成员）对待校园中黑人、美洲原住民、拉丁美洲人群体所应该采取的态度。不论有没有平权法案计划，一些特别的成员本就应当获得承认。

且仅仅将琼视作是加强自身教育的工具。高等法院的决策没有规定道德态度，无法对其进行反驳。然而，高等法院在"多元化理念"（diversity rationale）中建议学生对社会身份持欣赏的道德态度，可以很合乎情理地看到社会身份在某种程度上使群体性的大学生活品质以及他们个人得到了提升。

多元主义价值观只有在多元化的环境中才能蓬勃发展。没有多元化的地方就不会存在宽容、认同与欣赏。当然，"多元主义的事实"——不同身份群体的存在——同"与多元主义相关的价值观"之间，仍存在较大区别。在高校中仅仅存在多元化群体是没有益处的，它们必须得到合理的重视。

平等：包容与社会公正

第二类价值观体系与**平等**相关。平等与多元主义不同，多元主义（价值观而非事实）将价值赋予差异或是讨论中特定的差异之中；或者（正如在宽容中的例子一样）即便该差异本身没有被珍视，也能够从差异中得到价值。平等也承认差异，但是平等的目标是确保所有人不论群体、有怎样的区别，都能获得平等的对待。平等价值观是围绕着"确保群体差异不影响平等待遇"而展开的。

存在着几种不同种类的平等价值观。其中一种即为"包容"，包容是一种归属感；一种对自己群体的归属感，在学校中感觉自己归属于学校，并且感觉学校也"属于"他们。一些群体和个体将这样的包容视为理所当然，而其他通常在过去很少参与或缺席这些机构的群体则不会这样认为。以我的大学为例，位于波士顿的马萨诸塞大学，现在是一个"全员通勤"的学校，拥有很多年长的和返校的学生，学校有约40%的学生是少数族裔，这个比例在新英格兰地区的四年制学校中是最高的。其中有相当多附近地区工薪阶层家庭的黑人和拉美学生，他们在其他很多院校里也许会感到不舒服或是没有归属感。许多年前，学校管理者试图以兴建宿舍的方式，来吸引渴望传统大学生活的适龄学生，同时将平均学分绩点与高考成绩的入学标准也稍作提高。这些举措让部分黑人与拉美学生感到他们在学校中不再像过去那样受欢迎，并感到这所大学不再像过去那样"属于"他们了。①

作为价值观，包容在学校层面表现得要比个人层面更清晰，即学校有责任让所有学生感受到自己是被包容的，尤其是对那些不易感受到自己是被包容的群体（或由于历史原因，抑或是其为校园中的少数群体）。一些这种学校层面的包容是无可争议且明显的。任何一所大学都会意识到，在现今的政治氛围中，穆斯林学生有理由认为他们不完全受大学的欢迎。大学应该解决他们所担忧的问题，可以通过设立发言人，并组织座谈会向更大的社区介绍伊斯兰教及其历史，各个国家穆斯林的生活和文化等。(这种方式可作为有关课程的辅助内容。) 这种做法不仅有助于整体社区的教育利益，还有助于社区中穆斯林成员感受到自己是受多数群体，至少是官方机构的关注和欢迎的。

帮助一个特定群体的成员感到被包容的做法，又引发了一个常见的问题，即是要给予特定群体特别的关注，还是要忽略差异，像对待其他人一样对待他们？如果对所有的群体都持有同样的欢迎态度，难道少数群体就不会认为这也是对自己的欢迎么？如果他们认定自己是被孤立的，即使是"积极的"关注，这难道不会让他们感觉自己过于显眼，以至于难以成为群体"真正的"组成部分吗？②

这种包容的窘境表现在大学是否应该为少数种族与宗教群体成员提供独立的空间与课程。这样的独立对待可被看作是迈向完全包容的必要垫脚石，在一个使其感受到支持与舒服的空间里，少数群体的成员能够更好地且全身心地融入到更大的社区中。然而，反对者质疑这种为维护他们的

---

① 我正在讲述黑人与拉丁美洲人学生的感受，以阐明其中所包含的要素。我并没有提及复杂的政治因素，例如是否兴建宿舍这个问题应该完全取决于整个学生群体的感受与意见。

② 关于如何平等对待被边缘化的群体这个问题，在米诺的文章中很好地被论述了，Martha Minow, *Making All the Difference: Inclusion, Exclusion, and American Law*, Ithaca, N.Y.: Cornell University Press, 1990。米诺将其称之为"差异的困境"。

利益而做出的经验主义声明。他们认为，这样特殊的做法可能会将少数学生从更大的社区中分离出去，或许是使他们在独立的空间过于舒服，以至于其固守那一隅空间。但是这两种相反的观点可能有着共同的目标，即在更大的社区中包容该群体。

154　　尽管包容主要表现为学校的价值观，但其也有个人形式。有些学生个体可能会敏锐洞察到某些特别的学生，尤其是少数群体中的学生，他们也许间接地被排斥或者感到无法完全融入更大的群体。这些学生个体可能向这些成员靠近，帮助他们融入更大的群体。（这些"包容的"个人不仅包括主流群体的成员，还包括少数群体中在某种程度上已经获得包容的成员。）这种"包容性"是或者包括某种道德敏感性，既要意识到他人正在遭遇排斥或处于这种危险中，同时也要足够关心他人的境况；此外还要对如何跨越包容与排斥的敏感地带有较好的判断，并巧妙地引导他人。有时"包容"的价值观会包含更加公开的行为。例如，如果出现针对某一群体或成员的仇恨或排斥言论，那么公开反对该言论并表明公众与该群体是紧密地团结在一起的，就是好的做法。同时这种包容的价值观能够被单独却更为私密地表述出来，例如对被攻击群体中熟悉的个人表现出欣赏与亲近关切的态度。

我所理解的包容是社区范围内的包容，它致力于保证社区内支持这种包容的人们都能平等地得到包容对待。在这方面，它是与"多元化"相关的价值观，类似于学术的诚信、文明、尊重等，通常被认为是学术圈中的核心价值观。所以包容不是唯一的平等价值观，因为平等也是一种更广泛的价值观。

确实人们可能会认为，作为一种普遍重要的价值观，平等应该是高等教育所教授的一部分，这样分类的话，高等教育还应该教授其他政治价值观与个人价值观，如民主、自由、勇敢、公正、诚实、同情与反思等。（其中有些是个人美德，有些不是。但这个区别与我这部分的论点是不相关的。）一方面，平等在某种程度上是美国公民的价值观；另一方面，在宣称拥有某种身份的平等观念上存在着巨大分歧。例如，有些人单纯地将其看作是合法公民和政治立场中的平等，即平等是投票权与法定代表权，有些人则认为其中还包含一些平等的物质条件，如医疗服务与贯穿这一阶段的教育。争论中的些许不同在于，一些人将平等看作是机会的平等，而一些人则认为应该具备平等的先决条件。

155

鉴于这种不确定性，应该倡导"把平等作为美国核心价值观的组成部分来理解"，这样来处理争议是符合逻辑的。但我想根据《平权法案》来审视与高等教育相关的平等。我们已经讨论过《平权法案》的"多元主义"维度，以及其与多元主义价值观的关系，尤其是与认同的关系。然而，正如许多关于《平权法案》的评论所注意到的，如果大学寻求那种似乎与学术研究最相关的观点与视角的多元化，那么他们试图确保政治与宗教观点多元化的入学政策就不应只集中于种族，因为这种多样化并不完美，这不可否认。他们会试图获取来自于自由论者、保守党、自由党、社会主义者以及共和党的大量批判。①

这样的考虑导致许多人认为，教育平权法案的真正规范基础并不在于或不完全在于"多元化"，而是与社会公正有一定关系。具体而言，普遍认为《平权法案》不仅是对黑人与妇女社会歧视的补偿，它的目的还在于通过教育为未来创造更大程度的平等。《平权法案》的基本准则在 1978 年高等法院四次判决巴基（Bakke）一案中得以应用。② 这个基本准则的

---

① R. K. Fullinwider, and J. Lichtenberg, *Leveling the Playing Field：Justice，Politics，and College Admissions*，New York：Rowman and Littlefield，2004，pp.167-169. 对多样性的批判进行了充分地解读。

② *Regents of the University of California v. Bakke*，438 U.S. 265 (1978). 由非非裔美国人团体所推动的进程，其中包括西班牙人、亚洲人以及其他土著黑人等，当他们最初不是历史性与道德性的复杂问题时，其被涵盖在平权法案的范畴之中。参见 David Skrentny，*The Ironies of Affirmative Action：Politics，Culture，and Justice in America*，Chicago：University of Chicago Press，1996；David Skrentny，*The Minority Rights Revolution*，Chicago：University of Chicago Press，2002，以及 Hugh Davis Graham，*Collision Course：The Strange Convergence of Affirmative Action and Immigration Policy in America*，Oxford：Oxford University Press，2002。

存在是有道理的，大多数施行《平权法案》的大学都对此表示理解。但《平权法案》给予公众的"官方说法"是"多元化"而非"公正"，这可以通过巴克一案中大多数人支持多元化理念、排斥公平理念这一事件得以理解。此外，2003 年密歇根大学的《平权法案》案例重申了多元化理念，同时继续排斥公正准则。因此，即使有很多高等法院的案例，公正准则还是被大大削弱了。①

156 我们不再深究教育平权法案的法律与政治背景，如被当代许多重点大学所实施的那样，让我们假设多元主义（各种形式的多元主义，包括种族多元）与种族公正，都是《平权法案》合理的规范基础。后者可被用于暗示种族公平或种族平等，它不仅仅是普通社会／政治价值观，它成为了高校的核心价值观。从学生个体的角度而言，较之于民主和勇气，种族公正、学术诚信和包容的关系更为密切。这对于道德教育而言意味着什么？这意味着学生应该在《平权法案》种族公正的准则下得到指导，并将种族公正内化为他们自己的价值观。这样的指导很可能采取课程与非课程两种形式，包括宿舍内的讨论、校园广播等形式。当然，对于任何一个包含政治色彩的价值观（指任何和政治价值观有关系的价值观）而言，其中也会存在着截然不同的看法，因此认为大学培养出的学生都绝对认同《平权法

---

① 密歇根大学案例中所继续尊崇的"种族正义"理念，即一个学校被允许使用当前的平权法案来补救因其自身曾经存在的歧视所带来的影响。然而，除了巴基案件中所坚持的四种正义外，它所不能补救的是普遍意义上的"社会的"歧视。（参见 R. K. Fullinwider, and J. Lichtenberg, *Leveling the Playing Field*: *Justice*, *Politics*, *and College Admissions*, New York: Rowman and Littlefield, 2004, chaps. 9 and 10。）在一篇论述《平权法案》重要性的文章中，伊丽莎白·安德森论述道，多元化准则对于宪法学而言毫无意义，《平权法案》真正的目的是"整合"，即在一个由白人占主导地位的社会各个领域中整合黑人的权益。她将这种整合或平等从一个纯粹性的补偿的观点中区分开来，并且她并不将其视为对平权法案的论证，而是对正义的论证。（参见 Elizabeth Anderson, "Integration, Affirmative Action, and Strict Scrutiny", *NYU Law Review* 77 (2002), pp.1195-1271.）安德森或他人关于正义准则的阐述意味着宗教，对我而言这尤其集中体现了对多元主义的关切，恰恰缺失了在大多数平权法案项目中所体现的基本准则。

案》的想法是十分不现实的。即便如此，如果许多大学在一定程度上确实都致力于种族平等，并将《平权法案》视为实现该目标的方式，那么将这个事实与论点作为道德教育计划的一部分，将会是合理且有益的尝试。

举个这方面的例子，假设一个人认同伊丽莎白·安德森（Elizabeth Anderson）的观点，即《平权法案》的主要目标是融合。在她看来，白人学生也许可以借助与黑人学生的友谊充实自己；日后，其或许也可以运用自身已提高的能力处理与来自不同种族的同事间关系。《平权法案》准则所倡导的是学生将个体利益视为创造种族融合的平等社会力量的组成部分。鼓励白人学生了解黑人或者非白种人如何在生活的各个领域因遭受排斥而受到伤害，黑人学生要使自己有能力在社会中平等地发展起来，就要有能力和白人及其他非白人群体顺畅地交流。所以白人学生在帮助下认识到，为了平等，他们在《平权法案》中得到的个人利益要得到其他有色人种学生利益的补充。否则在"平权法案"公平精神准则中，白人学生将不能发挥任何作用。

共　享

共享是第三类道德价值观。共享是一种联结院校成员的情感纽带，包括在共同的教育机构中信任、相互关心、互惠互利以及合作。共享要求将包容、认同与欣赏作为先决条件。它要求包容，因为共享意识要面向所有成员，如果有人被遗漏，那么共享在此方面就是有缺陷的；共享意识还要求被认同与欣赏，因为它要求成员之间彼此尊重，不仅要认同对个体成员而言极为重要的身份差异，也要认识到身份差异对社区整体的价值。

普遍价值观：共享，类似于平等而非多元主义，其价值不要求在身份差异方面有所体现。共享意识之所以是件好事，是因为信任与合作服务于共有的、有价值的目标，这一目标将机构提升至在成员之间具有更加丰富人际关系的状态。这并不取决于身份的多元化。

157

诚然，一些人认为，多元环境中身份的认同及广泛存在的多元文化主义实际上已经损害了共享意识。如果学生仅在意别人对自己差异的认同，他们又怎会跨过这种差异融入群体呢？我希望有方法可以让承认差异推动共享意识，而非对其加以阻碍。认同与欣赏并不是要回归到围绕种族与宗教所建立的舒适社区之中，而是要通过尊重与同情，拓展并联系到其他社区中。如上文所述，建立在不同教育目标基础之上的"回归"是存在的。可以说，各种各样的少数群体可能会得到更多支持，并感到自己能够更加专注于学习，前提是他们拥有属于自己这个身份的亚社区，并可以获得在规划和居住层面的支持。当这种形式局限于学校对身份的"认同"时，则会在该价值观的个人层面有所抵触，因为正如之前所说，它要求不仅仅帮助、尊重、认同与欣赏那些不在同一群体中的人。更为严重的是，这种院校层面的认同，对于面向整个大学社区的共享意识的价值而言，是有害的。[1] 因为它在借鉴和审视一个人的身份差异时，还威胁要阻止跨越差异的认同，并认识到在共同的事业里，人人都是捆绑在一起的。

158　　尽管共享以认同、欣赏及以平等为基础的包容价值观为前提，但是全面的共享价值观已经超越了其前提价值观。共享的理念要求更具包容性的信任、关心以及团体意识，它超越了欣赏。欣赏包括将不同种族或宗教学生的存在当作自己获益的来源。但欣赏并不是要求我们必须从共享中得到东西，也不需要共享意识，即联结在一起并共同致力于实现学校价值目标的感受。欣赏不一定会使学生与其他群体的人共同设计一场讨论会，在这里充满了对校园和更大社会具有重要现实意义的不同声音。只有共享意识能为校园成员带来这种广泛联系。而包容与欣赏又是共享意识的前提和基础。

有些人可能将多元化或多元文化主义视为对普遍价值观与高等教育

---

[1]　不可否认，以种族为基础的社区也可以实现道德善。对于这种影响的论述，参见 Lawrence Blum, "Ethnicity, Identity, and Community", *Justice and Caring*, edited by K. A. Strike, M. S. Katz, and N. Noddings, New York: Teachers College Press, 1999。

中道德教育的威胁。但我认为，民族、种族与宗教的多元化，至少是与那个水平的道德教育价值观相宜之价值观的重要来源，没有这些多元化，价值观便不那么容易教授，甚至都不可能教授。我没有全面总结，只是列出了三类价值观体系——多元主义、平等与共享，其中每一种都包含不同的子价值观。这三类价值观都涉及事物的发展，这些事物包括移情、道德敏感性、道德想象力，道德想象力是对社会、文化思维定式和疏远过程的道德感知，这种疏远过程可能扭曲别人的同情感知等。

在某种程度上讲，这些价值观都具有普遍性，并不依存于多元化的环境，但它们"多元化的形式"体现了不同的道德特点与挑战，这些特点与挑战使它们不仅仅是一种对诸如平等和尊重等普遍价值观的应用。

第九章　反对学校中的公民教育[①]

詹姆斯·伯纳德·墨菲（James Bernard Murphy）

　　马克·吐温吹嘘自己的教育从未受到学校的影响。然而不幸的是，现今的教育者极少有人清楚学校教育与教育之间的重要区别。我们应该意识到，大多数情况下我们真正的老师并不是学校的教师或教授，而且我们所学的绝大部分知识也并非在学校中获得。然而，因为"学校是教育的核心，教师是主要的教育者"这一观点已经深入人心，所以每当人们认为美国人缺乏教养时，总是会责备学校教师，而家长、教练、雇主、牧师、童子军领袖、军队官员、图书馆员、记者、医生及博物馆解说员等人却免于责难。因此，如今人们广泛认为，人类在各种道德行为方面都出现了严重且明显的滑坡，无论是家庭教育还是邻里关系，无论是基本的诚实品质还是投票选举，我们都迫切地要求中小学和大学开展道德与公民教育。

　　本章主要关注高校，以及"大学是否应该开展显性的道德与公民教育"这一命题。我的建议是要以更广阔的视野看待关于"在中小学进行公民教育"的争论，及其所能为高等教育提供的宝贵经验。这些争议及其背后涉及的历史所揭露的是：学术机构并不能够有效地进行综合的道德教育或公民教育。此外，试图利用学校进行道德与公民教育的尝试，几乎总会

---

① 本文节选自我的文章 James Bernard Murphy, "Good Students and Good Citizens", *New York Times*, September 15, 2002, 以及 James Bernard Murphy, "Against Civic Schooling", *Social Philosophy and Policy* 21 (winter 2004), pp.221-265。

侵害学术教育正确的道德目标，即培养"智性美德"。

教育及学校教育的目标

鉴于整个社会政治领域中的一个普遍共识，即"学校应该促进公民道德水平的提升"，并且认为学校似乎不应该那么"刚愎自用"。美国的公共学校教育本身就是人们热衷于公民教育的产物。卢梭与巴伦·杜尔哥（Baron Turgot）等法国哲学家与经济学家，早在18世纪中期就率先提出了"公立学校的教育目标是共和主义公民教育"这一观点。因为"基督教学校修士会"（Society of Brothers of Christian Schools）的创始人拉萨尔（Lasalle，1651—1719）早已在法国广泛建立了地方天主教院校体系，所以一些法国哲学家推崇公立学校，以抵御天主教会的道德与政治影响。然而，这些在法国公立学校中开展的"共和主义公民教育计划"却最早于19世纪头10年中在荷兰得以实现，而非法国。19世纪三四十年代，弗朗索瓦·基佐（Francois Guizot）、维克托·卡曾（Victor Cousin）以及法国自由主义者和历任教育部部长在法国建立了公立学校体系，旨在为法国开展自由主义和共和主义的公民教育。正如法国启蒙哲学家在18世纪80年代对杰斐逊总统所产生的决定性影响一样，法国自由主义人士也深深影响了19世纪30年代美国公共教育的创始人之———贺拉斯·曼（Horace Mann）。①

公共教育，从18世纪90年代在美国建立以来，"其最初设想就是共和主义公民教育"。②尽管这种"普遍性学校教育"的设想有许多值得

---

① 欧洲以及美国公立学校教育的起源，参见 Charles Leslie Glenn, *The Myth of the Common School*, Amherst：University of Massachusetts Press，1988，pp.15-62；关于法国教育的相关内容，参见 C. Nique, *Comment l'ecole devint une affaire d'etat（1815-1840）*, Paris：Nathan，1990。

② Rogers Smith, *Civic Ideals*, New Haven, Conn.：Yale University Press，1997，p.217.

赞赏的地方，但是公立学校中的公民教育从一开始就明显存在着消极的一面，这不仅体现在对天主教的强烈排斥上，也体现在对"受教育对象"的狭隘界定上。托马斯·杰斐逊与其追随者，过于严格地践行了公立学校的公共使命，以至于他们反对非公民接受学校教育，其中包括妇女、黑人与美洲原住民。① 同时，公民教育的基本前提是公民品德只能与新教相容，所以贺拉斯·曼也相应地粉饰了他的"共和主义公民教育"。②

为了理解当前对"学校公民教育"的广泛呼吁，我们必须回顾公立学校中公民教育早期形成的发展轨迹。尽管在19世纪初期，"普世教会主义"且"不限于某一宗教"的新教似乎成为了一种适合的宗教信仰和美国公立学校的道德基础，但是自19世纪40年代开始，大量天主教徒与犹太人的到来仍对此提出了质疑。③ 大多数教育者一直认同宗派主义宗教教育，即使是不同的普世主义新教派别，同样也违背了"公民信任"，而这种信任是公众对公立学校支持的基础。例如，天主教徒与犹太教徒难道会为传授新教的公立学校提供资金支持吗？现在，关于学校道德教育的讨论大多遵循此前关于宗教教育的讨论模式。自由主义与保守主义的道德学家都认为，自己所倡导的道德教育具有独特的普世性，因此十分适合公立学校。

---

① 劳伦斯·克雷明谈及杰斐逊说，"诚然，他对国民教育问题给予了长期的关注，他用政治术语定义了'公民'，例如自由的白人男性"。参见 Lawrence Cremin, *American Education：The National Experience，1783-1876*，New York：Harper and Row，1980，p.114。罗杰斯·史密斯如此谈到杰斐逊，"教育等同于为公民资格做准备，以至于非公民拒绝接受"。参见 Rogers Smith, *Civic Ideals*, New Haven, Conn.：Yale University Press，1997，p.189。

② 克勒曼说："实际上，贺拉斯·曼接受了共和主义的教育思想和主张，并在19世纪跨教派的新教主义形式下进行了重塑"。Lawrence Cremin, *American Education：The National Experience，1783-1876*. New York：Harper and Row，1980，pp.136-137.

③ 正如丹妮·里威奇所看到的那样，"我们现在认识到，贺拉斯·曼的非宗教主义是非宗教性质的新教"。参见 Diane Ravitch, "Education and Democracy", *Making Good Citizens：Education and Civil Society*, edited by Diane Ravitch and Joseph P. Viterri, New Haven, Conn.：Yale University Press，2001，p.18。

自由主义的道德学者提出质疑：谁会不赞成学生通过学习成为道德自治主体？保守主义的道德学者提出质疑：谁会不赞成学生通过学习变得诚实、勇敢、节制与公正？[①] 一个人的"道德普世主义"正是另一个人的"道德宗派主义"。自由主义对保守主义的道德论持有怀疑态度，反之亦然。于是，在公立学校开展道德教育的提议，已经成为广泛的文化战争中的另一前线，并且许多教育家得出结论，自由主义与保守主义的道德论都违背了支撑公立学校的基础，即"公民信任"。

"9·11"事件对学校的冲击

例如，让我们来思考一下 2001 年 9 月 11 日恐怖袭击之后针对公民教育问题产生的激烈争论。为了回应教师们对于应如何处理"9·11"袭击事件及其余波给学生带来混乱的情感、种族、宗教与政治问题的要求，国家教育协会（National Education Association，NEA）创建了名为"铭记9·11"的网站，其充满了"如何为悲伤的学生提供咨询服务"，"如何在历史、文化以及国际语境下定位 9·11 事件"，以及"在这次恐怖袭击中人们可以吸取哪些道德经验"等方面的内容。[②] 这些道德经验的范围十分宽泛，从"铭记世贸中心的'制服英雄'"到"在考验磨炼中宽恕"。同样，社会科学国家委员会（National Council for Social Studies，NCSS）在其网站上提供了针对 9·11 事件设计的课程计划，[③] 这些材料包括《权利法案》、《我的名字是奥萨马》等。其中，《我的名字是奥萨马》讲述了一名伊拉克裔美国男孩因为他的名字和穆斯林习俗被同学嘲笑的故事。尽管这些机构提供的材料内容不同，但是其渗透的主题都恰如社会科学国家委

[①] 自由主义的道德教育属于新康德学派，通常强调批判性反思与自主选择；保守主义的道德教育属于新亚里士多德学派，强调品格塑造与美德。

[②] http：//neahin.org.

[③] http：//www.socialstudies.org.

165 员会主席所言："我们要强化宽容、平等与社会公正的理想，抵制反民主情绪与敌对分裂问题的反冲。"

国家教育协会和社会科学国家委员会提供的自由主义公民课程很快遭到了保守主义的攻击，他们认为这些课程倡导了一种无原则的宽容，过于关注美国的缺点，并且未能传递对美国制度与理想的正确认知和热爱。随后，一群著名的保守主义教育家与评论家推出了一系列他们自己的公民课程，强调对于我们国家及其理想的热爱、"9·11"事件中救援者的英雄气概，以及让学生更好地了解美国历史与制度的需要。① 这些关于"何为适切的公民课程"的观点迥异，使得《纽约时报》在其新闻报道中写道："9·11"纪念日有将文化战争重新带入课堂的危险。② 即使是首屈一指的政治评论家也不能避免卷入公民教育的争论之中。托马斯·弗里德曼（Thomas Friedman）提出了一项略带温和自由主义色彩的"9·11课程计划"，其中，他支持民主政府，同时也承认美国并不完美，并且美国的海外行动（即便是在盟友中）也引发了恐慌情绪。③ 威廉·J.本涅脱（William J. Bennett）提出了一门更为保守的课程，坚持"应该使美国学生了解什么让自己的国家变得伟大，即使难免犯错，但是美国依旧是世界上最好的国家"。④

我们经常能在这些公民课程上发现这种尖锐的讨论，这种讨论也许会让人们认为自由主义者与保守主义者无法达成共识。广义上，我们可能会说，自由主义者对"9·11"事件的回应，强调了抵制沙文主义的需要，并且强调人们需要思考"为什么对美国的憎恨在某种程度上来讲是合乎情理的"，然而，保守主义者的回应则强调了我们国家的美德，以及需要在

---

① 参见 "September 11: What Our Children Need to Know" (Thomas B. Fordham Foundation, September 2002)，http://www.edexcellent.net。

② 参见 Kate Zernike, "Lesson Plans for Sept.11 Offer a Study in Discord." *New York Times*, August 31, 2002, 1。

③ Thomas L. Friedman, "9/11 Lesson Plan", *New York Times*, September 4, 2002.

④ William J. Bennett, "A Time for Clarity", *Wall Street Journal*, September 10, 2002.

危险时刻捍卫这些美德的决心。保守主义认为，自由主义的公民课程除了鼓吹无原则的宽容（甚至对不能容忍的事情亦是如此），毫无价值可言；而自由主义者认为，保守主义的公民课程也仅是在宣扬无原则的"爱国主义"与"必胜信念"。然而，尽管自由主义者与保守主义者在公民教育的内容上存在着巨大分歧，但两者都坚持认为，我们学校的公民教育不应只停留在传授公民知识与技能方面，还应在学生心灵深处塑造公民价值观、态度与动机。换言之，尽管在要传授何种美德上存在明显的分歧，但双方都赞成公民教育必须以传授恰当的公民美德作为目标。

与对 9·11 公民课程的讨论类似，当代政治理论家对公民教育的讨论并不那么热烈。保守主义者，例如洛兰（Lorraine）与托马斯·潘格尔（Thomas Pangle）捍卫着美国建国者的观点，他们认为大多数美国人不需要获得政治参与的美德，只需能警觉判断选举出的官员即可。① 与之形成鲜明对比，自由主义者本杰明·巴伯（Benjamin Barber）坚称，所有的公民都应通过教育获得有效的政治参与及其所必需的公民美德。② 潘格尔强调爱国主义美德，热心公共服务并保持警觉，而艾米·古特曼（Amy Gutmann）则强调包容与相互尊重。③ 即使在自由主义者中，关于学校应该教授何种公民美德也没有达成共识。一些自由主义理论家认为，宽容、礼貌与尊重民主程序等政治美德取决于个体性、尊重道德多元性、自主性

① 参见 Lorraine Smith Pangle, and Thomas L. Pangle, "What the American Founders Have to Teach Us about Schooling for Democratic Citizenship", *Rediscovering the Democratic Purposes of Education*, edited by Lorraine M. McDonnell, P. Michael Timpane, and Roger Benjamin, Lawrence：University of Kansas Press, 2000, pp.26-27。

② Benjamin Barber, *An Aristocracy of Everyone*, New York：Oxford University Press, 1992, p.5："公民是为了追求卓越而受教育的男性和女性，具有共同的掌控生活的知识与能力。民主的信仰根植于所有人类都能追求这种卓越的信念之上。"

③ Amy Gutmann, "Why Should Schools Care about Civic Education", *Rediscovering the Democratic Purposes of Education*, edited by Lorraine Smith Pangle and Thomas L. Pangle, Lawrence：University of Kansas Press, 2000, p.81："学校是否应该超越传授最基本的宽容美德，也教授相互尊重？"

等道德美德（moral virtues）① 的养成。② 在此观点中，自由主义民主政治取决于道德自由的公民。与此相反，其他的自由主义理论家坚持，自由主义政治美德（如政治包容、尊重法治与民主程序等），并非取决于包含尊重道德多元性与自主性在内的自由主义道德美德。例如，一个人可能是自由民主社会中的好公民，但未必是道德层面的自由主义者。③

分析公民教育之构成

这些关于学校公民教育的讨论教会给我们什么？无论在实践层面，还是理论层面，我们都不能简单地就恰当的公民美德达成一致。当面对这样深层次且似乎棘手的分歧，并使儿童的教育受制于公民美德之上的文化战争时，这种行为至多只能说是轻率且鲁莽的。然而，尽管在公民教育的恰当内容上存在着明显的分歧，自由主义者和保守主义者仍倾向于赞同"公民美德是公民教育的适切目标"这一观点，④ 尽管他们都未能界

---

① 道德美德（moral virtues），亚里士多德将美德分为两个基本的类别，即智性美德与道德美德。所谓道德美德，是指通过理性控制感情和欲望而表现出来的德性，道德美德并非自然而生，而是依赖于后天实践得以形成。——译者注

② "在一个多元化的社会中，只教授儿童民主公民所应具有的技巧与美德，而不教授具有个体性与自主性的技巧与美德，几乎是不可能的事情。"Amy Gutmann, "Civic Education and Social Diversity", *Ethics* 105 (April 1995), pp.563。

③ 例如，约翰·托马西认为，政治自由主义公民美德理应与自由主义及非自由主义的生活方式相一致，而不只是与哲学层面的道德自治理想一致（正如受到密尔与康德作品的启发），也需要以更本质、传统的方式理解行为与态度的动机。参见 John Tomasi, "Civic Educationand Ethical Subservience", *Moral and Political Education*, edited by Stephen Macedo and Yael Tamir, New York：New York University Press, 2002, pp.207-208。

④ 潘格尔认为，"这是致使我们的民主沦为重大困难的标志，公民美德不再流行。"参见 Lorraine Smith Pangle, and Thomas L.Pangle, "What the American Founders Have to Teach Us about Schooling for Democratic Citizenship", *Rediscovering the Democratic*

定"美德"的含义以及"公民美德"与"公民知识或技能"的差别究竟为何。①

我将"公民知识"界定为对公民事务真实情况及相关概念的一种理解,例如政府的历史、结构与功能,民主政治的本质及公民的理想。公民技能是指训练人们运用公民知识追求公民目标的能力,如投票选举、抗议、请愿、游说与辩论等能力。公民美德整合了公民知识、技能与合理的公民动机,如尊重民主程序、热爱祖国以及全心全意关心公共利益等。我认同琳达·扎格泽波斯基(Linda Zagzebski)的观点,她将美德界定为成功的条件,这种观点认为如果一个人不能同时具备恰当的动机以及有效的公民参与知识和技能,那么他就不具有公民美德。② 然而,在公民参与中有效发挥作用并不意味着一个人总会或者经常会成功:政治活动不可避免地要受到不可预知的偶然性的影响。但是,缺乏知识与技能的人不能称之为拥有公民美德,因为他们不能够进行富有说服力的辩论,亦不能在公共事务上表明立场,从而无法促成合作。不能得到公民同胞的支持,也就不能履行其所选择或被要求承担的公共职责。简而言之,在我看来,公民技能以公民知识为前提,正如公民美德以公民技能为前提一样。

公民教育应以公民美德为目标,而不仅仅是公民知识与技能,因为若没有高尚的动机,知识与技能就失去了道德价值。最终,公民知识与

167

Purposes of Education, edited by Lorraine M. McDonnell, P. Michael Timpane, and Roger Benjamin, Lawrence: University of Kansas Press, 2000, p.21。事实上,正如我们所看到的那样,在公民教育的争论中关于公民美德的探讨无处不在。

① 作为公民教育中心在 1994 年发布的《公民与政府的国家标准》(*National Standards for Civic and Government*) 的组成部分,在《公民教育的作用》(*The Role of Civic Education*) 的报告中,玛格丽特·斯蒂尔曼·布兰森区分了公民教育的三个基本要素,即公民知识、公民技能与公民品性,却没有试图将三者之间的关系理论化。参见 www.civiced.org。

② 那么,可以将美德定义为个体后天形成的一种深层而持久的优点,包括为获得切实成功,实现目的而树立某一预期目标的独特动机。Linda Zagzebski, *Virtues of the Mind*, Cambridge: Cambridge University Press, 1996, p.137.

技能通常会为各种各样不道德的政治行为服务，从蓄意置后公共利益，到自谋其利，其中包括欺诈、操控、高压压制，甚至投敌叛国等。如果动机不良，那么投票选举、辩论、请愿、立法及管理都可能成为邪恶与不公正的工具。恰当的公民动机不一定要大公无私或纯一不杂，但绝不能完全建立在贪婪或憎恨上。有积极的经验主义证据表明，公民知识能培养公民美德，因为公民在了解了更多关于政治体制与原则的知识后，他们的政治参与不仅会变得更加理性、清晰，也会更加富有公共精神，而这种情况确有发生。①

因此，大多数的倡导者有充分理由认为公民教育必须以公民美德为目标。但不幸的是，他们同时也认为这一目标是公立学校的主要职责。因为几乎所有人都混淆了"教育"与"学校教育"这两个概念，这从大家广泛地使用"教育"这个词来表示学校教育的含义就可以看出来，大多数公民教育倡导者甚至都丝毫不曾怀疑过，公民教育并不只意味着学校公民教育。尽管大多数公民教育发生在学校之外，但公民教育的倡导者几乎也从
168 未考虑过学校与其他公民教育机构的比较优势。然而所有最佳证据都向我们表明，相对而言学校并不是公民教育的有效媒介，尤其是以公民美德为目标的公民教育。我们只有先明确公民教育与学校公民教育的区别，并将二者关系理论化，才能对公民教育进行清晰且充分的思考。

学校如何能／不能为公民教育作出贡献

因为公立学校具有悠久的公民教育历史，在过去的 50 年中，政治学家一直在试图回答一些基本问题，其中包括：公民从哪里获得公民知识、

---

① 参见 William Galston, "*Civic Knowledge，Civic Education and Civic Engagement：A Summary of Recent Research*"，Paper presented at the Civic Virtue Symposium, Campbell Public Affairs Institute, 2002。然而，盖尔斯敦对公民知识的简要论述，并未充分考虑到公民知识不充分以及错误运用的危害。

公民技能与公民美德，学校在其中扮演了何种角色，尤其是高中的公民课程起到了何种作用。因为有些顶尖学者关注公民技能，有些关注公民知识，还有一些关注公民态度、价值观与动机，所以很难对他们的研究成果加以总结，① 但是有利的实证研究表明，学校在教授公民知识方面所发挥的作用虽小，却十分重要。然而这些研究同时也表明，在试图直接传授适宜的动机方面（其对真正的公民美德十分重要），学校完全是一个"笨拙的"工具。那些专注于习得公民能力或技能的研究发现，这些技能大多不是儿童在学校获得的，而是成人在教堂、工会、公民组织及工作场所中掌握的，这一结论并不令人感到惊讶。② 这些研究者认为，学校培养公民技能的手段，不是直接通过公民学课程，而是鼓励学生自愿参加课余组织与学生自治的活动。③

　　"学校教育对公民美德养成的贡献较小"这一观点可能十分出人意料。毕竟，在研究者中有着一个存在已久的共识，即可以通过一个人接受学校教育的时间来准确预测其公民知识与态度。例如，肯特·詹宁斯（Kent Jennings）与理查德·尼米（Richard Niemi）在研究"政治社会化中教育的作用"这一问题时，调查了大量相关的文献资料。他们的研究发现了一个普遍的共识，即人们对政治的兴趣、政治技能的掌握、政治参与以及对

---

① 对于公民教育实证研究文献的全面分析，参见 James Bernard Murphy, "Against Civic Schooling", *Social Philosophy and Policy* 21（winter 2004），pp.221-265。

② 参见 Gabriel Almond, and Sidney Verba, *The Civic Culture*, Princeton, N.J.：Princeton University Press, 1963, p.304, p.355, pp.363-366, p.381, p.387；Gabriel Almond, and Sidney Verba, eds., *The Civic Culture Revisited*, Boston：Little, Brown, 1980, pp.29。

③ 参见 Sidney Verba, Kay Lehman Schlozman, and Henry Brady, *Voice and Equality：Civic Volunteerism in American politics*, Cambridge, Mass.：Harvard University Press, 1995, p.376, p.435。他们发现，美国高中提供的公民教育"并不是教授民主，而是为未来的公民参与提供实际引导"。Robert Putnam, *Bowling Alone：The Collapse and Revival of American Community*, New York：Simon and Schuster, 2000, pp.339-340, p.405.

自由主义民主信条的支持，都随着接受学校教育时间的增长而增加。① 这是否表明了学校在教授公民美德方面的有效性？实际上，学界关于"如何解释受教育程度与公民美德之间的相互关系"并未达成一致。由于学校教育的时限与家长的智力、受教育程度及社会经济地位都有着密切的联系；同时，也与学生的智力水平及后来的社会经济地位、职业紧密相关，所以很难辨识学校独自发挥的作用。或许还有第三因素，如家庭教育或学生的智力，是否也能促成较高的教育成效与公民美德的形成？一些研究者发现，学校教育将学生分为不同的社会经济等级，其中每个等级都具有独特的政治文化，以此间接地形成不同的政治知识与态度。② 另一些研究者发现，除了将学生分为不同的社会经济等级外，学校还提高了学生的认知成熟度，并且这种更强的认知成熟度又促进了公民知识与更加宽容的公民态度的形成。学校培养的这种纯粹的认知与语言成熟度似乎又能间接地促进政治态度的形成，例如，大学教育，尤其是博雅教育能够让学生更加坚信自由民主主义信条，但是这种影响并不能追溯到任何一种特定课程或是教学方式上。③

因此，学校教育通过培养更成熟的语言表达与认知能力，可能间接地培养更多的公民知识和政治宽容。但是学校是否能够通过公民教育课程直接传授公民知识与正确的公民态度及动机呢？美国大多数州都要求公立学校开设公民课程。公立学校中公民教育的倡导者强烈推崇此类课程，使

①　M. Kent Jennings, and Richard G. Miemi, *Generations and Politics*, Princeton, N. J.：Princeton University Press, 1918, p.230.

②　M. Kent Jennings, and Richard G. Miemi, *Generations and Politics*, Princeton, N. J.：Princeton University Press, 1918, p.270.

③　认知成熟度是关联学校教育与学生公民知识和态度的中心环节，参见 Norman Nie, Jane Junn, and Kenneth Stehlik-Barry, *Education and Democratic Citizenship in America*, Chicago：University of Chicago Press, 1996, p.39, p.161；Norman Nie, and D. Sunshine Hillygus, "Education and Democratic Citizenship", *Making Good Citizens：Education and Civil Society*, edited by Diane Ravitch and Joseph P. Viterri, New Haven, Conn.：Yale University Press, 2001, p.50. 针对大学，参见 Philip E. Jacob, *Changing Values in College*, New York：Harper and Row, 1957, p.4, p.8。

我们不禁要问，公民课程在促使学生掌握令人满意的政治知识、态度与行为的过程中发挥了何种作用？肯尼思·兰顿（Kenneth Langton）与肯特·詹宁斯在 20 世纪 60 年代做了一系列研究之后，公布了一项非常有影响力的研究结果，该研究主要调查了高中公民课程对学生的政治知识、态度、价值观和兴趣的影响。① 研究发现，高中公民课程在学生的政治知识或价值观等方面影响甚微："当然，我们的发现并不支持'将美国高中的公民课程视作政治社会化的非主要途径'这一观点。"②1974 年，兰顿、詹宁斯与尼米修正并扩充了他们此前的研究。他们现在发现，家长的受教育水平与家庭中的政治言论情况，对学生公民知识与价值观的影响要远远大于高中课程；并且如果发现高中的公民课程起到了些许作用，那也仅仅是对那些刚刚上过这些课程的学生。③ 由保罗·艾伦·贝克（Paul Allen Beck）与詹宁斯进行的一项后续研究重新证实了公民课程的无效性，然而他们发现参加课外活动，无论是在高中还是在以后，都能促进青年人未来的政治参与。④

170

这些及其他研究形成了一个持久的专业共识，即学校课程一般对学

---

① Kenneth Langton, and M. Kent Jennings, "Political Socialization and the High School Civics Curriculum in the United States", *American Political Science Review* 62 (1968), pp.852-867. 他们观察课程在多个维度的影响，其中包括政治知识、政治兴趣、政治话语、政治效能感、政治犬儒主义、公民宽容度以及政治参与的取向。

② 黑人学生被排除在这项规则之外，"公民课程是黑人学生获取政治知识的重要来源之一。"（p.865，p.860）

③ Kenneth Langton, M. Kent Jennings, and R. Niemi, "Effects of the High School Curriculum", *The Political Character of Adolescence：The Influence of Families and Schools*, edited by P. A. Beck, M. K. Jennings, E. Andersen, B. G. Farah, R. Jansen, K. P. Langton, T. E. Mann, and G. B. Markus, Princeton, N. J.：Princeton University Press, 1974, p.191："在短时间内，此课程对处于现有课程设置下的学生产生的影响较小。"（p.192）

④ Paul Allen Beck, and M. Kent Jennings, "Pathways to Participation." *American Political Science Review* 76 (1982), pp.101-102："那些积极参与课外活动的人，将来可能更积极地参与到政治活动中去。"（p.105）

生的知识层面具有一定影响，但对学生价值观的影响甚微，而特定的公民课程对政治知识或价值观无任何影响。① 理查德·尼米与简·吉恩（Jane Junn）在其主要著作《公民教育：促使学生学习的原因》（*Civic Education：What Makes Students Learns*）一书中，对这一共识提出了质疑。他们通过分析数据来研究不同类型的公民课程对学生政治知识与态度的影响，并且假设了一些可能会显著地增加或减少学生对政治内容学习的教学方法。② 他们发现，尽管公民课程对政治知识与价值观的影响要远远小于家庭环境，但公民课程亦十分重要。特别是近期进行的公民课程，包括大量丰富的研究主题，整合了能显著增加学生政治知识的时事讨论。③ 和早期的研究一样，他们发现，尽管公民课程对政治知识有一定的影响，但实质上对政治态度几乎没有影响。④ 想要评判这项研究是否会改变"公民课程并不重要"这一共识还为时过早，一些早期的评论表明这一共识似乎更有优势。⑤ 的确，兰顿与詹宁斯的研究主要关注公民态度，而尼米与吉恩的研究主要关注公民知识，但两项研究在结论上具有一致性，即公民课程对公民知识具有一定的影响，对公民态度几乎没有影响。尽管美国人中受教育

---

① 关于该学术共识的探讨，参见 Richard G. Niemi, and Jane Junn, *Civic Education*, New Haven, Conn：Yale University Press, 1998, pp.13-20。他们评论道："关于学术知识全部或主要源自于课堂之中的假设，对于一些学科而言是自明之理，但对公民学而言却并非如此。"（p.61）

② Richard G. Niemi, and Jane Junn, *Civic Education*, *New Haven*, Conn：Yale University Press, 1998, p.81.

③ Richard G. Niemi, and Jane Junn, *Civic Education*, *New Haven*, Conn：Yale University Press, 1998, pp.123-124.

④ Richard G. Niemi, and Jane Junn, *Civic Education*, *New Haven*, Conn：Yale University Press, 1998, p.140.

⑤ 参见 Jay P. Greene, Review of *Civic Education*, *Social Science Quarterly* 81（June 2000）：pp.696-697。格林对尼米与吉恩的数据进行了再分析，发现了近来公民课程失败的影响因素，即学生是否参加公民课程的学习取决于是否需要参加公民知识的考试："如果知识以如此迅猛的速度衰退，以至于公民课程唯一的好处就是通过考试，那么长远来看，学校在提升公民知识方面也难有所作为。"同样，他也发现了其他独立影响因素的缺陷。

的人数在半个世纪内显著增加，但人们似乎更少去进行投票选举或以其他方式参与政治或公民生活，对此，那些将学校视为公民美德温床的人们深感困惑。我们在学术方面取得的成就显著提升，但公民美德方面却整体衰落，或许更令人惊讶的是在公民知识上竟毫无进展。①

对于儿童并非是通过学校获得公民美德的事实，我们不应感到惊讶。毕竟，当代的政治学家认可的只是古往今来最伟大的政治哲学家们的智慧，即只有成年人在积极参与公共事务的过程中才能形成公民美德。例如，柏拉图的门徒 35 岁才能开始为期 15 年的公民教育方面的学习，但并非在学校中学习，而是直接参与政府事务。② 亚里士多德还明确地表示"青年人不适合学习政治科学"，因为尽管智性美德可以被教授，道德美德却源于习惯。③ 对亚里士多德来说，公民教育是立法者而非教师的职责：立法者运用法律来教育公民，确保他们在成长过程中养成正确的习惯。④ 一旦公民养成了正确的公民美德，那么当他们在职业生涯中期成为一方政客时，或许会从亚里士多德所教授的政治学中有所收获。托克维尔准确地捕捉到前人的观点，即学校教授学术知识正如政治培养公民美德，"乡镇机构之于自由，正如小学之于科学；它让人们触手可得，让人们尝试轻松地加以利用，再让人们惯于使用它"。⑤ 我们从柏拉图、亚里士多德、托克维尔的思想中发现，他们都对公民教育的不同机构进行了复杂的分析，

---

① 关于这一问题，参见 Norman Nie, Jane Junn, and Kenneth Stehlik-Barry, *Education and Democratic Citizenship in America*, Chicago：University of Chicago Press, 1996, p.99, 以及 M. X. D. Carpini, and S. Keeter, *What Americans Know about Politics and Why It Matters*, New Haven, Conn.：Yale University Press, 1997, p.199。

② Plato, *The Republic*, Translated by Allan Bloom, New York：Basic Books, 1991, p.539e.

③ Aristotle, *Nicomachean Ethics*, Translated by Richard McKeon, New York：Random House, 1941, pp.1095a 3, pp.1103a 15.

④ Aristotle, *Nicomachean Ethics*, Translated by Richard McKeon, New York：Random House, 1941, pp.1103b 4, pp.1103b 21, pp.1180a 32.

⑤ Alexis de. Tocqueville, *Democracy in America*, 2 vols, Translated by Phillips Bradley, New York：Vintage, 1990, p.1, p.5, p. 57.

并认为公民教育并不依赖于中小学或大学。①

政治哲学家与政治科学家似乎都赞同，旨在灌输公民美德的刻意教导十分低效。政府的机构与职能等知识可以在公民课程中教授，但并不包括正确的公民态度，例如为公共利益作出贡献的愿望、对民主价值观的尊重、对国家的热爱以及对相反观点的包容等。然而，学校公民教育的倡导者坚持认为，公民教育不应仅以知识为目标，还应涵盖公民美德。他们自然而然地相信，即使当下学校中教授公民美德的方法是低效的，但一些新方法和更好的公民课程或许会奏效。尽管如此，在面对现有研究时，把学校作为公民美德孵化器的要求无疑是"愿望"战胜了"经验"。

智性美德作为学校教育的道德目标

如果学校不能教授公民美德，这是否意味着学术教育中缺少几分道德维度？学术教育仅仅包括获取与道德无关的知识与技能，这一观点可以追溯至伊曼纽尔·康德（Immanuel Kant）。康德认为学术学习并不能促进"道德善"（moral goodness）的养成。他还指出，仅用有力的知识武器武装学生，而不给予他们任何关于如何运用知识的指导，这种做法是不道德的。康德坚持认为，需要增设道德教育作为补充，只有这样知识与技能才具有良好的道德目标。自康德之后，大多数当代教师都用与道德无关的语言来阐释学术教育。例如，当今霍华德·加德纳（Howard Gardner）强调学科技能的获取，而 E. D. 赫斯契（E. D. Hirsch Jr.）强调共享信息的获取，但是他们都赞同康德的观点，即学术教育本身并不能为道德善作出贡献。②

① 事实上，相较于私立学校，亚里士多德更推崇公立学校；但是并没有证据显示，他认为这些学校应该以公民教育为目标；事实是他更倾向于自由教育，而非公民教育。

② 参见 Howard Gardner, *The Disciplined Mind*, New York：Penguin, 1996。参见 E. D. Hirsch Jr., *The Schools We Need：And Why We Don't Have Them*, New York：Blackstone Audiobooks, 1996。

实际上，道德与公民教育的反对者（从宗教保守派到斯坦利·费希）和支持者都认为，学术教育缺少道德维度是理所当然的。

相比之下，我认为，学术教育本身就是一种道德教育——是一种对于学校而言恰好需要的道德教育。所以，我要维护学校中学术教育的首要位置，不是因为它与道德教育存在着本质的不同，而恰恰是由于它是一种特定的道德教育。每一位优秀的教师都知道，知识与技能不能作为学术教育的唯一目标，因为除了追求真理这一高尚的取向，知识与技能不能成为服务于诡辩、操纵与控制的资源与工具。只有当知识与技能的获取与对真正知识的正当渴望相结合，我们才开始养成智性美德，这也可以被界定为对真理的尽心追求。①

美德是行善的品性和形成可靠善行的技能。美德并不是可供我们利用的资源或工具，而是我们自身的一部分。通过智性美德的养成，我们从"易于轻信"并在道德判断方面容易产生"系统偏差"的人，转变成为"尊重真理"并拥有"获得真理所需的可靠技能"的人。因为对世界的真实信念及其内在的价值，是道德行为发生的必要条件，智性美德对于其他道德美德的养成而言至关重要，所以有关智性美德的学术教育与其他类型的道德教育一样，可以给人带来深刻的改变。

智性美德源于对真知的渴望，即与现实的认知联系。传统的智性美德是既有知识与真理的状态，例如科学、智慧、理解力与技术。但是对智性美德的现代理解更加谨慎，是确保我们追求真理的动机与技能。对于所有理性话语而言必不可少的就是共同致力于寻求真理，而不是假设我们已经找到了或会找到真理。学术教育的目标不应该仅仅是用知识与技能武装自己，还应该将自己塑造成尊重真知的人。

在认知层面，人类本质上是相互依赖的。知识的主要来源与载体是语言，而语言又不是可以自己习得的。掌握语言后，我们只有依赖并坚

173

---

① 参见 Linda Zagzebski, *Virtues of the Mind*, Cambridge：Cambridge University Press, 1996, pp.175-177。

信教师教授的内容之后才开始思考与学习。由于追求知识具有不可避免的社会性，所以，追求真理的前提是教师会真心实意地传授给我们其始终坚信的真理。语言本身假定了一种诚挚表达的标准，而谎言与生俱来地依附于这种标准之上。"真诚"或"诚实"意味着向别人传达你所相信的事，真诚是"我们所坚信的"与"我们所述说的"之间的和谐统一。而"为人诚恳"不能与"说真话"相混淆，因为一个诚实的人可能传递虚假信息，正如一个爱撒谎的人也可能说出实情。但是真诚与真理之间确实存在着间接关系，因为相信某事就是相信其为真的，没有人会相信自己确定为假的事情。没有真诚的规范，说者与听者之间的信任关系就会消失，有了真诚，就势必会出现共同探求知识的"社会工程"（social project）。

　　然而，我们所认为的实情，有的时候并不正确，所以我们经常真诚地说着假话。因此，如果没有追求真理的美德，单纯的真诚并不足以保证讲的是真话。我认为，追求真理这一美德发展层次的第一个阶段指严谨的美德，如专心一致、仔细认真、准确与坚持不懈等品质。这些乍一看似乎更像是技能而非品德，毕竟，难道某个诡辩家或怪人就做不到理智层面的严谨吗？只有学生开始理解并恰恰重视这些"智性严谨"的技能时，这些技能才会转变成为美德，因为这些技能会使他们具备真正的知识。在第二阶段，我们发现存在更高层次的美德，如理智层面的勇气、公正与谦逊。在小学阶段，教师应该关注于"智性严谨"的美德，然而中学与大学的教师应该尝试培养学生更高层次的美德，要求他们从多方面考虑问题，坚持自己的判断，乐于进行标新立异的思考，并且承认自身知识的局限性。教师可以努力强化学生更高层次的智性美德，并指出我们所有人都会面临相信假话的诱惑，因为要么假话已经被广泛接受，要么就是听信假话来得更为轻松，要么就是假话让人高兴。我们的目标是鼓励学生谨慎地对待自己的信仰，既不要过于轻信也不要过于怀疑。智性美德的最高层次包括学术诚信与智慧，最好的传授方法是我们的教师可以尝试以身作则。一个智性健全的人不会轻易相信事实，而是在他所知的内容中寻求连贯性与相关

174

性。一个智慧的人不仅在其所知范围内寻求连贯性，同时也会在生活中找寻；一个智慧的人既会享受知识，也会运用知识来丰富并照亮他／她生活中的道德与审美维度。

智性美德怎样能成为道德美德？如果制约我们追求不同"善"的规范构成了道德，那么这些美德则提供了如何追求"知识之善"的规范。约翰·杜威认为，学术教育的目的是培养学生的某些特性与品质，其中包括开放包容、专心致志、真诚、视野广阔、认真仔细与责任感。杜威坚持认为，这些学术美德或智性层面的美德"是道德品质"。①

正如其他道德美德一样，智性美德将知识、技能与深层的渴望整合在我们的追求中。作出表扬与批评时，我们理所当然地将智性美德视为道德美德。诚然，我们会经常赞扬别人的非道德品质，如力量、美丽或智力，但仅会指责他人的道德污点，而不会因为他人身体孱弱、相貌丑陋、智力低下而加以批评。我们会因他人的信念特质而对其加以批评吗？当然会。我们将其称之为思想狭隘、粗心、胆怯、冲动、缺乏感知力、带有偏见、死板、迟钝、迷信、轻信、武断与狂热。最后，人们信念的特质与其行为品质不可避免地联系在一起。美德，不论是智性美德还是道德美德，都与成功相关：不仅要求有良好的动机，还要有知识与技能才能保证成功。只有在对世界拥有充分且正确的认知基础上，才能保证我们的行为是道德的。智性美德对道德美德来说是不充分却必要的。

我们有何证据表明学校是开展学术教育的合适场所？如上所述，公民教育的实证研究发现，即便学校对公民态度或美德没有任何实质影响，对公民知识的传授也仍有一定作用。据我所知，尚未有学者开展关于"学校培养智性美德的有效性"的实证研究。但是，关于"学业成绩对成年人知识的影响"最有影响力的研究或许会阐明学校在形成知识信息体系与培养终身学习品性中的重要作用。赫伯特·海曼（Herbert Hyman）、查尔

---

① John Dewey, *Democracy and Education*, New York：Macmillan, 1916, pp.356-357；cf. pp.173-179.

斯·赖特（Charles Wright）与约翰·里德（John Reed）在《教育的持久影响》（*The Enduring Effects of Education*）一书中，调研了成年人在完成学业若干年后知识储备的情况。他们发现，年复一年的学校教育不仅夯实了其知识基础，也养成了他们通过阅读报纸、杂志、书籍等方式继续学习乃至寻求成人教育机会的良好习惯。通过对时事知识进行调研，他们得出结论，即那些受教育最多的人能够最有效地掌握最新时事。所以我们有理由相信，学校能有效地促进学生对终身学习的热爱。①

一旦我们认识到对知识的执着追求是学校教育内在的道德目标，对于"学校应该教授何种美德"缺乏共识的现实，我们就不会感到惊讶。因为没有任何一种公民美德与学校教育的内在道德目标是本质相关的，所以亦没有学术准则来规范学校应该教授何种公民美德。我非常注重人权、法治、公共服务及对国家的热爱，但是我并未发现，这些高尚的美德与学习物理、法语、英语、化学、历史和数学知识有何相关。没有一种公民美德被视作学业优异的先决条件、组成部分或结果。试图厘清学校应该教授何种公民美德，就如同试图决定应该教授哪种体育运动或手艺一样，因为这些内容本质上都与学术教育无关，因此没有学术基准来决定此事。

176　　因为公民教育就像驾驶员培训或消费者教育，与学术课程缺少内在的联系，所以很快被教师与学生视为从属且不相关的课程。公民课程的从属性质可以解释为何其效率如此低下。为了克服这种不相关性，许多倡导者认为，应该将公民教育融入核心学术课程中，因此英语、历史与社会课等课程中都应该传授公民美德。但是这样我们就陷入公民教育本质上的两难境地：如果我们以尊重学术课程完整性的方式教授公民美德，那么公民教育仅仅是从属且不相关的；但是如果为了克服这种不相关性而将公民教育整合进学术科目中，那么我们就把对真理的追求置于提升公民性之后，

---

① H. H. Hyman, C. R. Wright, and J. S. Reed, *The Enduring Effects of Education*, Chicago：University of Chicago Press, 1975, pp.80-93.

从而不可避免地会破坏这些学科内在的道德目标。

为何公民教育会侵蚀学校

当学校致力于公民教育时，学术教育又会怎样呢？无论我们回顾公民教育的历史，还是查阅公民教育者的理论，得出的答案都是相当确定的：把对真理的追求置于公民议程的从属位置，势必会使对知识的学术追求受到侵蚀。

美国公民教育的历史实际上是具有警示色彩的。许多公民教育的倡导者借助托马斯·杰斐逊的声望，因为他是一位开拓先驱，也是一位利用公立学校开展共和主义公民教育的倡导者。① 然而，这些倡导者并没有注意到杰斐逊对公民教育的追求是怎样侵蚀其学术完整性的。杰斐逊最初对弗吉尼亚大学成立的提议反映了他对人类自由思想及摆脱高压统治的毕生追求，他写道："这所大学将建立在人类思想无限自由的基础上。在这里，无论真理将我们引向何方，我们都无所畏惧地追随真理；也不会容忍任何错误，只要理性仍可以自由反击。"② 但是，作为公民教育者的杰斐逊，无法忍受弗吉尼亚大学将来的学生可能会接触到错误的政治思想并被其腐蚀。于是，为了保护学生免受具有诱惑性的保守主义的侵害，杰斐逊花了二十年的时间，出版了一本经过审查、删节、抄袭、篡改的大

---

① 其中一个实例，参见 Lorraine Smith Pangle, and Thomas L. Pangle, "What the American Founders Have to Teach Us about Schooling for Democratic Citizenship", *Rediscovering the Democratic Purposes of Education*, edited by Lorraine M. McDonnell P. Michael Timpane, and Roger Benjamin, Lawrence：University of Kansas Press, 2000, pp.21-46。

② 杰斐逊引用了 Leonard W. Levy, *Jefferson and Civil Liberties：The Darker Side*, Cambridge：Harvard University Press, 1963, p.157. 莱维评论了这一崇高的抱负："六年后，在他去世前的几个月里，他将法学院视为一个被神圣火焰照亮的地方，在这里，政治党派而非对于真理的自由探索点亮了后辈的前进之路。"

177　卫·休谟（David Hume）的《英格兰历史》（*History of England*）。① 就在
杰斐逊找不到从事这项"智力犯罪"的搭档时，他得到了詹姆斯·麦迪逊
（James Madison）的支持。他把麦迪逊招募进弗吉尼亚大学初期的监督董
事会，负责起草旨在抑制政治异端邪说并发扬政治正统观点的规章制度。
杰斐逊与麦迪逊成功地通过了一项决议："在普遍观点上，确保不传授与
州立宪法和美国宪法所依据的理念相矛盾的政府原则。"这个决议具体规
定了政治学院授课的教材文本（洛克、西德尼、《联邦党人文集》，以及美
国与弗吉尼亚州的宪法文件）。② 此外，杰斐逊还同意麦迪逊的观点："保
护政治学院免受异端邪说侵害最有效的方法就是任用有能力且思想正统的
教授。"③ 为了达到这个目的，杰斐逊与之后的麦迪逊规定，只有支持美国
国家宪法与国家权力严格解释④ 的教授才能进入政治学院任教。⑤ 杰斐逊
极其热衷于共和主义美德的公民教育，所以他摒弃了对知识自由的追求，

---

① 关于杰斐逊对休谟版本长达数十年的剽窃、抄袭和篡改，参见 Dumas Malone,
  Jefferson and His Time, Vol. 6, *The Sage of Monticello*, Boston: Little, Brown,
  1981, pp.205-207; Arthur Bestor, "Thomas Jefferson and the Freedom of Books." *Three*
  Presidents and Their Books, edited by Arthur Bestor, Urbana: University of Illinois Press,
  1955, pp.1-44. "至少可以这么说，令人尴尬的是人们发现了杰斐逊对于剽窃、删减
  以及私下修订版本的推荐"。

② 参见 Arthur Bestor, "Thomas Jefferson and the Freedom of Books", *Three Presidents and*
  Their Books, edited by Arthur Bestor, Urbana: University of Illinois Press, 1955, pp.43-
  44 一书中的文章 "Minutes of the Board of Visitors of the University of Virginia, March 4,
  1825"。贝斯特认为，这一指令性文本中部分内容是关于弗吉尼亚决议（1798-1800）
  坚持各州的权利以及对于宪法的严格解释。

③ 参见 Madison to Jefferson, February 8, 1825。其收录于 Arthur Bestor, "Thomas Jeffer-
  son and the Freedom of Books", *Three Presidents and Their Books*, edited by Arthur
  Bestor, Urbana: University of Illinois Press, 1955, pp.41-42。

④ 严格解释（strict construction），在宪法中是指找寻宪法制定者的意图，并在当前的案
  件里严格遵循该意图。——译者注

⑤ 参见 the letters of Jefferson and of Madison, 收录于 Arthur Bestor, "Thomas Jefferson
  and the Freedom of Books", *Three Presidents and Their Books*, edited by Arthur Bestor,
  Urbana: University of Illinois Press, 1955, pp.39-44。

在其深爱的弗吉尼亚大学推行党派灌输。一个如此倡导学术自由的人，曾经发誓永远反对任何形式的凌驾于人类思想之上的专制统治，竟然也尝试去粉饰、删减、镇压被他称之为"异端邪说"的观点，这强有力地证明了利用学校作为公民教育的工具所带来的恶果。

自此，杰斐逊真的成为毒害美国学校公民教育的始作俑者。每个时代美国教科书的编纂者，都会对历史、文学与社会课的教材进行系统的审查净化、歪曲与篡改，以灌输种族主义、民族主义，推崇各种宗教、文化、阶级的偏见，盎格鲁—撒克逊的优越感、美国霸权主义、社会达尔文主义以及反天主教与反智主义。[①] 一本 1796 年早期的教材警示了引入法国思想及相关人士的危险性："美国要小心无信仰主义，这是美国当前需要与之抗衡的最危险的敌人"；而编写者继续告诉学生，美洲印第安土著人缺少科学、文化与宗教，他们不愿劳动，也缺乏远虑，甚至"海狸建设的家园、参与的公共工作都比印第安人多十倍"。[②] 接着，伴随着大规模的爱尔兰移民潮，教科书中开始出现大量诽谤与中伤罗马天主教的内容。该教科书不仅将天主教描述成反基督的异端信仰和邪神崇拜，甚至还将罗马帝国的衰落归咎于教会。一位书写员问道："罗马教皇与异教徒不和吗？"一位历史学家称，在 1870 年前，教科书中最为普遍的主题就是反天主教，学校教科书中写道，天主教在美国的过去或未来都没有立足之地。[③] 在 1870 年之后，宗教偏见被种族偏见所取代，所有对非盎格鲁—撒克逊民族的描述都是其永远不可改变的劣势，皆因为其在智力、道德与身

178

---

① 关于美国公民教育的历史，参见 Rogers Smith, *Civic Ideals*, New Haven, Conn.：Yale University Press, 1997；Bessie Louise Pierce, *Civic Attitudes in American School Textbooks*, Chicago：University of Chicago Press, 1930；R. M. Elson, *Guardians of Tradition：American Schoolbooks of the Nineteenth Century*, Lincoln：University of Nebraska Press, 1964。

② Elhanan Winchester, *A Plain Political Catechism Intended for the Use of Schools in the United States of America*, Greenfield, Mass.：Dickman, 1796, questions LX and LXV.

③ 参见 R. M. Elson, *Guardians of Tradition：American Schoolbooks of the Nineteenth Century*, Lincoln：University of Nebraska Press, 1964, pp.47-48, p.53。

体方面的退化堕落。从 1917 年开始，许多州开始立法禁止公立学校中出现可能对美国不忠的教育，包括教授德语。同时，许多州也立法要求所有公立学校的教师必须是美国公民，并宣誓进行爱国主义教育。[①]

知识从属于公民性的提升并不只发生在过去：由于认识到达尔文主义可能会引起道德危机，在许多州，教师不教授生物学与地质学，而教授"创世说"。并且许多州为了弘扬爱国主义，继续篡改美国历史。《得克萨斯州教育法典》（*Texas Education Code*）提出了"教科书应该宣扬民主、爱国主义与自由企业体制"，当前得克萨斯州仍然依据这一规定审查历史教学。[②] 纽约州董事会曾被发现基于道德理由，篡改了考试中所用到的大部分文本材料；同时，经典文献因为政治正确性而被删改。[③] 在一些关于社会科学以及历史教科书的系统研究中，有大量的证据表明，美国历史是怎样被曲解、歪曲与篡改的，旨在强调以往被忽略的功绩以及对妇女、弱势群体的迫害。[④] 尽管目前盎格鲁—撒克逊的必胜信念已被"多元文化侵害"所取代，"追求真理从属于道德与公民精神的提振"这份美式激情却从未改变过。

如同任何人类知识都有可能存在错误，人们对美国教科书中经常会有各种错误或误导性的内容并不感到惊讶。但是，我们的教科书并非仅仅是因为编者作为真诚地追求真理但又易犯错误的人类而误入歧途；更确切地说，这些文本错误是因为编写者刻意将"知识追求从属于公民教育之

---

① 参见 Bessie Louise Pierce, *Civic Attitudes in American School Textbooks*, Chicago：University of Chicago Press, 1930, pp.229-239。

② 参见 "Textbook Publishers Learn：Avoid Messing with Texas", *New York Times*, June 29, 2002, p.A1, p.B9。

③ 参见 "The Elderly Man and the Sea? Test Sanitizes Literary Texts", *New York Times*, June 2, 2002, p.A1。

④ 参见 Gilbert T. Sewall, "History Textbooks at the New Century", *A Report of the American Textbook Council*, New York：American Textbook Council, 2000；Paul C. Vitz. *Censorship：Evidence of Bias in Our Children's Textbooks*, Ann Arbor, Mich.：Servant Books, 1986。

下"而导致的。我们的教科书经常明确地"反智",反复强调道德与公民美 179
德远比纯粹的知识更加重要。① 一次又一次地证明了在对知识的追求中,
致命问题是"公民美德比真理更重要"的信念。事实上,当代学校公民教
育的领衔倡导者坦率地承认了审查与篡改历史的必要性。②

无论在理论还是实践中,有力的证据都显示出公民教育对学术教育
造成的本质威胁,还威胁到了一些品格特质的获得,譬如认真、精准、坚
持、智性层面的谦逊与勇气等,这些品质使我们在追求真理的过程中更加
严谨认真。

结论：学校的道德目标

中小学教师和大学教授应该从学校公民教育的历史中吸取哪些经验
教训呢? 我们应该对知识的绝对道德价值更有信心,而不是一味地让知识
屈从于道德的提升。正如我们所见,学校培养学生在认知方面的成熟技能
十分有助于政治宽容的养成,也就是,使学生愿意将公民自由的范围扩展
到那些我们强烈反对的人身上。③ 一个政治学家组成的领导团队提出了一
种假设:"如果我们是正确的,即无论学校教育中的政治内容是明显的还

---

① 参见 R. M. Elson, *Guardians of Tradition：American Schoolbooks of the Nineteenth Century*,
   Lincoln：University of Nebraska Press, 1964, p.226。

② 威廉·高尔斯顿 (William Galston) 充分审视了公民教育的目标,说道:"至少可以
   说,这一目标不可能与事实完全一致。"但是,为了培养良好公民,他继续为篡改历
   史的必然性辩护:"例如,严苛的历史研究几乎证明了对于美国历史发展中关键性人
   物的'修正主义'阐释的正确性。然而,公民教育需要一个更为崇高的、具有说教性
   的历史:万神殿的英雄,确立了核心制度的合法性,并建构了值得效仿的对象。"参见
   William Galston, "Civic Education in the Liberal State", *Liberalism and the Moral Life*,
   edited by Nancy Rosenblum, Cambridge：Harvard University Press, 1989, pp.90-91。

③ "这是教育的认知结果,而非立场性结果,是联系教育与宽容的原因。" Norman Nie,
   Jane Junn, and Kenneth Stehlik-Barry, *Education and Democratic Citizenship in America*,
   Chicago：University of Chicago Press, 1996, p.72.

是含蓄的，多年正规的学校教育都能够增强包容性的话，那么即使在充斥各种矛盾信息的政治制度中，教育也应该能够达到增强包容性的效果。"他们发现了一个强有力的证据，即多年的学校教育在匈牙利人民共和国也能增强政治包容性。讽刺的是，通过学校公民教育，即便不宽容的政治制度也能培养宽容的美德——甚至是当（或特别是当）学校教育是以培养"政治的不包容性"为目的时。[①] 教授政治知识已经证明可以提高政治包容性，促进公民的政治参与，提出更多一致的政治观点，并形成个人参与及其政治目标之间更为理性的关系。[②] 所以我们应该有信心，仅仅通过尝试向学生传授真理，尤其是公民知识，我们也能够为公民美德的培养作出巨大贡献。但鉴于旨在直接提升公民美德的公民教育效率低下而且经常适得其反，我们有许多理由相信，学校最好只坚持其最本质的任务，即追求真理。毫无疑问，这种"学术性的公民教育"具有严重缺陷，但我们必须牢记，人生中所学到的大多数东西并不是在学校中获得的，而且大多数教授我们知识的人也并非是学校中的教师。

在更广泛的意义上，学校教育与公民教育的关系是什么？这是一个宏大的问题，已经超出了本文的讨论范畴。但我简单地思考了一下智性美德与公民美德的关系，并得出了一个并不全面的答案。好的公民应该拥有智性美德，因为这些美德会帮助他们抵御错误的观念；邪恶的政客经常会利用我们的民族自豪感、贪婪、憎恨或是对未来的恐惧，来引诱我们去相信一些错误的事情。智性美德意味着准确地养成一些品质，来帮助我们抵制虚假信念的诱惑。好的公民不应只关心自己的政治信仰正确与否，作为党派人士的好公民也不一定要倡导全部的真理。但是好的公民必须关心自

---

① "东欧的共产主义政治制度及其半个世纪以来通过教育强化现代化建设，无意间创造出极易推翻这一政权的新一代公民。" Norman Nie, Jane Junn, and Kenneth Stehlik-Barry, *Education and Democratic Citizenship in America*, Chicago: University of Chicago Press, 1996, p.184.

② 参见 M. X. D. Carpini, and S. Keeter, *What Americans Know about Politics and Why It Matters*, New Haven, Conn.: Yale University Press, 1997, p.219。

己所倡导观点的真实性。所以智性美德对于好公民而言是必需的，但并不足够。一个智力精英也可能是一个糟糕公民，即使在追求真理方面再认真严谨，也不能促使或确保其热衷于公共服务，并拥有保卫国家的勇气。实际上，正如柏拉图所述，那些真诚地热爱真理的人通常容易对不可避免的"简单化"以及"扭曲的政治意识形态和政治言辞"产生反感。很难协调"对知识的渴望"与"政治约束"之间的关系，从而倡导具有偏见的真理、偶尔隐藏真相，并呼吁非理性的激情。但我认为，这并不意味着智性美德与公民美德在本质上互不相容。所以学术教育仅仅是公民教育的一部分，智性美德也仅仅是公民美德的一个维度。

何种道德与公民教育能够与学校教育的学术完整性及知识追求相匹配？学校能够通过教学间接地教授一般的道德与公民美德，比如公民知识，鼓励学生参与自治及公益性的课余活动。学校可以不必通过灌输来教授公民与道德美德，就像学校可以教授宗教而不传道一样。此外，一些道德美德是学术学习的必要条件，如尊重全体学生权利，无论种族、信仰或性别，尊重其学习、表达自我的权利；学术诚信；纪律奖惩与评分公正；愿意向他人学习等许多其他的品质。总而言之，学校教育的本质使命是促进学生智性美德以及其他道德美德的养成，而这些道德美德正是获得智性美德的必要先决条件。但是，要想同时完成更多的使命既是不现实的，也是危险的。

181

第十章 教育·独立·承认①

帕琴·马克尔（Patchen Markell）

人们极易对当今高校中实行的"道德教育"计划提出质疑。对一些人而言，关于这一问题的认识似乎要追溯到美国高等教育历史上的另一个纪元。在那个时代，只有一小部分年轻的基督徒才能上大学；人们将道德哲学理解为一个系统的且包罗万象的"顶石"科目，其所具有的统一性反映了上帝的完整性。那时在大学校长对新生致辞的道德劝诫中会包括对"每日沐浴"的忠告（并伴随着有益的提示"只清洗露在日常环境中的身体部位并不算作是沐浴"）。那时大学的伦理使命可以表述为"培养学生的成人气概与美德，使得盎格鲁—撒克逊裔美国人有资格统治比他们低劣的种族"。② 人们会发现，特定的**道德**教育理念因为不同的原因而产生困扰。

① 感谢伊丽莎白·基斯、彼得·尤本以及杜克大学出版社的各位匿名读者对本文初稿所提出的意见，同时感谢参加凯南伦理研究所"道德教育论争"研讨会的与会人员对相关教育问题的探讨与交流。

② 直到 20 世纪的最初十年间，只有 5% 的美国人，年龄层次在 18 至 22 岁的青年人能进入大学学习；参见 John R. Thelin, *A History of American Higher Education*, Baltimore：Johns Hopkins University Press, 2004, p.169. 关于 19 世纪道德教育的历史，参见 Douglas Sloan, "The Teaching of Ethics in the American Undergraduate Curriculum, 1876-1976", *Ethics Teaching in Higher Education*, edited by David Callahan and Sissela Bok, New York：Plenum Press, 1980, 以及 Julie A. Reuben, *The Making of the Modern University：Intellectual Transformation and the Marginalization of Morality*, Chicago：University of Chicago Press, 1996, 该文对改变伦理、科学以及宗教三者之间的关系作出了突出的贡献。关于"沐浴", 参见 Benjamin Ide Wheeler, "An Address to

因为"道德"这一表述（可能不像"伦理"一词）具有将多种不同的行为问题简化为单纯的法律规范、尽职顺从及公正惩戒的危险，① 或因为这一表述（可能像"伦理"一词）可能将政治与公民问题弱化为个人美德问题。也有人发现，很难将道德教育的理念从右翼文化鼓吹者所信奉的观点中释放出来。② 一些人则担心，将教授变为道德教师可能会威胁大学的核心使命，即严谨的知识探究。③

上述种种原因使我必须对"道德教育"计划保持谨慎的态度，然而谨慎本身亦面临着阻力。道德教育不能被简单地看作从古至今最不具吸引

187

Freshmen，1904"，*The Abundant Life*，edited by Monroe Deutsch，Berkeley：University of California Press，1926，p.84。关于高校伦理使命的种族化理念，尤其是在西班牙—美国—菲律宾战争期间，参见 Kim Townsend，*Manhood at Harvard：William James and Others*，New York：Norton，1996，chap.4；Gray Brechin，*Imperial San Francisco：Urban Power*，*Earthly Ruin*，Berkeley：University of California Press，1999，chap.7。

① 威廉·康诺利关于"基于准则形成的道德的非伦理约束性"的解释，参见 William Connolly，*The Ethos of Pluralization*，Minneapolis：University of Minnesota Press，1995；伯纳德·威廉关于对道德假借伦理之名的批判，参见 Bernard Williams，*Ethics and the Limits of Philosophy*，Cambridge：Harvard University Press，1985，以及对"道德主义"的批判，参见 Jane Bennett，and Michael Shapiro，*The Politics of Moralizing*，New York：Routledge，2002；Wendy Brown，*Politics Out of History*，Princeton，N.J.：Princeton University Press，2001。自由主义的道德与政治哲学详细说明了伦理与道德之间的不同关系，嵌入了"本土"或"特殊"的伦理义务，并且允许它们被"普遍性的"道德责任所超越，而不是将道德理解为一种伦理形成；最新阐释，参见 Kwame Anthony Appiah，*The Ethics of Identity*，Princeton，N.J.：Princeton University Press，2005，p.230ff。

② 除了之前的注解，劳伦·柏兰特对于政治个性化的批判，参见 Lauren Berlant，*The Queen of America Goes to Washington City*，Durham，N.C.：Duke University Press，1997；以及霍尼希对于伦理理论的批判集中于特殊困境，参见 Bonnie Honig，"Difference，Dilemmas，and the Politics of Home"，*Democracy and Difference：Contesting the Boundaries of the Political*，edited by Seyla Benhabib，Princeton，N.J.：Princeton University Press，1995。

③ 参见 Stanley Fish，"Aim Low"，*Chronicle of Higher Education*，May 16，2003. http：// chronicle.com，以及本部分中《追求卓越：回应斯坦利·费希》（"*Aim High：A Response to Stanley Fish*"）的批判性讨论。

力的范例。一些道德教育的拥护者并未区分使用"道德"与"伦理"这两个术语，认为二者同义。有些人特别担心一些思维和行为习惯会塑造出具有批判精神的积极公民，并在很大程度上使伦理问题变为政治问题。① 尤其是对那些接受过政治理论与哲学训练的学者而言，广义理解下的道德问题与我们的知识专业化并不是完全对立的。此外，对于一些学者而言，若没能提出对国家和企业具有明显工具价值的专业知识，将课堂作为伦理与政治教育场所的想法，依然是捍卫我们学校存在的最优解释之一（尽管指望文化资本也能轻易地进行说教或培养预期的民族主义，或二者兼有）。② 最终，如果"伦理"在本质上是指品格的形成，即在一些评价视角背景下，通过整体实践范畴来相对稳定地修正我们的行为，那么即使并未将伦理学作为明确的思考主题，或有意灌输目标时，高等教育似乎也总是关涉伦理问题实践。课堂毕竟是教学的场所，在这里，培养学生我们认为适合于探究性实践的品性与习惯，并向学生展示为何这些经验值得学习（正如韦伯认识到的那样，"价值无涉"的社会科学理想本身也是一种伦理）。教室是一个充满情感的场所，因此形成了学生与教师之间的互动，在另一种意义上，也是他们学习的目标。

紧随其后的关键问题并不是克服上述的矛盾心理。相反，我想尝试保持这种矛盾心理并使其富有成效，思考高等教育该如何关注伦理学，并

---

① 例如，在《追求卓越》一文中，基斯与尤本交替性地使用"伦理"及"道德"一词；并系统性地将其与"政治"尤其是"公民"等词语匹配；同时，还引用了尤本对于民主政治教育的辩护，参见 J. Peter Euben, *Corrupting Youth: Political Education, Democratic Culture, and Political Theory*, Princeton, N. J.: Princeton University Press, 1997. 将伦理问题与"其他"问题隔离的持久性困难，参见 Geoffrey Galt Harpham, Getting It Right: Language, Literature, and Ethics, Chicago: University of Chicago Press, 1992, chap.1。

② 美国新兴社会科学学科的自我理解中，关于专业知识的产出与道德教育之间的复杂关系，参见 Julie A. Reuben, *The Making of the Modern University: Intellectual Transformation and the Marginalization of Morality*, Chicago: University of Chicago Press, 1996, 以及 Gladys Bryson, "The Emergence of the Social Sciences from Moral Philosophy", *International Journal of Ethics* 42, no. 3 (1932), pp.304-323。

通过这样做来保持我对道德教育谨慎的态度及对伦理问题不可回避的责任感。我的策略分两步展开：首先，我注重理解表征道德教育特性的本质问题，但并不会假定这些问题会得到妥善的解决，亦不会假定这些问题无法解决，从而证明放弃对伦理问题的关注是合理的。在这里我想表达的是，伦理教育中基本问题的**范畴**比我们通常理解的要更宽泛些。尤其是我认为在教育实践中，由"始终存在的权威"所引发的"老问题"，道德教育极易演变成灌输教化，实际上只不过是根植于一种过分狭隘的看法，即关于"成为一个伦理主体意味着什么"以及"道德教育的目标"。其次，我试图阐明伦理教育中的某些维度，重点关注灌输封闭的问题。同时，将研究重心从"视道德教育为一种独立性的规划"（例如，通过明确致力于道德问题的课程，或"服务学习"课程，抑或是伦理激励型的课外项目）转移到"课堂中的伦理工作"上来，即便伦理本身并不是我们当下的热门问题，也非核心任务。我所指的课堂环境，是一门关于西方政治理论方面的本科生基础入门课程，我并不是要将它视为教育的范例，而是出于我个人的相关经验。该课程通过研读经典作品组织教学，并将问题稍微复杂化，我将着重关注阅读与文本教学，因为这些课文本身充斥着伦理问题，并常将伦理问题置于最显著的地方，例如，卡尔·马克思的《论犹太人问题》（*On the Jewish Question*）。

正如伊丽莎白·基斯和彼得·尤本文本中所阐述的那样，人们普遍担忧开展伦理或道德教育会等同于灌输教化。① 这种担心同样可以被视为对道德教育的敌视——这就是费希眼中它发挥作用的方式；同时也反映出我开始对道德教育保持谨慎态度的部分原因。② 但是，这种担心也可以更有效地被理解为对伦理学领域内在问题的关注，即道德教育本身所面临的

188

---

① 参见 Ruth Macklin, "Problems in the Teaching of Ethics: Pluralism and Indoctrination", *Ethics Teaching in Higher Education*, edited by Daniel Callahan and Sissela Bok, New York: Plenum Press, 1980。

② Stanley Fish, "Aim Low", *Chronicle of Higher Education*, May 16, 2003. http://chronicle.com.

问题。问题在于，尽管教育似乎总是或多或少依赖于一些权威关系（传统教育模式的批评家，从杜威到吉鲁，早就承认甚至强调了这点），[①] 但这种教育的重点却不是复制学生的服从，而是帮助他们为获取独立与自由做好准备并不断前进。20 世纪 90 年代，艾米·古特曼将这一观点引入关于多元文化主义以及教规的讨论中，指出"受过良好教育、思想开放的人及自由民主的公民一定是自主思考的"，因此一定不会投入到对经典著作或其他内容的"偶像崇拜"中去；[②] 与之类似地，基斯和尤本坚持与"政治化教育"相反的"政治教育"，他们认为这会使学生参与到"批判性探究的开放式进程"中来，并"培养学生独立判断的能力"。[③]

这种设置道德教育问题的方式与"第二天性"（second nature）十分类似。例如，政治理论家会在"自由主义"政治思想（当前所谓的）中梳理其悠久的历史。对权威与独立性关系的担忧，唤起洛克对"父亲对孩子拥有'绝对专制控制权'"这一观点的强烈反对，并引起他对父母教育与家庭教师教育两种形式的广泛思考，帮助青年人实现从被他人管制向自我管理的过渡。[④] 康德认为，所谓启蒙是指从心智"不成熟"到"独立自主"的发展过程。同时表明了服从公共权威的"壁垒"可能会自相矛盾地成为"给予思想自由以最大限度发展空间"的外部环境。[⑤] 与之类似的是约

① John Dewey, "My Pedagogic Creed", *The Early Works*, *1882-1898*, Carbondale：Southern Illinois University Press, 1972, p.88; Henry Giroux, *Schooling and the Struggleor Public Life*, Minneapolis：University of Minnesota Press, 1988, chap.3.

② Amy Gutmann, ed, *Multiculturalism*：*Examining the Politics of Recognition*, Princeton N. J.：Princeton University Press, 1994, pp.16-17.

③ 参见本书第三章《追求卓越：回应斯坦利·费希》（"*Aim High*：*A Response to Stanley Fish*"）。

④ John Locke, *Two Treatises of Government*, Edited by Peter Laslett. Cambridge：Cambridge University Press, 1988, Ⅱ, sec.64; John Locke, *Some Thought Concerning Education. The Educational Writings of John Locke*, edited by James L, Axtell. Cambridge：Cambridge University Press, 1968, e.g., secs.94, p.212.

⑤ Immanuel Kant, "An Answer to the Question：What Is Enlightenment?" *Political Writings*, edited by Hans Reiss, Cambridge：Cambridge University Press, 1991, p.54, p.59.

翰·斯图尔特·密尔（John Stuart Mill）的观点，从慷慨激昂地捍卫个体成为"具备成熟能力的"人，到为欧洲人对"未开化民族"进行"家长式管理"的坚决辩护，他坚称，只有让公民主体做好"独立行走"的思想准备，"管束型政府"才合情合理。[①]

在上述的每一个例子中，教育都有几分困扰，将关注重心置于"依赖于自由"和"独立于其他事物"的矛盾关系上，譬如，由父母与监护人设立的纪律和约束、服从统治者及帝国统治等。在政治理论和哲学中，这始终是自由主义的固有弱点，并持续伴随着所谓的社群主义的批评。[②] 我所谓的"持续"，是因为这种批评实际上趋向于分享着共同的基本思想，即道德或伦理教育应该促使人们转变成为独立自主的自治主体：对于自由主义者而言，这种独立在范式上属于不受限制的个人行为范畴；对于批评者而言，尤其是其中的新黑格尔主义者，这在范式上属于知晓"一个人是谁"的问题，即在一个人所归属的更大的集体中，通过自决的（self-determining）活动进一步认识自我。[③]

这种构建道德教育整体目标与本质问题的方式（实际上是整个教育领域），不出所料地采用了与政治理论学科相似的教学方法与研究路径，其中包括政治理论的分类，涵盖阅读政治思想史文本等。首先，例如这种构建的自由多变可以鼓励我们将文本学习看作是学生本身"对伦理与政治生活中复杂问题进行批判性反思与判断"所作的准备。由此看来，政治思想史的演变，将会形成一个关于各种方法、观点与立场的"大集市"。在这个集市中，学生应当经历理性审视，接受并采纳可拥护的或与其有关的

190

---

① John Stuart Mill, *On Liberty and Considerations on Representative Government*, *On Liberty and Other Essays*, edited by John Gray. Oxford：Oxford University Press, 1998, p.64；John Stuart Mill, *Considerations on Representative Government*, London：Parker, Son, and Bourn, 1861, p.232ff.

② 参见 Charles Taylor, "Cross-Purposes：The Liberal-Communitarian Debate", *Philosophical Arguments*, Cambridge：Harvard University Press, 1995。

③ 对于这种根本性的密切关系，参见 Patchen Markell, *Bound by Recognition*, Princeton, N. J.：Princeton University Press, 2003, pp.11-13。

任何事物，反之则放弃，并且在此过程中锻炼他们的辩论和分析技巧。反过来，教育者的角色则是通过强化提升学生对某些重要问题的怀疑精神，帮助其磨炼这些技能。同时，加强课堂中特定的程序性条件，例如彼此间的尊重与礼貌等，使"关于课堂主题的合理性讨论"成为可能。哈佛大学核心课程体系的理念阐释就很好地例证了这一方法，我第一次作为助教在名为"道德推理"的课程上讲授政治理论史——"该课程应该让学生对道德与伦理问题进行批判性思考，检视其道德假设，同时对不同伦理观念与实践传统进行客观的评判"。①

当然，这种高度正式且程序性的理念本身并不能解释"为何这种批判性的道德推理教育要通过教授历史文本来进行"，更不用说"为什么是通过这些文本而非其他文本"了。这就是这种方法鲜以完全纯粹的形式出现（即使有过），而是作为补充形式的原因。这种形式经常受到另一个观点的挑战，即研习政治思想史的文本，不仅是一种分析训练，同时也是一个过程，在这一过程中"我们"（这二字引爆了关于"正典圣经"的战争）通过理解"帮助我们形成现有视野"的思想传统，来获得关于"我们是谁"的丰富理解。相应地，按照这种观点，教育者不仅要发挥形式功能，同时，要利用他们的权威性来确保这些传统的世代延续（但不是阻止它们演化）。例如，选定某一时期的文本，对其加以检视；或者为学生理解研究中的文本提供背景信息与资料。目前，我在芝加哥大学教授本科生核心课程"经典社会政治思想"，尽管芝加哥大学对该核心课程的官方描述也强调培养批判性思维，而非"传递信息"[transfer (ring) information] 的

① "Introduction to the Core Curriculum", http：//www.courses.fas.harvard.edu/core/redbook_2002html (visited August 30，2005).尽管相同的文件承认，"道德推理"课程可能会"拓展学生对于人类道德生活本质的理解"，其所强调的是一个持续的过程；例如，其解释道，"道德推理"课程旨在帮助学生意识到，合理反思关于公正、责任、公民、忠诚、勇气以及个人责任等问题是可能的；并尖锐地指出，核心课程的目标并不是确保学生理解一系列经典著作；坚称"任何领域的课程，即便主题多样，在强调学生特定的思考方式上也是等同的"。

正式目标，但这门课程仍可以用来表征教育哲学方面的差异。①

　　尽管这两种特征均独具一格，在我看来，反映出本科生政治理论史教学中描述伦理目标与教学方法的两种常用方式，且此两者经常会或多或少地被不自主地结合在一起。两种方法之间紧张的依存关系，反映出美国高等教育历史中由来已久的广泛冲突，一方关注调查与推理反思等形式技巧的获得，例如，在美国内战后，哈佛大学等教育机构选修课程体系的兴起；另一方强调特定知识体系与精神遗产的传承，如 20 世纪通识教育计划的兴起等，至少在一定程度上体现了对"早期改革者过度关注学生选择而造成的思想松散与衰退"的反抗。② 但是，我想表达的是，"对伦理教育目标与问题"以及"政治理论演进历史教学方法"的思考，尽管极具影响力，但也并非尽其所能。阐释这一问题的最佳办法是回归到可以帮助我们解释这两种途径的导向性假设上，即伦理教育的核心目标是为学生获得全面的**独立性**做准备。

　　当然在众多方面，教育作为个体独立之准备是引人注目的，其中一部分原因是：相较于儿童而言，社会、法律及政治机构，**确实**在行为的自我引导方面给予成人更多的空间；另一部分原因是新生儿在其肉体生存层面对成年人的深度依赖现象，极易转化为对童年与成年意义的一般隐喻。但问题是，即使是"成熟的"个体也不能完全独立，部分原因是无论人们如何独立，都要承受奖励与惩罚的磨砺，并由此形成独立性；同时也是因为人们活动在"主体交互场"（intersubjective field），其在本质上无法被预

192

---

① "Liberal Education at Chicago"，http：//collegecatalog.uchicago.edu/liberal/index.shtml（visited August 30，2005）.

② 参见 Julie A. Reuben，*The Making of the Modern University*：*Intellectual Transformation and the Marginalization of Morality*，Chicago：University of Chicago Press，1996；Frederick Rudolph，*Curriculum*：*A History of the American Undergraduate Course of Study since 1636*，San Francisco：Jossey-Bass，1977。更为详细的关于芝加哥通识教育的历史，参见 John W. Boyer，*Three Views of Continuity and Change at the University of Chicago*，Chicago：University of Chicago Press，1999，pp.35-84。

知，在其形成过程中以令人震撼的方式带给我们惊奇，只要我们活动于其中，就不会轻易形成最终的确定性的理解。这种思考人类行为的方式拥有悠久灿烂的历史，从希腊悲剧作家对夸大自给自足重要性的描述，到汉娜·阿伦特对"自由"和"主权"区别的坚持，再到通过对"碎片化自我生成"进行自我困扰的**精神**分析探索。由此看来，将人类生活描绘为从"婴儿时期的依赖"到"成熟独立"的轨迹，不是一种描述而是幻想。同时，以维持这些幻想的方式来塑造世界，需要付出伦理与政治层面巨大的代价。①

此外，鉴于这些观点，我认为关于伦理与政治方面的多种不公正形式，目前通常被理解为在识别或尊重他人身份独特性方面的失败，而我认为最好将其理解为在"承认"方面的失效，即对自身实际限制条件的盲目无视，具体表现并存续在"社会政治实践维度"以及"确保在从属关系中维持表面独立的制度"之中。② 由此看来，"承认"是一种与"伦理"相对的有趣概念。一方面，对于特殊个体而言，以应有的"尊重"或"承认"方式来履行具体职责，并不是一个显而易见的目标；同时，其也很难适应伦理与政治的方法，该方法将"正义"视为培养个体持久善良品格的稳定结果，因为在某种程度上，"承认"是揭示精神品质的过程（伦理亦如此），并将这种精神置于其所不能完全掌控的行为领域。③ 另一方面，即便不通过直接劝勉的方法，"承认"也可能被教授或习得：在具体实践和行为方式的广泛领域，其成功表现取决于对参与者限制的接受。例如，"开展对话"就是一个明显的实例，开始将考虑中的事物付诸行动，

① 关于政治理论的精神分析文献，关注于美国政治想象中童年、成熟和父母权威的具体形象，参见 Michael Paul Rogin, *Fathers and Children：Andrew Jackson and the Subjugation of the American Indian*, New Brunswick, N. J.：Transaction Publishers, 1991。

② Patchen Markell, *Bound by Recognition*, Princeton, N. J.：Princeton University Press, 2003，esp.32-38.（探讨关于识别与承认之间的区别，以及"承认"在詹姆斯·塔利以及斯坦利·卡维尔作品中的应用。）

③ Patchen Markell, *Bound by Recognition*, Princeton, N. J.：Princeton University Press, 2003，esp. chap. 3.

一定包括学习构成"承认"的部分内容。教授"承认",反过来,以一种强调对其依赖性的方式重述其所涉及的活动与实践方式,以表明在何种特定情况下可以被视为"承认";并通过使思考中的活动价值更鲜活、更具吸引力地激发"承认";且通过呈现实践中的"情境"和"时机"来培养"承认"。

我已经提到,人们可以在雅典悲剧作家的作品中找到对"承认"的理论赏析;但在一定程度上,以"教育"的方式去理解"悲剧表演的**惯例**"也是可能的。正如彼得·尤本等人曾提出的,在雅典人的官方意识形态与主要的自我理解中,悲剧处于一种复杂的关系中。一方面,它融入重要的民间节日,成为传播与确认这些思想与理解的重要工具;另一方面,将节日限定在日历表上的分散时间和剧院的有限区域中,亦有可能在另一层面引起人们对悲剧表演重现的确定性产生质疑。[1] 悲剧可以被理解为一种政治制度,其阐释了一种对于自我的"置之不理"和"自我暴露"的精神,正如我所论述的,乃一种"承认"的标示。悲剧以戏剧表达方式阐述事实,就像尤本所言:尽管人们希望,但"只有否认行动与自由的能力,才能建立一个坚不可摧的立场或身份"。[2] 在这里,我的核心目标是要说明,悲剧并非通过抽象事物和理性论证,而是通过理解特定品格的具体行

---

[1] 参见 J. Peter Euben, *Corrupting Youth*：*Political Education*，*Democratic Culture*，*and Political Theory*，Princeton，N. J.：Princeton University Press，1997，e.g.，p.73；J. Peter Euben, Introduction，*Greek Tragedy and Political Theory*，Berkeley：University of California Press，1986；Paul Cartledge, "Deep Plays：Theatre as Process in Greek Civic Life"，*The Cambridge Companion to Greek Tragedy*，edited by P. E. Easterling，Cambridge：Cambridge University Press，1997；Edith Hall, "The Sociology of Athenian Tragedy"，*The Cambridge Companion to Greek Tragedy*，edited by P. E. Easterling，Cambridge：Cambridge University Press，1997；Simon Goldhill, "The Great Dionysia and Civic Ideology"，*Nothing to Do with Dionysus? Athenian Drama in Its Social Context*，edited by John J. Winkler and Froma I. Zeitlin，Princeton，N. J.：Princeton University Press，1990。

[2] J. Peter Euben, *Corrupting Youth*：*Political Education*，*Democratic Culture*，*and Political Theory*，Princeton，N. J.：Princeton University Press，1997，p.176.

为表现形式来实现这些目的。这些表现形式暴露并控制了观众的认同与投入，因此其"特色教学方法"具有"类推、暗喻、间接"的特征。①

至少从这一角度看，与悲剧进行类比的方式，也许对于教授和理解政治理论历史的实践做法是有益的。不是因为政治理论作品归属于具体的悲剧文学流派（虽然有一些作品被这样来理解更好），而是在教学意义上，例如在戏曲表演的过程中，对"人物"进行精细刻画、培养并挖掘不同的身份认同，旨在将观众置于迂回曲折的意境效果中，其中包括角色所遭遇的逆转和灾难。对于文学教师而言，有一些老调重弹的感觉，但这确实削弱了人们对"政治理论著作是什么"以及"我们为何要教授它们"的主流理解。例如，其拒绝将文本简单还原至"接受"或"拒绝"的定位，而是使我们注意到，文本是思想与写作功能活动的一种记录方式，并非仅是结果。这种方式也鼓励我们，至少尝试去实现此类文本所未能达成的（我们所认为的）目标和预期效果——在反复无常又互不相干的瞬间，通过各种现象的触动，摆脱文学作品中枯燥的术语——这也正是它们成功的方式。②

教授政治理论的目的，用这些术语来解释的话，不仅仅是要赋予学生在各种立场中作出理性选择的能力；也不单是让他们在构成"我们"之传统的文本中发现自我。相反，这种理解方式具有三个层面的潜在道德影

① Paul Cartledge, "Deep Plays: Theatre as Process in Greek Civic Life", *The Cambridge Companion to Greek Tragedy*, edited by P. E. Easterling, Cambridge: Cambridge University Press, 1997, p.19. 这里使用"认同"一词，我并不是要表明悲剧的效果取决于观众的经历，仿佛亲身体验了剧中的活动，而是要说明，观众的自我理解与认同将会塑造（尽管他们不能决定）其回应的强度与质量，以及在很多方面他们是否喜欢角色的反馈（而非难以区分）。关于观众心理反应的更多深入探讨，尤其是柏拉图和亚里士多德的诗词中所强调的，参见 Stephen Halliwell, *The Aesthetics of Mimesis: Ancient Texts and Modern Problems*, Princeton, N. J.: Princeton University Press, 2002。

② 在我这一部分的内容中，并没有新颖的观点：他们提出了许多不同类型的学术政治理论，其中大部分都涉及某种形式的"语言学转向"。我的观点只是这些政治理论的实践，适合于关于"规范性政治哲学"和"政治思想史"领域的正式分类，而另一相反目的是探讨本科政治理论教学的伦理教育功能的主流方式。

响。它很好地体现了被阿伦特称之为政治理论实践的"非主权"特点，同时亦向我们提供了体现理论观察的典型案例。对于这一点，有时作者并不会注意到，因为他缺乏"持续且无止境的努力"以帮助有限的人类来理解世界。[1] 它向我们展示了，对于系统性（systematicity）的极致追求是如何与理解的根源形成对立的。同时，亦向我们呈现了最权威的理论通常取决于理论家对偶然性的自我披露——不只是对失败的可能性的探究，而是投入到一些重要并且具有变革性意义的研究范围或者现象领域中，而这些内容似乎看起来只是与当前的问题间接相关。对这些问题的理解，尤其是通过感受其与一些文本相关或曾经认同或关注的这些文本来研习这些问题，本身就是一种"承认"的形式。这不仅是我们为学生独立性做准备的一份承诺，也是一种有效处理承诺中"部分存在"却是"真正失败之处"的方法，而不是令人愤恨或具有破坏性的方式。

举一个关于这种阅读方式的例子，简要回顾一篇我已经常规性讲授了数年的文本，卡尔·马克思的早期文章《论犹太人问题》，它提出了一些尖锐的伦理问题。[2] 这篇文章尽管没有像《共产党宣言》那样被广为传授，但其仍是本科生关于现代政治理论研究的必读作品，也是政治哲学、社会学理论及其他学科领域的高级课程。25 岁的马克思于 1843 年撰写了该文章，当时他正努力找寻自身立场，并将自己与其他活动在哲学、宗教以及政治领域的"松散圈子"内，被称之为青年黑格尔派（Young Hegelians）的激进分子区分开来。这一切，使得该文章成为马克思转向"成熟"的重要"阈限"性文本。[3] 尤其对政治理论家而言，这篇文章至

---

[1] 关于自由作为"非主权"的探讨，参见 Hannah Arendt, *The Human Condition*, Chicago：University of Chicago Press, 1958, p.234。

[2] Karl Marx, "On the Jewish Question", *The Marx-Engels Reader*, edited by Robert C. Tucker. New York：Norton, 1978, pp.26-52.

[3] 在广义语境中，参见 John Edward Towes, *Hegelianism：The Path toward Dialectical Humanism*, Cambridge：Cambridge University Press, 1985；David McLellan, *The Young Hegelians and Karl Marx*. London：Macmillan, 1969。

今还在被广泛地阅读与教授，因为它包含了马克思对特定政治自由主义最为生动的批判。以 18 世纪革命的成就为例，力图通过将权力运行限定在私人范畴，来回应社会权力的差异和不平等性，进而从预设的中立及普遍状态中将其影响剥离开来，而不是实行彻底根本的社会生活的转变。马克思的著名论述，结果并非是"人类"真正意义上的解放，而仅是"政治"上的解放。在"政治"的解放中，人们的生活被划分成两种状态，一种是人们作为公民理应享有的"名义上的自由"，另一种是其作为市民社会成员所应继续服从的"真正的不自由"。①

这一文本具有两个关联性的特点，使其在教授过程中十分具有挑战性。第一个特点是它对《普鲁士三月前期》(*Vormärz Prussia*) 中关于"犹太人问题"的两篇文章的文献评述，这两篇文章是由马克思的朋友、激进派分子布鲁诺·鲍威尔（Bruno Bauer）所撰写。这些文章显然已经被大多数人所遗忘，只有少数同时期的专家还记得，他们主要针对由保守主义作家为政府恢复《1812 年解放法令》中压制普鲁士犹太人公民地位条款进行辩护的一系列文章所作出的批判性回应。可以看出，马克思的文章是一种具有高度"地域局限性"的干预，把其当做一门广泛研究的课程来教授，甚至成为关于马克思专门课程的一部分——需要补充大量背景信息，有时甚至需要掩盖或忽略一些内容。② 第二，《论犹太人问题》，更准确地说，马克思评述文章的第二部分与鲍威尔所写的第二篇文章相呼应，充满了强烈的反犹太语言，尤其是针对热衷于金钱以及"唯利是图"（"huckstering"）的犹太教团体。③ 由达戈贝尔·鲁内（Dagobert Runes）

① Karl Marx, "On the Jewish Question", *The Marx-Engels Reader*, edited by Robert C. Tucker. New York：Norton，1978，pp.32-34.

② 关于这一背景，参见 Julius Carlebach, *Karl Marx and the Radical Critique of Judaism*, London：Routledge，1978，chap.4；关于 19 世纪前半叶犹太人解放广泛背景的探讨与资料来源，参见 Patchen Markell, *Bound by Recognition*, Princeton, N. J.：Princeton University Press，2003，chap.5。

③ Karl Marx, "On the Jewish Question", *The Marx-Engels Reader*, edited by Robert C, Tucker. New York：Norton，1978，p.48.

在 1959 年出版的第一部完整的英文译本（尽管具有一定的倾向性）《没有犹太人的世界》（*A World without Jews*）中，揭示了马克思思想与 20 世纪 196 "排除异己"的反犹太主义的隐蔽延续性。① 虽然马克思的这篇文章已不能再激起如之前一样的公愤，但可以感知到其依旧是课堂中不适情绪的来源，然而授课者却不甚清楚如何使这种不适变得有意义。不可否认，在互联网上对课程大纲进行快速但又缺乏科学性的检索表明，对于是否应该讲授该文的第二部分，授课者依然存在分歧。

然而，在这里我想表达的是，《论犹太人问题》困扰着授课者的不仅仅在于其对于传统伦理教育方法而言是一个"难题"，而是因为这些方法并没有抓住教授这篇文章的要点和挑战。例如，如果我们把伦理教育问题看作如何运用课堂权威来促进，而非抑制或取代学生独立推理和批判性思考的能力，那么这一"难题"很可能会引发课堂中激烈的争辩，甚至会妨碍理性对话。然而，以我的经验来看，《论犹太人问题》的困扰，并不是那些会迫使学生逾越文明界限的言论；而是它所使用的"反犹太主义语言"并不能作为一个清晰论点，更不要说是其想要为之辩护的观点，因此他们不确定要如何对待文章的后半部分，只能宣称它令人不悦。同样地，如果我们将伦理教育问题，看作是如何运用课堂权威来确保那些重要的、处于发展中的思想传统的延续性，那么这一"难题"就可能会使其中的每一项内容看起来极其重要且危险；但即使是从挑剔的角度来看，《论犹太人问题》也使事情变得相对简单，正是由于其两个部分之间的区分。如果人

---

① Karl Marx, *A World without Jews*, Edited by Dagobert D. Runes, New York：Philosophical Library，1959，pp. v-xi；鲁内斯将马克思所使用的德语词汇"犹太精神"（Judentum）翻译成"犹太人"而非"犹太主义"，这使得其听起来好像马克思在号召"犹太人群体的解放"（45）。同时，马克思最著名的支持者的回应是"Judentum"一词，是"贯穿全文的马克思思想中最重要的部分"，其意思不是"犹太主义"，而是"贸易往来"（这是当时德国对这一词语较为通俗的理解）——就像我将阐释的那样，进行循环论证。（David McLellan, *Marx before Marxism*, New York：Harper and Row，1970，pp.141-142）

们旨在了解马克思对于人类解放和政治解放之间的区别，那么大可不必阅读文章的后半部分；人们可以根本不阅读任何内容就能理解其中的区别，不太费力地（并避开其纷乱的历史背景）在一次讲座或一篇课文中将其总结出来。换句话说，《论犹太人问题》的困扰在于，它总是和这一文本本身或其他文本中的任何内容捆绑在一起，结果既不能成为一种理性论点，也不能成为抽离于其表象形式和动因的观念性内容。

　　相反，如果我们将《论犹太人问题》视为教授"承认"的机会，那结果又如何呢？如此，会促使我们将关注点置于文章两部分的关联之上。这两部分看似散乱无章、不可比较，文章后半部分中的"反犹太语言"对马克思思想有何贡献？又对前一部分批判有何影响（或好或坏）？前半部分论述经常被视为"论点"或"真正要点"所在。[1] 例如，学生可能因此开始接纳或加入到马克思的计划中，因为他们发现马克思在文章第一部分对"政治解放"的批判，与他们对自由政治思想作品中将马克思思想纳入教学大纲而产生的不确定性形成了共鸣。[2] 并且学生也对马克思批判的某些维度产生了疑惑。例如，将"国家"从与被其称为"政治解放"的市民社会中分离开来，马克思对此有两种不同的解释，显得含糊不清。其中一种是关于"国家"与作为"政治解放"结果的"市民社会"之间的有区别的描述；另一种则涉及马克思后期作品中的教条论、简化论的经济主义，以及其他有力论述，仅将"政治解放"视为始终出现在市民社会中的经济逻辑的"极致顶点"。[3] 反过来，这些发展也为理解马克思文章中的论述

---

[1] 关于"如何以最好的方法探讨反犹太人问题"的类似阐述，参见 Wendy Brown, *States of Injury*, Princeton, N. J.：Princeton University Press, 1995, pp.101-102, n.10。

[2] 或者说，在更专业的课程中，是他们对黑格尔政治哲学的不确定性；在这个角度上讲，马克思对"黑格尔国家学说"的批判为《论犹太人问题》进行了背景铺陈。

[3] Karl Marx, "On the Jewish Question", *The Marx-Engels Reader*, edited by Robert C. Tucker, New York：Norton, 1978, p.45. 关于这种紧张关系的具体阐释，参见 Patchen Markell, *Bound by Recognition*, Princeton, N. J.：Princeton, N. J.：Princeton University Press, 2003, pp.129-130。

奠定了基础，既包括了文章第二部分——犹太人、犹太主义与金钱、商业的联系；又包括了一系列的隐喻性论述，马克思通过这些替代性话语，将"对普鲁士犹太人合法地位"的争论转变成为探讨"犹太教"以及"基督教"，甚至是"一般宗教"的问题，不仅是宗教，还存在很多其他方面的"区别"，包括"出身、社会阶级、教育以及职业"，不仅是社会划分，还有私有财产制度。[1]

对我而言，这些隐喻性话语的运用是马克思文章的伦理核心，不仅是因为（如某些伦理评论家所言）运用比喻的表现手法能对读者或听众起到特殊的影响作用，也因为它可以塑造甚至"殖民"人们的思想。[2] 通过大量阅读，我们可以归纳出马克思对犹太人和自己犹太血统的态度。[3] 同时我们也可以理解马克思在文章两部分中使用的一系列隐喻性话语，因为修辞手法的目的就是将公众讨论的主题从"宗教"变为"资本主义"。 198
这样的阅读符合马克思将"安息日"的犹太人（"Sabbath" Jew）替换为"真正的"、"日常的"犹太人的做法；他认为，这种"犹太人"包含"基督教徒"；并提出他具有新经济主义影子的观点——社会组织只有消除这一前提，犹太人"唯利是图"的可能性及其随之产生的"宗教意识"才可能消失。[4] 然而问题是，这一时期马克思对政治经济主体的理解缺乏严谨、

---

[1] Karl Marx，"On the Jewish Question"，*The Marx-Engels Reader*，edited by Robert C. Tucker，New York：Norton，1978，p.32，p.33.

[2] Wayne C. Booth，*The Company We Keep：An Ethics of Fiction*，Berkeley：University of California Press，1988. 在亚里士多德的《修辞术》中，关于对这种隐喻的独特力量的论述，与其"现实性"（energeia）地位紧密相联，参见 Stephen Halliwell，*The Aesthetics of Mimesis：Ancient Texts and Modern Problems*，Princeton，N. J.：Princeton University Press，2002，pp.189-191。

[3] 以心理传记学的方法研究马克思对这些问题的阐述，参见 Jerrold Seigel，*Marx's Fate*，Princeton，N. J.：Princeton University Press，1978。

[4] Karl Marx，"On the Jewish Question"，*The Marx-Engels Reader*，edited by Robert C. Tucker，New York：Norton，1978，pp.48-49. 事实上，这一文本由马克思的支持者推荐，例如 David McLellan（参见上文注释）。

广泛的自我独立思考，更不用说其为"资本是根本动力，而文化和精神现象只是短暂的"观点的辩护。在《论犹太人问题》中，这一观点很大程度上依赖于马克思自己的隐喻性话语和揭露手法，展现了其读者将商业视为"犹太人的秘密"的倾向。① 问题不单是马克思所反复论述的，并将其读者反复置于消极意境中；而是将文本和宗教问题遗忘在后。马克思运用广泛的文化联想开拓并创新了修辞感染力，将其与社会政治的不平等结构联系在一起，并将这种"不平等"简化为"阶级的不平等"，即便二者确实是有交叉的。

换句话说，马克思所使用的隐喻性论述并非十分完整，他所表述的等价关系也绝非单一向度，由于他自己对政治经济基本特征的信念，致使他对此深信不疑。马克思在运用修辞手法时，其自身对于文化逻辑的"忽视"，才是《论犹太人问题》中最大的问题。② 重要的是，这种"忽视"与"对于政治解放批判"的第二种观点密切相关，正如我先前提到的，马克思在文章的第一部分就徘徊于其间，这一部分将市民社会概括为一个"实体"，这种"实体"隐藏在虚构的国家之后，并按其预先设定的逻辑来运行。通过这种方式来追踪马克思作品中的隐喻，学生也可能会发现追求某一特定理论抱负的限制及其要付出的代价。虽然马克思在批判政治参与的第二个观点中，在概念层面展现了其对社会世界更明智的实践掌控。无论如何，在此阶段，马克思追求更具雄心的批判，揭示了他正以自己并不认可或想要的方式在实践着社会政治的从属关系。这就是马克思的悲剧，或者是悲剧之一。如果按照这种方式理解马克思的文章会有一定伦理影响的话，这种理论影响虽然并不能使我们对马克思作出公正的判断，却能使我们在保持对马克思及其作品的同情时，也保持适当的"旁

199

---

① Karl Marx, "On the Jewish Question", *The Marx-Engels Reader*, edited by Robert C. Tucker, New York: Norton, 1978, p.48.

② 关于隐喻的指向性，参见 Patchen Markell, *Bound by Recognition*, Princeton, N. J.: Princeton University Press, 2003, afterword。

观者的距离"，这也许能帮助我们感知到关涉我们自身理论实践的"界限"和"代价"。

在那些反思性的注解中，以及回想起我对道德与伦理教育持有审慎态度的承诺，我将以怀疑的态度作出结论，回归伦理教育的主题，即其本质问题之所在。通过阅读我所提及的马克思的文章，第一个问题显而易见。在过去的几年里，该文本零散地出现，不仅出于我个人对该文本的学习研究，也包括我通过小型研讨会及讲座的教学经验。没有人可以担保，未来课堂中的任何一名学生，更不用说全部学生，能够获得我所提及的这种经验。我想说，他们是否感受得到，是建构在其对经验的描述上，而这很大程度上取决于学生的参与程度，这种参与不但体现在关于马克思思想"故事"的互动与投入上，还体现在他们对文本理解本身的积极参与上。值得注意的是，这并非灌输问题，而是意识到了"权威性引导"与"学生独立批判力"之间的潜在冲突。这里，与其说危险在于将一篇可能招致学生怀疑或抵制的文章强加于他们，不如说在于他们对一篇精美、准确、论证严密的文章无动于衷，只是被动接受而非主动投入或参与其中。① （至少就这点而言，传统的戏剧美学和教学美学是完全不同的。）正因如此，我仍然认为，只有允许伦理教育按照其自己的节奏进行，而不作为一项计划而过于强求，才可能最有效地开展。

第二，请注意我所描述的这类阅读材料，它要求将立场与理论文本的独特性相结合。一方面，它要求在众多事物中做出暂时延迟的判断，尽可能地理解原作者的意图，富有想象力地去尝试感受作者所遇到的问题或疑惑，及其直面挑战所采用方法的优劣。事实上，在实践中，这一切都可以被视为对待文本及其语境的一种尊重，它也需要一种慎重的质疑，"以质疑时代错误"（anti-anachronism）的名义，为"建立历史文献的当代关

200

---

① 在另一文本《无支配体制的缺陷》（*The Insufficiency of Non-Domination*）中，我认为，应该从"被控制"（即遭受他人的任意操控）与"被夺取"（即个体在活动中的积极参与地位被取代）之间的区别加以思考。

联"作出努力。另一方面,这种阅读方法的伦理影响也取决于学生的"感知与详尽类比能力",主要体现在历史文本与当代实践语境中,并且可能由于过分固执与"将阅读活动与读者的课外兴趣、关注与投入的事物分离"而扼杀了这种类比的能力。换句话说,这种问题(也可以叫"分离问题")或许没有那么严重。只需要保持"分离"与"揭露"这两种状态之间的平衡,或者对适合各种状态的语境进行合理的资源分配。例如,高校课堂中的独立研究可以看作为学生步入现实社会所作的准备。同样,就戏剧的教育力量而言,在独立的剧院中有序地观看,能够为帮助公民(但并不能完全取代)更广泛地参与国家的社会和政治生活作出准备。

然而,探究"课堂"与"世界"关系的整体方法,尽管并非完全错误,但也并不完整,对我而言,这是更严重的问题,即"隔离"。高校就是在制度与文化层面相对独立的"绝缘"场所,课堂遵循着自己的探究与行为准则(这与工作场所、家里和其他社会场合中的普遍原则有所不同)。这些区分形式使高等教育"变得更有价值"成为可能。但毫无疑问,高校也是工作场所(我所工作的地方即为芝加哥南部最大的院校)。高校有很多土地,很多学生和员工(很多情况下,人们不再与这一机构有其他关联)都在这里安家;这往往会对其所在地的自然环境和社会条件产生重大影响。他们通常是资本雄厚的投资者与私人企业和国家,包括其军事方面都有着错综复杂的关系,他们还是劳动力的雇佣者。他们的独立仅仅是相对的,正如马克思所发现,任何个体的独立都是相对的,被称为"普遍状态下的分离"以及脱离广泛社会关系的"市民社会领域的"分离也是相对的。对于伦理教育实践而言,最严峻的挑战是如何有效利用这种"分离"及其创设的便利条件,同时,还要帮助学生认识到,大学教育不仅在为未来真实世界中发生的行为作准备,而且其本身也是具有伦理和政治意义的世俗活动形式。当然,很多人将毕生精力投入到高等教育中,他们也许比学生更迫切地需要认识到这一点。如果历史能够为我们提供指引,那么其更趋向于让我们明白这一点，而非其他。①

第十一章　道德的力量[①]

乔治·舒尔曼（George Shulman）

本文探讨了两个相关问题。其中，较为宽泛的问题是：我们如何将道德观念与政治观念相联系？因为对于道德的关注常常需要回避一种令人苦恼的两难困境，而这种困境是由政治中的"权力"与"多元性"带来的，但是道德主张确实，并可以说是必须在政治话语与动员中发挥重要的作用。然而，这种作用的价值或危险性存在很大争议。因此，本文涉及的第二个问题，即在力图培育民主政治的社会中，"道德教育"应该（或必须）有何特色？为了寻求这两个问题的答案，本文开篇将介绍"道德与政治之间紧张关系的一般观点"，其后会主要对比托克维尔、威廉·布莱克（William Blake）与詹姆斯·鲍德温关于"民主生活中道德与道德教育"构想的不同方式。

在关于"道德"、"道德教育"以及"政治"方面的学术讨论中，为什么上述三位学者鲜被提及？"他们的观点被排除在外"的事实表明了这一讨论中的问题所在，因为他们的观点会使问题更加复杂化，进而产生更多的问题。托克维尔将道德植根于文化，认为（与康德相反）文化要先于理性及（道德）推理；布莱克揭示了"文化"以及所谓的"道德文化"中的霸权问题；鲍德温则通过聚焦种族问题，阐释了霸权主义不仅是政治问题，还是道德问题。实际上在欧美世界，道德的主导概念总是显露出资本

---

① 我十分感谢彼得·尤本能够帮助我澄清本文所表述的一些观点。

主义、殖民主义以及奴隶制本质上的"不公正"现实，布莱克将其称为
"帝国"（empire），而鲍德温称其为"白人至上主义"（white supremacy）。 207
与此同时，布莱克与鲍德温提出了相斥的政治主张，这些观点可能会改变
我们对"政治中道德维度"的认识，也可能改变了我们对道德教育方式的
理解，即真正的道德教育必须是世俗的与政治的，否则它就是虚假的。

道德与政治之间的紧张关系

我们可以通过追溯"道德对话（moral talk）危险性"的两种不同的
认知方式，介绍并在情境中探究这些观点及看法。其中一种观点是，关注
道德与道德教育的理论家总是逃避、贬低抑或是排斥政治。这种关注总是
以普遍性或特殊性形式存在着。在柏拉图的著作以及自由主义民主理论
中，政治被视为道德观念的理性实践，是对道德准则与公正问题，以及如
何在具体情境中应用道德准则的审慎思考。在社群主义民主理论中，理论
家认为道德认知问题过于深奥，使得公民常将家庭和谐问题置于优于道德
推理的位置，并将政治作为一种共享世界的实践方式。然而，无论是以哲
学普遍主义，还是文化特殊主义视角的认知，这些关注道德的方式都规避
了一种情况，即政治是不可忽略且富有价值的。为何如此呢？

这个观点认为，政治的产生源于某些"构成性条件"（constitutive
conditions），其中包括资源与制度的不平等权力、观点与利益的冲突、人
类参与者（human actors）的偏好，而这些条件将人类关于"共同特点"、
"善"、"可为之事"的普遍共识排除在外。关注于"道德"或是"将正义
理想视为道德形式之一"的理论家（以及改革者），梦想着"不平等权力"
与"深层次矛盾"能够通过稳定的道德理论框架来解决，而这一框架通常
是因"道德推理"或"深厚的文化依附"而产生的。尽管存在着其他显著
的差异，但是审慎的思想家与社群主义的思想家只是一味地排斥政治，力
图通过想象达成深度、持久的道德共识（的可能性）来克服矛盾、偏好等

问题。①

总结第一种批判性观点，民主理论家对道德的探讨回避了"权力不对等性"与"深度文化差异"的现实。然而，第二种批判性观点则认为，道德的世俗化实践是权力的一种危险形式。道德的语言——分为"善良"与"邪恶"、"无辜"与"有罪"等类型——似乎与"监督"及"惩罚"部分密切相关。道德语言可能会引发"文字暴力"并使其合理化，而生活"多样的复杂性"与"混乱的模糊性"也被卷入这两种分类的论争之中。过去的 30 年中，原教旨主义的出现证明了道德不仅是有责任维系权力的资源，还是与权力实践紧密相连并例证其实践的语言。启蒙理性主义与道德普遍主义的评论家始终认为，将政治视为运用道德规则的人，会以贬低甚至摧毁多元性的方式来行使权力，与此同时保持他们对清白无辜的幻想。在宗主国与殖民性形式的社会统治下，道德探讨在救赎话语层面拥有权威性。②

反对"将政治归为道德"是一种共识理想，并拒绝将"道德"实践作为权力的一种形式，然而，这并不意味着道德与政治的关系是对立的。毕竟，马基雅维利称人类必须"像人一样抗争"，不仅仅是像"野兽"一般，要通过法律手段抗争，而不是狐狸般的"狡诈"与狮子般的"力量"。阿伦特与尼采也都描述了道德与政治之间一种争论不休的关系，二者不是一分为二的，他们不仅阐述了我们所理解的道德的"代价"与"危险"，同时还表明了道德的价值。对他们来说，缺乏抱负与价值观普及的无力、批判性省视与自我反思的失利是重大的政治（也是文化与精神的）威胁。

那么民主政治需要何种道德观（及道德教育）？为了解决此问题，让我们简要地探究托克维尔、布莱克与鲍德温关于"道德与政治"各有不同

①　可以将其称为一种关于"道德规范与政治生活之间紧张关系"的马基雅维利主义观点。
②　如果马基雅维利将道德视为逃避由权力和多样性所带来的困境，那么尼采的观点则代表了一种批判的声音，将道德视为权力形式之一。

却相互关联的认识。如果这样做，需要我们重新思考"民主"的应有之义及其可能的内涵。

道德与政治（一）：托克维尔

托克维尔对道德的认识并非是矛盾的，他认为道德对于富有生命力的民主政治而言是必不可少的。正如民主"使政治纽带变得松懈"，他称，"道德纽带必须加强"。这是为什么？因为"没有道德则不能建立自由，没有信仰也不能形成道德"。这又是为什么？因为人们必须"拥有与自由相称的道德、虔诚与节制"，换言之，由于政治自由的前提是自我约束。他所说的"道德"是一个充满激情标准的参考，潜藏于随性赞同与理性争论之中，将人类主体性、责任与法律相关的行为准则相联系，作为非传统的概念构想加以理解。他这样引用约翰·温思罗普的话：

> 自由是双重的……（天生的自由）对人类、野兽及其他生物而言是共同的。鉴于此，人类……有自由做自己想做的事；无论邪恶还是善良，这是一种自由。这种自由不能容忍来自最公正权威的丝毫约束……这是……上帝所有的戒令中都坚决反对的野兽，应加以约束与抑制。我将另一种自由称为公民或联邦的自由，依据神与人在道德法则中的盟约，以及人类的政治契约与宪法等，这种自由也可以被称为道德。这种自由是正确的目标，也是权威的目的，因此是人们生存中不可或缺的；它是善良、公正、诚实的人的自由。这种自由……与基督赋予我们的自由类似，以服从权威的方式得以存续和实践。①

① Alexis de.Tocqueville, *Democracy in America*, 2 vols, Translated by Phillips Bradley, New York：Vintage, 1990, v.1, p.12, pp.42-44.

托克维尔认为，"自由"（liberty）与"被特许的自由"（license）的区别应和道德一样被内化理解，以此来保证公民在行使权利时能够具有自决权，并能自我约束。当公众认可且个体铭记时，道德法则（moral law）思想创建了独立且稳定的框架，既能激发又能限制民主的力量。"在道德世界中，一切都是被划分的、系统化的、可预见的，并注定的；而在政治世界，一切都是躁动不安、争论不休且难以确定的。一种是自愿却被动的服从，另一种则是轻视经验并妒忌权威的独立。"于是他称："（自由）认为宗教是道德的守护者，而道德则是对法律及自由得以持续的最可靠保障。"个人独立与政治自由取决于公民的自律能力，个人与政治观念中的自律，也取决于公民躁动、争论以及尝试，而这些依赖于道德与宗教的权威，这种权威有时屈从于政治之下，有时又超越于政治之上。①

为了证实"自由"与"被特许的自由"之间的区别，并证明自由所依赖的自律意识的合理性，托克维尔捍卫的不是"真理"，而是有神论中宗教信仰的政治"效用"。然而，托克维尔对其实用价值与政治价值的看法发生了重要且具有启发性的改变。他在《论美国的民主》（*Democracy in America*）第一卷中提出，有神论者的信仰带来了具有革命力量的有益（道德）自我约束，其因平等而产生。在这里"道德"是一个限制反抗主体性的"容器"，托克维尔担心其会摧毁确保政治自由的持续根本形式。然而，在第二卷中，他所担心的危险不是革命，而是一种民主专制，这造成了私人生活领域的政治倒退与政治同化。

当前，通过传授那些并不在意物质需求的人的主张，有神论渐渐"缓和"了贪婪的个体主义。此外，对上帝的信仰，以及道德心的圣洁性，能使人们对公众的意见与强大国家的世俗权威提出质疑。在第二卷中，道德仍是民主生活的必要条件，但很少对（多数人的）权力与民众任意能动性进行有益限制，更多的是矫治分化作用、物质主义与政治顺从的必要

---

① Alexis de. Tocqueville, *Democracy in America*, 2 vols, Translated by Phillips Bradley, New York：Vintage, 1990, v.1, p.12, pp.43-44.

解药。

随后，托克维尔以不同方式探讨了"宗教精神"与"自由精神"之间的必然联系，并将宗教与道德权威描述为反对无政府主义的唯一辩护。于是在前后两卷中，他既将道德置于人类习俗之下，又强调道德超越于政治争辩与政治选择，这似乎充满矛盾性。也是出于此原因，他支持将女性限制在家庭范围内，并向儿童（男性）灌输（道德）自律性，使其获得公民资格。道德教育的名称并不是指"政治遭遇世俗化的邪恶"，而是强调家庭中的教义问答（catechism），① 对"善良与邪恶"、"'自由'与'被特许的自由'"进行区别，从而维持一种"前政治"② 的文化"共识"（prepolitical cultural "consensus"）。

然而，鉴于家庭制度对道德秩序的作用，二者都希望服务于"世俗的主体性"与"政治自由"，托克维尔将其称为"联盟的艺术"。他将乡镇与志愿组织描述为"自由学校"，认为道德与政治教育的方式应包括教授人们进行自我约束、与他人连通、裁定区别、判断公正以及合作行动。然而，他将"道德"视为政治自由的条件，还以平淡无奇的方式解释了公民资格：不是通过"投票"，而是通过具体的组织行动，将其作为道德成人的评判条件。

托克维尔的思想轻易地瓦解了道德教育与文化灌输，随之产生了劳动分工，使得女性被排除在政治自由的形成条件之外，同样，他还将"道德权威"从政治争论中移除。然而，尽管托克维尔的政治观点显而易见，²¹¹ 他将宗教信仰、道德与志愿组织整合，不断推动着社会运动，质疑仅使少数人成为公民的本质性排斥行为，且反对仅以他们所理解和践行道德的不公正方式塑造他们。毕竟，黑人教会与民权运动标志着"宗教精神"是如

① 教义问答（catechism），是以问题和回答的形式，对一种宗教的理念加以总结。——译者注

② 前政治（prepolitical），出现在真正意义上的政治尚未出现前，阿伦特称之为前政治或非政治（non-political），这种政治最大的特点是动用暴力和强制力实行统治。——译者注

何鼓励人们形成联盟并统一行动的。但是当人们抗议"排斥"时，他们就立刻要求重塑主流道德规范与政治观点，将道德教育带到了街头巷尾，并使政治民主化。[①]

道德与政治（二）：威廉·布莱克

在转向种族与公民权利之前，我们应该考虑一个处于中间位置的人物：威廉·布莱克。为什么是布莱克？他通过将新教改革（Protestant Reformation）引向冲动的民主结局，以预言了近期发生的社会运动与文化政治的方式，彻底改变了托克维尔的观点。某种程度上讲，布莱克是值得关注的，因为他为基督徒带来了福音，将道德与爱而非法律等同相待。此外，他首次提出一个反复争论的观点，即"新兴中产阶级称'道德'服务于霸权阶级的意识形态"。

他称，"福音是对罪恶的宽恕，但不包括道德戒律"，所以他反对所谓的"道德律"（moral law）。"当撒旦拉满黑色弓弦，借用福音的道德律，将其锻造成宝剑，刺死宽仁的律法并溅出鲜血。""道德律"源于"摩西十诫"（Moses' Thou Shalt Not），意味着禁令、罪恶、惩罚与恐惧。部分原因是道德珍视抽象且纯粹的"二分观点"，然而布莱克却看到了全然不同的一面，相信"善良中的邪恶"与"邪恶中的善良"。并且，道德律服务于世俗中部分人对其他人的统治：道德律就是**他们的**法则，强权者与受尊敬人的法则，而不是普通人、受责难者的法则。托克维尔所谓道德"共

---

① 托克维尔称没有必要限制冲突，参见 Mark Reinhardt, *The Art of Being Free*, Ithaca, N. Y.：Cornell University Press，1997，以及 William Connolly, *The Ethos of Pluralization*, Minneapolis：University of Minnesota Press，1995。然而在第二卷中，托克维尔预言了被福柯称之为"标准化"的"软弱的"专制主义，他的这种"矫正方法"旨在保持道德律与道德心的传统形式，然而福柯却寻找到了一种超越于道德与标准之上的"生存美学"。

识"以及"普遍性共识",却被布莱克描述为典型的"亵渎神明"、"煽动性"、"疯狂的"规范的有限视野。①

因为道德作为法则,通过将禁令内化,赋予某一阶级以统治他人的权力。布莱克的信条是"对爱的'唯信仰论'②的辩护"。对理性的质疑与对信念的辩护,是质疑"权威"与"霸权"的强有力(经常性)方式,能够保护被剥夺权利的人们的心灵能力与物质生活。布莱克反对控制个人与政治生活的论述,反对功利主义哲学与行为心理学。他将"驱动力"描述为"自豪"与"爱";反对牛顿力学的"作用"与"反作用"。他创造出关于"改革"的语言,反对禁令的道德性,并希望培养人类的关爱意识与创造力。他抵制目前被**称为**"道德"的概念,并试图改变道德的含义。

因为布莱克相信"黄金法则",所以他将人视为"目的"而非"工具"。据此,他反对用武力、剥削、国家权力以及道德忠诚统治世界,将道德忠诚视为一种禁令。公认的互惠关系并不能通过"法律手段"获得,更不用说"武力",只能通过改变心灵与思想的方式达成。正如在他之前的保罗与弥尔顿所提出的那样,只有宽仁(grace)能赋予人类权力以完善(与废除)法律。因为"神成了我们的样子,那么我们也能成为神的样子",布莱克认为,原罪思想是对我们潜在神性的亵渎与否定。他呼吁我们不应"自律"——托克维尔清教徒思想中的概念,而应做到布莱克所谓

① 布莱克引用了 E. P. Thompson, *Witness against the Beast*, New York:New Press, 1993, p.9。对于布莱克及其道德观点最好的解释,以及我最欣赏的就是 Northop Frye, *Fearful Symmetry*, Princeton, N.J.:Princeton University Press, 1947。对布莱克反霸权政治理念最好的诠释参见 David V. Erdman, *Prophet against Empire*, New York:Dover, 1977。布莱克自己的论述,参见 William Blake, *Blake:Complete Writings*, Edited by Geoffrey Keyne, London:Oxford University Press, 1969 中的文章《不存在自然宗教》(*There Is No Natural Religion*)以及《天堂与地狱的联姻》(*The Marriage of Heaven and Hell*)。

② 唯信仰论(antinomianism),西方宗教上的一种主张,强调人们只要专心信奉耶稣基督,不需要个人的努力修行、做慈善事业、累积德行等等,就可以得到救赎。——译者注

的"自我表现"。布莱克认为，人在传统道德观念中寻求"善良"，将会试图服从一个外在的神明，那么核心任务就是将人的神性引出来，即每个人心中的"爱"与"诗意精神"。

由于耶稣并未谈论"善"与"恶"，而是"生与死"、"丰富与贫瘠"，所以布莱克的"道成肉身"观点改变了我们所说的道德的含义。有序道德中，当然存在善良，伤害他人是不道德的，更不要提"杀人"了，道德寻求的是遏制罪恶的欲望，而不是培育内在的神。对布莱克来说，"真实的义愤是神的心声"，而他的宽恕精神意味着"评判的严苛性"，这是第一步，但目的是引出内在的"神"，而不是惩罚罪恶。然而，通过将道德与爱而非法律联系在一起，布莱克是否回避了制度结构？而托克维尔将"宗教精神"与制度结构联系，并视为其必要补充。

当然，内在具有"神"与"善"的语言是布莱克解决政治深层局限性的方式，政治用"自利性"语言来认知"动机"与"行为"。托克维尔认为，政治行动可能源于这种"自利"及其扩张，布莱克却在追寻人类主体品格的深层改变，例如他们的欲望与规划等。对布莱克而言，"自利"是民主关系中一个"自我毁灭"（self-defeating）的因素，它要求人们的认识与行为摆脱主客二元性的"思想枷锁"（the mind-forged manacles）。鲜活的表达而非刻板的民主，要求公民能够认识到他人生活带来的启示，视野在其观察并重塑世界中发挥着作用，旨在引起人的渴望，而非强制执行标准所带来的效果。①

布莱克将道德观念、世俗阶级权力与内在动机问题联系起来，彻底颠覆了托克维尔的观点，并开创了反主流文化政治。他认为只有依靠本能欲望的力量，人们才会真正产生而非背离关于"互惠关系"的道德渴望，实现民主的互惠关系。布莱克讽刺地称，支持"从意愿到渴望"、"从法

---

① 被布莱克称之为"爱"的事物，即是被阿伦特称之为"我可以"的行动能力（而非意愿），一种有别于意愿的神奇力量，源自于耶稣，并与政治自由相一致。他所谓的"天才诗人"，不仅仅是浪漫主义各种形式之核心的极富创造力的想象，还是被理论家与行动者称之为"视野"的事物，以实现重构政治社会。

律到行动"的转变的人都属于"邪恶派",因为他们对道德律的挑战被认为是"放任的"与"邪恶的"。然而托克维尔的道德理念衍生出一种政治,其涉及范围从"基督福音主义"到"激进的废奴主义"。于是,布莱克预见了异端新教主义的"化身逻辑",摒弃了有神论,并在本质与美学关系层面重铸了道德。在这种反传统的过程中,道德不是在家里与教堂中通过教义问答习得的,而是通过个人体验与对既有规范和具体制度的世俗抗争来实现。道德不是由外向内超然地产生,而是在参与其中的过程里由内而外地生发;不是作为法律或教条,而是一种生活方式。①

道德与政治(三):詹姆斯·鲍德温

对异端新教主义(Protestantism)传统的直接追溯,将布莱克的观点带到了美国。与之不同,我将思考种族问题,并用詹姆斯·鲍德温的观点重新思考布莱克对霸权主义的看法、对"爱是一种道德实践"的理解以及他对道德的讽刺。一方面,包括如何看待美国人生活中忽视种族(及权力)的道德与道德教育的观点;另一方面,美国种族历史(包括白人至上主义以及与其抗争的历史)如何改变了我们对道德乃至道德教育的看法。

首先,我们要理解在美国历史上道德是如何被"种族化"的,因为黑人被视为"放任"的象征。托尼·莫里森(Tony Morrison)将其描述为"疯狂,易发生不正当性关系以及混乱",所以在政治想象统治下的美

---

① 从布莱克到沃尔特·惠特曼、艾伦·金斯堡再到诺曼·布朗,异端新教的传承本身即存在模糊性。一种观点认为,生命是一种"道德"现象。部分原因是,普遍存在着一种被爱默生称之为"补偿"的道德法则:每一种行为都有其代价,正如鲍德温所言,你总要为自己的行为付出"代价"。与此同时,另一部分原因是,自然存在的每一方面都可以被象征性地视为充满激情与意义非凡的。但是,另一种观点认为,生命并不具有道德性,我们因强加于生活和彼此之间的道德要求而感到愤恨,为了扼制这种"道德"感受,我们必须"热爱"这种尚未实现的生活中的"道德无涉性"。

214 国人生活中，"道德自制"与"道德价值"仅指向白人。正因如此，尽管奴隶制让托克维尔感到惊骇，却惧怕非裔美国人的解放。从威廉·劳埃德·加里森（William Lloyd Garrison）、弗雷德里克·道格拉斯（Frederick Douglass），到马丁·路德·金（Martin Luther King），这些人都明确阐述了道德该如何通过诉诸"上帝"与"人类良心"，以废除美国奴隶制，他们甚至"诋毁"一般被视为白人象征的"道德"与"权利"。同时，被诺曼·布朗称为"狂热的基督教精神"在反复出现的"反主流文化创造"事件中爆发，并将"道德"重新定位为"爱"而非"道德律"。然而，鲍德温是怎样将种族、道德与政治联系起来的呢？①

在他的文章中，鲍德温将"奴隶制"与"种族不平等"描述为"美国政治的原罪"——民主层面所认可的"种族统治"是塑造"美国"特性的基本构成元素。同样地，他称美国政治从未有过真正的民主，因为"平等"总是以一种有限的、排他的方式被理解与实践。另外，他坚称种族统治并非"不幸的异常现象"，而是美国自由主义的核心，并由此否认正是这种自由主义催生了具有代表性的"公民民族主义"。然而，美国的自由是"自由主义"的自由，也是自称为"白人"的人们的自由。直至今日，它依旧是以"美国奴隶制"、种族主义者的"物质剥削"与文化霸权为前提的。在此自相矛盾的现象中，道德意义何在？

在《下一次将是烈火》（*The Fire Next Time*）中，鲍德温声称：

> 我控诉国人的罪恶，无论时间、历史还是我个人，都不会原谅这些罪恶，他们毁灭了并且仍然在毁灭着成千上万的生命，却不自知也不愿自知。在面对"毁灭"与"死亡"时，一个人能够，实际上也必须努力变得坚强、冷静……但不能允许造成这种毁灭的人保

---

① Toni Morrison, "Introduction：Friday on the Potomac", *Race-ing Justice*, *Engendering Power*, edited by Toni Morrison, New York：Pantheon, 1992, p. xv；Norman O. Brown, *Love's Body*, Berkeley：University of California Press, 1990.

持清白无辜。正是这份无辜构成了他们的罪恶。①

鲍德温开始对其侄子进行道德与政治教育，他说："这个无知的国家将你置于贫民区中，实际上，它的意图是让你在这里腐朽。你在你的出生地出生，面对着你所面对的未来，都是因为你是一个黑人，而非其他原因。"于是鲍德温敦促他的侄子："努力记住，他们所做的一切，令你忍受的苦难，并没有证明你低人一等，而只是表明了他们的残暴与恐惧。"因此，

> "他们必须接受你"这一荒谬的假设并不存在依据。但真正可怕的事……是你必须用爱去接受他们。因为这些无辜的人没有其他的希望。他们仍沦陷于他们所无法理解的历史之中，而直到他们理解这一历史，才能从中解脱。

215

事实上，"我们应该用爱促使我们的同胞正视自己，不再逃避现实并开始改变"，因为只有他们得到解脱，我们才能获得自由。②

什么构成了被鲍德温称为"罪恶"的"无辜"？鲍德温讽刺地运用了道德范畴中的"无辜"这一概念，并不是以此来表示情有可原的"愚昧"，而是表达应该受到谴责的盲目，因为这是有意为之的。使他人变得"无形"，否认他们的存在，控制他们，这是一种罪恶。而关于此，鲍德温声称"任何贬低他人的人实则是在贬低自己"。否认事实、现实及其后果，正是他们所谴责的"无辜"。这是一种拒绝，它不承认他人的存在，但承认了拒绝承认这一事实。容许这种权力的行使，或相信其效益，都是不可接受的。这种无辜既是道德的灾难，又是美国文化的特征，同时也是民主理论的主导形式。

---

① James Baldwin, *The Fire Next Time*, New York：Dell, 1977, pp.15-16.
② James Baldwin, *The Fire Next Time*, New York：Dell, 1977, pp.17-21.

鲍德温将白人描述为迫害者，因为他们"道德信仰"与行为之间的矛盾，相信"平等"与人类尊严，而行为上却"剥削"并"支配"他人。美国白人声称注重"平等"、"黄金法则"、"个体尊严"与"独立自主"，但同时也被违背于"道德信仰"的"腐化良知"所困扰。[①] 他们并不能在忠于这些信仰的同时，征服另外 1/6 的人。在某种程度上，"白人至上主义"是化解"平等主义原则"与"极度不平等实践"之间矛盾的一种办法。"黑人低人一等"的谎言，将不平等的现实归结于从属等级而非压迫者的行为。

上述思想列举了黑人"无人性的放纵行为"，例如强奸、恐怖活动、黑人演唱团表演等，来维持这个谎言。压迫者视自己为"优质人种"、文明道德的"白种人"，以为其特权与暴行辩护，否则就违反了他们所谓的"道德规范"。因此，白人至上主义描绘了一个特殊的国家，也建立并展示了一种具有"排他性"的共和政体。但要维持关于黑人的谎言，他们必须"否认"——"关于黑人的现实、重要性及复杂性，并且极力否认那些完全无法否认的事实，迫使美国人将他们的行为合理化，而这一切是如此不可思议，并已经趋于病态化"。[②]

我们正以支配他人而非平等的方式在生活，但我们拒绝承认这一事实。部分原因是，我们认为这是历史使然，我们的特殊社会地位标志着我们的道德品格。但对鲍德温而言，这里"历史"的含义是"白人剥夺了黑人的自由，从他们生存的每分每秒中窃取利益，毫无道德根据可言"。我

---

① 这里，鲍德温仅有的一篇文章中引用了"道德信仰"，"个人或群体的道德信仰从不像生活那样空洞，(尽管道德信仰看上去是道德的，但实际上它们并不是那样)并且当生活很糟糕时，道德信仰创设了一个参考框架，并让人们怀有希望，这种希望的存在超越了自己、战胜了生活。如果这种希望不存在的话，生活是很难进行下去的。当最糟糕时，背叛信仰也不意味着脱离信仰的力量，因为背叛信仰和不再信仰是两回事。如果不是这样的话，世界上就根本没有道德标准了。但是我们必须认识到……当不可能忠于信仰时，并且摆脱信仰也不可行时，我们有可能做出非人道的过分行为。"

② James Baldwin, *The Fire Next Time*, New York: Dell, 1977, p.88.

他坚称，只有对人的划分是真实且不能超越的。①

因此，在神学的救赎中，鲍德温提出了一个关于道德而不仅仅是政治的问题。他从道德层面，将世界划分为"黑与白"的二分体，当特权阶级与低等阶级运用"无辜"与"罪恶"进行分类时，社会地位就被"道德化"了，无论哪种方式，人们都回避了"人类的复杂性"以及与悲剧相关的"政治责任感"。他称，另一种道德解释方式，似乎是赖特小说《土生子》（*Native Son*）中麦克斯（Max）在最后的演讲中提到的"自由人道主义"。用鲍德温的话说："尽管有的白人与黑人相互憎恶，但是我们不会；尽管有人因为贪婪、罪恶与杀戮欲而背信弃义，但我们不是；我们会坚决反对他们，携手迈向美好的未来，在那里不存在白人与黑人之分。"对鲍德温而言，"这是一个所有自由主义者的梦想，一个一点都不可耻的梦，但也不过只是梦而已"。因为它会超越"真正的战役"，"距我们非常遥远，所有人生活在内心的恐惧与痛苦中，都因贪婪、罪恶与杀戮欲而背信弃义，没有人双手是干净的"。"我们"对"善意"的坚信，被一些民主理论家称之为符合公民权利、合理合法的"善意"，在这里，以另一种形式的无辜被揭示出来。②

---

① James Baldwin，"Everybody's Protest Novel"，*The Price of the Ticket*：*Collected Nonfiction*，*1948-1985*. New York：St. Martin's Press，1985，p.33. 他对"道德化"分类的关注（这种"道德化"分类和"无辜美德"的叙述有关）比关注"身份政治"的变迁及批判"道德主义"的人早了50年。但他也坚称，属民不能逃离，相反，他们必须重新使温迪·布朗（Wendy Brown）口中"受创伤的关系"起作用。因为在布朗的概念中，他假设存在另一种关系，尽管布朗认为在尼采的"命运之爱"的意义上说，每一种关系都受挫了，也因此需要重新被激活而成为"可能性条件"。

② James Baldwin，"Many Thousands Gone"，*The Price of the Ticket*：*Collected Nonfiction*，*1948-1985*. New York：St. Martin's Press，1985，p.78.

道德、悲剧与（民主）政治

那么，鲍德温对"权力"与"自我否定"的理解，是如何彻底改变关于道德与道德教育的主流观点的？像托克维尔一样，他将道德根植于文化。两人都目睹了"道德信仰"作为生活习俗存在时所凝聚的力量，是一种"心灵与思维的习惯"。但是与布莱克不一样，鲍德温不仅理解了文化，还理解了霸权主义。据此，他没有将道德权威与政治分离，或将其置于政治之下。重要的是，他理解了看似普通的"理想"是如何在抽象层面上以完全相悖的方式被实践。关于基督教、奴隶制、堕胎与同性欲望的冲突带来的经验教训，难道没有促成"平等"与"独立自主"的实现吗？因此，鲍德温没有专注于阐明理想或确证其观点，那是一种"正当性辩护"的政治理论，而是专注于权力及其行使中的政治现实。

由于他把道德与种族（与异性恋）霸权主义联系起来，所以他没有将美国"信仰"抽象的普遍性与地方社区的"道德**共同体**"关系理想化。实际上，他关注种族与权力，以揭示"种族无辜"是如何彻底破坏道德教育的"普遍主义"与"社群主义"理念的，即无论是以"将白人与道德普遍性等同对待"的方式弱化存在差异的现实，还是通过忽略权力以假想有限的"我们"以及含糊不清的道德规范的方式。也正是出于这一原因，他反对美国当下盛行的民主理论。①

如果不平等的权力与文化霸权促成了人们对于道德不经思考的理解与实践，那么除非以更宽泛的政治视角审视道德教育，否则道德教育会沦为灌输教化。此外，如果所谓的"道德"甚至要求人们实施排外的暴行，那么他们不单犯了认知层面的错误，这些错误需要优秀的教师以及传授新

---

① 参见 Lawrie Balfour, *Evidence of Things Unsaid*, Ithaca, N.Y.: Cornell University Press, 2001，该文提供了关于鲍德温观点与民主理论主流形式之间关系的有力论述。

知识的课程去教育及修正。鲍德温不仅发现了关于平等的"道德信仰"与"白人至上主义"之间的矛盾，还指出了我们对他人的认知中存在的严重混乱问题，也是对自我的根本性错误认知，以及我们对塑造生活各个方面的认知的拒绝。问题是，我们不仅在行动上违反了"平等"理想，而且故意否认我们的权力与责任，否定我们的行为对他人生活的意义。那些被赋予选举权的人无疑会探讨美德问题，但在那些对此持质疑态度的人看来，这种探讨是虚伪、荒谬的，甚至是不道德的，因为它否认了自身的"排外"与"自我否定"。若这种"无辜"构成了犯罪，但道德规范并未清晰阐明且社会**共同体**也不能解决此问题，又该如何处理？

对鲍德温来说，只有政治抗争能够转变人们理解和实践道德的方式。如果霸权主义通过使"道德"成为一个名词而非动词，将"爱"变成"法律"，那么民主政治必然将"法律"转化成为一种"濒死的力量"。随着发言与抗议的人们拒绝被无视，他们激发了我们对这种有意的"无辜"的自我反省，并揭示了我们评判行为与行使权力的权威性。政治行动不仅显示了"人们希望如何被对待"的道德渴望，还为见证及践行这些行动的人提供了道德教育。尽管"无辜"对鲍德温而言是罪恶的，但其本身并没有罪恶的含义。然而在鲍德温的政治观点中，人们从"无辜"状态或"消极信仰"转向了斯坦利·卡维尔（Stanley Cavell）所谓的"承认"，即转向了以"重构政治共同体"的方式承担其政治（不仅是个人的）责任，包括他们所否认的行为，以及他们伪称要履行的承诺。①

对鲍德温而言，政治行动与道德教育的前提是人们能够"接受现在的自己"，然而这是一个与"改变自己"相矛盾的条件。一项民主计划，需要坚信自己具有"承认"与"自我超越"的能力，这些能力既是道德层面的也是政治层面的。所以对鲍德温来说，黑人抗议者通过语言、行动和

---

① Stanley Cavell, "Knowing and Acknowledging", *Must We Mean What We Say*? London: Cambridge University Press, 1976, pp.238-266, 以及 Stanley Cavell, *The Claim of Reason*, New York: Oxford University Press, 1999。

220　理想向拥有权利的白人请愿，试图唤起白人接受他们的历史以及他们有权作出改变的事实。接触到未曾听过的声音，为他们提供了道德与政治方面的经验教训，这是一种关于拒绝接纳、倾听及参与的能力。在人们自身实践与世俗政治中，"对话"能够激发人们去"接受"，即发现并承担其责任，不仅是对暴行与罪恶负责，也有责任改恶行善。

　　对鲍德温而言，"无辜"的对立面不是有罪，而是"成熟"。他认为，这对于民主生活至关重要。实际上，在对马基雅维利的回应中，鲍德温将"道德成熟"、"民主实践"与"无辜的缺失"联系起来。因为民主政治将所有人行动中的"道德纯洁"都置于危险中，而行动的后果没有人能保证，但所有人都必须为此承担责任。鲍德温反复表示，我们不但要向白人提出这些问题，还要向所有将"压迫"与"道德优越感"等同的人提出，如此一来，我们就不可避免地"违背"我们世俗的、任性的特殊性，而这些特质使我们成为"人类"而非"圣人"。他坚持要"接受现实的自己"，即接受每个人内心中"黑暗的陌生人"，同时，也意味着接受人类任意的自我膨胀、暴行及不稳定的欲望的"可能性"，以及全面洞悉个体意图，确保其结果的"不可能性"。据此，鲍德温提出了关于"生活"的消极观点，这一点不是道德层面的，而是"道德层面关于价值、局限性与危险性"的消极观点。他接受布莱克对"道德霸权"唯信仰论的批判，而托克维尔正是借此控制民主生活的。与布莱克一样，他提倡一种相反的实践，被他称为"爱的实践"，并描述为一种"跨越差异"的参与。但是鲍德温没有将人类"爱的能力"理想化，将其固定在创造的深度秩序中，或是遐想其能为充满爱的社会带来和谐。他的"爱"的观点，标志着人类有能力去"承认"我们认为不真实的事物，并"接受现实的自己"，而不是活在消极的信念中。但是在这方面，爱的救赎能力只能暂时照亮，并不能驱散我们内心以及周围的黑暗。

　　因此，对鲍德温来说，没有他所谓的"爱"，道德生活是不可想象的。但与他人一起进行政治参与实践是道德教育的重要媒介，是唤起道德成熟的重要因素。接触到多元化的声音，参与道德讨论及体验"权力的两难困境"，改变了我们对普遍性的理解，对理想的实践，对动机的把握，以及对人类局限性的认知，这些内容是通过其他方式很难或者不能学到的。政治生活教授人们道德理想的价值与含义，与此同时，遏制我们以"排外性"的道德观看待生活，使我们对这些理想、具体实践以及权力运行之间关系的认识更加复杂。通过使灵魂遵从我们的信念（说教性），这虽然存在风险，但民主政治向我们阐释了所谓的"道德"的真谛。这一阐释虽然有限却十分必要，虽然存在问题却意义重大。

第十二章　饥饿、伦理与大学：关于激进民主激励的十点断想

罗曼德·科尔斯（Romand Coles）

　　这不是一篇极端的文章，它是在"激进的民主精神的火焰"与主要针对所谓"道德教育"的深刻质疑中锻造出来的。"饥饿"是腹部的痛楚，同时也是一面棱镜、一座警钟、一个潜在的障眼物。饥饿问题是最亟待解决的问题之一，这一问题急需伦理与政治上的回应，批判性地展现了当代人们在道德教育中所作出的努力。然而饥饿问题如果仅被理解为满足温饱的迫切需求，可能就掩盖了其盲目性。如果大学采取面向世界伦理政治的立场，而不仅仅是意识形态、训诫力量的新模式，或"自我感觉良好却留下不公现象的活动"，或"下意识的激进主义"，那么我认为，我们将不得不创造出协调"身体饥饿"与"精神饥饿"之间的关系以及二者之间交互责任的方法。这是走向这个目标的一小步。

　　21 世纪初的每一年，在世界最富裕的国家，都有超过 11% 的人，即约 3400 万人"缺乏食物保障"。这意味着他们吃不上饭，面临着饥饿，并采取极端方式来避免这种情况，因为他们吃不起食物。（另外，数千万人意识到自己与一些朋友、亲人与邻居的状况相差无几，面临一人打几份工以及随时可能失业的情况等。）即便是在 20 世纪 90 年代延续经济繁荣的末期，这个数字依旧为 3100 万，其中许多都是儿童，他们生活在饥饿的阴霾下。粮食短缺与饥饿不仅仅是我们尚未成功解决的难题，它们是在我们生存的社会政治经济体系之中**非偶然性地产生**的。大多数人拿着最低收

224

入，还要支撑家庭，却没有食物保障，他们中的很多人处于联邦政府官方认定的"贫困"水平。这些可以被转喻为"阶级权力"与"贫困"的问题，通过与其他权力模式交叉，使得家庭贫困率上涨 3 倍之多，其中，以妇女、黑人与西班牙裔为首（所有数据来自美国农业部）。

在这样系统滋生**"腐化"**的背景下，讨论道德教育意味着什么？我强调"腐化"这个词，是要引出"身体的痛苦"以及问题的全部核心。我所指的"腐化"问题，并没有通过"监督"与"问责"的微调机制得以解决，使得该系统以其应有的状态来运行。我的观点是，即使该系统（不仅包括交流与管理机制，还有知识产出与教学的模式）运转良好，也同样会存在"饥饿"，以及"大众对此的忽视"问题。"腐化"不仅仅说明了道德堕落状况，正如拉比·亚伯拉罕·赫舍尔（Rabbi Abraham Heschel）对犹太先知语录的解读，"鲜有人有罪，但所有人都有责任"；"腐化"还证明了上千万人身体机能的实际退化，他们生来就忍受饥饿，并由于饥饿及相关疾病而英年早逝，正是集体的退化造成了这种情况。[1] 如果经常以"符合权力体系"的方式、"相对沉默"的方式、"不能改变人们明显的冷漠"的方式，或只"在追求企业内鲜为人知的高薪工作时偶尔略施善心"的方式来传达价值观，此种背景下传授"价值观"又有何意义？

曾几何时，关于"饥饿"的探讨是一个坦诚、直率的问题，也是许多知识分子关注的中心焦点。显然，这一问题与新政治经济道德，即新道德教育的出现紧密相关。根据卡尔·波兰尼（Karl Polanyi）的观点，这些主题早在 1786 年约瑟夫·汤森德（Joseph Townsend）的论文《一位美好祝福者给人类的济贫法》（*Dissertation on the Poor Laws by a Well-Wisher to Mankind*）中就被提及：

> 饥饿能驯服最凶猛的动物，也能将礼貌与文明、恭顺与服从教给执迷不悟的人。总的来说，只有饥饿能鼓舞并激励他们（穷人）

---

[1] Abraham Herschel, *The Prophets*, New York: Harper and Row, 1962, v.l: p.16.

去劳动……法律的约束（去工作）总是伴随着许多麻烦……饥饿不仅是平静、沉默、持续不断的压力，同时，作为产业与劳动力最自然的动力，鼓励人们付出最大的努力，并且当其因为他人的慷慨施舍而得到满足时，即为善意与感激奠定了持久牢固的基础。[①]

在一个部分人（不是其他人）只能从事肮脏与卑贱工作的世界中，饥饿的恐慌刺激着人们，将其塑造成劳动的楷模，并形成一种顺从、接受与尊重的道德，以及对强权者的感激性忠诚。19世纪前十年中，汤森德的论点在广泛的意识形态领域被接受。这不仅包括马尔萨斯主义者（Malthusian），还包括如伯克（Burke）一样的传统主义者，他们认为经济自由主义及其与饥饿问题的本质联系在某种程度上是统治穷人（无政府状态下）的一种持久而具体的模式，其目的是保障公共安全；另外如边沁一样的功利主义者，认为饥饿是驱使穷人投身于整个工业领域的重要且充足的力量，这一领域是道德提升与生产力的"噩梦乌托邦"，在那里穷人会受到细致且持续的"检验"与"管理"，所以，这是"一个使流氓变得诚实，懒汉变得勤奋的磨坊"。[②]正如波兰尼与福柯的有力论证一样，这种"全景描述"例示了一种道德管理权力与教化方法，并且在19世纪开始被广为传播。

因此，康德提出了关于"人的王国"理论，即"以人自身为目的"（ends in themselves）。同时，汤森德开创了政治经济道德观，其核心是工人阶级需要感受到他们自己结局的恐慌，预见到他们会死去，并告诉他们，其生活就是艰苦的工作、微薄的收入、可悲的恭谦、卑微的顺从，并在市场社会中了解其真正的价值。米歇尔·福柯（Michel Foucault）提出了比波兰尼更具穿透力的"全视力量"论断，详细阐述了"使人变得孤立

---

① 引自 Karl Polanyi, *The Great Transformation：The Political and Economic Origins of Our Time*, Boston：Beacon Press, 1957, p.113。

② 莱斯利·斯蒂芬先生, 引自 Karl Polanyi, *The Great Transformation：The Political and Economic Origins of Our Time*, Boston：Beacon Press, 1957, p.121。

的方式"（生硬地将他们从广阔的社会与历史语境中分离出来，在新的具有惩戒性的狭小空间内将他们与彼此分离），并在狭义理解生产力目标方面整体重构他们的关系。这种"分离"与"惩戒性的联系"成为新设想，同时产生了物质商品、阶级权力与饥饿；弱化了团结程度与"见证模式"（modes of witness），并质疑那些可能以其他名义抵制这些措施的事物。福柯所忽略的是让人们意识到"生命因为饥饿而终结"的紧迫程度，这一点是开启"新人类"的核心。"新人类"将成为社会商品化的、暂时独立的、超脱的（超越于地域、社区、传统以及少数群体等等）劳动力。其结构完善，能够满足日益变化的政治经济生产力的需求，一旦超越这些需求，便丧失了行为能力。这种死亡感受的方式提取并重构了自我（虽然很矛盾，但也只是局部），并与康德的道德思想的部分内容产生了共鸣。这些思想构成了"作为抽象目的"的人类，从而抑制了人们在具体历史条件下的道德与政治行为能力，因而可能会挑战既定"理性模式"的限制。① 我的意思是，我们的诸多道德能力，如观察、感觉、积极应对痛苦、做出社会与政治选择，都深深植根于特征显著的人类关系中，而人类关系在许多方面都超越了主流模式。目前我们的经济、政治、道德体验和语汇反映并加强了"抽象性隔离"（abstract isolation），一方面，其相互之间的关系在微观层面受到了越来越多均质化的纪律训导；另一方面，我们的道德能力却在退化。我认为波兰尼说明了如何在饥饿中面对死亡的可能性，这种态度对于促使人们从多种关系中抽离自我，并进入新的权力约束模式发挥着重要作用。不经意间，康德的道德观与"自我毁灭"相关联，却有效地抵抗了这种"自我毁灭"，并由此从新生产力系统的日常运行中抽离出来。康德的人格哲学描述了（从特殊性中的彻底抽象）由政治经济所带来的抽象概念，而正是这种政治经济造成了系统化的"饥饿可能性"。于是，这种道德自由塑造了"人自身是目的"的特点，在隐藏自我特质和关系的程度

---

① 康德对此问题的详细分析，参见 Romand Coles, *Rethinking Generosity：Critical Theory and the Politics of Caritas*, Ithaca, N.Y.：Cornell University Press, 1997。

上，是一种不自由的表现形式。这些关系对于自由的可能性而言都是"整体性条件"（integral condition），而"自由"可能会触发挑战"将人商品化"的政治经济行为。这样，在"人自身是目的"的短语中有一个给人强烈震撼的双关语，即"目的"与"死于饥饿可能性"之间的共鸣。

关于饥饿的普遍体验，在"将商品化的人们从不同的地方背景与传统中独立出来"和"清晰阐述对伦理研究与政治机构都具深刻影响的全新形而上学理论"中发挥着至关重要的作用。波兰尼的历史记录不断捕捉到这一要义，他记叙了一种新的对于自我调节市场的"宗教式激情"，这种"宗派狂热"，带有"对自然进程的盲目迷信"，"对'自发性'的情感信念……一种神秘的准备就绪的态度"，以及"对所谓无意识发展中的'自愈性美德'"的无条件依赖。① 政治经济进程的启动，源自于人们内心对"早亡"的本能恐惧，并由此产生了"时间性概念"，在这一概念中，"现在"因为"未来"而充满生气，且"未来"是能"自我恢复的"，不允许干扰和掌控。纯粹的未来是"历史的终结"。"未来"以对"现在"做出必要且彻底的改变为特点，拒绝"现在"的自我定义方式，无限量地进行永恒的"自我修正"，因为"现在"通常已经是"未来"，并已包含其自身以及更遥远的未来的"自我治愈"修正原则，每一项关于另一个世界的伦理与政治的开创活动都会被提前宣布无效。历史随着时间的推移而演变，其中人类形态变化不定，而这种历史被"现在形式"永久统治的"时间概念"所替代。并且所有的一切都与"饥饿"的普遍恐慌相联系，实践证明，我们的社会擅长生产这种恐慌以尽其所能来产生财富。

我认为，这个简短的概述与关于伦理和高等教育的讨论密切相关。饥饿是最亟待解决的问题之一。然而，其与权力模式整体相关，从微观层面"自我的产生"到宏观层面历史与政治经济神正论（theodicies of history and political economy）的产生，权力制造了这一迫切问题，并通过

---

① Romand Coles, *Rethinking Generosity：Critical Theory and the Politics of Caritas*, Ithaca, N.Y.：Cornell University Press, 1997, p.135, p.76, p.33.

可能改变世界的伦理与政治反思、行动为其服务。实际上，伴随时间的流逝，在历史的尽头，我们不再会听到世界上的"汤森德们"、"马尔萨斯们"及"边沁们"① 公开地阐释饥饿问题，以及大众道德教育与政治经济的联系。但他们依旧会主导这些讨论，只是更好地掌握了只有内行才懂的演讲的艺术，很少提及饥饿问题，仅是谈论必要的失业，以及将最低工资维持在较低水平，训导性重建穷人的道德品行，通货膨胀的危险等。资本主义政治经济神正论已经学会轻柔地揭露自身的缺陷，在很大程度上导致公众对于饥饿问题及其紧迫性的无视与未经思考，而同时，人们对这个问题进行了自我消化，并预先转化为另一种合理的回应，即"尽管我们还需努力，但情况正在好转"。对于严峻的饥饿问题我们已变得淡漠。普遍存在的饥饿问题不应对基本体制提出挑战，它是"不言而喻，自然而然"的**大众观点**。②

有众多善心美意的自由主义学者关注当今世界及高等教育中的"不道德问题"，其中有两点让我感到震惊：第一，他们很少提及饥饿问题，我在想其是否是一个在此类论述中普遍存在且缺乏紧迫性的非重要因素（而右翼集团为了维持秩序、完善纪律程序，已经对"紧迫性"进行了矫饰）；第二，讨论主要集中在诚实、勇气、品格、尊重、公正、慷慨等方面，这些是被设想为不用付出过多努力去质疑或改变政治经济关系、实践及"约束伦理政治想象"历史的相关神正论观点，就可以实现的基本要素。这就好像我们只是充满道德正义感地走自己的路，或修补一些边边角角的问题，也许这就足够了。如果许多被认可的道路因为他们所做的恶事而被直接腐化，或因为他们拒绝承担的责任而被间接腐化，将会怎样？假使我们必须**以不同的方式走出不同的道路**，才能使伦理和伦理教育更富意

---

① "汤森德们"、"马尔萨斯们"及"边沁们"，泛指当代社会中持这些观点的学者们。——译者注

② 这里，我想到皮埃尔·布迪厄对此的深层理解，并据此从根本上感知世界，也正因为如此，很难保持清醒。参见 Pierre Bourdieu, *Outline of a Theory of Practice*, Cambridge：Cambridge University Press，1990，p.167。

义，将会怎样？假使一个具有不同道路与模式的世界是必需的，尤其是在当下，但**现在**的情况（如同饥饿问题一样）非常紧急将会怎样？假使伦理教育没有这些问题的压力，则可能会与"人类的祝愿者"（Well-Wisher to Mankind）形成更多的共识，这些祝愿者制定了一个教授"礼貌与文明、恭顺与服从、感激与善良"的教育方法，并为"饥饿政治经济学"（political economy of hunger）打下基础，结果又将会怎样？

饥饿的痛苦不可避免地会引发内心本能的质疑：在一个不利于我们的环境中，我将如何养活自己、我的孩子、我的朋友和陌生人？同样，这种痛苦渴望个人层面、宏观政治层面以及死亡终点的答案，因而可能会产生被人所忽视的利己主义，或是在现有体制下对纯粹自私的追求。所以伦理政治问题，是在充分了解正义内涵的情况下，如何开放地接受问题的紧迫性及其所带来的系统性质询的压力。假设教授知道学生必须要学习什么与以及怎样学，我们该如何克服本科生伦理教育中的困境？假设学生了解在社区中必然要学习和实践的内容，我们该如何避免服务学习所带来的陷阱？即在我们努力促成伦理敏感性的过程中，我们该怎样避免伦理教育的困境——不加批判地接受关于"自我"和"秩序"的概念。这里十分明确的是，"饥饿"问题在涉及伦理政治教育的大学中也许扮演着重要角色，甚至超过了其所强化的范围。

对于知识的渴求有众多的形式，并非都能令人满意。然而在我看来，最有希望的形式涉及对一些问题的关注，其中包括以令人满意的方式探究超越"现行知行规则之限制"的可能性。他们所追求的不仅仅是现存的"真理"与"必要性"问题，在经过严密的探究之后，我们发现，这些问题与"不自由"及"痛苦忍受"密切相关。我认为，大学尤其在其巅峰状态下，是鼓励此类"渴求"，突破自身局限，并与外部世界相关联的最好地方。康德为现代大学的理论化作出了重大贡献，他将启蒙准确地描述为一个"出口"、一条"出路"、一种"逃离方法"，帮助人类摆脱"在缺乏他人指导下，对运用自己的理智无能为力"的状况。其后在他最具洞察力的论述中指出，并不是说我们在思考的过程中应该忽略他人的想法，而是应该努力摆脱由懒惰所带来的"束缚"，拒绝一味接受当前社会秩序下普遍且必然存在的教条。① 福柯反对康德的这种偏激观点，将"启蒙精神" 230
视为一种"处于前沿"的"限囿态度"，质疑"'普遍、必要与义不容辞的'事物以及'异常、偶然及因随心所欲而导致的事件'所处的立场……一种可能是'侵越'形式的批判"。② 这种对其他思考与存在方式的渴望，福柯并没有将其描述为"贪婪的好奇心"，而是充满了对"一个人是否可以进行区别于他人的思考与认知"问题的好奇，这对于大学十分重要；而"消除饥饿与商品化、惩戒性权力、历史神正学及其相关问题系统"的想象与探索方式也至关重要。这些系统有近二百年的历史，主要是在批评与超越中存在。受到饥饿问题紧迫性的驱使，如果要超越现有的"解决方案"，这些方案再次产生了其本想要逃避的"饥饿、权力和神正论"问题，我们则应该努力突破自身认知的限制。换句话说，如果与千百万人"饥饿的痛苦"相脱离，那么大学的"伦理政治"渴求则会**空空如也**；但是如果与大学在前沿知识上的渴求相脱离，则消除饥饿问题的努力也很有可能是**盲目的**。

然而有许多方式是盲目的。依据亚里士多德在《论灵魂》（De anima）中的讨论，德里达（Derrida）注意到蜜蜂没有眼睑，所以它们一直在看。它们知晓许多但不能学习。它们不仅没有听力，也没有合眼的能力，即在固定时间间隔闭上眼睛的能力。德里达将此与更好的听力相联系，然而"人可以眯起眼，调整光圈，集中视线，更好地听、记忆与学习"。③ 带着玩笑的意味，他提出一个假想的建议，即力图"培养眨眼的艺术"，他声

---

① Immanuel Kant, "An Answer to the Question: What Is Enlightenment?" *Political Writings*, edited by Hans Reiss, Cambridge: Cambridge University Press, 1991, pp. 54-55.

② Michel Foucault, "What Is Enlightenment?" In *The Foucault Reader*, edited by Paul Rabinow, New York: Random House, 1984, p.45. 在《自我—权力—其他》（*Self/Power/Other*）一书中，依据福柯关于"启蒙"的概念，我拓展了"对话伦理"的含义。

③ 参见 Jacques Derrida, "The Principle of Reason: The University in the Eyes of Its Pupil", *Diacritics* 13, no.3 (fall 1983), p.5。

称，大学"不应该成为一个不会眨眼且不流泪的动物"。德里达认为，我们必须间隔性有节奏地缓解我们的"目的机能"（teleological energies），就像眨眼睛一样，这样我们可以通过"倾听"锻炼开悟能力。他呼吁在"'眼睛的暮光中'寻找可能性，因为在西方大学处于拂晓微明时，思想'闪烁'的机会就会增加"。[1]

231　　　　保持这种盲目状态的方式，与我们通常设想的"知识前沿"相联系，通常被解读为目前最尖端的知识。正如我们之前提到的与波兰尼相关的理论，依据新自由主义神正论"时间矩阵"（temporal matrix）的说法，"现在"是"历史"的前沿，受到"自愈性"未来的驱动。在这个框架内，"过去"的传统要从当代伦理政治方面的对话与斗争中被摒弃，正如反抗的力量可能会走向将来并抵制"历史"之力。（或者不摒弃"传统"，而是在当前秩序的功能需求中得以利用，而非作为一系列争论的"来源"和"幽灵"，激进地质疑秩序的必要性。）如果大学想要寻找机会为"改变产生饥饿问题的世界"贡献力量，则必须要提供更好的培养方式，不仅限于为各种常见的探究**竞争**模式提供更多空间。正如经济人类学家所言，在受到饥饿威胁的系统性部署中，我们的政治经济状况是相对独特的，如今已经到了"倾听传统声音"和"在此方面涌现更出色的团队"的成熟时机。

　　　　我认为，这意味着"知识前沿"的概念将会从处于最先进的"现代思想"的"尖端位置"，转移至不同学派团体**之间**进行学术研究与实践参与的"边缘地带"。我与麦金泰尔和米格诺罗认为，这需要**大学为开创"研究与教学"的伦理政治模式提供更多空间**，例如，包括新托马斯主义者、犹太人、土著人、自由主义者、传统穆斯林，以及激进的民主谱系学者等。[2] 这需要以不同的思考方式进行全方位努力，并要求每一个有组织

---

① 参见 Jacques Derrida，"The Principle of Reason：The University in the Eyes of Its Pupil"，*Diacritics* 13，no.3（fall 1983），p.20。

② Alasdair MacIntyre，*Three Rival Modes of Moral Enquiry：Encyclopedia，Genealogy and Tradition*，Notre Dame：University of Notre Dame Press，1998. 参见麦金泰尔的提议，以及米格诺罗（Mignolo）关于最近在美国中部和南部创建土著大学的研究，例

自治权和意愿的人都参与到不懈的努力中。

　　然而我认为，对知识短暂又多元化的渴求，特别是对大学的渴求，与伦理关系甚微，倘若未能在其他未知领域同时追求多种形式的参与，换言之，在他们自身和生活在院墙外的人们之间——或是局限在院墙内——更加接近于饥饿和贫困的关系。如果像我简要阐明的那样，身体的饥饿与精神的饥饿，必须以新的方式交织在"紧迫性"与"反思性"之中。反思 232 当前秩序带来的痛苦，因此这一事业的关键维度必须包含社区中"与贫困斗争"的政治参与模式。这不能只局限于慈善或是"服务"活动，而必须包含可接纳性的努力，同那些在周边社区与世界各地进行政治斗争的人们一起相互学习，而这些地方往往是"被废弃或从未被开发的"。[①] 我们需要将研究与协作努力转移到这些方面。我认为我们做这件事，不仅因为探索并发现能够彻底"改变现行秩序"的"民主可能性"是核心要务，还因为在某种意义上，我们的想象力与千百万人的肚子一样，贫瘠且备受约束。正如阿多诺喜欢引用本雅明的话一样："哪里有乞丐，哪里就有神话。"[②] 它可能会是以不同方式**思考**的重要条件，而关键在于以不同的方式**观察**、**存在**和**实践**，接纳性地参与到他人的生活中，居住在城市的禁区中，发现能够摆脱"饥饿和想象力禁锢"的伦理政治关系与权力的其他模式。"饥饿"和"想象力"这两方面衍生出伦理与政治问题的紧迫性。毫无疑问，这样的努力将囊括许多有争议的形式，这很好且确实必要。但是如果完全没有这样的努力，我担心大学里多数的伦理讨论将会变得贫乏而

　　如 Walter Milgram, *The Ideal of Latin America*. New York：Blackwell，2005。我探讨了"探究与政治实践"的相关问题，这一探讨跨越了与自由主义相关的不同传统，包括麦金泰尔、德里达、教育以及城市草根政治等传统，参见 Romand Coles, *Beyond Gated Politics：Reflections for the Possibility of Democracy*，Minneapolis：University of Minnesota Press，2005 之中。

① 这一思路源于安妮·迪芙兰蔻（Ani DiFranco）的歌曲，"Not So Soft"，*Like I Said*（Righteous Babe Records，1993）。

② Theodor Adorno, *Negative Dialectic*，Translated by E.B. Ashton，New York：Continuum International Publishing Group，2004，p.203.

虚假。

亵渎神明！难道上述建议不是完全对立于精神生活（以及致力于此的机构）最神圣的基础吗？换言之，思考这一任务需要冷静的头脑、适当的距离、脱离于日常生活的空间，尤其是饥饿的紧迫性，难道不是吗？跨越界限而混淆描绘这些问题的不同目标，难道不会毁灭高等教育最宝贵的闪光点吗？这个危险不能轻易地被人们接受。但这是真实的，并且需要不断地重新商议。然而，不跨过这些界限也很危险（且不说企业的掌控力不断轻易地"殖民化"高等教育领域，我认为一部分原因是，缺乏经验的"自由人文主义"对"知识"与"权力"进行了严格区分，从而产生了政治经济的盲目性）。我们对于相关危险性的评估与反应，总是取决于分析与衡量它们的方法。这里我建议，重新思考饥饿与人类生成、思维与想象的关联问题，这能帮助我们重新考量目前存在的危险性与可能性。在这方面，没人能真正超越德国思想家恩斯特·布洛赫（Ernest Bloch）。

布洛赫是一位极其复杂执拗的思想家。他有时会夸大自己的观点，提供并不充分的论证支持，极度忽视关于人类境况的其他要素，而这些内容会对他研究的核心问题产生影响。目前，我对他感兴趣，是因为他是能引发共鸣的思想家。他为我们打开一扇窗，从以上描绘的绝境中开始找寻出路；他为我们打开一扇门，由此我们可以进行尝试性的探索。将布洛赫作为**引发共鸣**的思想家来品读其作品（这也是我认为应该品读其作品的原因），我并不关心应该如何捍卫或具体阐述其观点，我更关心这些观点如何能激发对于"身体与精神双重饥饿"问题的反思。布洛赫提供了对超越于人类、当今秩序与"历史的终结"的精确理解，帮助人们增进对于"政治"与"知识产物"的理解，这可能会以更具希望的方式改变我们对"伦理"与"高等教育"的理解。作为一项发人深省的活动，对布洛赫作品的阅读旨在呼吁"紧急对话"，而非将其作为"基础"或是"结论"。我阅读后提出的问题（我认为与他向世界提出的问题相似），与其说是"这是真的吗"，不如说"如何看得更远、变得更好、做得更出色"，布洛赫如何能质疑我们对于饥饿问题的逃避以及厌恶，对于身体问题的抽象，同时在没有其他选择的情况下，如何对我们的现有认识提出挑战？

许多思想家赞同霍布斯的观点，认为"饥饿"是不受约束的自我欲望，是一场关于"卑鄙、残忍与不足"的混乱战斗。另一种赞同洛克的现代思想的主流观点，即将"自我中最深层的一面"置于**超越"饥饿"**的理性自制力之上。与洛克形成对比，对布洛赫而言，人类生活是极为深刻的，"并没有属于它的事物，而是要寻找它，并从外部实现，比如饥饿"。①然而，不是将我们置于利己主义中，事实是可能将我们带入与他人休戚与共的多种关系中，进行更为充分的思考，并加入关于更美好世界的憧憬、希望与行动中来。汉娜·阿伦特认为，在许多地方，"饥饿"或更广泛地说"需求的紧迫性"，使民众成为坚持要求满足当前需要的乌合之众，并通过这种方式来控制独特的政治自由。我对布洛赫作品的理解并非想要忽略这种始终存在的危险的可能性，而是要找到那些同样充满了"饥饿的经历"与"对饥饿的反应"的其他潜在可能性。我们不能通过禁止其在政治领域的活动来抑制这些迫切的需求，因为这些需求的必要性使这种禁令变得无效，因为其缺乏最可憎的镇压模式。更好的策略是重新阐释并慷慨地回应贫穷的人，旨在整合资源以关注多元性。布洛赫认为，饥饿蕴藏着能推动这些努力的呼唤和联系。我们的饥饿并不会转变为这种关注，至多只能消失。而事实是，饥饿蕴藏着重要的可能性，不仅对更能接纳、包容人类多元性和丰富性的世界极为重要，同时对抵制消除饥饿所带来的压力也很重要。对我而言，布洛赫与阿伦特甚至不应该作为彼此的替代品来被理解，而是我们应该如何塑造一种重要的紧张关系，当我们受到饥饿驱使并商议如何对其作出回应时，仍保持这种张力。这里我更关注于如何调和这种被忽视的观点——布洛赫所理解的张力关系。

某种程度上，这深刻地阐明了当前的问题。布洛赫将饥饿问题作为

234

---

① Ernst Bloch, *The Principle of Hope*, Translated by Neville Plaice, Stephen Plaice, and Paul Knight, Cambridge：MIT Press, 1995, v.1：pp.287-288. 此后文中的引用将会附带页码。

伦理政治生活、精神生活以及二者关系的关键因素。在我看来，布洛赫的观点似乎并非是饥饿促使他义无反顾地提及此问题，虽然如此，这一问题需要或适用于这样一种阐释——该阐释提供了一种关于"人类境遇"的精确视角与参与模式，这在一定程度上超越了其他理解所产生的问题。如果霍布斯偶尔将自己看成眼科医生，其任务是拓展我们的道德政治视野，那么，布洛赫则可能被解读为一个将该任务视为理论家的核心要务，并提出完全不同理解的人。对布洛赫而言，了解或阐释人类境遇是至关重要的事，这是**由其所试图阐释的饥饿问题所产生的**，并形成了一个本质上难以洞悉且无法终止的循环。布洛赫的观点只能通过一些其他方法加以评判，即根据其所阐明的事实、所培养的回应能力，以及所支持或反对的生活模式。当然，我对这种通过波兰尼的视角来批判性解读市场社会的失败之处十分感兴趣。

对布洛赫来说，饥饿如同一切人类处境一样，并不是一个简单呈现的事实。确切说，其中充满了他所谓的"前进的曙光"（forward dawning）或"未完待续"（not yet），希望完满达成但目前尚未实现。饥饿同样具有向未来开放的特点，但这恰是人类所希望成为的典范。目前，即便存在其他可能的存在及阐释它的方式，在某种程度上，它与"未完待续"的关系依旧非常尖锐且紧张。饥饿是多么充满希望，人类的未来是多么充满希望，然而它不仅简单地取决于饥饿的现状，还取决于我们对其未来的认识与理解（也可以说，我们对饥饿有多渴望），以及对此我们应如何回应并采取行动。①

布洛赫认为，我们作为渴望利于繁荣、排斥堕落环境的生物，渴望健康、知识以及一个更好的世界；我们发觉自己正在一片旷野中寻找超越于自己与现今社会结构的世界。于是，他写道，"'渴望'是所有人最诚实的一面"（45）。这种渴望从无到有，最早源于本能需求，但它同时也与人

---

① 根据我的理解，饥饿是人类孕育的产物，而布洛赫则是一位助产士。可以以其他方式来理解布洛赫，并且他也并非是始终如一的。

所具有的丰富愿望、想象及尝试的演变发展相关。对布洛赫来说，将饥饿视为基本要素，是将理论与伦理（包括其自己提出的）置于无人控制且持续进行的活动之中，然而，所有人都能感知并唤起对政治的希望。

　　饥饿发生于腹部深处，是我们生存下去的动力。然而饥饿问题的普遍性使我们向其他人与外部世界保持开放，并没有将我们限制在"唯我主义"（solipsism）状态中。布洛赫认为，"失业的人处于崩溃的边缘，几天没有饭吃，产生了我们最原始的生存需求并使之昭然可见。无论如何，对饥饿的同情是唯一普遍的怜悯，事实上也是唯一可能广泛存在的同情心。饥饿需求可能是最强烈且能够直接表达的诉求"（65）。尽管这一具有夸张形式的观点似乎排斥了其他类型的同情，但其全局性的观点十分重要：看到别人遭受饥饿会激发我们的基本回应能力，超越个人肉体局限性来展开具体的交流对话。当然我们能够也确实可以完全抵御这种令人不适的脆弱与痛苦，但布洛赫认为，长时间面对一个饥饿的人是十分困难的。有趣的是，这多少能解释各种条例法令、区域建设与实践、相关严格禁令出现的原因，以及为了避免直面饥饿问题而产生的各种促进思想交流的积极动员活动。因此，本质的内在驱动力既能催生，也能解释我们脆弱的需求，也蕴含着富于同情心的呼吁。它迫切地要求深度质疑不公正的秩序，还能引发质疑过程中为寻求安全感而产生的恐惧心理，而这可能导致相应的监管机制企图保持并强化这些不公正的秩序。这说明（在某种程度上或许会超越布洛赫自己的理解）饥饿问题有利于进行彻底反抗的可能性。布洛赫的计划是抓住更有前景并且"尚未自觉"的**潜能**，并使这些可能性因素更明确地参与到计划的落实中来。

　　布洛赫认为，饥饿不是人类稳定的动力之一，却是一直**存在于**被认知的世界、其他需求以及他人之间变化的历史关系中。并且有时我们的饥饿状态会发生变化，不仅在于简单地寻找不同的对象，而是会更彻底地改变，其中，我们的脆弱性与渴望也会趋向于超越现存的范围之外。"饥饿不得不持续改变。但是如果其不断地增长，却没有特定的食物加以满足，那么它会突然变化……变得具有反抗性，并且不会在旧的规则框架内进行

236

觅食。而是要尝试改变导致饥饿的境遇"(75)。有时，我们挑剔又固执的渴望会对自身因素、结构状况、与他人的关系进行批判性反思，这些问题会导致并维持我们的贫困状况。在这一过程中，饥饿能刺激我们进行其他尝试以发挥想象力与努力，以期超越不公正的现状。在这种变化中最重要的一点是团结与协作，其出现的原因是由于处于饥饿中的群体与易于饥饿的群体之间的情感交流。

237　在布洛赫看来（与汉娜·阿伦特相反），饥饿使人们"休戚与共"，但这并不需要朝着一个"吞没人类差异，导致我们在基本需求方面无差异"的社会发展。相反，这样的同情与交流可以使人们（但并不是必要的）能动地对他人敞开胸怀，由此我们可能会将其视为与饥饿、积极渴求以及想象**相关的独特个体**。但事实上，无论如何，这样的认知都存在一个不可或缺的依据条件。自我作为**思考**饥饿问题的人（之所以思考这个问题主要是**因为**饥饿）超越于自我与他人来理解饥饿本身，从**本质上来说是一个超越了自身的个体**。这样对于饥饿问题的反思，渴望回应其开始逐渐了解并希望得到的他人世界，而所谓的"他人"是其不能也不应该试图消耗的个体，以免加剧矛盾，使所有努力白费，同时否定了人类丰富的多样性。布洛赫认为，我们对自己作为**这种**"饥饿的人类"进行了深度反思，饥饿的特点已从"关注消费"转变为"努力稳定物价并为具有多元需求的人类的共存创设环境"。我们不断渴求与他人一起参与到社会的奋斗和整合中来，以使具有不同渴望和希冀的个体繁荣共存。可以毫不夸张地说，我们开始变得**反常**，并驶入与他人关联的"外部轨道"中（external orbits）(91)。

布洛赫以"饥饿"为出发点清晰地提出"**乌托邦**"设想，我认为布洛赫深刻地启发了人们关于伦理、政治以及最终的高等教育的思考。布洛赫将饥饿视为象征性的矛盾根源，**既**激发了人们满足贫困群体需求的渴望，**又**催生了人们永不知足的无限贪婪。乌托邦的形成必须立即对我们发展中这**两个方面**的矛盾问题作出回应。

一方面，努力解决饥饿问题，似乎蕴藏着一种迫切、彻底的**满足**目的。饥饿能激励我们产生关于**"一个没有贫困的完满世界"**的希望、愿景和幻想（当然，由咎由自取的贪婪所导致的困苦经历除外）。我们摆脱贫困的白日梦，用布洛赫的话说是"穷途末路"。"改善世界"或"不懈的努力"，是一种永恒的"虚无缥缈"，总是会造成无形的威胁。饥饿会不断刺激人类去幻想"理想的实现"，进行不切实际的想象，以为我们所有的需求，我们、他人以及全人类的全部潜能都能够实现（95）。我们想象并努力建立一个世界，在这里，所有使人类繁荣但尚未被意识到或未实现的潜能都将得到充分展示。受到目的论（teleology）的推动，其鼓舞并指引着我们努力的方向——目的在于即便在超越需求的惊讶状态下，即**"愚蠢的至善"**（summum bonum）中，也能深刻地感知到一种**"预期的平静"**（anticipated keeping still）（289；布洛赫所强调的）。人类实验证明，饥饿是历史中的"生产力"。如我们所见，布洛赫发现这一渴望存在问题但又不可避免。思想观念在不断扩散的过程中，也维护着不同的痛苦与贫困模式。面对试图"扼杀人类渴望与潜能丰富性"的权力选择时，这些关于"一切"的想象，激活了彻底的"去神化"抵抗和"富有想象力"的斗争。一旦剥夺了伦理教育对于"繁荣至善"的殷切希望，势必会削弱我们的批判能力和生成能力，难道不是这样么？

期望实现乌托邦的想象与诉求，对于人类的繁荣发展利弊参半。然而，饥饿状态使我们努力克服饥饿，实现饱腹的满足感，同时我们将自己视为饥饿群体，并发现自己极其重要且有无尽的潜能，**渴望批判并有创造力地超越每一个当下所希望实现的满足感和充实感**。当我们回顾并反思这些得不到满足的渴望时，我们发现其一次又一次地揭示了现有秩序中的消极方面以及其他的可能性。仔细审视饥饿问题，揭示了我们拥有"尚未意识到"（或"还未形成"）的巨大潜力，而这正是我们充满活力并积极参与伦理政治活动的重要源泉。于是我们努力稳住这个潜在的不确定性因素，并将其纳入我们对乌托邦未来充满希望的构想中。这样做有助于将未来从我们的控制中解放出来。关于未来，在圆满实现"一切"的这种期望外，我们开始领会到"其无法实现，因为'未来'本身包含'不可控'的'现

238

在'，比如黑暗；就好像'现在'本身还包含着'未开启'的'未来'；再比如说，新生事物会蓬勃兴起以满足需要"（297）。① 换句话说，渴望意味着我们在政治上，必须为充分满足人类潜能而努力，同时也要求我们去鉴别、回应并培养人们成为本质上充满渴望、努力拼搏、富有想象力的个体，充满活力、内心丰富、具有不可知的潜能，敢于"向未来敞开胸怀"（139）。而后者矛盾地成为了"希望"的一个构成方面。因此，任何试图"将我们从贫困及其相关事物中解放出来"的伦理教育与政治活动都会是一种歪曲。

让我详细阐述一下与伦理、政治与教学相关的内容，关于布洛赫所提出的，"由饥饿产生的希望"的简明（概要）余论。首先，我希望阐明关于"身体饥饿"与"想象力饥饿"的可能方式，或许与一些普遍假设相反——但它们不仅是共存的，而且还在本质上及增进知识方面相互关联。布洛赫对"饥饿"（状态）的解读，不仅能够阐明人类研究与政治生活的目的（例如，理想的满足与有意义的潜在因素），也揭示了开放对待未知新事物的核心**模式**（例如，迫切性与紧张的复杂性），通过这些方式，那些目标可能很快被发现，却不能立即实现。对饥饿群体进行认真反思，呼吁我们不能自满于现状及其他不变的理想和安排，不会产生简单的教条主义（尽管实现满足的过程总是面临这样的风险），且这样我们才能做出改变。这些经验让我意识到，即便方式不尽相同，其对于高等教育与政治活

---

① 在这个意义上讲，布洛赫在每一个乌托邦图景中都描绘了一道"裂缝"——一个"尚未实现"的"盲点"。因此，布洛赫（在一篇十分晦涩却重要的文章中）提到了一种**"满足的悲哀"**：不存在没有阴影且仍能保持开放的人间天堂，这个开放的入口也会蒙上阴影……但我们仍能感知"实现自身"的痕迹，并且当合理的目标达成时，或当伟大的梦境彻头彻尾地变为现实时，这种"实现"也就出现了。这种"实现"忽视了或者说不包含"实现者"自身的行为。此外，也存在假装崇高的"理想"，高高在上，具有抽象的固执性，因此这种"理想"压制"实现者"未完成、未实现的部分。确切地说，在这种"满足的悲哀"中，这种最深刻的且未彻底实现的部分与"理想公民"固定内容中不充分的部分是以相同的方式存在的。**因此，释放"实现"与"未来社会"的要素也变得越来越有必要**（为布洛赫所强调，第299页）。

动的"对话伦理"也是至关重要的。①

第二，与第一点相关，布洛赫尖锐地指出，哲学、神学及政治学方面研究的最高追求方式，与"我们和我们中'最卑微一族'的饥饿关系"紧密关联。在知识生产实践中，缺乏关于饥饿的压力与呼声，则迫切需要"意识形态遮蔽"（ideological concealments）并使其成为可能（就像波兰尼讨论的那样），而这些内容会对许多伦理与理论研究层面的纯粹追求产生破坏性的影响。如果布洛赫是正确的，那么否认饥饿的变化（以及产生此问题的条件），需要调动神秘力量煽动人们，以其他形式否认并歪曲"饥饿作为人类生存的基本要素"的事实。

在当代政治与经济对话中，经常以缺乏远见的表达形式探讨关于"历史的终结"问题以及"人类自我的伦理视域——将其视为本质上独立、 ₂₄₀自主、相对稳定的伦理理性形式"。饥饿、脆弱、依赖与悲剧性，（甚至在许多关于人性的论述中，如政治自由主义）似乎背离了人类的基本生存条件，而不像其他构成人的基本要素一样是由深层因素产生的，诸如贫困，或者在某种程度上，是由与贫穷**相关的因素**产生的。② 对意识形态的坚持，将学术研究从日常生活的压迫中剥离出来，并确立了明确的界限（如饥饿所证明的）。然而，这些压迫却又努力跨越了这些界限。这可以被视为是关于服务学习局限性的解读，例如联合国千年发展计划（UN Millennium

① 与此相关，探讨"源于饥饿所产生的希望"的紧张关系也许能阐明伦理教育的核心问题：想象与善于接受倾听之间的关系、理想主义与无情批判之间的关系、形式与开放性之间的关系、权威与暴动之间的关系、专业知识与广泛大众之间的关系、精神饥饿与身体饥饿之间的关系。

② 基于这个理由，对于政治自由主义的全面批判，参见 Romand Coles, *Beyond Gated Politics：Reflections for the Possibility of Democracy*, Minneapolis：University of Minnesota Press, 2005, 以及 Alasdair MacIntyre, *Dependent Rational Animals：Why Human Beings Need the Virtues*, Peru, Ill.：Open Court Publishing, 1999。布洛赫认为，在哲学史中，这种关于权力负荷的认知上的限制具有相似的表现形式，即重视"静态存在"而非"发展过程"。与此相关，他还认为阶级权力复杂的意识形态力量限制了当时精神分析论述领域的变革，这与"无论'饥饿'的咆哮多么响亮，医生都对此置之不理"的事实密切相关（65）。

Development Project）也存在缺陷。尽管后者将学术知识与现实世界中的人和问题联系起来，但是，在一定程度上严重忽视了接纳性参与的重要性，以及其与"本来应被当作预设的理想目标"之间的关系。于是饥饿与贫穷的人更多地成为了知识对象，而非知识主体，确保向他们施加影响以传授特定的知识，帮助他们实现脱离"底层人群"的动态改变。布洛赫的著作阐释了这个"恶性循环"，并鼓励我们借助更有希望的实践与伦理政治理论来摆脱这种循环。

第三，这些观点表明，我们理应开启超越受到误解与政治牵制的模式。很大程度上，这是要将饥饿问题**与饥饿群体以及比"象牙塔之中的我们"更接近饥饿问题的人联系起来**。这既是学术任务，也是政治任务，如果想要实现长远发展，二者缺一不可。布洛赫的成果表明：跨越界限和混淆目标的关系及关于穷人的教育实践活动，对于激发伦理紧迫感——**一种充满力量的渴望**，显得尤为重要，并会随着上述关系与约束的缺乏而消亡。换句话说，问题在于，缺乏上述关系时，不仅饥饿**主题**自主地"消失"，而且这种对伦理与政治进行改变的**力量与渴求的迫切性**，以及能够推动并使之实现的知识渴求的迫切性，会因在历史阴暗面中建构的距离而从其自身产生并支持的论述中消失。我认为确实是这样，学术探讨**跨越了政治谱系**，处于学术领域的远端。或许这些"被建构出来的距离"消耗了这种迫切性，带来了**最**不道德和反政治的影响，而这些距离也超越了其所产生的神秘感。① 因此，我对批判道德主义表示深切的同情，如果他们仍然纵容这种已经普遍存在的"缺乏迫切性"，那么他们就做了一个错误的决定。

241

研究与教育沿着建议选择的方向前行，绝非易事，也并不意味着没有风险。饥饿和贫穷的人以不同的方式与学者们经受着同样的伤害，保持

---

① 我的观点并非谴责这种距离，各种形式的距离可能有助于思考与实践。然而，我试图批判建构特殊距离的实践。如过于单一、无法调试、难以改变，并且从整体上讲，它们无法被并置比较，并从"非极度相关"的知识与实践中汲取经验。

着同样的冷漠。我们不知道该如何跨越无处不在的冷漠隔阂与权力界限，从而建立关系。几乎一切都需要探索。最后，我将介绍几个较有作为的论坛，作为本章的总结。

在美国的许多城市中，工业区域基金会（the Industrial Areas Foundation，IAF）与其他团体正在组织"草根民主联盟"（grassroots democracy coalitions），联合不同种族、民族、宗教信仰、国籍、阶级与意识形态的人，以解决众多的社会疾苦问题，并尝试建构激进民主的反主流文化与权力。有组织的知识参与型集会联同与一些这样的力量吸纳高校学生、教师以及学术圈外的人们共同参与"草根领导"活动，尝试一同增进人们的伦理政治理解，并激发我先前所提到的"紧迫感"。厄尼斯特·科特兹（Ernesto Cortez）与工业区域基金会西南区的其他人定期在"跨信仰教育网络"平台（the Interfaith Educational Network，IEN）举办类似的集会。并且该基金会东南区组织者杰拉德·泰勒（Gerald Taylor）与其他几位组织者和学者（包括我）发起了一个类似的论坛，叫作"第三重建机构"（the Third Reconstruction Institute，TRI）。"跨信仰教育网络"平台力求每几个月召集组织者和领导者共同开会，以期与顶尖学者展开深度的探讨并从中获益。研讨主题涵盖种族、政治经济、宗教、公民社会、民主等。此类研讨会为那些参与日常政治生活中紧急要务的人提供了一个可以从此类紧急事件中抽身的机会，以便进行更广泛的反思。许多参与其中的学者通过不同的方式证实了此类集会的效用。对许多学者而言，从事相关日常事务的人对我们的工作的严肃、认真且批判性的探讨，都是有影响力且具有 242 变革性的经验。很多学者不仅从日常知识与方法中学到了很多，还发现自己已受到了工作紧迫感的感染，而这正是严谨的学术环境所缺乏的。在草根激进分子与学者的交集中，产生了知识的新模式、新的动力类型以及新的可能性，许多人开始逐渐相信这对重新建构高等教育实践十分关键，能够以批判性和鼓舞性的方式思考公共问题和公共目标。

最近出现的"第三重建机构（TRI）"比"跨信仰教育网络（IEN）"迟了十余年。诸多学者参与了其建立过程，旨在提供一个平台，使学术研

究与教学方法的意义及实践经验，都能通过与学术圈外的草根领导者进行
对话交流而得以改变。我们的学者对这样的交流有独特的兴趣，甚至比组
织者更感兴趣，但不同的兴趣也有重合，推动着常规工作的开展。大约
十二位来自第三重建机构的学者，会与三倍数量的来自东南区域的"草根
民主积极分子"共同参与到讨论中。① 这些讨论绝非易事，但在某种程度
上，在每次为期两天的研讨会中，都会产生极具意义且能让人持续受益的
感悟。在每一次研讨交流中，我们都会就大多数学者的理论研究倾向与草
根激进分子的更明确、更具故事性及更直接的实用主义倾向展开沟通，以
期建立富有成效的联系。由于没有固定的参与形式，所以当学者们在既定
环境中聚集时，会以自由的方式创新互动模式。而这种模式使讨论氛围更
加紧张，讨论过程通常十分活跃，会在不经意间提出丰富的观点，如列举
大量关于"种族主义"经历的具体事例，并将其与相关理论阐释结合起
来，从而将种族问题理论化。但我们仍处于形成性阶段，大部分参与者都
受到看似有影响力的"可能性"的鼓励，但其可能并不成熟。

　　然而，这些跨越界限与混淆主流学术目标的集会，在许多方面是令
人沮丧的，但我认为这也是一件极好的事。有时学者们会感到挫败，因为
当我们探讨关于种族、民主或劳动法规的理论时，他们发现在非学术方
面，其对理论的关注度不够且缺乏敏锐性，这就导致某些理论框架未得到
充分审视。同样地，一些草根参与者发现，讨论中的许多理论重点过于抽
象、不具相关性且"不切实际"。经常会出现"我们究竟在做些什么"这
一问题。而且，真正饥饿且贫穷的人并未参与其中，受教育水平最低的与
会人员有时会在讨论中感到困难，并有挫败感，而这在许多学者看来却处
于可以普遍理解的水平。

　　为什么我认为挫败感是"一件极好的事"？第一，因为它能够让我们
保持警醒，并激发我们在研讨会中的创造力，从而彻底改变我们的参与模

---

① 目前这些学者大部分来自于杜克大学，尽管我们的计划是创立一个大学联盟组织以管
理这个机构。

式、关注点、目标意识——人际关系。或许这能帮助我们向彼此及真理敞开胸怀，否则，在其他情况下是很难实现的改变。第二，因为我认为其具有"**多元化**"与"**渗透性**"的影响。"**多元化**"是指这种挫败感能促使我们产生超越现有组织形式的其他对话和参与类型的需求。我很感激研讨会正在以这样的方式进行，同时也很珍惜其他形式的伦理和政治研究及实践，如本科生课堂、研究生研讨会、跨学科教员研讨会、与其他政治理论家的亲密交流，以及作为活动家与其他积极分子的交流。我对"**不同领域**"共存的学术价值与政治价值，以及对此进行反复研究的价值有了新的认识。我也知道，那些贫穷的人并没有参与其中，这促使我努力以扩大交流范围的方式组织此类活动，如在教堂、施粥场、邻里组织场所等。

"**渗透性**"是指，在"第三重建机构"中产生的挫败感与顿悟，激发了我在其他领域的创造力，并将新的经历、见解、问题、参与模式、紧迫性与可能性及新的感受引入这些领域，一个关于"自我与他人"哲学观的研究生高级研讨会，让我们完成了一些有价值且具体的工作，但必须改变"第三重建机构"中已有或未有的模式作为回应。这是在不同领域间双向诠释的"问题"、"见解"与"活力"。每个领域的学习都会超出其自身范围，推动并影响其他领域的改变，甚至强调了这些领域之间区别的价值。 244
希望这篇文章中存在矛盾的部分，能够作为"多元性"以及我所倡导的关于"参与模式"、"活力"以及"专题工作"等方面的"渗透性"的标志。

我怀疑多数与研究、教学、论争等相关领域的多元性，可能会就"高校工作人员"与"以其他方式关注其他方面的人"（包括处于饥饿中的人们）之间的关系形态与变化方式，提供一种可能性的暗示，表明其会朝向更智慧、更道德、更民主的方向发展。在高等教育的主流实践活动中，对普遍存在的关于忽视结构、地域及意识形态方面的托词进行批判，其意义并不在于我们应该打破领域之间的差异，寻找普遍相似性。这既不能满足，也不利于持续阐明由饥饿产生的希望。相反，这个想法能使我们处于各种相互了解、具有启发性、不断变化的领域中，直接或间接地将我们纳入多重反思性的政治关系中，与我们中的"卑微一族"共同认识并努力创造一个更好的世界。① 更进一步地说，其鼓励我们在反思领域去接纳定期参与活动，抑或是没有参与活动的人（例如，定期在教堂和施粥场与穷人进行交流的牧师）。

如果缺少对"多元化"与"渗透性"的肯定，我怀疑大部分学者在面对底层贫困民众的饥饿与痛苦时，依旧是洋洋自得、无动于衷且自私自利的。没有任何道德教育方面的论述能够改变这一现象。一切都依靠我们的努力，为道德与政治领域的研究与教学提供创造性空间。在这种情况下，他们就不会在面对饥饿问题时视而不见或袖手旁观，而人类身体的饥饿必然与驱使人类登峰造极的渴望紧密联系在一起。

然而，多元主义、紧张、难以理解、耐心与倾听，对于努力追求正义、真理与民主至关重要。此外，对道德主义危险性的合理担忧，正如车尾贴（bumper sticker）所呈现的：如果你没有感到愤慨，则说明你并未足够关注。在我看来，重点不是超越愤慨来改变政治活动或道德教育，而是要以创新的方式去"调动"和"安抚"，使这种愤慨成熟理性地发生巨大变革。

---

① 在其他部分，我用大量篇幅探讨了民主参与的接受模式。我认为，鼓励学生在参与实践中学习，能够为其提供关于服务学习传统模式的重要选择。参见 Romand Coles，*Beyond Gated Politics：Reflections for the Possibility of Democracy*，Minneapolis：University of Minnesota Press，2005，一书中的章节《流动的民主》（*Moving Democracy*）。

第四部分

何种美德？谁的品格？

第十三章　是否存在一位伦理学家？
我们该如何辨识？ ①

戴维·A. 何克满 （David A. Hoekema）

我们大学图书馆外的走廊上，有序地排列着一张张桌子，工作人员正忙着查阅学生姓名、分发材料以及进行各种测量。正值春季学期伊始，将于5月毕业的学生们，穿梭于这些桌子之间，核对着预备任务清单上的各项事宜。有的在测量他们参加毕业典礼时所需的方帽、长袍，有的被销售人员缠着购买毕业纪念指环与刻花邀请函，还有的被邀请向学校赠礼。更早前，他们收到了一份通知，内容是关于其能否在春季学期末修满授予学位所要求的必修课程和专业主干课程学分。其中一些人还收到了礼貌但严肃的未偿付罚款或欠款通知。

然而，有一项要求，即参加由大学校长或学院院长教授的道德哲学高级必修研讨班，尽管早在一个世纪以前，这就已经成为大部分大学毕业生的必备条件，但无论是在我们大学还是其他地方，都无法在任何毕业清单上找到这一项。我很好奇，当院长坐在这一排的最后一张桌子后，手持一张通知单，要求即将毕业的学生们在离开学校前必须完成这一研讨课程时，学生们会有何种反应。但学生们也有可能会抵制这样一项要求，因

① 感谢伊丽莎白·基斯与彼得·尤本，以及参加2005年杜克大学主办的专题研讨会的与会者，对本文口述版本提供了极富见地的意见。同时感谢加尔文学院哲学系的同事以及杜克大学出版社的匿名读者们，对本文初稿所提供的建设性意见。

为院长几乎不可能说服校长在每个春季学期都向所有毕业生开设这样一门课。

250无论怎样，在近一个世纪的时间里，关于道德哲学的必修教育已经从大学的博雅教育课程中消失。诚然，当今许多学校仍然在哲学或宗教学习领域保留了这一课程要求，将其作为道德哲学课程的衍生与延续，但其原始课程的特点已很难辨识了。在今天的课程中，伦理问题通常被置于"历史情境"或"比较语境"中来处理。授课者小心谨慎地防止自己所说的任何内容被解读为"灌输"，以此来鼓励多样化观点的发声。无论是综合型大学还是专业院校，又或者是公立学校、无宗派的私立学校还是教会学校，这些课程均无太大差别。对于"什么是正确的"学习，曾经是美国大学博雅教育课程的核心，然而，在今天的大学课堂上已不复存在了。

当前博雅教育的目标主要包含对一系列问题的广泛认识，其中涵盖西方思想体系（有时是"非西方"的）与价值层级，以及运用一系列概念工具分析并澄清宗教与道德领域中的矛盾问题。然而，你可以迅速浏览上百门哲学与宗教入门课程的大纲，但不会发现任何一门课的目标包含教授伦理以及提升学生的道德品格等相关内容。今天的大学虽教授"道德"的相关内容，但不意味着它们真正地教授道德。

为何道德偏离了中心舞台？

道德作为一门学科，在北美高等教育中的衰落是由多方面因素导致的。其中最重要的原因是，大学机构的逐渐改革提供了一种独有的方式，使国家中年轻的社会精英通过多种广泛渠道转变为合格公民。此外，高等教育与社会中宗教多元化的发展以及新教主流地位的逐渐衰落，也发挥着重要作用。校长们提到早期的毕业生，通常可以猜想这些来自受尊敬的新教徒家庭的青年人，在不久的将来也会加入父母的行列与职业中。然而在今天，我们却不可以做同样的假设。

我们必须谨慎地假设，道德哲学课程曾有效达成了其所宣称的目标。19 世纪的大学毕业生可能比当下的毕业生更加清楚该如何使自己成为文明社会中的绅士，但是，当时社会盛行的道德标准却宽恕了如今被我们认定为粗暴且毫无悔意的"种族主义"、"性别歧视主义"和"精英主义"。在美国社会的最高阶层中，比 21 世纪"安然公司高管"及"庞氏诈骗中销售员"更贪婪的"强盗贵族"破坏了环境并剥削员工。当前"工会瓦解"牵涉的仅是"发布负面广告"和"破坏工会领导力"问题，然而一个世纪以前，却与"暴力镇压"和"流血事件"相关。道德哲学在博雅教育课程的黄金时代绝不是道德行为的兴盛时期。

柏拉图在《美诺篇》（*Meno*）中探讨了教授美德的可能性问题。他认为，如果确实是可教授的，那么我们就不难确定谁是最具资格且最能发挥作用的教师。然而所有能胜任此角色的主要候选人都被证明是不合格的，柏拉图似乎得出一个结论：美德终究是我们无法通过学习获得的。[1]

这与每一位家长或教师的亲身经历截然相反，他们始终关注，并试图帮助学生迈向道德成熟和责任的"蹒跚步伐"，使其从童年向成年转变。柏拉图的结论确实带有讽刺意味。他揭露了那些声称要教授道德的人的不足，其实只是为了提醒，每一个真理追求者在道德问题上盲目追随"传说中的专家"是不够的。更准确地说，我们必须在争论与经验引发的挑战中检验这些教育方法。自称是专家的人可能被证明是毫无知识可言的，只是一种伪装成"智慧"的"傲慢"。

当代的学术环境再现了同样困扰着柏拉图的罕见困境。大学概况手册（College Catalogs）上充满了关于"四年博雅教育深刻影响"的高谈阔论，认为专门设置这些博雅教育课程旨在培养国家和世界的未来领导人。校友杂志中以大量例证突出强调了一部分人，他们具有强烈的使命感，以及通过多年学习培养而来的，与压迫和不公进行不懈斗争的品质。但当我

---

[1] Plato. *The collected Dialogues of Plato*, *Including the Letters*. Translated by E. Hamilton and H. Cairns. Princeton, N.J.: Princeton University Press, 1982, p.380.

们仔细检视这些课程内容时，几乎无法找到直接解决"如何分辨是非"问题的内容。诚然，学生们通过已开设的伦理课程学习如何定义道德术语及精准地使用它们；追溯关于"善"的道义论（deontological）和结果主义
252 （consequentialist）理论的精神财富；以及对比儒学和托马斯主义关于"有道德的人"的基本概念。然而，如果我们询问授课教师的课程目标是否涵盖"美德培养"，我们会得到一个快速且有力的否定答案。当我们转过身时，很有可能会得到一个警告信号，即提醒公共关系部门，校园里出现了一个有可能来自右翼杂志、心怀不满的校友会或者纳税人团体中的不速之客。

大学概况手册和校长致辞不断地向我们肯定，开展博雅教育能够强化道德、灌输美德，却没能告诉我们应该如何做。如果美德真的可以被教授，我们该从哪里找到老师呢？目前已经没有关于道德推理的必修研讨班，在其他课程中也几乎没有一丝道德引导的迹象，大学却仍然被视作培养强烈道德信念的地方。这种设想是被认可的吗？是否还有其他社会机构能够填补这项空缺，替代学校所规避的教授道德的职能？

目前伦理之所在，第一部分：职业与规则

事实上，我们身边还是存在着许多伦理学家，无论是在校园内，还是在校园外。但是我们不知道如何找到他们，并且他们的职位描述可能会令我们惊讶。在美国社会中，有一大批专业人士夜以继日地承担着道德教育的职能。但当我们发现他们是谁时，也许会惊讶于他们的作用是如此之大。

我们会注意到，两类群体的道德声明对当代美国道德产生了深远影响，但却很少被熟知。第一类群体存在于商业、工业、法律领域，其主要角色就是通过施行规则来凝练这些职业的特殊责任与使命。

《杜恩斯比利》（*Doonesbury*）中的虚构人物乔安妮·阔克斯（Joanie

Caucus），她在青年时期选修了一门法律伦理课（在虚拟的加州大学伯克利分校法学院）。一位杰出的教授站在坐满法学院学生的大阶梯教室前，慷慨激昂地说着这样几句话："这个法学院旨在培养负责任且有道德的法律从业者，他们所追求的是一个更加公正、平等的社会，而非自我膨胀。我们新开设的一年级必修课《是与非基础课》（Right and Wrong 101）就是为此目标服务的。"一个学生举手问道："这些关于是非对错的东西会出现在考试中吗?""不会，当然不会的。"教授迅速答道。

今天，伦理出现在大多数研究生专业学习的考试中，以商业伦理、工程伦理及法律伦理等必修课的形式呈现。然而，这些课程的适用范围与目的，通常是依据学生未来雇主们的期待量身裁定的。人们期待"有备而战"的执行官、工程师和律师，能够了解并遵守关于职业行为的一套特定准则。这些课程很少从广泛意义上关注伦理操守，更大程度上是为了遵守规章制度，以保护未来雇主与合作伙伴免遭诉讼和刑事起诉问题的困扰。

工程学院和法学院中教授的伦理，换言之，其实并非像苏格拉底要求的那样不懈地进行精神自省与道德探究，而是为了逃避公民义务与刑事责任。职业学校的伦理课程，与其说鼓励学生去反思构成高尚品格应该具备的素质，不如说更关注工程师或律师在与公司或合作伙伴解约之后，需要再等多长时间才可以去其竞争者的公司或政府监管机构工作。工程伦理课并没有停留在苏格拉底提出的问题上，诸如美德的构成到底是多元的还是单一的，这些伦理课程只能提供一些咨询指导意见，比如在你帮助高尔夫球友避开"密封招标程序"而遭到起诉时。但这些并非是无关紧要的琐事，为管理这些关系提供明确的指导方针，有助于维护工作者与客户之间的信任。然而，过于拘泥于具体的问题，意味着你会忽视关于道德品质和责任的"大问题"。

当人们浏览网上关于管理职位的招聘信息，以及主流报纸上关于伦理的信息时，就会发现这个论断是十分明显的。例如，一个规模较大的保险公司招聘"道德与合规专员"（Ethics and Compliance Officer），其核心工作职能是"调查并确认立法和监管的要求与趋势，以及与主要运营伙伴协同发展并降低风险"。一个生物科技企业，使用更为通用的职务名称，即"遵从法律规范"主管（Director of Legal and Regulatory Compliance），这个职位的主要职能涉及"为实现全球化运营，完善组织伦理、商业行为与合规职能，并提供指导"。① 科学与工程协会正式通过伦理准则，他们定期发起信息会议，强调从业者必须遵循规则，以避免利益冲突并防止诉讼。

这就是我们今天可以找到的，实践伦理学家工作的地方：职业行为准则领域。这个领域的伦理学家是仅关注于法律、商业与工程领域研究生培养机构的职业伦理课程的教师。合规管理者的职能是提供专业实践的具体监督指导，使其雇主免受法律困扰，并在这个狭义伦理层面拥有大量的专业知识。

在此理解中，我可能夸大了伦理学家所从事工作的狭窄视野。确实有很多企业采取超越"律师为证"（lawyer-proofing）的行为准则，强调为社会作出更大的贡献。例如，一个大型制药企业制定了一则信条，以明晰企业及其员工对医生、护士、病人，地方和全球社区及其股东的责任。② 美国电机工程师学会的行为准则序言是如此地振奋人心：

> 诚实、正义、礼貌形成的道德哲学，同人与人之间的相互利益形成了伦理的基础。工程师需要认同这样一种标准，不是被动地遵守，而是将其作为指导行为及生活方式的一系列鲜活原则。工程师的职责，即根据这些伦理准则进行专业实践。③

---

① 两个案例均来自于求职网站 Monster.com，在列表所显示的众多职位中，以"伦理"作为关键词进行检索。

② "Our Credo"，Johnson & Johnson，参见 http：//www.jnj.com.

③ 《美国电气工程师协会专业行为准则》，参见 http：//ethics.iit.edu/codes。这是一套十分有用的职业道德行为准则，由伊利诺伊伊利工学院职业伦理研究中心编制，该准则从1950 年起正式执行。

然而，站在这样的认知高度，我们很快屈服于实际问题。例如，如何为客户的公司保持稳定的财政收益，以及如何尊重"为参与工程的人提供适当且充足的报酬"的原则。

目前伦理之所在，第二部分：咨询专栏作家

可以在每日报纸上发现伦理专业人士的第二大群体——不在招聘广告中，而是在社会文化版面，他们是多家报刊的咨询专栏作家。他们以发稿的形式为人们现代生活中存在的危机提供意见，譬如父母与子女、姻亲子女关系，婚姻中的财产及情感纠纷，工作压力，债务问题等。各报刊中也存在专门针对单身及已婚人士、非裔华人、亚裔华人群体、支持传统习俗人士而设定的专栏，甚至是为"新新人类"（Generation X）提供的时髦专栏。

大部分此类专栏，不像"道德问询"，而更类似于"非正式疗法"。大部分问题及回答都是围绕父母、夫妻间的相处困难、情感调节、处理抑郁或愤怒。然而，一个将"伦理"视为其主题的与众不同的专栏，在1999年每日新闻的"灰色女士"（gray lady）① 版面中首次出现，这是一份因过于庄重而不能刊登连环画与传统建议专栏的报纸。兰迪·科恩（Randy Cohen）的"问询伦理学家"（Ask the Ethicist）问答专栏每周在《纽约时报》中刊登，美国国家公共电台（National Public Radio）则在每周末节目中播出与科恩的实时问答直播。节目形式是标准的咨询建议专栏模式：读者们提出关于艰难选择的疑问，得到一两段实践性指导建议，建议通常是诙谐机智的，但有时也具有挖苦性质。科恩的风格更接近于每周媒体（weekly press）如塞西尔·亚当斯的《直接情报》（The Straight

255

① 《纽约时报》作为美国严肃报刊的代表，长期以来拥有良好的公信力和权威性，由于风格古典严肃，它有时也被戏称为"灰色女士"。——译者注

Dope）、丹·萨瓦奇的《狂野的爱》（*Savage Love*），而不是《安·兰德丝》（*Ann Landers*）与《亲爱的艾比》（*Dear Abby*）专栏，这些专栏在表面尖刻的语言下往往隐藏着明显的意图。

科恩强调他的身份不具有学术性资格。在一次在线期刊访谈中，科恩讲述了自己在两所院校中的平庸表现，并称自己从未上过任何伦理或哲学方面的课程，而是之前从事的电视撰稿人工作为现在的角色做好了准备。在他的《善、恶及其差别》（*The Good，the Bad，and the Difference*）一书的导言中，他评论道，"为戴维·莱特曼（David Letterman）撰稿，可能为初次撰写伦理方面的文章做了训练工作"。

科恩在一本杂志的采访中补充说道，自己一直在这份工作中学习。他并没有绝对地反对相关伦理理论的传统模式，但他驳斥任何一种普适伦理的可能性。"确实存在很多有益的道德训诫，但我并不会受其束缚。正如'绝对命令'（categorical imperative）①——有时我会求助于它，而另一些时候，它似乎不是一个有用的工具。"②伊曼纽尔·康德也不愿接受被他视为每个自由道德人的理性绝对命令——"道德法则"的内在本质，它只是现代伦理工具箱中的一把剪钳而已。

科恩的通常做法是向咨询者提供非常具体的建议，但建议很少遵循既定模式。他建议一位焦虑的母亲，应该正视处于青春期的儿子可能存在的嗑药问题；他告诉一个怀疑窥阴癖是否是错误的的好奇人士，当你的邻居每天淋浴不关窗帘时，你应该享受这场秀；对于一个父母允许其看限制级电影的青少年，需要向电影院经理隐瞒实际年龄才能进入影院，他回应道，不就是一个小谎吗？不必担心。③

---

① 绝对命令（categorical imperative），是康德的伦理学原则，即让自己的准则合乎普遍的法则而行动。——译者注

② *Media Bistro*，April 29，2002. 参见 http：//www.mediabistro.com。

③ 第一个例子来自于美国国家公共电台（NPR）2004 年 2 月 15 日的内容；其他例子来源于公共网站关于《善、恶及其差别》（*The Good，the Bad，and the Difference*）的"道德测验"。

如果科恩的建议背后隐含着所谓的道德理论，即如果其是可行的且不太麻烦时，则依照诚信与原则行事，但不必热衷于此。人生苦短，不必非得逞英雄。很多其他"个人建议专栏"的评论作家也会以相同的方式提供具体建议，告诫人们不要受制于一些所谓的原则和规矩。用"伦理教育"来称呼这样一个读者每天都能阅读到的、十分接地气的建议栏目虽然显得过于夸张，但是在每一条建议的背后，都蕴含着关于"有价值的人生"的愿景；并不是要致力于探求自省和无畏的自我否定，而是要顺应、接受自己应该承受的，享受生活的乐趣。

这里我所指出的两种伦理途径之间的矛盾是尖锐的，但也是具有启发性的。对于美国当代社会而言，伦理意味着两种截然不同的话语体系：一方面，鉴于专业学会的权威性以及监管主体惩罚行为的威慑力，将规则施于职业行为中且避免法律诉讼；另一方面，不外乎友好的陌生人通过直觉提出的系统性非正式建议。伦理要么是一种对于规则制度的坚定遵守，任何违反都可能把自己送上法庭；要么是一种识别什么是"有意义的"、"不是很麻烦"、"感觉良好"的直觉性、开放式过程。

在道德领域中，我们对专家建议的需要较为有限。伦理包括归属于某一特殊职位的严格规章制度，而当我们在研究生必修课程中学习过这些基础知识后，现在则是报名参加"周末复习培训"的好时机。在我们的余生中，道德是一项关于"友好相处"与"获得认可"的事物，而且邻居与朋友较之于"博士"更能为我们提供帮助。在职业环境中，我们需要遵守法则，但我们现在被唤醒的道德良心稍后会被吸引眼球的报纸专栏建议所影响，并告诉我们在日常情形中应该如何去做。257

这两所"伦理学校"隐性传递的教育信条是什么？或许可以这样总结：苏格拉底追求最佳人类生活的实现，并不在于"一个至高无上的形而上的现实王国"，正如他所料想的，这已经存在于每一个人的掌控之中。最好的生活是，在职业活动中遵守那些能让你摆脱困境、免于麻烦的法则；而在其他情形中，则随心而动，做你认为有意义的事情。

目前伦理之所在，第三部分：大学

但是大学校园中的情况又如何呢？这种二分的道德模型也存在于那里吗？举例来说，与更广义文化的影响程度不同，上述两种不同模型的直接影响作用是很小的。可以肯定的是，二者体现的道德观念在当代文化中是无处不在的，这种观念通过电视和大众娱乐进入每一个校园。但是，大学环境有一个独特且极其珍贵的特点，即学生对新想法和新挑战的开放性。高等教育的社会功能以及在青春期中伴随着认知形成的无尽能量，促成了这一开放性特点，使其成为一条通往成年的必经之路。

那么，与学生道德选择相关的思考中，占主导地位的影响到底是什么？在校园中伦理专家究竟是谁？他们在哪里？他们是否能够给学生注入一种更严格、更高要求的道德生活愿景，而非周遭文化的愿景？也许可以在三种不同群体的存在和影响中找到这个问题的答案。让我分别来描述这三个群体以及每个群体对学生道德形成的贡献。

首先，大多数学者对于校园生活理念最突出的构想是教室前面的指导教师。不管是有意识地还是无意识地，无论是系统地还是随意地，他们都充当着学生的道德向导。许多人会否认这是教职工的责任与职能，但事实上，这是所有教师都会扮演的角色，并且这也是校园道德氛围中最重要的元素。不仅仅是人文学科，如宗教、哲学、历史或文学的教授能发挥这一作用，社会科学和科学学科的教授亦是如此。虽然只有几门课程明确地涉及道德伦理问题，但在某种程度上，每门课都是关于伦理行为的课堂。

一般而言，不是课堂的教学内容，而是课堂交流对话的行为，塑造了学生对于生活之道的理解。这里，学生学会了什么是有力但恭敬的反驳，观察到了当一些学生无法掌握关键的概念时，教师的关心程度是多还是少。教师在编写试题、进行等级评分和分配任务，以及在对学生的抱怨作出回应中，教给学生关于道德的理念。只有少数的学生会沿袭与其教授

258

相同的职业，以此来规划自己的未来，但所有的学生都会被导师对其职业的理解所影响。他们可以区分一个"真正敬业的教师"与一个"仅为赚薪水的教师"，同时也可以区分一个"虚伪的教师"与"一个真正致力于促进学生知识增长与个体幸福的教师"。他们也可以轻易地区分"致力于追求更深层次理解的学者"，与"总是试图爬上更有声望的阶梯——追逐名利的人"。这些差异促使学生思考其职业计划并做好准备，他们塑造了学生对"有诚信、有责任感地从事毕生事业意义"的理解。

第二，一个规模较小但同样具有影响作用的伦理教师队伍，可以在学生生活中被发现。教导主任、宿管人员以及寝室顾问在很多方面与学生有所接触，其中许多方面都与学生具体的道德选择直接相关。不仅是当学生在做一些愚蠢、短视的事，并受到纪律处分时，学生生活管理人员才会和学生的个体道德生活有关系。在寄宿生活、学生组织、校内比赛项目以及志愿服务活动中，学校教职员工的角色不是权威人士而是协调者，并与学生进行密切的合作。从大学入学教育第一天开展的"高级周"（senior week）活动中，学生生活管理者就帮助学生了解他们是谁，并认识自身的价值。他们之间的相互作用通常不是过于层级化的，教师与学生的沟通也不那么正式，基于此，学生在面对压力与困难时，往往会求助于他们，寻求倾听与忠告。

那么学校共同体通常会提供何种指导呢？他们所能提供的帮助可能和报纸专栏作家一样微弱：尽量保持公正与诚信的行为，与人相处时，在不惹恼他人的情况下，你想做任何事情都是可以的。遵守规则，避免作出让自己陷入严重麻烦、令人发指的不当行为，但不用过于担心酗酒、捉弄欺侮或不成熟的性行为，如果你遵守规则的话，这些过失可能只会产生一个放纵瞬间而不会导致纪律处分。

我得承认我确实又夸大其词了。虽然这种无指向性肯定会出现在校园中，但可能不是典型的。最好的方式是，通过对话、实践活动以及学科交叉，学生生活管理人员不断挑战学生，使其自我选择的批判意识发展到更深的层次。他们强调，遵守学校规则仅是形成坚定道德取向和个人诚信

259

这一重要任务中的一小部分。对于不当行为的处罚会提供一种认真反思的契机，为什么某一学生不能达到学校对他的期望、其他学生对他的期望，事实上，还有他对自己的期望。

对于学生生活管理人员是否认为其有权给学生提供任何具体的道德指导，则在不同学校甚至是不同人之间都存在很大差异。在一般情况下，他们的影响往往是隐性且间接的。学校环境亦有很大影响。在一个规模较小的教会大学，学生与工作人员都要花时间探索道德与个人责任的问题；但在一个规模较大的州立大学，他们可能会发现这种对话是不可思议且不受欢迎的。

然而，在每一个校园里，不管设施如何、规模如何，我们总会发现一些与学生一起认真从事道德问题探究的学生生活管理人员。即使道德话题鲜少出现在话语表面，这些问题总会存在于处理学生与宿管人员、楼层顾问与辅导员之间的人际关系的实际应用中。如此，也就构成了学生校园生活的一部分。和学生生活管理人员相比，没有任何其他人员能如此深刻地影响学生的道德成长。

在继续阐述第三组道德教师之前，我要提及另一个群体，这个群体的角色在不同校园间的差异是极大的，我认为它是学生生活社区的一个小集体：那些协调校园宗教生活的人。这包括大学任命的牧师、校外学生中心的青少年牧师、附近教会的神父、牧师、拉比以及志愿者等。这些人以不同的方式反映了不同学校的历史、规模、人物和内容，几乎在所有北美的大学校园里都可以找到宗教的存在，无论过去或现在，无论是否具有友好关系。

对于一些学生而言，宗教领袖在所有的教师中是最重要且最具影响力的道德向导。一个校园牧师和一起参加礼拜的学生之间的关系，要比校园中任何一种成人与学生之间的关系都要亲近。然而，在当今的校园中，让校园牧师作为主要的道德教育者是具有误导性的。他的知名度和影响力在各校园之间具有明显差异，即便其有一个突出的公共角色，其作用范围也仅限于一小部分学生。为了我们的目的，我将简单地陈述学生生活管理人员在某些情况下发挥高效影响作用的例子。

下面，我将对在每个校园都能找到的第三组道德专家进行论述：校园组织的主要学生领袖。我们知道，青少年往往会被其朋辈榜样及其意见所深深影响，但不是对所有人都有类似的影响作用。学生特别愿意观察、欣赏并效仿那些已经在学校学生文化中具有较高知名度和责任感的人。个人和组织谁能发挥最重要的作用，取决于具体的校园文化和历史。运动队队长和明星球员、学生自治会领袖、政治集会的组织者和学生记者通常都在其中。普通学生把这些同龄人看作他们渴望成为的一些人的代表。

相对而言，学生领袖和他们成员的关系，可能较少涉及关于道德和个人责任问题的直接讨论。但在表面之下，却存在很多伦理指导。学生会模仿他们所崇拜的学生的选择，甚至是其生活方式。这就是说，从长远来看，在我们的校园里最有影响力的"伦理教师"可能是其他学生，而我们作为教职人员却往往会把其看成道德接受者，而非指导者。 261

因此，共有三个不同的群体能够为当下的学生提供道德指导。可以确信的是，虽然每一个群体都与大学校长向毕业生讲授的道德哲学有所不同，但每一个群体都对塑造学生关于"期望成为何种人"——一个负责任的成年人，发挥着至关重要的作用。

校园中的伦理：当前的两个谬论

既然拥有这些教师，难道我们不应该期待向所有步入校园的学生有效地教授伦理吗？当然不。这超出了本文对当今校园道德氛围进行评估的范围，但明确的是，学生行为的严重性、持续性问题始终存在，特别是维护学术诚信，对破坏性与自毁性行为负责是所有高校的职责。酗酒问题不仅在传统的"派对学校"（party schools），而且在最保守和严格的大学社区中都是一个严重的问题。众所周知，作业和考试中的作弊情况难以精确测量，但任何敢断言自己在校园生活中从未有过此种行为的人，肯定是自欺欺人。

然而这种"道德赤字"现象并非由于缺乏伦理教师而出现，它产生于对两个错误教条不加批判地接受，为了我们的学校和学生，我们需要挑战这些谬论。

第一个谬论是"学生身体与思想分离学说"（Doctrine of the Separation of Student Body and Student Mind）。在今天，几乎没有人支持古典笛卡儿的二元论（classical Cartesian dualism），然而我们的校园在日常运行中似乎将其视为毫无疑问的真理。全体教员要对学生的心智培养负责。授课教师要负责准备引人入胜的讲座，设定具有挑战性的任务，并通过做研究和学问促进自身思维能力的不断深化发展。

然而，学生在他们课堂以外的生活中表现如何却完全不在教师的关注范围内，例如，他们在周末做什么，如何建立友谊和恋爱关系，以及吃什么喝什么。对于学生生活的这半部分，我们有体育教师、校内职员、党派人员以及学生生活管理人员。这一分歧意味着学习与生活是分开的，并表明课堂上的知识探究与生活中的社会维度并没有特别的关系。课堂上，你应该努力学习并争取好成绩，这些获得的知识将在未来的生活与工作中帮助你；然而，课堂之外，你应该做使自己快乐的事。过多思虑个体生活中所做出的选择，只会使你们分心、迷惑，最好的生活就是和同伴相处融洽，并享受自己的生活。这是一种隐蔽传递的信息——我们的学校对学术生活和社会生活进行了严密区分。

第二个谬论是道德伦理问题是否存在答案。当然存在。毕竟，没有人认真质疑过，是否存在一些家长不应该对子女，或主人不应该对宠物做的事情。然而，我们许多同代人都坚信这些仅仅是个人的喜好，除非个人赞同，否则道德的要求没有效力。而正是这种态度深深影响了校园。

对独立以及对学生日趋成熟的尊重态度，已经逐渐演变为一种被我们称之为"道德异议法则"（Law of Moral Demurral）的教条：没有任何一个人的道德标准对所有人都是有效的。这相当于"第十一诫"："你不应该告诉你的邻居做什么。"教员和学生生活管理职员一样，倾向于相信这一谬论。有些教师不愿意去挑战那些利用他人、无视规则、欺骗朋友以及使易受影响的同龄学生产生破坏性行为的学生。因此，这种教条的信奉者都会退后，并迟疑地问道，这种情况下是否所有学生的价值观已经被仔细考量。不想看起来是"说教式"或"审判性"的，他们小心翼翼地避免使用道德范畴，反而问学生是否已经进行过周密考虑，且他们目前的行动是否符合自己的价值观体系。出于这样一个法则的隐含信念，即便有时确实需要一种及时的语言加以制止，宿舍主管、教授等都会倾向于采取一种尝试性询问。

为了使这两个教条能够被更清楚地认识，这里可能对其过分强调了。但是在夸张背后隐藏着我们校园里一个令人不安的事实，这反过来又反映出社会中堪忧的状况。我们真的不能相信在大学概况手册中所说的，"学校将促进伦理意识、社会能力以及智力因素的发展"。作为一个学术团体，我们甚至不能同意道德问题有确切答案。

我们可以给予学校中的伦理学家更多空间吗？

对于毕业生而言，道德哲学必修研讨会的传统已经沉寂已久，没有一个院长或校长愿意在任期内梦想着恢复这一传统的生命力。但这一曾在学生道德形成过程中占据重要位置的事情，却并未获得相应的伦理指导。几乎没有任何学术项目与辅助课程，会将提升学生的道德成熟以及培养强烈的个体诚信作为教育目标。认同伦理需求的社会态度，很大程度上与具体的职业责任相关，其他方面的伦理需求则依赖于享乐实用主义的专栏作家的建议，很少受到大学校园中的有效质疑。

然而，依然存在伦理教师：他们中的许多人处于不同的环境中。在我们的校园里，有大学教授、学生生活管理人员以及学生组织与学生活动的领袖。学生在校园中的道德学习主要来源于这三类群体。

但是这些团体中的成员，是否真的相信他们可以教授一些实质的东西？许多人都不这么认为。授课教师认为，他们有责任和权威向学生教授关于历史、生物或会计等方面的知识，使其获得更深刻的理解，但这不包括道德。学生生活管理人员认为他们的角色是解决冲突，执行一些更严格的校园规则，帮助大家更好地相处。学生领袖在学习如何承担成人责任时也需要指导。

如果每一个德育教师都认为自己没有任何可以教授的东西，那么学生要向谁学习呢？最后，他们会互相学习，在没有任何系统性援助的情况下，学习什么是道德成长，即批判、挑战以及精炼出"什么是让生命具有价值的东西"。在鼓励之外，没有提供任何相关且明晰的道德框架帮助其适应并享受生活，学生将会以他们所崇敬的同伴或成人为楷模。在一切良好时，他们会以自己舒服的方式相处。但在发生危机与冲突时，尤其是出现艰难选择时，他需要一双敏锐的眼睛来审视道德的细微差别，以及勇敢的心使之前行，但不幸的是，他们还未准备好。

这会有什么结果呢？这是一个让高等教育界寝食难安的问题。在今天的大学课程中，缺乏有效的伦理内容，可能导致未来的父母和企业领导人不能更好地为有效解决紧迫性问题做好准备，这就好比医生刚从他们的朋友那里学习医术、获得文凭，便开始进行手术一般。

但我所描述的这幅画面，至少在一个方面显得过于悲观。那些行为上看似相信了以上两个谬误的人，其实并非真的认为知识与社会生活应该保持完全独立，或者道德问题无法回答。他们的行为表明，这些谬论好像是真的，因为这些期望已经在校园中得以实现，但他们实际上了解得更多，并已经认识到这些错误教条所造成的负面影响。大学机构中大多数参与者，包括全体教员、学生生活管理人员以及学生，都愿意参与到关于当代社会所面临问题的道德讨论中来。但他们在此方面并没有太多实践，因为他们相信这并非其职责。

我们需要在学校中实现关于伦理问题的深刻探究。当前学校中有许多伦理专家，他们都具有很高的道德分析能力，并致力于追求正直的生活。然而，其中大多数人都未认识到这些特性与其作为教授、院长和宿舍主管之间的联系。我们需要调整我们对学生与教师的期望，通过一些方式来提升，而非阻碍有效的道德引导关系及道德模范作用。

我们的大学校园在这方面发生变化的可能性究竟有多大？不管是好是坏，地域发展无疑会引发这样的变化。例如，我们逐渐认识到环境退化与农业生产造成的潜在成本，这已经激发许多学生深刻地思考横跨大洲与时代的正义问题。那些广为人知的不当行为，特别是涉及著名运动员时，可能成为重新认真审视校园道德氛围的催化剂。在不同程度上，通过本土化的指导方式，许多学校将更多的注意力集中到道德与智力发展的问题上来。即使他人并未立即跟进，但是在这一转变中发挥引导作用的范例很可能会受到广泛重视，并最终被效仿。

重塑"通识教育之伦理核心"的意识所需要的资源条件，已经在每一个校园中就位。在过去，对道德问题的忽视，不是忽视道德，亦不是由于对我上面所描述的两个"错误法则"的信奉。相反，这是因为一种信念，即道德不再是大学的分内事，以及教师不愿意承认其对学生的道德影响应超越学术影响。但是仍然有一些教师、许多校园生活管理人员及校园牧师，坚持更完整的学生生活视角。当他们准备更关切、更集中地促进学生的道德形成时，他们就为协助教师做好了准备。

有时，结果也不尽如人意：一些教师不能做到超然，且只能接受一种已获得的道德教育，虽具有很强的信念却在相互尊重方面较为薄弱。其他人会发现他们作为道德指导的新角色并不适应，从而撤回至其长期占据的价值中立之地。但也有人发现，当他们准备和学生进行伦理与学术问题的对话时，教师对于研究工作的满足感以及学生对于自身学习的成就感就会大大增强。正确地拒绝19世纪大学中关于基督教伦理教育的霸权构想，在许多情况下，这种构想会更准确地被标记为"白人男性新教徒精英的道德和礼仪"，他们将寻找新的方式，尊重多元化、对不同观点兼容并包，以及牢牢把握被视为"具有道德完整性的人"的态度、习惯及二者的关系。

今天校园中的道德氛围并不健康。学生面对着比以前更为复杂与令人费解的道德挑战，然而，在每一天与成人的互动中，他们却很少能获得指导，不能明白该如何处理这些纷繁的问题。我们祖辈所信奉的、解决"道德无根性"（moral rootlessness）问题的传统方法已经不再奏效，即由大学校长分发的"自由的道德主义"药剂已经无法获得，并且不能通过临床标准的检验。

文化所提供的新的治疗方法不再有效。学生需要指导，但绝不能通过遵循某种职业规则而获得狭隘的伦理解释，或依靠报纸专栏提供的直觉性建议而得到解决，所以我们需要比这更有效的"药剂"。

当那些参与者已经开始在大学中行动时，新的应对方法才会变得更加有效，即为学术机构中每一个相互关联的人提供机会，使之成为相互关切且负责任的道德主体。我们终会发现，关于"这究竟意味着什么"，我们其实已经知道很多，并在很多方面都可以相互传授经验。

所以，在我们的学校中，存在着许多的伦理学家，我们所需要的仅仅是——为他们建立一种允许其开展工作的制度结构并提出期望。

第十四章　当今大学道德教育的可能性

J. 唐纳德·穆恩（J. Donald Moon）

　　目前，许多学生和教师对实施道德教育的可能性持怀疑态度。事实上，总体来看，人们有时怀疑博雅教育的目标并未形成一致性意见。部分原因是知识的不断增长与专业化发展，但也许更重要的原因是（相对而言）同质化文化精英（homogeneous cultural elite）的消逝，我们不再对一个受过高等教育的人所应了解的事情有整体性把握，因此也就对课程的构建不甚清晰。然而，从大多数高校的具体实践来看，人们似乎都对三个广泛目标持基本一致的看法，即对于特定科目的掌握、学习的广度以及对不同领域知识的整合。在本章中，我将利用这三个被大众广为认可的目标来阐释第四个目标，即把实践判断（practical judgment）的培育作为道德教育的一种形式。

　　人们对上述目标最强烈的共识，似乎是关于"掌握"这一目标：随意检索各高校的课程网站。不难看出，大多数学校都对正式专业进行了规范，具体表现为学生对于学科的把握，通常会通过"顶石课程"计划、个人表现以及一系列有组织的讲座或课程等方式来实现。"广度"和"整合性"的目标已被广泛接受，且都在不同时间、不同高校以不同的方式被实践过。其中最常见的方法是"核心"课程与"普遍化"要求，这能够强制要求学生学习自己专业领域之外的课程。

　　总体而言，坚持这些目标与通识学习（liberal learning）有很多原因，"专业化"的说法也许是最明显的。正如韦伯所认为的那样，知识"已经

268

275

进入了一个前所未有的专业化阶段……这种状况也将永远持续下去"。因此，任何"真正具有决定性意义与卓越的成就，如今看来，都是专业化的成功（specialized accomplishment）"。① 总之，由于学术工作日益专业化且分工明确，对一些学习领域的（相对而言）掌握已然不是我们有理由拒绝的目标。

关于知识的"广度"与"整合性"目标，可以从不同维度加以证实。许多人会借用一些人类卓越性的理想，将视野狭窄的专家视作"贫困潦倒的人"。但人们也可以从更为简单真实的立场来支持通识学习，即认为即使是专家也必须能够将自身学科与其他研究领域结合起来，以此来了解并推进自身学科领域的学习，从而有效地交流其研究成果。因此，"专业化"或"精通"必须辅之以"广度"与"整合"。博雅教育课程的目标，是使学生对不同学科的探究性模式产生批判性意识，并为其提供找到自己核心理念与方法的机会。理想的情况是，课程要求学生发展必要的技能，进而从不同的领域理解复杂的争论，进行审慎的评估，并用其他话语重新表述。基于不同的假设或关注点，在不同的学科之间建立起沟通的桥梁，文科院校可以帮助我们建立并维系可被称之为"共同交际文化"（common communicative culture）的事物；与传统的"共同智育文化"（common intellectual culture）不同，文科毕业生在其受教育过程中掌握相同的内容，这种"共同文化"对于现在而言依旧很有条理，其中包括认知方式、探索、争论、分歧、陈述和表达等一系列方式。这种文化促进并使专家间的沟通成为可能，正如我在下文中将阐述的那样，它会为公民参与公共生活提供机会。

如果把通识学习看作是共同交际文化的一种促进因素，我们就可以明白为何"实践判断能力的培养"也是一个至关重要的目标。大多数人都

---

① Max Weber, "Science as a Vocation", *From Max Weber*, edited by H. H. Gerth and C. Wright Mills, New York：Oxford University Press, 1958, p.135；此后文中引用将会附带说明。

会认同，通识教育不仅是一种智育目标，也包括我们对知识运用方式的反思。事实上，这也是我们把创建共同交际文化作为目标的原因之一。为了解决我们所面临的问题，通常要运用不同学习领域的知识，所以我们必须找到跨越不同领域的交流方式。例如作为公民，我们必须依赖众多专家来理解和有效应对全球变暖问题。首先，我们必须向不同领域的自然科学家寻求帮助，从而基本掌握为什么温室气体（例如，二氧化碳、甲烷）浓度的增加会导致地球温度上升；为什么人类活动造成气候变暖是一个合理的假设；相关对抗性因素及其可能产生的影响（例如，云量的变化、不断变化的大气条件和海洋温度的影响），以及全球变暖（例如，冰盖和冰川的融化、海洋的盐度降低、变化的天气模式、对不同类型生态系统的影响）可能导致的物理性、生物性后果。第二，我们需要咨询经济学家、历史学家、地理学家、社会学家等，了解温室气体产生的社会过程，这些过程包括人类活动和技术（工业生产、森林砍伐、化石燃料带来的能源生产等），以及一些产生、组织、维系这些活动和技术的制度机构（例如，资本制度和市场制度、自给自足的农业）。第三，在决策过程中，咨询政治科学家和其他专家，以及上文提及的社会科学家，可以帮助我们理解解决问题（和他们的相对成本和收益）的政策，以及对可以实施这些政策的政治（和其他）制度的掌控能力。显然，即使是见多识广的公民也不可能精通所有领域，那么任何一个领域的研究专家当然也不能做到。在最好的情况下，为了解决这些问题，人们可以期待让自己拥有足够的认识，对自己的观点具有足够的信心，并决定要把自己的精力与行为投入到何处等。若想如此，那么唯一可能发挥作用的方式就是"文化"，由此，专家可以与其他专家及非专业人士展开交流。但是专业知识本身却远远不够。毫无疑问，若想把从专家那里学来的知识加以整合，实现"**我们**应该做什么"及"为了影响整体结果**我**该做些什么"的实践判断，就需要实践的智慧。

即使我们赞同实践判断的必要性，也并不意味着我们认同其应该作为通识教育的目标之一，因为我们会质疑它的合理性与这样做的可能性。这种质疑的原因之一，是对道德与政治判断认知状态的质疑。这种质疑在

269

270

学生中普遍存在，他们极易排斥或以相对论视角将"价值"判断理解为"观念问题"，甚至是个人体验。伴随着思维的愈加复杂，他们质疑的推理能力进一步加强，然而这种质疑却很少遭受挑战。事实上，受教育程度的增加，会使得这种质疑加强，越来越多的深层猜想被确证，并受到严格检视。从某种程度上而言，通识教育破坏了传统的"自然性"，并衍生出人们对于"找到立场"的可能性的质疑，而这种立场能使人们获得"深思熟虑"的判断，因此也推动其向"主观主义"倒退。

学生通常认为，民主本身需要道德怀疑主义（moral skepticism）。如果我们放弃"问题存在对与错的答案"这一观点，那么我们践行容忍、妥协与尊重他人的美德岂不更容易？难道这些美德不是建立在怀疑主义基础之上？那么我们为何要容忍错误？我们该如何表示尊重？有时学生甚至认为，针对批评或质疑价值定位所做出的努力是"非民主的"。一些人也在探讨"我们应该平等对待每个人的观点"的原因，在于道德与政治的判断仅仅与"观点"相关。如果能为实践知识提供理性依据，就又多了一类"专家"，道德专家而非普通公民，并成为了合格的统治者。因此，为实践判断提供理性论证所作的努力，似乎已经威胁到了民主的必要前提。

一个很明显的讽刺是，"民主"与"平等"是人人需要认同的基本道德价值，将这一判断视为前提，则导致了对道德知识的质疑。同样另一种说法是，我们的学生以各种形式来拥护相对主义。他们坚持宽容甚至颂扬差异，并将其视为在每个文化群体（或甚至每一个人）中都能找到的一种独特"真理"的原因。他们常说，"这是真的"。如果有人反对这种共识，并拒绝接受他人价值观或生活方式的合理性［除非他们是被控制的阶级或集团的（成员）］，那么他们会感到非常愤慨。但是还存在着更深层次且难以解决的问题。我将阐述其中三个：控诉"普遍主义道德概念"是含蓄的（或明确的）霸权主义；对相对主义的恐惧；以及认为"人的主体性"这种基本概念都会涉及一定形式的强迫性。我并非试图完全解答这些饱受争议的问题，只是想尽力找到解决问题的方向。我的目的不是要解决诸如"道德基础"等重大问题，而是要提供一种道德教育观念，其深深根植于道德和政治的担忧中，这也是我们的学生和全体公民都在努力克服的问题。

霸权主义（Imperialism）

不久前，一个关于"道德的本质"（同样也关于"道德教育"）的构想被普遍传开。在此构想中，道德发展被描述为不断扩大的"道德关怀循环"（circle of moral concern），人们逐渐意识到，道德的责任不仅在于其部落、民族或宗教成员身上，所有人都有权享有平等的关怀与尊重。在广阔的历史长河中，这种从特殊主义到普遍主义的转变，被认为是与个体道德发展同步增长的。例如，科尔伯格的道德发展理论认为，每个人（至少是理想状况下）都是从一个服从父母及其命令等外部权威的幼稚阶段，发展到成人自治阶段，在此过程中，个人判断取决于普遍的道德准则。这个关于道德发展的构想中，从"种族"或群体驱动的自利，到对人类尊严的认知，这个过程特别吸引左翼分子或"进步人士"，他们通过理性的批判来揭示长期存在的"不公正的等级"神话：追随启蒙运动的解放。在今天，这一观点被很多人视为阴险的以"自由之名"来伪装的"政治不公"。就像许多批判者所指出的那样，在这一控诉中其实存在一些事实。普遍主义的意识形态能够并总是在为丑陋政策作"辩护"。但事实并非真的有趣，难道真的存在不与"掩盖其他目的"的政治纠缠在一起的观点？更深层次的观点指出，普遍的道德准则以某种考虑为基础，而这种考虑根植于人类生存条件的永恒维度以及理性原则之中，而不能任由其主观想象。人类生活千变万化，因此不能将其完全纳入任何一种类型中，而一旦试图做出这种努力，势必会催生霸权主义，迫使不同的文化及生活方式陷入一种固定模式中，而这种模式会暴力对待这些文化和生活方式。我们许多优秀的学生，也因此质疑普遍主义的道德与政治理论，并将其视为狭隘的西方观点，而非真正的普遍性理论。

而这并没有破坏当前大学实施道德教育的可能性，反而提供了机会。

272

关键不是为了提出质疑，而是为了参与批判。事实上存在着诸多与之相关的言论，并且都可以在近期重要的学术研究中有迹可寻，这些研究主要围绕欧洲霸权主义与政治理论的历史展开。因此批评者认为，洛克关于基本人类平等与自然权利的观点，实则是为驱逐美国原住民提供合理化的借口，因为他们不能"充分地"利用在欧洲人许可下用来发展农业的土地，也不能杀害或征服那些"非正义"地反抗他们的人。① 再举一个例子，批评者早已不再将密尔视为自由的拥护者，而是殖民统治的辩护者，因为不成熟的人在获得自治能力前，只能被专制统治着，并且直到"他们"接受教育并变得像"我们"一样。② 诚然，与否认"土著"像我们一样，以及他们必须永远被奴役、被剥削的看法相比，这种观点似乎不那么卑鄙，但其实也是明褒实贬的。

承认这些批判的说服力，并不意味着我们必须和他们一样谴责道德普遍主义。纵观历史，正如马修在认真审视狄德罗（Diderot）、康德、赫尔德（Herder）的著作后所表示，对道德普遍主义的忠诚，在某种程度上与对霸权主义的排斥是一致的。事实上正如马修所说，当问题的普遍性涉及对"马修口中的'文化主体性'（cultural agency），即人类形成生活方式的普遍能力"的认可时，道德普遍主义则与霸权主义截然不同。康德认为，对于人性至关重要的是，基于文化传统与观念来设定人生目标的能力，我们可以适当创新地运用这种能力，这将必然出现与众不同的创新。因此，康德普遍性观点的核心，即对人性的尊重，需要尊重差异，同时也谴责霸权主义。马修认为："对人类的普遍性划分愈细化，其在道德实践

---

① 参见 David Armitage, "John Locke, Carolina, and the Two Treatises of Government", *Political Theory* 32, no. 4 (2004), pp.602-627, 其中引用的诸多文献都讨论了相关问题。

② 参见，例如 Bhikhu Parekh, "Superior People: The Narrowness of Liberalism from Mill to Rawls", *Times Literary Supplement*, February 25, 1994, 1; 更多深入、无偏见的探讨，参见 Jennifer Pitts, *A Turn to Empire*, Princeton, N. J.: Princeton University Press, 2005。

中会愈加富有意义及力量。"① 在探究这些问题的过程中，我要强调的是，我们的目标一定不是说服学生去遵从普遍的道德准则，而是要引导其进行严谨的政治与道德推理，以确保他们所采纳的观点源于永恒知识的碰撞，并在其中逐渐明晰自己的想法，同时能回应他人。

相对主义

如果普遍主义权威的缺失是对"道德教育可能性"质疑的主要原因之一，那么另外一个原因就是经常出现在当今道德论述中的相对主义。相对主义所引起的恐慌，是由于其威胁到了道德所要求产生的超越于人的权威性。由于"我们"每个人都创造了自己的道德（尽管是不自觉的），所以道德准则具有的唯一权威性就是"我们"所赋予其的权威（任何特定的）。道德就像我们（下了决心却不能实现）的新年决心一样。亦可以这样理解，道德不能约束我们，道德准则也不能尽听我们指挥，即告诉我们可以做一件事情而不是其他事情的原因。如果道德只是由"我们"所决定的，那么当我们觉得麻烦时，为什么仍要遵守道德准则？一旦我们将道德信仰视为惯例，很容易走向"主观主义"，不断缩小"我们"的范围直至"我"。我也认识到，不同的群体追求不同的价值观、崇拜不同的神灵，一旦坚持任何一种相互矛盾的观点，就不再是"不自觉"的状态了。我渐渐意识到：

> 从生命本身的性质来理解，它所知道的只有诸神之间无穷尽的
> 斗争。直截了当地说，这意味着对待生活的各种可能的终极态度，
> 是互不相容的，因此它们之间的斗争，也是不会有结论的。所以必

---

① Sankar Muthu, *Enlightenment against Imperialism*, Princeton, N. J.：Princeton University Press, 2003, p.123；此后文中引用将会附带说明。

须在它们之间做出抉择。(韦伯,《以学术为业》,152)①

但是,正如麦金泰尔所问及的:"我们无缘无故就接受的道德权威是如何控制我们的?"②

麦金泰尔的担忧与韦伯的解读似乎都过分夸大了。他们均以一般性知识与特定道德知识的观点作为先决条件,根据他们的理解,正是由于真理能反映或捕捉内在的现实结构(伦理)本身,所以真理才能掌控我们,即真理存在于其内部及其本身,或与之相似的事物中。但是,因为我们无法知晓在描述世界或在道德判断的过程中,这些概念是否真实地反映了世界的"内在结构"(更别说一个独立存在的道德事实了,无论其是什么),所以这种观点是站不住脚的。在麦金泰尔与韦伯的立场背后是错误的二分法:要么我们拥有真正的知识,并且它们以合理且易接受的方式向我们施加影响;要么我们具有纯粹的主体性与单纯的认同。这是伟大智慧的艺术,却忽略了威廉姆斯所谓的"常识"或"朴素的"真理,如"今天是星期二"或"妈妈刚刚走出房间",③ 这些真理可用于测试、批评并且完善我们确定生活方向所需的理论与宏大叙事。当然,平凡真理的存在并不意味着我们可以自信地宣布一些具有支配性的理论或历史叙事是正确的,但是它足以击退学生激进的质疑。它们为构建更广泛的理论与解释提供了基础,但也承认我们提出的任何论断都是不可靠的,会受到批评、修改与反驳。尽管如此,依靠广泛且有行动指导力(但可能是谬误)的理论,在某种程度上可能是合理的,因为其以事实为依据,并能经受批评的

---

① Max Weber, "Science as a Vocation", *From Max Weber*, edited by H. H. Gerth and C. Wright Mills, New York: Oxford University Press, 1958, p.152.(引文部分转引自马克斯·韦伯:《学术与政治》,冯克利译,三联书店1998年版,第44—45页。——译者注)

② Alasdair MacIntyre, *After Virtue*, Notre Dame: Notre Dame University Press, 1981, p.41;此后文中引用将会附带说明。

③ Bernard Williams, *Truth and Truthfulness*, Princeton, N. J.: Princeton University Press, 2002, p.45, p.46;此后文中的引用将会附带说明。

考验。①

更具体地说，关于道德知识，若想区分"纯粹主观的论断"与"道德要求"并非难事，因为后者提出了被休谟称之为"共识的观点"：

> 当一个人表明另一个人是敌人时……他就会因自爱的言说与其独特的情感表达而被理解……但当他赋予别人**堕落、可憎**或**卑鄙**的描述时，他其实是在用另一种语言表达情绪，并在这种情绪中，他希望所有的听众都认同他。由此看来，他必须脱离其个体与特殊境遇，选择一个自己与其他人都能普遍接受的观点。②

与此类似，斯坎伦论及了一种要求，即"证明一个人对他人的行为是合理的，因为他们无理由拒绝"，同时，巴里也谈论了关于"赞同动机"（agreement motive）的问题。③

这并不是说，当人们愿意采纳一种普遍观点，认为他人也愿意接受这一立场，并提出原因时，总能达成道德的一致性。很显然，不同的人对于人类生活的追求和目的，以及如何让生活融入一个更大的宇宙整体这些问题上，存在本质的道德多样性。事实上，他们会以任何重要或有意义的方式使其实现。人们可能会因为自己信奉不同的宗教或哲学理论体系，而

275

---

① 为了提供关于"我们如何有意义地思考真理"这一问题极具可读性、简洁性的阐释，其中包括伦理或道德真理，并且避免落入韦伯或麦金泰尔的"圈套"，参见 Robert Putnam, *Bowling Alone: The Collapse and Revival of American Community*, New York: Simon and Schuster, 2000, 亦可参见 Bernard Williams, *Truth and Truthfulness*, Princeton, N. J.: Princeton University Press, 2002。

② David Hume, *An Inquiry Concerning the Principles of Morals*, Indianapolis: Bobbs-Merrill, 1957, p.93.

③ Thomas Scanlon, "Contractualism and Utilitarianism", *Utilitarianism and Beyond*, edited by Amartya Sen and Bernard Williams, Cambridge: Cambridge University Press, 1982, p.116; Brian Barry, *Justice as Impartiality*, Oxford: Oxford University Press, 1995, pp.164-168.

对我们应该如何生活提出反对意见；甚至是当他们拥有共同价值观时，也会有不同的权衡。一个人可能认为道德职责高于一切，而另一个人觉得如果违反这些职责会改善生活的某个重要方面，如艺术或科学成就等，那么他可能会乐于为之。

另一方面，夸大多样性与忽视人类共同利益都极其容易。对于追求的目标，以及实现完美生活的必要事物等问题，人们之间可能存在着巨大分歧，但他们依旧分享着某些既定的"普遍恶"。沃尔泽（Walzer）认为，虽然关于"善"的观念可能是多元的，但是这种情况并不意味着美好生活的每一种方式都存在一种与之相对立的"恶"的生活方式。相反，"恶"的标准形式之一，即反对或拒绝"使一切方式成为可能的原则及制度"。① 我们在许多重要方面都是极为脆弱的：我们可能被杀害或奴役，我们的身体会受到伤害，我们在需要作出选择时却拒绝了有益的信息，我们可能被贬低与羞辱，以至于对自己的价值或选择的价值失去信心。这个清单可以更长甚至无限延长，并且其中的每一项都提供了一种观点，即那些在其他重要方面观点不同的人，也会至少在某一方面具有潜在的共识。

我提出这些思考，并没有把它当作对"真理的本质（或更确切地说是道德真理）"或"核心基本价值观"的**附加说明**，只是单纯地想表明，我们如何从相对主义思想的共同表述，转移到对这些表述之下潜在思想的批判性思考上来，以此阐述"规范性论述"是如何被实现的。道德教育，就像通识教育一样，不是灌输教条或传达"信息"，而是通过给学生提供如何开展对话的知识，以及增强其想象力，进而提升学生的批判思维能力，使其能够充分参与到涵盖各种伦理与政治问题的文化对话中去。

276

---

① Michael Walzer, "Nation and Universe", *Tanner Lectures on Human Values*, Brasenose College, Oxford University, May 1-8, 1989, p.535.

主体能动性（Agency）

最主要的"恶的形式"（forms of badness）（主要形式），即为了保护自身的主体能动性而否定他人的主体能动性、依据其自身的信仰与选择来生存的能力，对于实现任何形式的美好生活都是不可或缺的。从常理上看，这种观点必然饱受争议，并可能源于对当下道德教育可能性的深度质疑。有一种（相关联的）假设暗含于上文我关于相对主义的论述中，即在某种程度上，主体能动性对于作为人或人类的我们至关重要，与之相关，"道德涉及他人认为是正当的理由"。众所周知，人类主体能动性的假设始终饱受批评：

> 通俗的道德……将力量与力量的表达分离，好像在一个强壮的男人背后有一个中立的基础，他可以自由地决定是否表现出力量。但是如果没有这样的基础，就如同"行为"的背后没有"主体"，进而影响行为的发生；而"行动者"仅是附加在行为之上的一个虚幻的角色，行为即为一切。①

福柯补充道："'启蒙运动'发现了自由，也创造了准则。"② 批评者指出，拥有选择的能力，是为了依据个人的信仰与价值观来"支配"（我经过思考使用这个词）生活。这些品质（美德）对于自我管控、推迟享乐是必要的，虽然并非是"本能的"，但必须通过一系列的调节与控制，以此来获得个人必要的自我约束，并能够运用主体性。这种调节与控制的过

---

① Friedrich Nietzsche, *On the Genealogy of Morals*, Translated by W. Kaufmann and R. J. Hollingdale, New York：Vintage, 1969, p.45；此后文中的引用将会附带说明。

② Michel Foucault, *The Foucault Reader*, Edited by Paul Rabinow, New York：Pantheon Books, 1984, p.211.

程，很明显地与自由的价值及自我管理处于紧张的关系中。

不同于对普遍主义（universalism）的怀疑或对相对主义的易于接受，我们的学生从未向我们提出对主体性道德价值的质疑。这种质疑的声音自由散播在大学中。然而，如果一、二年级的学生没有接触过任何形式的相对主义，我们则无法教育他们；相比之下，三、四年级的学生中更有可能提出对道德主体性的质疑。然而，各个方面都存在关于这种担忧的共鸣。例如，学生通常公正地对具有高度责任感的道德模范持保留意见，尤其是当其与"指责"和"惩罚"等问题联系起来时。至少在政治自由的学校中，许多人会马上质疑被视为"谴责受害者"（blaming the victim）① 的政策，并且也会为特权阶级的"优先美德"（努力工作、成就、智慧等）的不平等性加以辩护。这些对主体能动性的明显限制，致使他们对尼采、福柯及康诺利提出的主体性作出更激进的批判。

但重要的是，不要误解这些批判的意义。尼采的观点不是为了否认当下我们的主体能力，当然也不是否认主体能动性的道德意义，而是坚持认为，我们的主体能动性不是被"给予"的或"自然"的，而是一定历史阶段的产物，反映了特定的斗争与一定形式约束的不公平性。但是，一个不能改变的事实就是，我们已经成为了行为主体，也许行为曾经是一切，但我们是现在的行为者，正如尼采所说，我们已经成为了"有权力做出承诺的人"（57）。此外，我们的主体能动性必须为我们承担起规范性责任，因为没有人可以接受彻底削弱其主体性能力的标准与规范。奥尼尔（O'Neill）也说过，如果拥有不同道德理念的人们会"共享准则，那么基于这些准则的行动一定要保护大多数成员的主体能动性，使其完好无损"；② 因为

　　大多数人不会选择旨在削弱、破坏或侵蚀一些成员的主体能

---

① 谴责受害者（blaming the victim），即让自己认为受害者是罪有应得。——译者注

② Onara O'Neill, "Ethical Reasoning and Ideological Pluralism", *Ethics* 98 (1988), p.718.

动性（任何确定的形态）的法则去生活。那些因遵守法则而成为受害者的人们，不仅**没有**去遵守压迫者的法则，也**不能**遵守。受害者**不能**共享这些法则，因为其他人已经破坏或限制了他们践行法则的能力。①

并不是要否认至少存在这样的可能性，即尽管人们质疑着"快乐的奴隶"是否真实存在过，但从属与压迫的情况仍普遍存在，以至于受压迫者已经开始接受社会强加于他们的身份。②确切地说，关键在于概念维度：我可以认可一种法则，而这种法则却否定了我认可这种法则的能力，这种说法具有矛盾性。

接受主体能动性的"道德重要性"，并不意味着人们在对其目标与原则进行强烈的批判性反思的情况下，必须接受"自治性"的价值，或忠于对"自我立法"理想的承诺。这些概念往往紧密联系在一起，且自治性价值以我们的能力作为基础。正如密尔所说，这些能力包括"感知、判断、歧视性的感觉，心理活动，以及道德偏好"。③但是人们肯定"主体能动性"却否定"自治性"，"主体能动性"对那些想要过自己生活的人而言，是必不可少的。例如，人们有理由相信，我们应该遵从宗教或道德权威来决定如何生活，或期待过上一种自然的、非反思性的生活。但是，如果是其自己的生活，则不能受制于特定形式的压迫与幻觉，也不能阻止人们反对他人提供的关于某些行为的"正当理由"，使人们在某些重要方面受到他人的影响。

278

---

① Onara O'Neill, *Construction of Reason*, Cambridge：Cambridge University Press, 1989, p.213.

② 参见 James C. Scott, *Domination and the Arts of Resistance*, New Haven, Conn.：Yale University Press, 1990, 对"将主流群体的价值信仰体系强加于从属群体，并将这些观念加以内化"这一观点进行了强有力的批判。

③ John Stuart Mill, *On Liberty and Considerations on Representative Government*, *On Liberty and Other Essays*, edited by John Gray, Oxford：Oxford University Press, 1988, p.59.

肯定主体性的价值并不意味着我们必须夸大它，也不意味着我们应该过分关注"责备"与"责任"等概念。我们可以在不相信每个人都拥有完全理性的自控力、不妖魔化那些不能达到标准的人的前提下，依旧肯定主体能动性的重要作用。我们应该认识到，"哲学，提升了自我控制能力与责任，却也悄无声息地带来了对'自我'概念的暴力歪曲，他们兴奋地将其视为'道德精髓'（the central jewel of ethics），却对其他维度造成了威胁"。① 在某种程度上，尼采和福柯的警示帮助我们铭记，他们的教导对于当今任何形式的道德教育都是至关重要的。

民　主

本章开篇，我就提出了一个共识性观点，即怀疑的态度对民主而言是必要的，因为只有怀疑能与政治平等保持一致。② 但是我认为，克服目前道德教育中盛行的怀疑态度，对实现民主至关重要。而倒退至主观主义和相对主义，最终会导致怀疑主义对民主本身的腐蚀，因为其破坏了公共对话的可能性。通过否定对话可以达成对公共生活问题的理性共识，以及否定对话可以为参与者提供改变立场的理由，进而剥夺了对话的严肃性。如果缺失了达成理性共识的可能性，对话就会被简化至对立立场的展现，而非出于理性考虑，而这种理智是为了说服而非动摇倾听者。此外，这一观点产生了一种特定的犬儒主义，③ 鼓励"操控他人态度"的发展。这种

---

① Simon Blackburn, *Ruling Passions*, Oxford：Oxford University Press, 1998, p.269.

② 例如，达尔探讨了关于"监护责任"的问题，参见 Robert Dahl, *Democracy and Its Critics*, New Haven, Conn.：Yale University Press, 1989, pp.66-67；尽管达尔没有明确地表示怀疑，但是众多讨论忽略了一个观点，即其摒弃了"客观的道德真理"的可能性，或者甚至是"主体间的有效性"。

③ 犬儒主义（cynicism），犬儒主义学派是古希腊四大学派之一，一般认为是苏格拉底的弟子安提斯泰尼创立的，当时奉行这一主义的哲学家或思想家，他们的举止言谈甚至生活态度与狗的某些特征很相似，于是人们就称这些人为"犬儒"。——译者注

279

观点认为，公共生活在本质上，是通过"玩弄权术"和"利益评估"来实现掌控的，而所谓的政治利益，就像拉斯韦尔（Lasswell）所说，"谁在何时以何种方法得到了什么"。①

我不想提出关于民主问题的天真看法，即将其作为一种能够持续产生"普遍意志"(general will) 的公共协商过程，当然也不会将关于道德教育的思考停留在这种幻想上。目前存在一种趋势，趋向于将"交际"互动（"communicative" interactions）与"战略"互动（"strategic" interactions）并置，这些互动旨在通过共同协作以探求"真理"，或与"操纵和控制他人以达到自身目的"进行抗争。尽管这是一种有益的探索，但很明显不是真正的"二分"观点。至少在现实生活中，我们不能想象一种民主是"不存在无法解决的冲突"的，难以置信的是，许多政治冲突在某种意义上讲，竟拥有"正确"的解决办法，以促使真诚且心怀善意的竞争者最终能趋于成达共识。②

更为重要的是，许多情况下，问题的关键不是通过对话、放弃对话、公平妥协来解决矛盾的观点，而是要将其置于首要位置之上。例如，"普及医疗保健"问题是美国政治中长期存在的一个问题。这一问题以某些形式被提上日程已有很长一段时间，但它又是如何被界定与实施的呢？对很

---

① 参见 Harold D. Lasswell, *World Politics and Personal Insecurity*, New York：McGraw-Hill, 1935, p.3；拉斯韦尔最著名的作品标题，尽管他在文中尝试运用相同的短语界定了"政治"一词。但是，我要强调的是，这个短语并未完全捕捉到他对政治或民主的理解，相反，我在文中提出的观点并不应该被视为对其观点的批判。他的观点十分复杂，对于这种复杂性的例子，参见 Fred I. Greenstein, "Harold J. Lasswell's Concept of Democratic Character", *Journal of Politics* 30, no. 3 (1968), pp.696-709。关于其观点在 1935 年后是如何演变的之深入探讨，参见 Ira. Katznelson, *Desolation and Enlightenment*. New York：Columbia University Press, 2003, pp.134-145。

② 哈贝马斯可能是最为深入地研究"交往行为"与"策略行动"之间的矛盾关系的理论家了，但是他也承认，存在着很多无法交流或达成共识性决定的问题，并且这些问题充满矛盾，只能通过妥协以加以解决。他坚持，在这种情况下，执政党必须足够平等，以确保这种妥协是公平的。例如，参见 Jürgen Habermas, *Between Facts and Norms*, Cambridge：MIT Press, 1996。

多人而言，这并非是一个关于有效提供医疗保健的技术问题，而是关于"正派社会必备要素"的道德问题。但是我们怎样才能改变争论内容以反映这种关注呢？我们不能只是简单地站起来表达，我们需要面对拉斯韦尔提出的问题：

是谁

说了什么

以何种渠道

对谁说的

有怎样的影响？①

为了了解这些信息，我们需要找到一种媒介，识别一类观众，并获得他们的关注，这一切往往只能通过"非交流策略"实现，包括某些战略行动形式，例如控制消息传播的主要媒介。缺乏这种权力并处于劣势地位的群体，可能采取其他形式的战略行动，如从大量宣传运动到街头剧院的宣传以及"公民不服从"的抗议。迈克尔·穆尔（Michael Moore）最新的电影《医疗内幕》（Sicko）正是这样一个实例，这种宣传对于将问题提上日程是必不可少的。也许对于改变话语方式也是有效的，但没有人可以否认它的"操控维度"。

即使我们能够将一些事情提上议程，且在政治体制能够为商议提供充足准备的条件下，仍不能确保商议能够决定某种政治结果。现代政治生活的纯粹复杂性，实际上确保了许多问题都涉及商议程序，但至多只是通过部分商议程序得以解决，因为政治体系表现出我们所谓的"系统性"属性。我们乐于将政治决策视为一个涉及三个步骤的过程：收集信息或要

---

① Harold D. Lasswell，"The Structure and Function of Communication in Society"，*The Communication of Ideas*，edited by Lyman Bryson，New York：Harper and Brothers，1948，p.37.

求；对不同的信息或要求进行商议；达成决议。其中所达成的决议，或多或少地反映出不同需求的范围、强度和接受程度等，以及持有不同观点的参与者从争论或商议中所接受的社会学习程度。但这是一种夸大的理想化结果；社会政策的出台，是高度分散且随时间推移发生的，涉及大量的反馈环节，成果却鲜与参与者的目标相关。①

　　然而要认识到，民主中"非话语"过程的核心，并非要我们放弃商议理想，以及"将政治作为一个自由领域"的可能性。在这种情况下，公民可以审时度势，尝试慎重构建生活的集体条件。毫无疑问，认识到这一理想的局限性是非常有必要的，但这种认识并不是要求我们放弃它，也不是屈从于这种限制的任何既有解释，毫无疑问它们不是固定的，是对政治活动的回应。若要想实现这个理想，公民就必须要分享以上所说的"共同交际文化"，并逐渐理解、检验、修正其道德与政治主张的可能性，以回应他人的观点及其提供的证据。最终，在本章中提到的关于道德教育的希望，会为人们提供道德与政治观点的实践指导和经验借鉴，其中包括对道德教育可能性的质疑，这些内容对于丰富民主活动与公民身份是必不可少的。

① 参见 Daniolo Zolo, *Democracy and Complexity*，University Park：Pennsylvania State University Press，1992，对政治进程之系统性视角进行了极为有力的诠释，排除了能够提供关于社会关系的理性秩序的政治观念，参见 Brian Barry, *Justice as Impartiality*，Oxford：Oxford University Press，1995。

第十五章　人文教育是否发挥了教化作用？

鲁斯·W.格兰特（Ruth W. Grant）

罗曼·波兰斯基（Roman Polanski）的电影《钢琴家》（*The Pianist*）中有这样一个场景，一位纳粹党卫军官在华沙的一栋被炸毁的大楼中，发现了躲藏着的主人公———名犹太人。当他发现犹太人是一位钢琴师，并聆听他演奏完一首肖邦的夜曲后，被感动了，并为其提供了食物与保护。这部电影旨在引导观众认识到，对古典音乐的欣赏具有道德救赎的力量。这一刻，他们之间的文化共鸣使军官认识到了犹太人的人性：只有人类能够创造文化，任何形式的艺术都证明了我们的人性。事实上，纳粹军官这一角色的原型为威尔姆·欧森菲德（Wilm Hosenfeld），他是一位热心的天主教徒，他一次又一次地冒着生命危险拯救犹太人与波兰人，无论他们是否拥有艺术天赋。[①] 这表明，与文化的复杂性相比，信仰可能是一种更为可靠的"道德善"的基础。进一步说，智力或文化层面的复杂性，在某种程度上会削弱信仰的影响，这在道德层面则会非常危险。然而事实上，这个产出了巴赫、莫扎特、贝多芬等众多艺术家的国度，正是大屠杀的发生地——德国，这样的事实应该会使我们停下来思考一些问题。我们可能会问："人文教育具有教化作用吗？"或与之相反，"人文教育是否会腐蚀普遍良知？"

如果一个问题在西方传统中存在已久，那么它当然值得考虑。这是

---

① Michael B. Oren, "Schindler's Liszt", *New Republic*, March 17, 2003, pp.25-28.

一个存在于阿里斯托芬与苏格拉底之间的问题，并且以区分哲学与诡辩的可能性作为其存在形式。① 这个问题由法兰西艺术院（French Academy）提出，并由让－雅克·卢梭在《第一论》（*First Discourse*）中给予了解答。卢梭认为，知识的复杂性会导致腐化②：它由虚荣驱动，又促生虚荣。此外，理性的发展会使人与心中的情感疏离，从而成为一个失去人性、麻木不仁的人。只有哲学家才能彻底地压制同情的"自然之声"，而市场上的农村妇女可能具有更高的道德素养。③ 关于此问题，卢梭与埃德蒙·伯克（Edmund Burke）达成了本质的共识。伯克认为，在道德与政治领域内，抽象推理能力的发展会破坏"公正的偏见"（just prejudices），而这是文明的根基，也是唯一能使我们免受野蛮侵害的保护者。哲学的道德准则常被作为政治活动的合理化工作，而实际上却源于虚荣、贪婪、野心等危险情绪。④

284

在西方传统对这个问题另一面的探索中，我们也可以找到同样明显的证据。柏拉图在《理想国》中写道，音乐教育缓和了守卫军的残暴，使其为公正地维护政治秩序作好准备。⑤ 莎士比亚写道：

---

① 参见 Aristophanes，The Clouds，*The Complete Plays of Aristophanes*，New York：Bantam Books，1988，以及 Socrates，*Apology*，Translated by H. N, Fowler：Cambridge：Harvard University Press，1999。

② 在卢梭的时代，"诡辩"意味着"毁灭"。一瓶成分复杂的红酒是掺假次品。关于伏尔泰、孟德斯鸠或其他人对此的运用，参见 Émile Littré，*Dictionnaire de la langue francaise*，Paris：Gallimard et Hachette，1958，v.7：pp.281-282。

③ Jean-Jacques Rousseau，"Discourse on the Origin of Inequality"，*The Basic Political Writings*，Indianapolis：Hackett，1987，p.55.

④ Burke，Reflections on the Revolution in France，pp.7-8. 参见 Aristophanes，*The Clouds*，*The Complete Plays of Aristophanes*，New York：Bantam Books，1988，以及 Michael Oakeshott，"Rationalism in Politics"，*Rationalism in Politics and Other Essays*，Indianapolis：Liberty Fund，1991，pp.9-11. 对于伯克与奥克肖特而言，实践理性而非哲学，是矫正道德推理中诡辩问题的方法。

⑤ Plato，*The Republic*，Translated by Allan Bloom，New York：Basic Books，1991，p.376e，p.401e，p.410d. 在这里"音乐"意指在缪斯女神指引下的一切活动形式，包括演讲、

> 灵魂里没有音乐，
>
> 或是听了甜蜜和谐的乐声而不会感动的人，
>
> 都是善于为非作恶、使奸弄诈的……
>
> 这种人是不可信任的。①

　　休谟引用奥维德的话说："对人文科学专注的研究，使个体品格更加人性化，不会变得残酷。"② 他的观点与卢梭形成了鲜明的对比，因为卢梭在其研究中将哲学家描述为"两耳不闻窗外事"的人。

　　很多教授西方哲学史入门课程（通常始于柏拉图，终于尼采）的教授，都会直面这个有争议的问题。我们在做些什么？我们是否将学生置于多种道德立场中，而使其感到迷惑？也许当他们离开我们的课堂之后，认为道德反思只是一种智力游戏，并不能为行动提供实质的基础，或是为目标提供指引，但是无论一个人的目标为何，都可以使其理性化。如果学生只是在课堂上锻炼"捍卫自己偏见"的能力，并认为在真正的知识权威缺失时，对偏见的"自以为是"与"自我满足"也是完全可以的，那么这时学生可能会退出这门课。当然，我们更愿意认为实际活动的效果是完全不同的。我们希望，在面对丰富的哲学选择时，学生会变得谦逊，提出独特的看法，并形成一种判断能力，使其能够基于自己从未想到过的普遍可能性进行判断。反过来，我们也希望这会唤醒所有共享生存环境的人们共同命运的使命感。换句话说，如果我们是苏格拉底，则会希望我们的学生是柏拉图而不是阿尔西比亚德（Alcibiades）。

　　但事实是，他们可能兼具两者的特点。如果我们自问"为什么人文教育的道德影响是一个持久性问题"，那么答案一定是"对这一问题的两

285

故事与诗歌。现在，我们称之为"人文学科"。

① 引文部分转引自莎士比亚：《莎士比亚全集（第二卷）》，朱生豪译，人民出版社 1994年版，第 90 页。——译者注

② David Hume, "Of the Delicacy of Taste and Passion", *Selected Essays*, Oxford：Oxford University Press, 1994, p.12.

种解答都是正确的"。人文教育使人变得更好或更坏，它具有使人完善的潜能，在某些方面也存在腐蚀人的风险。此外，同样的教育能使一些人变好，也能使另一些人变坏，而学生的性格往往决定了结果。鉴于这些原因，尽管这个问题对课程有所启发，但也并非仅关于课程内容。这是一个探究"智力发展与品格发展关系"的问题。所以我们必须自问"如何通过人文教育中的智力因素发展，对学生的品格产生积极影响，或至少是有利的"。那么大学教授是否可以通过端正自身行为，以避免这些风险，"至少不造成危害"？

在解决这些问题之前，需要做一下澄清。当我试图理解"人文教育"的道德影响时，我所说的"人文教育"到底是什么？我并不是指主题与"道德"相关的特定课程，也不是指致力于研究"伟大著作"或"人文学科"的课程。我是指博雅教育，包括人文科学、社会科学、物理科学、生物科学以及数学和语言，人类文明的一切都属于博雅教育。接受博雅教育的学生不仅熟知各种研究模式，还了解各个领域的人类思想成果。这是一种人文教育，而不是神学教育，是一种通识教育而非技术培训。最后，这是一种在任何学科中都极具自由探究精神的教育，质疑正统观点正是博雅教育理应具有的最显著特征。

那么博雅教育具有怎样的道德影响？近年来，随着大学道德教育的迅速发展，政治与商业领域中的丑闻已经引起人们对美国精英道德水准的关注，并且人们也开始担忧高校的道德教育。改革者将大学视作向下一代灌输正确价值观及培养良好品格习惯的理想场所，并以此来促进学生的职业诚信。这些努力包括特定目标项目（例如防止抄袭或促进公共服务）或课程改革（引入必修道德伦理课程）。我认为应该更广泛地思考"博雅教育本身的道德影响"这一问题。因此，需要重申一个问题：某种特定智力发展与特定年龄阶段的品格发展的关系是什么样的？若想回答这个问题，我们应该了解一些事情：第一，我们的学生；第二，我们自己。

286

我们的学生

关于高校层面道德教育的讨论中，经常会出现两个重要的、默许的，却是谬误的假设：学生在进入大学时道德观念与品格尚未形成；教授是塑造学生品格的决定性因素。然而，改革方面的努力往往始于"我们如何使他们变得更有道德"这个问题，我认为这并不是一个正确的问题。首先，学生步入大学校园时，品格形成这一最重要的任务已经完成，他们不再是一张白纸。实际上，值得注意的是，不少学生已经比我们中的许多人要更为优秀。他们所属的家庭是道德生活的主要力量。在处理剽窃事件时，从家长对孩子错误行为所作出的不同反应，就可以清楚地认识到家长的态度在学生道德发展中的主导作用。与父母相比，教授的影响力相对小一些。我的一个心理医生朋友告诉我，他曾接触过很多大学生，这些大学生经常谈到其父母和同学，却几乎从未提起过教授。我们对此不应感到惊讶。

学生在步入校园时，已经具有较为完善的价值观与责任感，他们在这方面并非空白。假设学生"易受影响，并会不加质疑地接受任何一切可以触及的思想"其实是错误的。并且，他们会抵抗那些试图改变自己品格与价值观的力量，若这些力量在他们眼中具有"伪善"色彩，那么抵抗情绪尤甚。

尽管如此，我们的学生依旧会在大学期间发生很多变化，只因为他们还是年轻人。从17岁到22岁这段期间，学生会经历显著的成长与发展。学生所面临的一项主要发展任务就是强化认同，[1] 包括与父母的分离以及

---

① 另一个是亲密能力的发展。参见 Erik H. Erikson, *Childhood and Society*, New York：Norton，1963。亦可参见 Jane Kroger, "Identity Development during Adolescence", *Blackwell Handbook of Adolescence*, edited by G. Adams and M. Berzonsky, Cambridge：Blackwell，2003，pp. 205-226；James E. Marcia, "Identity in Adolescence", *Handbook of Adolescent Psychology*, edited by J. Adelson, New York：John Wiley，1980。我很欣

对新身份的尝试。在这里，教授扮演着与学生父母不同的角色，向其施加成人影响，允许学生发挥想象力，或去接受不同的自我。对大多数人来说，大学教授具有重要影响，仿佛发现了一个此前无法想象的职业。教授还要为学生介绍他们完全不熟悉的观点、价值观以及信仰。例如，让学生在大学阶段接触新的信仰体系，接受完全不同的观念，却在几年之后回到"原点"，这种现象十分普遍。[1] 无论这样的改变是暂时的还是永久的，我们了解到，大学阶段适宜进行信仰与理想的尝试体验，大学应该为学生提供机会，使其能够正视并探索真正多样化的知识与道德选择，这极其重要。在学生的这一年龄段，他们尤其乐于开放地接受这些体验的力量。

这些简要的评论是为了强调，任何关于博雅教育道德影响的讨论，起初就应该认识到，学生进入大学时正处在一个发展的特定阶段，已经形成了具有一定特性的品性与信仰，但对新的经验与观点仍然很敏感。对我们而言，我们一定起到了一些作用，却并非像我们想象的那样具有深刻的影响力。

智力发展与品格发展

那么，在学生道德发展的过程中，应该如何看待教授所扮演的教育者角色？我的第一个观点是，我们需要以一种现实的方式来思考我们的学生是谁，以及他们所处的发展阶段。第二个想法是，我们需要知道更多关于道德发展过程本身的知识，尤其需要了解知识构成与品格发展之间的

赏罗莎琳·德亚伯兰博士与丽达·杰克博士关于青年人心理学的见解。

[1] 这个观点同时表明，评估教育改革的道德影响力需要长期的研究。"已获得的身份认同是长期深入探索与体验的典型结果。"Michael J. Nakkula, and Eric Toshalis, *Understanding Youth*：*Adolescent Development for Educators*，Cambridge，Mass.：Harvard Education Press，2006，p.38.

288　关系。① 当然，这可能被视为是完全独立的，以至于我们可以想象出彼此分离的两个极端：一个人能够进行高度复杂的推理并具有敏锐的知觉判断力，却意志薄弱；一个人可能拥有诚信、坚毅的品格，并且十分好心，但是其判断能力却非常弱。而这些都是真正可能发生的，在我看来，智力与品格在任何方面都不能进行严格区分。

　　我提出几种把它们联系起来的可能性，并且每一种都对我们的问题有不同的启发。乔治·艾略特（George Eliot）在《米德尔马契》（*Middlemarch*）中说道："我们每个人出生时都是'道德白痴'，正是这个作为乳房的世界喂养了'至高无上的自我'（supreme selves）。"② 可以说，这种初始的状态就是"自我陶醉"或"以自我为中心"。③ 这些问题可以通过道德教育解决，道德教育是一种直接的体验，可以被另一种阅读体验所影响。这个角度我们可以把道德发展看成是培养一系列特定能力的过程，是一个使我们从"至高无上的自我"中摆脱出来的过程，其中包括一些性格特征与智力因素，包括移情、判断力和责任等。特别是移情能力和判断力可以直接地或间接地通过某些手段得以提升，其中包括拓展体验从多个角度看世界的实践以及学习识别判断个体品格的方法等。④ 这些能力是可以通过文学与历史研究来培养的。人们常说，博雅教育可以通过培养移情能力和判断力来促进道德教育的发展，那么解决该问题的方法就支撑了"人文教育具有教化作用"这一观点。

　　与该说法一致的另一种观点认为，道德教育的过程不是道德能力的培养过程，而是一个为良好判断力消除障碍的过程。从这个角度来看，是

---

① 劳伦斯·科尔伯格因其"智力发展是道德发展的基础"这一观点而知名。他曾经受到罗伯特·科尔斯、杰罗姆·卡根等其他人的挑战。

② George Eliot, *Middlemarch*, New York：Bantam Books, 1985, p.193.

③ 分别体现在艾略特小说中的人物罗莎蒙德与米里森上。

④ David Hume, "Of the Delicacy of Taste and Passion", *Selected Essays*, Oxford：Oxford University Press, 1994. 亦可以参见 Ruth Grant, "Political Theory, Political Science, and Politics", *Political Theory* 30, no. 4（2002）, pp.582-586。

假设人们已经具备基本的善良天性，其出发点则是一种健康坚定的常识。当偏见、神经症和其他各种性格因素导致道德判断与识别力的失误时，问题就出现了。人们要么是太过轻信权威，要么是忍不住地持有反对意见，或是盲目乐观或是愤世嫉俗。还与一些人的个体认同、政治、宗教信仰忠诚相关，需要忠诚于一定的原则，因为他们发现，如果质疑这些原则就会构成威胁，也就是说，就清楚理解道德问题能力而言，所有这些范例在某些特性方面都是盲目的。如果这些固有的盲目性不被消除，就不能触及人类伟大的思想产物，也就不能促进道德的发展。从这一点来看，这不是关于历史或文学的案例，或某一重要教材的问题。最重要的是，博雅教育的方法：学会批判性思维，克服偏见加以审视，提出自己的观点，接受更有说服力的论证与论据等。① 如果这些智性美德得以发展，我们将不太可能因为性格缺陷而误入歧途。

这种观点进一步阐释了知识本身的发展，需要能够影响个体品格的价值观与约束原则。知识诚信包括诚实，对质疑、相反观点和论据的开放态度，能够对具备有力证据支持的结论进行理性判断，以及乐于接受分歧意见而不把它视为背信弃义。② 博雅教育的目的，不仅在于知识的复杂性，也包括知识的诚实性。从诚实性来看，知识诚信与诚实可信其实相隔不远。在某种程度上，高等教育机构支持并培养学生学术生活的规范，对学生的道德生活产生积极的影响。内化这种管理知识探索的规范，就涉及"习惯"与被称为"性格因素"的情感倾向（emotional dispositions）问题。例如，我们期望发现学生在进行道德判断时，能够主动地养成"自我反省"的习惯；我们希望，当他们发现自己因为某些结论不遂其意而加以反对时，会暗自谴责自己是个懦夫。如果学生压制不受欢迎的质疑，如果他们违背自己的判断，或者如果他们为个人利益或满足自己的虚荣心而"把

① 例子参见 John Locke, *Of the Conduct of Human Understanding*, Edited by Ruth Grant and Nathan Tarcov, Indianapolis: Hackett, 1996。

② Ruth Grant, "The Ethics of Talk: Classroom Conversation and Democratic Politics", *Teachers College Record* 97, no. 3 (1996), pp.470-482.

不具说服力的争论变得强有力",他们就应该感到内疚或羞愧。人文教育应教会学生对"灵魂中存在的谎言"感到厌恶。①

如果整件事就是这样,问题就很容易回答了。我们的结论是,要实现人文教育的教化作用,需要培养移情能力和判断力,需要维持公正,将其作为消除偏见与歧视的良方,需要灌输诚信美德。但我们知道这一观点包含着另一层面的意思,那就是人文教育并不总是能够发挥教化作用。我们要考虑道德风险及其可能产生的积极作用。在文章的开篇,我就引用阿里斯托芬、伯克和卢梭的话语来警示这些风险。虽然他们认为智力培养是冒险的事情,但是对于这些风险的理解却有所不同。

阿里斯托芬和伯克让我们注意到,破坏社会习俗与公共权威的责任所带来的危险,这种习俗和权威对于"基于共识而非权力来维持政治生活"而言非常必要。以个人判断为最高权威来解决道德问题,可能会对约束这个社会的规范造成腐蚀。质疑公认观点,可能会削弱公众共识的基础。毕竟,有什么观点敢称其是不容置疑的真理吗?常常要被奉为真理的却是,每一个社会都建立在不完善和不确定的意见与看法之上。这就是伯克所谓的"公正的偏见"。在某种程度上,人文教育强调个人的判断、理性的力量,以及对"公认的智慧"(received wisdom)的质疑;它可以诱导出一种思维习惯,而这种习惯恰恰与忠诚、尊重权威和尊重传统的性格特征背道而驰。

但是情况很可能是,每一个特定社会都需要拥护共同的规范,这些规范并不完全基于理性基础而存在,对我而言,我不认为人文教育会对这种忠诚构成威胁。基于以下两方面原因,第一,"对其进行测试"这样一种对传统智慧进行检验的过程,在增强对其承诺的同时也可能破坏它,"公认的智慧"就变成了一种"审慎判断"。② 第二,像阿里斯托芬和伯克

① Plato, *The Republic*, Translated by Allan Bloom, New York: Basic Books, 1991, p.382b.

② John Stuart Mill, *On Liberty and Considerations on Representative Government*, *On Liberty and Other Essays*, edited by John Gray, Oxford: Oxford University Press, 1988.

等人一样，经历过彻底考察之后，人们也许会得出结论，认为关于"这些智慧的社会地位和尊重传统规范的必要性"的观点是对的。理性探究和人本主义学习，并非必然导致对"个体推理"或"理性"本身的过度强调。过高估计个体理性是伯克真正关注的问题，但它不是人文教育必然产生的问题。这种教育也可以产生"限制个体理性"的卑微感。

卢梭强调了一种阿里斯托芬和伯克都认识到了但又略有不同的更大危险，并且我认为其更具权威性。通过人文教育获得的知识与技能，将被用来为自利行为与信仰构建复杂的合理化辩解，这是危险的。在品格发展未取得同样进展时，知识发展仍可以快速进行。相反，新知识的获取，能促进"求胜的虚荣心"与"傲慢心理"的滋生，并衍生"懒惰"与"自满"。同时，对许多人而言，新的知识经验可能具有挑战性且令人不安，它能促进个体成长，但其他人只是吸收这样的经验，并将其纳入自己原有的意识中，用其支撑已经存在的承诺。这样来看，人文教育也可能会让人变得更糟。没有它，人们会有自私的冲动甚至恶毒的意念。有了它，人们会用可行的方式，证明自私或对自己和他人的恶意是合理的。以一些人来看，人文教育可能会通过产生"复杂的自我正义"而变得腐朽。

对我而言，这是一个在年轻人中尤为突出的问题。问题在于这种"合理化"辩解，而非缺乏自我控制。当然，年轻人往往缺乏自我控制。有些时候，他们知道自己正在做错误的事情，却没有控制冲动的能力。[1]这是大学中的学生事务部门不得不面对的问题，但其不是和人文教育过程最密切相关的问题。我想更多的时候，问题在于青年人总是说服自己，他们想要做的就是正确的事情，或者说，他们觉得心里舒坦就是正确的立场。换句话说，他们把一切都合理化了。[2]需要凭借自己的动机作出判断时，他们却失去了"自我意识"或"自我批评能力"了。教授不应该扮演

[1] 参见 Ronald Kotulak, "Teens Driven to Distraction", *Chicago Tribune*, March 24, 2006。

[2] 当然，我们会进行合理化辩解。但是我认为没有任何细微差别的"正义趋势"正是青年人的特征，并与典型的理想主义特征相一致。参见 Kenneth Keniston, *Youth and Dissent*, New York: Harcourt Brace Jovanovich, 1967。

心理医生的角色或是尝试揭露个体动机，这些"个体动机"是合理化背后的真正驱动力。教授不应该仅仅把自己看成是学生品格形成的基本条件，但他们可以促进个人诚信自律的发展，以消除这种"合理化"辩解。知识诚信的培养，是这种"合理化"辩解所产生的问题的"解毒剂"。幸运的是，为了给人们提供使其更加道德且不会堕落的教育，无论我们教授道德哲学、化学、经济学还是任何其他科目，我们只需要尽心坚持学术领域所固有的诚信规范。但这并不像听起来那么简单，它需要我们具有较高程度的自我批判意识。

我们自己

不可否认的是，高等教育往往会产生诡辩，而教授也是高等教育的产物。如果智力超群却没有良好品格，其所产生的影响可能会弊大于利。例如，傲慢自负的人发现，"简单"和"普遍"的真理很难让他们接受，他们宁愿用精心打造的理性说辞来提出令人震惊的大胆假设，以此吸引眼球。一些学者也因将"常识"转变为具有正义优越感的"自利性炫耀"而闻名。阿里斯托芬、伯克和卢梭警示这些危险的做法是正确的。苏格拉底在《申辩篇》中对阿里斯托芬进行了回应，他提出了一些原则，即把他作为一个哲学家所从事的活动，与由"知识复杂性"所产生的"恶劣的诡辩"区分开来。这些原则是非常宽泛的：（1）避免做出不公正的事情；（2）认识你自己；（3）关心正义的事情。如果对这些原则依次进行讨论，我们可以考虑是否能将其作为大学教授职业伦理的基础原则。苏格拉底的回答，可以帮助我们把当代的"诡辩理性主义"与具有教化性的人文教育区分开来吗？那么，在当下语境中，这些"苏格拉底式原则"又意味着什么？

"避免做出不公正的事情"。这表明要公平地考虑事实、负责地对待不同观点、恪守真理的承诺以及对问题的逻辑框架保持一种批判性的立场姿态等，所以"公平对待"（doing justice）就贴近了这一主题。此外，我们可以对我们教授的内容保持一种"好奇感"（sense of wonder）和"有限感"（sense of limits），这能产生谦卑。傲慢、自负与自我满足，会导致某种形式的道德问题，而上述办法就是一剂良方。

"认识你自己"。当知识匮乏，当出现一个令人困惑的问题，当与质疑斗争时，告诉学生这一点尤为重要。我们需要训练自己及学生的自我反思能力，并对自己可能出现的"合理化"辩解倾向进行警惕的反省。并不是要在课堂上弱化这种权威，重要的是识别出对"我们何时在以自私的方式使用这种权威"的认识，尤其是因为个人原因找寻改变时。一旦认识到这个问题，我们就需要找出自己这样做的原因，以及如何进行自我控制。

"关心正义的事情"。对苏格拉底来说，这意味着关注自己灵魂的状态。这意味着关心持久的事务，而不是像财富、荣誉、胜利和地位等与社会生活相关的短暂事务。令人吃惊的是，苏格拉底在《申辩篇》中对这种"关注"进行了着重强调。他称自己是无知的，却知道什么是值得关注的，这是使他与众不同的重要原因。教授应该关心的是知识领域的诚信以及促进这种诚信的不朽价值观。

我认为，当我们探讨学风严谨这样一种校园氛围时，这就是我们的本质所在。其包括对待一些可能性的开放态度使知识经验得以转化，以及智力在本质上与品格发展持平。这就是我们要更好地理解青年人知识发展与品格发展关系的原因。任何一个支持"人文教育具有教化作用"的人都以"智力发展对一个人的品格形成具有深远影响"为前提。相反，"人文教育是腐化的"这一论断认为，人们接受一种教育就像得到一套工具，人们可以用其实现任何目的。

对教授而言，"关心正义的事情"包括在学术上严格要求自己，无论是在课堂内外，都以一种可以改进的方式继续学习，并与学生共享这种对待教育的开放性态度。

结　论

对人文教育的影响作用进行合理评估十分重要。这样的教育能使人更加道德，但并不总是能达到这种效果。有些人，在其步入大学时，并未对自己能够实现积极转变的潜力持开放态度。这些人不但没有因为受到教育而得以塑造，相反，他们一直试图改变教育，使其适应他们自己的性格倾向。因此，肯定有些人在这个过程中变得更糟。对许多人来说，教育结果可能导致道德冷漠，因为大学经历只给予了他们新的知识与技能，却几乎没有带来其他任何方面的改变。然而，人文教育最好的一点就在于其蕴含着的价值观，可以帮助我们抵制"合理化"辩解的诱惑，并加强诚信的基础。如果能更好地了解智力发展与品格发展的关系，我们就能使教育的积极效果最大化，并将消极影响减至最小。同时，本章的分析表明，我们不妨少考虑一些如何帮助他们提升，而更多地考虑应该如何克服阻碍，如个体性与制度性的障碍，从而以诚信指导自我发展。①

---

① 关于这一主题的研究方法，受到理查德·韦斯伯德《道德教师，道德儿童》的启发，参见 Richard Weissbourd, "Moral Teachers, Moral Students", *Educational Leadership* 60, no. 6 (March 2003), pp.6-11。我也十分感谢他对本章初稿所提供的具有帮助性的意见。

第十六章　运动员与观众：美国大学中的体育运动与道德教育

迈克尔·艾伦·吉莱斯皮（Michael Allen Gillespie）

当我们思考高校中的道德教育时，最有可能考虑四个问题：课堂中的道德学习，教职人员在其个人生活或研究活动中所表现出的道德行为示范作用，学生坚持以道德的方式参与个体互动或学术活动，以及学生参与服务学习的情况。然而，尽管这些活动可能有好处，但是我不认为它们是德育的形式。这些活动可能会使学生更清楚地了解成年人认同上的道德伦理，也可能会使他们对自己的道德观点进行反思，还可能会让他们意识到人类的多样性。但是这些活动不一定会使学生行善或想要行善。道德行为必须是善意的、自愿的，且这种行为必须源于品格，而不是出于自身的短暂利益。因此，"道德教育不仅包含道德行为准则的传播，更包括激发学生获得遵守准则的积极性"。这意味着形成一种适时适度地做正确事情的品格。

反思高校的道德教育，我们首先面对的问题是，多数青年人的品格在家庭与社区中已经形成。由此看来，我们似乎没有什么办法能改变他们了。然而，情况却不是这样。许多年前，爱利克·埃里克森（Erik Erikson）认为，青年人在青春期后期特别容易受到外界影响，并会重新定位自己的生活。当学生步入大学，进入了一个新的环境时，在很大程度上，他们不再受父母的影响。和同龄人一起生活，他们的信仰可能会遭受批判，而此时他们也恰好处在形成自己独立人格的关键时期。因此，大学时期似乎是学生特别容易被重新改造的阶段。尽管这种观点有一定的道理，"教职人员可以在这一过程中发挥着决定性作用"的论断却是不准确的。作为学者，我们都希望相信，学生会受到课堂所学知识以及鼓舞人心的榜样人物的深刻影响。然而，这个结论却表明，我们对自己的期望要远远高于我们对学生的实际影响。大约有三种东西决定着多数大学生的生活：酒精、性及对未来生活与事业的关注。至于前两者，我们只能针对可能越矩的行为划定基本界限；此外，虽然我们可能对学生的职业生涯与人生选择产生一定的影响，但较之于来自学生朋辈、家长以及社会的覆盖式影响，我们的"发声"显得极为微弱。此外，道德教育不仅是教学，而是"需求习惯化"；它需要的不只是每周一次振奋人心的讲座，而是一种更为亲近的长期关系。① 因此，在柏拉图的《法律篇》(Laws) 中，雅典人建议，年长者应该带着青年人一起参加酒会，从而帮助年轻人学会如何有节制地饮酒。如果我们邀请一定数量的教师或工作人员一起参加学生团体组织的酒会，也许学校的饮酒政策会更有效。同样地，对于性道德观念而言，学生被强制要求与指导教师探讨自己的情感生活，并断言他们一定会从中获益，且这通常能避免在指导过程中可能出现的情感冷漠等问题。所以本文的目的是指出这样的改革似乎不会很快实现。

那么接下来我想建议的是，如果我们想要对学生的道德生活产生影响，我们则必须合上书本，把讲座放在一边，开始探讨到底什么样的活动能够真正塑造学生的观念与习惯，到底什么样的理念才能让学生离开校园后，在生活中仍能保持道德品性。然而，仍有很多不同的问题值得我们思考。在这里我将审视高校中，通过运动体验进行道德教育的方式问题。②

---

① 在这个方面，我们始终致力于培养研究生与专业学生。

② 类似的探讨可能出现在学生生活的其他领域，其中包括戏曲与音乐表演，它们都要求团队协作，并在成年人领袖的指导下为学生提供强化技能的机会。同时也为学生提供追逐名利与被认可的机会，使学生能够在这种追求中学会节制。然而，与体育运动形成鲜明对比，它们并不包括忍受身体上的痛苦，因此在传统意义上讲，这对勇气的发展并不能起到很大的促进作用。

这个问题有两个方面：第一，参与各种形式的体育运动是如何并以何种方 298 式帮助学生成为道德人的？第二，体育运动如何帮助学生形成关于"道德"与"非道德"的概念？为了给出这些问题的答案，我首先探讨在古希腊、古罗马以及 19 世纪的英国，体育运动在教授道德价值观方面所扮演的角色。然后，我将试图证明体育运动在美国环境下，是如何将这三种文化元素结合的。最后，我将阐明，这样的融合是道德教育的一种有效形式，然而保持这三个文化要素之间的平衡却是十分困难的，需要我们不断地关注，尤其是现在——人们对娱乐活动的公共需求越来越高。

阿尔贝·加缪（Albert Camus）曾说过，体育是他学习道德伦理的唯一方式。[1] 这可能有些夸张，但它确实指出了体育运动作为一种道德教育方式的重要性。我们通过生活与实践来践行准则，一般而言有组织的活动是我们达成该目的的首要途径。这个事实对于任何自己玩过或者看孩子们玩过捉人游戏、捉迷藏或者篮球的人，都是不言而喻的。他们彼此竞争，却总是遵守规则，通过这种规则，他们不需要求助于法官就可以督促自己。对于不遵守规则的惩罚就是不允许继续参加游戏，这即是社会排斥与游戏本身的终结。

克利福德·格尔茨（Clifford Geertz）认为，体育是一种深层次的游戏方式，通过这种方式，某一文化所蕴含的内在价值观会得以呈现。[2] 学习竞技游戏的规则，是儿童开始具化价值观的一种主要方式。运动是在规则管制下的一种娱乐竞技形式，以象征的形式来展示最基本的人类斗争。我们观看或参与游戏都是我们反复经历的原始生活写照。游戏教会我们技巧的价值，包括狡猾、冷酷、毅力、勇气、忠诚以及遵守规则的价值，同时也教会我们生活中所需要的美德。[3] 在这个意义上，体育传授给我们的

---

① Albert Camus, "The Wager of Our Generation", *Resistance*, *Rebellion*, *and Death*, New York: Vintage, 1960, p.12.

② Clifford Geertz, "Deep Play", *Daedalus* 101, no. 1 (1972), p.26.

③ Richard Holt, *Sport and the British: A Modern History*, Oxford: Clarendon Press, 1989, p.173.

是生活中取得成功所必备的道德品质，并为我们提供了可以效仿的英雄榜样。体育也让我们拥有一种"人类共同体"的感觉。在一个团队里，我们学会了个体目标要服从于团队目标，看着自己的队伍比赛，我们开始认同属于我们团队中的其他人，并且与竞争者对抗。高呼"美国，美国"或"去地狱吧，卡罗莱纳州"，这些都是体育所具有的强大团体凝聚力的生动范例。在这个意义上，体育能够锻炼我们，并像其他小事一样，为我们提供融入了参与热情的伦理标准。①

体育作为一种道德教育工具已深深根植于人类经验中。苏美尔《吉尔伽美什史诗》②（The Epic of Gilgamesh）的第一部分，描述了一个年轻的、无拘无束的国王所推崇的道德教育。他的追求其实和我们大学生的很相似，他也想聚会、喝酒以及拥有性爱。然而，这些愿望给他的服从者带来了相当大的负担。由于他们不能命令国王改变行为方式，所以他们必须找到办法帮助他控制自己。然而，获得这种自律性的前提，是使其认识到自律比感官享受更崇高且更令人满意。为了让国王的这种感知更加明显，随从安排他和强大的野蛮人恩奇都（Enkidu）进行摔跤比赛。国王获胜了，但他并没有回归到原来的生活方式。他被这段经历所改变。通过这次体验，他明白了有一些东西要比肉体上的快感更重要，那就是胜利。此外，他也明白了这场比赛的胜利取决于自律和友谊。这些品质不仅使他成为一位名副其实的国王，更让他成为了第一位名垂千古的国王。由此不难看出，在人类历史的初始阶段，人们就认识到竞技体育作为道德教育基本组成部分的重要性。

体育的道德重要性，在人类早期社会就已经是不争的事实，因为体

---

① James L. Shulman, and William G. Bowen, *The Game of Life*：*College Sports and Educational Values*, Princeton, N.J.：Princeton University Press, 2001, p.11.

② 《吉尔伽美什史诗》（*The Epic of Gilgamesh*），又称基尔麦什史诗，是目前已知的世界最古老的英雄史诗。这是一部关于统治着古代美索不达米亚（Mesopotamia）地区苏美尔（Sumer）王朝的都市国家乌鲁克（Uruk）英雄吉尔伽美什（Gilgamesh）的赞歌。——译者注

育赛事总是和宗教节日紧密地联系在一起。一开始，人们就认为竞技运动能选拔出最优秀的人类，或者帮助人类超越自身达到近乎"神"的地位。体育的神圣性在古希腊期间就十分明晰。在《伊利亚特》（*Iliad*）中阿基里斯（Achilles）为了纪念帕特洛克罗斯（Patrokles）而举行的葬礼游戏仅仅是众多例子中的一个。奥运会最初是为了纪念盖亚（Gaia），而后变成纪念宙斯的节日。这些节日重现了以神和宇宙的秩序为特征的根本斗争。正如希腊人所理解的，世界就是一次冲突、斗争或竞赛，希腊生活的任何部分都不能被排除在竞争之外。[1]

对希腊人来说，参加体育运动是在内心中的又一场斗争。事实上，"竞技运动"这个词的意思是一场"竞赛"或一场"斗争"。然而，参与体育运动不仅是一种宗教仪式，更是古希腊公民基本道德教育的一部分。正如柏拉图和亚里士多德等人认为的，体操是培养良好意愿并将其习惯化的必要部分，而这也是美德发展必不可少的组成部分。[2] 在实践中，希腊的体育对于古典教育理想"派代亚"（paideia）[3] 具有至关重要的作用，特别是对培养节制、勇气和忍耐等品质具有重要意义。虽然所有适龄成年公民每天都会花一部分时间在集会广场中度过，但其实在更早的时候，他们就已经被要求在体育馆中锻炼。这种训练的直接目标是教授美德，同时也是为了提高公民勇士所必备的技能。

300

---

[1] A. Bartlett Giamatt, *The Universe and the Public Interest*, New York：Atheneum, 1981, p.78. 搏击性运动，例如摔跤、拳击、古希腊式搏斗，往往过于残忍。受伤是常见的事情，并且死亡也是不可预期的，能够默默承受的能力被认为是最值得赞赏的。Michael B. Poliakoff, *Combat Sports in the Ancient World*：*Competition, Violence, and Culture*, New Haven, Conn.：Yale University Press, 1987, p.9.

[2] 柏拉图与亚里士多德，都将体育训练作为公民教育的组成部分，并认为有必要去控制食欲，但是他们也意识到，如果缺乏一定的理性指导会激发人类的兽性。在这种意义上，体育训练的目的在于人的高尚性而非兽性。A. Bartlett Giamatt, *The Universe and the Public Interest*, New York：Atheneum, 1981, p.79.

[3] 派代亚（paideia），在古希腊文化中，指一种古典的教育思想与教育实际内容，包括文法、修辞及语言等，旨在培养出滔滔不绝的雄辩家，以成为城邦出色的政治领袖。——译者注

古典时期，希腊运动最著名的特征也许就是竞技运动中彻底的个人主义特征。这种个人主义反映出英雄时代贵族气质的价值观，这些价值观体现在古典希腊社会各个不同的方面，却与希腊人毫无个性的特点截然相反。体育并没有教会公民如何成为团队中的一员，确实，在斯巴达之外几乎没有团体竞赛。然而，体育为公民，尤其是贵族阶级的自作主张提供了"出口"，而这不断威胁并破坏了城邦的社会结构。① 希腊公民认为获胜就是一切，但是他们也懂得了在运动中，比赛必须通过规则来制约。② 个体赢家会被赋予英雄的名号，有时甚至被标榜至神的地位。品达（Pindar）在他的诗歌中赞扬过许多这样的运动员，自此英雄崇拜也随即形成。③

希腊人不仅是运动的参与者，也是各种赛事狂热的观众，在各种运动赛事中都会有许多人聚集在一起。这些体育盛典在许多方面与戏剧节类似，都有着深厚的宗教基础。对观众来说，在这些节日上，他们能够一睹最佳选手在比赛中的风采。尼采在《悲剧的诞生》（*Birth of Tragedy*）中说，一直到索福克勒斯时代（Sophocles），希腊戏剧中才出现真正有性格的人——酒神狄俄尼索斯（Dionysus），他总是伪装成人类的样子出现。在希腊的竞技比赛中，人们会说，不是狄俄尼索斯而是赫拉克勒斯，从隐蔽处现身了。事实上，那些曾在四个重大节日比赛中胜出的人，就会被授予"大力英雄"（Heracles）的名号。④

罗马人对于体育的观点和希腊人完全不同。事实上，罗马人把希腊

---

① Michael B. Poliakoff, *Combat Sports in the Ancient World*：*Competition*，*Violence*，*and Culture*，New Haven，Conn.：Yale University Press，1987，p.105.

② 也许，比渴望获得冠军更重要的是希腊人对失败的恐惧，Michael B. Poliakoff, *Combat Sports in the Ancient World*：*Competition*，*Violence*，*and Culture*，New Haven，Conn.：Yale University Press，1987，p.107。

③ 事实是，他们被雇佣去这么做并未影响这一基本共识。

④ 希腊体育的衰落，很大程度上是运动员生涯职业化兴起的产物，充满各种训练方案、特殊化高蛋白饮食等方面的问题。这使得运动员体型的变化与希腊人理想中的美存在差异。

人对运动训练的热衷看成是其奴性的来源，原因是运动让他们忽略了军事
训练。① 对罗马公民来说，唯一适当的体育锻炼就是军事演习，体育运动 301
是奴隶才会做的事情。事实上，自由的人是不允许在竞技场上角斗的。原
来的角斗比赛是伊特鲁里亚人（Etruscan）的丧葬习俗，但和希腊为纪念
死去战士的灵魂而举行的击剑比赛相反，罗马人的角斗比赛是为了给逝者
陪葬。因此这些角斗士更倾向于牺牲而不是竞争。的确，格斗游戏是一部
描绘国家统治的戏剧。因此，角斗士们给君主的誓言是："我们将用死亡
向您致敬。"许多角斗士都有公众追随者的现象是真实的，并且在以后的
几年，最受欢迎的人一般能幸免于死，但这也不会改变游戏的初衷。在竞
技场上出现的不是一种作为揭示人类非凡天赋并以此来衡量人的卓越性的
竞赛，而是一场屠杀、一幅壮观景象或仅仅是一种娱乐，让公民体验国家
决定生死的权力，这种力量能够保护他们的生命，使他们在真正的战场上
幸免于难。②

　　19 世纪的英国体育，也有一个明确的道德目的，但这个目的与希腊
人和罗马人的目的迥然不同。它的目的在于帮助统治阶级治理大不列颠地
区以及整个幅员辽阔的帝国。18 世纪的英国精英注重休闲娱乐，而到了
19 世纪，他们则转向充满活力的户外活动。③ 为了迎合这种转变，英国公
立学校将体育作为一种净化性的行为方式引入课程中，反对浪漫主义的悲
观厌世（Weltschmerz），旨在培养像托马斯·休斯（Thomas Hughes）在
《汤姆求学记》（*Tom Brown's School Days*）中描述的"肌肉强健的基督教
绅士"的学生。④ 这一举措最开始是自愿的，但在实践中很快就变成强制

---

① Michael B. Poliakoff, *Combat Sports in the Ancient World*：*Competition*，*Violence*，*and Culture*，New Haven，Conn.：Yale University Press，1987，p.96.

② 这一情况得到了进一步的印证，即通常在比赛前竞技场亦是示众行刑的场所。

③ Richard Holt, *Sport and the British*：*A Modern History*，Oxford：Clarendon Press，1989，p.88；Giamatt，*The Universe and the Public Interest*，New York：Atheneum，1981，p.80.

④ Richard Holt, *Sport and the British*：*A Modern History*，Oxford：Clarendon Press，1989，p.91，p.98.

性的。① 事实上，体育占据的位置要比学术更重要，并且它没有被局限于公立学校中。体育运动很快被引入牛津大学和剑桥大学，在大学生活中也发挥了同样重要的作用。大学毕业后，许多之前的学生组成了所谓的"老男孩俱乐部"，以继续他们年轻时所热衷的运动。② 这些俱乐部是体育发展的基础，直到如今，它们仍然存在于英国和世界上其他许多国家之中。③

与希腊运动不同，英国的比赛主要以团队为主。游戏的目标与其说是为了胜利，不如说是为了进行团队协作并发扬体育精神（希腊人所未知的理念）。④ 严格遵守规则是关乎荣誉的事情。例如，如果一个队犯规，他们经常会自愿撤回他们的守门员让其他球队得分。这种伦理的目标是培养学生团队忠诚、荣誉观念以及遵守规则的意识。这些品质不仅能帮助学生适应国内竞争激烈的政治和经济环境，也能使学生在身处异地、独自面对与自己习俗完全不同的人时，仍能处之泰然。⑤ 这种成功的德育体系得到了广泛认可。法国男爵顾拜旦（Baron de Coubertin）是奥运会的创始人，他称英国体育为"大英帝国的基石"。在普法战争（Franco-Prussian war）中以失败告终的法国在战后试图建立一个类似的系统，因为他们意识到，虽然他们能培养出优秀的学者，却从未培养出能管理国际事务的人才。⑥

19 世纪初，英国的这些运动并没有吸引大量的观众，因为这些观众

---

① 1889 年的潘趣漫画描述了一名身着学术服饰的校长对一个男孩说了这样的话，"当然，你不必工作，但是你必须并且应该玩耍"。Richard Holt, *Sport and the British*：*A Modern History*, Oxford：Clarendon Press, 1989, p.97.

② 即便对英国的商业精英而言，较之于工作，他们似乎对戏曲更感兴趣。Richard Holt, *Sport and the British*：*A Modern History*, Oxford：Clarendon Press, 1989, p.97.

③ Richard Holt, *Sport and the British*：*A Modern History*, Oxford：Clarendon Press, 1989, p.135.

④ A. Bartlett Giamatt, *The Universe and the Public Interest*, New York：Atheneum, 1981, p.79.

⑤ Richard Holt, *Sport and the British*：*A Modern History*, Oxford：Clarendon Press, 1989, p.96.

⑥ Richard Holt, *Sport and the British*：*A Modern History*, Oxford：Clarendon Press, 1989, p.1, p.94.

喜欢赛马和赌马。事实上，观众人数的不断上升是和退役运动员人数的增加成正比的。体育社区建设的力量可能是其他事物所不可企及的，而这种力量也随着中产阶级和工薪阶级对这些体育运动的接纳而进一步增强。在大多数情况下，这些人会热情地加入到当地的俱乐部，而不是相对高贵的大学运动队。在工业化混乱的大环境中，对团队的依附关系，会给予那些不再生活在农村，而是生活在更大的、没有人情味的工业城镇中的工人们一份归属感。①

在美国，体育也对道德培养发挥了重要作用，但和古希腊、古罗马和英国相比，它的目的就不那么明显了。这在很大程度上是因为我们的国度是个人的集合体，并且我们的伦理观并不那么清晰、直接，像希腊人一样，我们极其强调胜利。"并不是指输或赢很重要，而是你是否胜利了。""向我展示一个优秀的失败者，那么我就成了一个失败者。"这样的陈述都直接阐明了这种基本态度，不需要进一步解释。然而，与英国相似，我们也注重团队合作，并强调体育精神的重要性。事实上，我们十分看重二者，并且相信这是生活中取得成功的必要前提，以至于我们努力支持女性，确保其与男性享有平等的参与权。

美国体育运动中的个人主义和团队特征往往相互冲突。这一事实导致巴特利特·吉亚玛提（Bartlett Giamatti）评论说，虽然我们像英国一样处事，但是我们却像希腊人一样思考。② 在他看来，胜利对我们而言虽不是一切，但它本身是重要、强大并且美丽的，与追求健康品格一样，是练就顽强灵魂的必要条件。而体育精神和团队协作也受到了高度重视。我们不仅要赞扬明星运动员的努力，也要赞赏那些知道如何帮助自己团队取得成功的队员。同时，我要补充吉亚玛提所忽略的一点，即我们和罗马人观看体育运动时一样，都沉迷于其中。在这个意义上，体育是一个把美国社会

303

---

① Richard Holt, *Sport and the British: A Modern History*, Oxford: Clarendon Press, 1989, pp.167-168.

② A. Bartlett Giamatti, *The Universe and the Public Interest*, New York: Atheneum, 1981, p.82.

和政治生活生动戏剧化的缩影。可以肯定的是，虽然没有对君主的效忠誓言，但几乎高中的每场体育比赛都会播放或演唱国歌。对于美国观众和罗马观众而言，体育运动为我们的国民生活提供了十分令人瞩目的愿景。①

这个愿景的核心是竞争，而竞争才是美国生活方式的内在实质。然而在这个意义上，美国是人类追求征服自然、脱颖而出的"现代工程"的顶峰。② 当代体育再次展现了这个时代的基本真理，即由培根首先提出的，知识和努力能产生力量，而这力量能创造胜利与卓越。③ 然而，当代体育也因此必然在该"现代工程"中表现出矛盾的张力。我们应该把重点放在个体之上，即明星队员，但也应该把重点放在以小组为单位的团队上。这两个方面之间的紧张关系是明显的，并且能在许多方面反映出"我们对个人主义的责任"与"自愿进行经济合作的倾向"之间的矛盾。④ 运动可以帮助我们了解如何协商解决这一基本矛盾。运动员们学会了将个人意愿与技能服从于团队的利益需要。然而，团队也学会了不能为了获得成功而简单地教唆明星运动员的事实。在美国高校中，体育运动反映出这些一般趋势和矛盾状态，并且体育作为大学共同体的核心发挥了重要的作用。例如，想成为一名"杜克人"，并不只是和弗莱德·詹姆森（Fred Jameson）

---

① 这使得一些评论员认为，运动的壮观场面属于神圣领域，而非世俗领域。参见 James A. Mathisen, "From Civil Religion to Folk Religion: The Case of American Sport", *Sport and Religion*, edited by Shirl J. Hoffman, Champaign, Ill.: Human Kinetics Publishers, 1992, p.23。

② 运动不是简单的娱乐或盲目的玩耍。它们塑造着思考与行为的习惯，是美国社会运行方面的特殊模式，一种为比赛以及在比赛中获胜的人庆祝的模式。Pamela Grundy, "*The Game of Life*: A Historical Perspective", http://www.trincoll.edu/.

③ 艾伦·古特曼确证了构成现代体育并相互作用的七个特点，即世俗主义、竞争中的机会均等、官僚化、专业化、合理化、量化以及追求刷新纪录，并且他认为现代体育源于科学的世界观。Allen Guttmann, *From Ritual to Record: The Nature of Modern Sports*, New York: Columbia University Press, 1978, p.45.

④ 格伦迪将足球场上的精彩赛事视为商业领域的戏剧化。参见 James L. Shulman, and William G. Bowen, *The Game of Life: College Sports and Educational Values*, Princeton, N.J.: Princeton University Press, 2001, p.3.

一起学习或去杜克大学医学中心做心脏移植手术就可以了，而是要为"蓝　304
魔队"（Blue Devils）①效力、加油。想成为另一个俄亥俄州人（Buckeye）
的唯一途径，就是与俄亥俄州橄榄球队同生共死。这似乎对一些人来说有
点夸张，但它确实是美国大学成为与欧洲大学不同的"共同体"的原因之
一。这一共同体向校园外扩展，包括校友和其他狂热爱好者的出现，也在
很大程度上是高校体育大众化发展的产物。

詹姆斯·舒尔曼（James Shulman）和威廉·鲍文（William Bowen）
在《游戏人生》（*The Game of Life*）一书中，批判了体育运动在当代大学
中的作用。他们认为校际间的体育运动与大学的基本学术价值观互不相
容。在这些批评论断的背后，他们认为大学至少应该是一个心灵的港湾，
并且应该是培养高尚灵魂（而不是身体）的地方。这种观点的问题在于将
心灵与身体割裂，而这也与我们学生的需求明显不一致。的确，大学生关
心他们的学术生活，但多数情况下他们也在和"身体的迫切需要"以及
"来自朋辈的压力"进行抗争。对他们而言，大学不仅是学习和研究的地
方，也是一个临时性的社区，在这里他们逐渐成年，而且基本上缺乏父母
或成人的监督。因此大学是一个使他们努力学会控制自己的欲望，学习如
何融入朋辈群体，并寻找未来人生方向的地方。②

体育运动在解决这些问题方面发挥了重要的辅助作用。亚里士多德
在《尼各马可伦理学》（*Nichomachean Ethics*）中写道，生活中有五种事
物一般被认为是美好的：快乐、金钱、荣誉、智慧和朋友。他进一步指
出，人类通常会因为对这五种事物中一种或几种的强烈喜好而被驱使。美

---

① 蓝魔队（Blue Devils），是杜克大学运动团队的统称，其中包含篮球、足球、高尔夫、赛
　艇等26个运动团队，为杜克大学体育运动的发展做出了不可磨灭的贡献。——译者注
② 这些因素使得罗伯特·西蒙评论道："当然，大学的首要角色不应该只是单纯地培养教
　授。如果另一项核心职能是训练人们成为民主社会的合格公民，那么在体育中所习得
　的技能以及在竞技中获得的发展（还包括通过既定的比赛向公众传达），则能够促成
　这一目标的实现。"参见 "Does 'The Game of Life' Really Score?" http：//www.trincoll.
　edu。

德伦理生活源于这些渴望的习惯化，即一种性格的形成需要每一种适度的追求。沉浸在自己的学习和研究中，教师往往认为，大学只为科学而存在，仅仅是一个启发智慧或是如亚里士多德所谓的培养"智性美德"的地方。从这个角度看，大学中的伦理问题主要是学习和研究方面的伦理问题，这是因为"剽窃"和"学术失信"的问题日益凸显。在某些情况下，教师能够意识到自己具有另一道德维度的职能，并把自认为是"正义"的政治、社会、道德意识传递给学生，并促进这些意识的发展。虽然这有时可能会披着"教化"的外衣，但提出一个关于正义的问题并给出自己认为合理的答案是完全合乎情理的。然而，教师很少将"帮助学生学会处理快乐与痛苦，追求名利、荣誉与超群地位"看作是自己的责任，他们也不太关心学生的公共生活。关于这些方面，大学所提供的指导机会仅仅局限于学生寄宿生活管理部门。然而，体育却能帮助学生学会如何处理快乐甚至是痛苦，为其在规范环境中追求卓越提供机会，不仅是提供一种抽象的知识概念，而是获得具体的正义经验，帮助学生学会在压力与不确定的情况下保持个性，并协调自己的行为与他人友好相处。

体育包括体能训练和运动练习，其最终目标是竞争。事实上，运动训练被称为竞技训练，因为它是在为竞赛做准备。竞争是一种评估自我、对抗他人的方式。衡量成功的最终标准即是胜利，渴望胜利的核心原因是渴望被认可与赞赏。正是这种对赞许或认同的渴望，才促进了亚里士多德所谓的"道德美德"的发展。运动本身仅仅是单调乏味的工作或苦差事，甚至当健康是运动的最终目的时，运动练习与欲望控制仅仅是将"长期满足感"置于"即时满足感"之先。相反，体育运动提供了一种具有本质区别的奖励，即对"杰出"或古希腊人所谓的"荣耀"的认可。[1] 然而，这

---

[1] 吉亚玛提认为："我们了解对胜利的那种强烈的、渴望的、不可替代的感受——当取得胜利时，自豪感油然而生，这一刻如何形成了对某一个体或更广泛群体的忠诚，凝聚力、欢快以及彼此间的紧密联系如何激励着大家，无论作为参与者或者旁观者。这一时刻虽然转瞬即逝，但是激情却永不退却。"A. Bartlett Giamatti, *A Free and Ordered Space: The Real World of the University*, New York: Norton, 1988, p.189.

种奖励的性质会随着竞技水平的不同而变化。

大学生广泛参与的体育运动具有多种形式，如特设游戏或在健身房、野外以及广场上进行的临时比赛。飞盘飞舞，投掷、飞射或拍击各种球类，跑步或跳高，学生挥舞着臂膀，满头大汗，心潮澎湃，沉浸在胜利或失利中。这些游戏不是由公正的法官，而是由玩家自己来制定规则并裁决纠纷。所有这些自愿参加的活动没有其他目的，只是为了让参与者享受游戏的快乐和对胜利的期盼。胜利者可能会比输家更幸福快乐，但即便是被征服者也是快乐的，因为他们参与其中并充满将来获胜的希望。在这个层面上，体育运动是锻炼与获得健康的有效途径。但不仅仅如此，我们也通过这些游戏学会了如何在竞争与合作关系中与他人共存。每个游戏都是由学生组成的临时团队，在某些情况下，教师和工作人员也会积极参与到这种跨越等级、种族的互动中来。[①] 成功不仅取决于个人的运动技能，还取决于在集体环境中使个体行为相互协调的民主"政治"技能。此类游戏对于发展美德及民主公民必备技能的重要性不容小觑，并且对于接受和遵从游戏规则方面也具有重要意义。特设竞赛也为个体提供了获得认可的机会。比赛的结果不会被公开或记录，但队员们知道彼此的优劣，因此可以通过运动员们表现出来的态度判断参与者是否合格。

通常校内及俱乐部的比赛会在更有组织的层面上开展，这些比赛一般由大学体育部门组织监管。这些比赛并不涉及零散的个体，而是已有的团队（通常对应于某一住宅单元、学校或部门）为了共同的目标一起努力练习。这些比赛更严肃，并由公正的裁判进行裁决。在这种情况下，竞争更加正式，比赛的结果会被记录并公布。队员没有金钱的回报，却会获得超越游戏本身的奖励。这些奖励是较低层次的荣誉，一种在公平比赛中获胜的"吹嘘资本"。参加这样的比赛需要团队成员自愿组织团队活动，并

306

---

① 高中体育团队轻松整合突出体现在啦啦队整合的巨大困难中。James L. Shulman, and William G. Bowen, *The Game of Life：College Sports and Educational Values*, Princeton, N.J.：Princeton University Press, 2001, p.9.

至少接受一些基本的培训与练习。因此，参与这些活动不仅需要民主互动，也需要锻炼并发展领导能力，这些技能与学生在课堂上学到的其他知识一样，对其未来的生活至关重要。同时，这些活动有助于强化团队协作精神，因为只有这种精神才能把成员联系在一起。①

从一个更高的层次来看，校际体育运动不一定涉及奖励运动员，但一定会得到大学中教练的专业指导、财政支持以及官方认可。这些运动员和运动队代表各自大学，是面向世界的公众形象。这些个体运动员在严格的成人监督下，进行为期一年的培训。与他们的同学相比，这些运动员的日常生活都是高度制度化的，他们习惯了大多数学生所无法体会的劳累和疼痛。这种体验就是当希腊人在谈到增强勇气与耐力时脑海中的想法。十分明显，这种体验在很多重要方面为他们毕业后适应更多约束性的工作生活做好了准备。②

---

① 在这种意义上讲，团队处于家庭与企业之间，因此在训练青年人的各类技能时，需要从童年过渡到成年。与军队不同，团队的规模通常比较有限，例如，它并不要求个体完全沉浸于其中。因此在团队的努力下，个体的卓越表现很可能会实现。

② 格伦迪认为，随着校际体育运动的日渐兴起，工业化文明愈加需要团队协作，二者之间存在着一定的关联，尤其是奴隶制消亡、大规模移民带来了激烈的竞争（James L. Shulman, and William G. Bowen, *The Game of Life：College Sports and Educational Values*, Princeton, N.J.：Princeton University Press, 2001, p.2）。正如体育运动，尤其是团队运动项目在美国大学兴起，对女性而言十分有价值。它为女性提供了在观众面前完成比赛，并获得荣誉的机会。它亦提供了在体育竞技中训练团队协作的机会，并强调在"后大学时代"服务女性的意识，尤其是在男性主导且强调团队的传统领域之中。女性运动员能够获得奖学金的意义，不仅仅是为那些可能无法支付学费的学生提供上大学的机会，也保证了全体学生的多样性。尽管如此，男性运动与女性运动之间依然存在着很大区别。最明显之处就是在极端接触型运动项目之中，例如足球和摔跤，仍然缺乏女性团队。此外，在其他接触型项目，如长曲棍球中，往往要修改规则以减少身体接触。对于女性而言，美式足球与篮球是最主要的接触型项目。极端接触型项目中缺乏女性运动员，造成了大学中的不平等因素，尤其是自足球成为最受欢迎的项目之后。在这种意义上讲，女性似乎失去了追逐荣誉的平等机会。然而，这种不平等并不意味着不公正。正如许多跨文化研究所呈现的那样，很大程度上好斗的暴力倾向出现在男性之中，尤其是15至35岁的年龄层中。女性似乎较少出现这种暴力行

同时很清楚的是，体育还需要以牺牲这些运动员的学业表现为代价。舒尔曼和鲍文认为，运动员的学业表现不佳是一件糟糕的事情，但这个结论也并非像他们想的那么绝对，毕竟没有学生是被迫参与体育运动的。那么，为什么会有如此多的学生选择这样做呢？第一，许多人喜欢在特定的运动中追求卓越，希望自己能在该领域得到大师、专家的指导。第二，他们享受比赛中的快乐并追求胜利。第三，他们喜欢加入充满友爱的团队。第四，他们可以获得经济利益，如奖学金或为其职业运动生涯做准备。第五，他们追求荣誉、名利以及其他所有的利益。他们的运动经验以及参与体育运动的作用在某种意义上恰好是希腊经验与英国经验的结合。

然而，荣耀的追求是需要观众的。观众的规模与特点也会随着运动种类、地点的变化而变化。在多数大学中，橄榄球、篮球以及较少部分的足球、曲棍球都是观赏性运动。然而，在整个国家范围内，摔跤或其他"小众"运动在很大程度上会被广大公众所忽视。高校体育的观众包括运动员的家庭成员、朋友以及其他学生。在规模更大的大学社区，观众群体可能还包括教师、员工、校友，以及那些因为某些原因而成为某队球迷的人。因此任何一个运动员所获得的荣耀或名利，在很大程度上与其所从事运动的受欢迎程度有关。足球和篮球队经常有大批的追随者，因为这些运动在许多方面体现了大学的精神，却很少在高尔夫、网球、水球运动中出现此种情况，这里只列举这三个例子。体育运动在校园社区建设中发挥的作用不容忽视，在19世纪的英国，体育运动将孤立的个体聚集在一起，正是体育将那些与家庭和社区分离的学生团结在了一起。在这个方面，体育运动展现了团队精神和大学的整体形象。

体育运动不仅有助于促进学生形成亚里士多德所谓的"道德美德"， 308

为。如果不存在女性对抗型运动，也许是因为女性对此的需求并不那么强烈。此外，像我试图表明的那样，如果运动的目标在本质上是道德的，运动是为了帮助他们习惯并缓和暴力倾向，那么女性对运动的渴求性似乎并不大。对于男性和女性而言，对各种运动需求的不同并非反映了性别歧视的制度。这种差异可能使女性按照自己的方式参与运动成为可能，不需要像男性一样。

还能呈现出一种具有强大说服力的公正形象。这个关于"公正"的概念和"比赛"密不可分。比赛是根据规则来组织的，并自愿参与。选择参与比赛，意味着同意遵守规则并接受比赛结果，也就是说，各有输赢。① 这一公正理念显然与机会均等的概念有关，却与结果平等截然相反。体育运动首先假设每个人都能按相同规则进行比赛。当所有参赛者都能遵守规则时，比赛的结果就是公平的。这样没有一个人会抱怨说，赢家应该与输家分享他的胜利。从城际运动比赛到超级碗大赛，"胜者继续"一直都是美国体育比赛的基本规律。

在这个意义上，体育运动留给了我们关于正义的难题。一些运动员和运动队只是依靠天赋，而其他人则依靠后天的实践与指导，但事实上，他们的胜利并不意味着通过改变规则来牵制他们。原则上，运动中并不存在准则，也不需要对正义进行重新分配，相反失败能激励输家为了成为赢家而努力奋斗。在这个意义上，体育从竞技本质上加强了所有参与者的身体素质和道德修养。在大学体育运动中，我们所学习或体会到的关于正义的概念，远远超出了课堂学习的影响，也为学生提供了具体的习惯与更具说服力的见解，这对学生在大学之外的生活十分有益。②

然而，大学体育运动的观众并非仅有高校成员。尤其是自电视转播问世以来，大学足球和篮球比赛获得了全国观众的关注。正是这种匿名观众的存在，以及观众对更大规模和更令人兴奋的娱乐活动的需求，对高校的学术目标与道德目标构成了巨大威胁。希腊式与英国式的体育遗产能促进道德生活的发展，而我们对于宏大场面的罗马式渴望却只能使道德生活陷入窘境。一旦美国观众成为罗马式的观众，即不考虑运动员的实际感受时，他们就成为了被动的消费者，只是喜欢观看他人所展示的技能和勇

---

① 竞争使比赛继续，但是如果不坚持规则，则无法持续。Shirl J. Hoffman, ed, *Sport and Religion*, Champaign, Ill.: Human Kinetics Publishers, 1992, p.215.

② 校友录中经常记录着，足球运动往往比课堂更能反映出学校的价值观与世界观。James L. Shulman, and William G. Bowen, *The Game of Life: College Sports and Educational Values*, Princeton, N.J.: Princeton University Press, 2001, p.4.

气，但从未试图赶超他们。对于这种观众而言，体育运动只是一种宣泄，一种能让激情无拘无束释放的机会。对于不能取悦他们、不足以取悦他们或不能及时取悦他们的教练或运动队，这些观众就会贬损他们，对其向下竖起大拇指。

这些大学之外的无名观众对于大学体育运动具有一定的影响，因为大学会接受他们提供的资金支持。这些观众因娱乐消遣而付费，不仅是为了他们在运动场中的座位或对学校一般基金项目的贡献，而是为了让人们观看到电视上他们的商业广告。在此种情况下，不论在校内还是校外，体育运动都已经沦为各大企业以不同方式获取经济利润的商业活动。这些投资者对大学体育造成的危害是众所周知的，也就无须解释了。① 这里，我只关注体育运动对于大学道德教育所产生的影响。

许多运动员甚至在步入大学之前，就感受到了这种需求的影响。这种影响有多种表现形式，但主要通过运动鞋公司赞助俱乐部的全年国家赛事日程与野营活动来体现。教练关心的不是这些青年人的道德教育和体育训练，他们接触到的人都是唯利是图的，并不把运动员看成是可以提升其道德水平的对象，而是可以被利用的工具。运动员的招生过程也使他们不能正确认识自身的价值，把自己本来引以为豪的东西转化成为丑陋的傲慢，这同样导致大学不仅要降低入学标准，接收不具备资格的学生，以及那些不想学习且难以毕业的学生。这种招生行为只会让运动队获益，提高学校的体育知名度，但是这些学生不能真正地参与校园生活。对他们来说，大学只是通往职业生涯的一种途径。②

---

① 也许人们会错误地认为，这种滥用通常会出现在美国或现代。就像斯蒂芬·米勒反复强调的："贵族与英勇、贪心与贪财、荣誉与赞颂、工会与谈判、个人英雄主义与理论化、腐败与诽谤、物理竞赛演变成娱乐业以及非竞争性体育锻炼的发展，都出现在两千年前的运动会中。" Stephen G. Miller, *Arete*: *Greek Sports from Ancient Sources*, 2nd ed, Berkeley：University of California Press, 1991, p.201. 很重要的是，观众的需求对女性运动的影响较小，因此也不会过多地扭曲其道德目的。

② 受到棒球运动例子的启发，我们了解到足球或篮球通过小职业球队联盟的发展，该问题可以被解决，或者至少被改善。

　　这表明，运动奖金确实给许多无法负担大学费用的学生提供了获得教育的机会。虽然许多大学新生的梦想是参与职业体育比赛，但绝大多数都要面对一个现实，就是意识到这个梦想很难实现。令他们及其父母高兴的是，他们很容易就上了大学。然而，这种普通大众对成功及大学对其投资回报的不合理预期，经常使这种教育变得十分困难，因为这要求学校在运动员身上投入大量的时间和精力。首先，这些学生每周被要求进行多个小时的锻炼，还要参加很多比赛。他们往往不愿选择较难的课程，因为这些课程要求他们付出更多的时间与精力。所有这一切都只能培养一个高质量的"运动机器"，却不能培养美德。事实上，对于道德生活而言，身体锻炼是必不可少的，美德却经常屈从于人类的野蛮兽性，这也正是柏拉图和亚里士多德所担心的，并且是后来希腊体育所经历的现实。美德以这种方式被人的动物本能所取代。在这种情况下，人的头脑中只有金钱利益，对荣耀的渴望、对优秀人才与其杰出表现的颂扬，往往被名利欲望所取代。公众的盲目崇拜只能将品德高尚的运动员变成只适合竞技场的角斗士。

　　教练在体育训练与道德培育方面发挥的作用也被公众的需求破坏了。不惜一切代价赢得比赛的压力，诱导他们通过作弊以及牺牲运动员的长期利益，来满足赢得一个赛季的即时需求。这也导致他们为了维持自己的工作，而容忍甚至掩盖运动员的不道德行为乃至非法活动。

　　这对运动员个人和教练带来了极大的负面影响，且对大学道德生活的影响可能更糟。这个问题产生的原因是体育运动从团体向大众的转型。这至少造成了两个后果，第一个后果是，个体行为责任感的弱化。淹没在大规模的盲目崇拜中，观众的一般道德观与正义感消失了，他们尖叫骂人，向对方球员及其亲友团投掷苏打水瓶，并在比赛后发生骚乱。这种行为当然一部分与狂热支持者和酒精作用有关，同时也是暴民行为的一种表达方式。第二个后果就是将对手妖魔化。处于对立球队的球员和球迷不再被视为人类，而是令人恐怖的人类仇敌。① 这种效应因大众媒体和商业利

① 在队员之中，这种妖魔化极少出现。

益而被放大和利用，对于很多球迷而言，比赛被灌注了"类似道德"甚至是"类似宗教"的意义。

在大学环境中，无名公众赋予体育运动的意义导致了教育的扭曲。有限资源的投入，从对特设比赛和校内比赛的一般性支持变为奖金支持、指导支持以及校际运动项目的支持。教练的工资远远高于教职工和管理者的工资。大学甚至开始以一个运动经验型高校而非一个学术机构的名义来营销自己。在极端的情况下，大学的成功是通过它的足球或篮球队的成功来衡量的，好像对于大学而言，一个"全美最佳中卫"比一个"诺贝尔奖获得者"更为重要。这种大学体育的"罗马化"趋势，使人们认为整个学术事业就是一件不重要的小事。① 同时，它也把大学与诸如酒精类产品的营销联系在一起，而这本来是大学校园极力限制的。

高校体育大众化所产生的问题致使许多学者得出结论：我们应该直接取消美国大学中的校际运动项目。但如果认为这应该或可能得以实现，那就错了。体育对于大学的道德生活具有积极的促进作用，能够帮助学生获得道德美德。体育运动正是以这种方式，将我们与人文主义传统的生活经验联系在一起。② 同时，它能够平衡应用于高校其他地方的彻底性批判，一旦这种平衡被破坏，就会变得非常危险。③ 校友和公众愿意忽略或容忍我们所做的事情，因为他们的目光都集中在其他地方，特别是在体育运动中。运动项目对于吸引学生报考该大学也产生了重要的影响，目前的市场行情明确反对纯粹的学术教育机构。芝加哥大学取消足球运动的尝试就是一个显而易见的例子。事实上，一位评论家认为，尽管很多人对一流的高校体育运动表现出强烈的抗议，然而"作为青年人教育的一个重要组成部

① A. Bartlett Giamatti, *A Free and Ordered Space：The Real World of the University*, New York：Norton, 1988, p.191.

② Michael Novak, "The Natural Religion", *Sport and Religion*, edited by Shirl J. Hoffman, Champaign, Ill.：Human Kinetics Publishers, 1992, p.38.

③ James L. Shulman, and William G. Bowen, *The Game of Life：College Sports and Educational Values*, Princeton, N.J.：Princeton University Press, 2001, p.10.

分，对于重大比赛的民间支持仍然有增无减"。① 运动比赛的成功能带来收入、取悦校友、吸引潜在学生，提升大学的国际声誉。因此，体育运动不应该也不能被禁止。

　　然而，承认体育运动在大学中继续存在的必要性，并不等于允许其以当前形式继续存在。大学不仅是一个学术机构，关注的也不仅仅是心灵和智性美德，但这是大学的首要目标。因此，有必要为大学找到一个适合学生身心协调发展的平衡位置。对此，教师和校友往往持有相悖的观点。我们接下来不得不面对的一个问题就是"如何找到这种平衡"。这里需要的不是思想意识、激情或是成本效益分析，而是实践理性或希腊人所谓的"实践智慧"（phronēsis）。第一，使所有学生重视体育运动，甚至要求所有学生都必须参加运动。第二，大学必须弱化校际体育商业化的狂热，即减少校际运动的资金支持，其中包括减少获得奖金的运动员总人数，而在运动设施、教练以及校内特设运动培训人员等方面增加资金投入。这也意味着大学校际赛季的长度将受到限制，并给予参加强制训练的运动员真正的休息时间。这同时要求学生运动员不是徒有学生之名，而让那些对学习没有兴趣的优秀运动员回归职业运动联盟之中。

　　美国大学中的体育运动是培养运动员及观众道德品质的一种重要途径。然而，当下的大学体育运动，却对大学的道德使命提出了真正的挑战。因此，在体育运动中，机遇与危险并存。我们需要鼓励学生在运动队中充分发挥实力，而不是放弃自由以至于最终成为竞技场上的表演者。换言之，我们需要培养具有民主美德的公民，而非只为"专制暴君"翩翩起舞的演员。

---

① James L. Shulman, and William G. Bowen, *The Game of Life: College Sports and Educational Values*, Princeton, N.J.: Princeton University Press, 2001, p.8.

作者介绍

劳伦斯·布卢姆（Lawrence Blum），马萨诸塞大学波士顿分校哲学系教授、人文科学和教育系杰出教授。曾出版多部著作，包括《"我不是种族主义者，但……"：关于种族的道德困惑》（*"I'm not a Racist, but…"：The Moral Quandary of Race*）、《道德的感知与特殊性》（*Moral Perception and Particularity*）等，前者被北美社会哲学协会评为"2002年度社会哲学著作"。此外，发表过多篇关于道德哲学、种族理论、道德教育与多元文化教育的文章。

罗曼德·科尔斯（Romand Coles），美国北亚利桑那大学"弗朗西斯·B.麦考利斯特"荣誉主席，社区、文化与环境项目负责人，从事民主参与和地方管理的理论与实践研究。新近著作包括《超越监控政治：对民主可能性的反思》（*Beyond Gated Politics：Reflections for the Possibility of Democracy*）；《基督教、民主和激进的普通人：一个激进分子和基督徒之间的对话》（*Christianity，Democracy，and the Radical Ordinary：Conversations Between a Radical and a Christian*）（与斯坦利·豪尔瓦斯共著）。

J.彼得·尤本（J. Peter Euben），杜克大学政治科学与古典研究系教授，凯南伦理研究所杰出研究员。出版著作《乌托邦的必要性》（*The Necessity of Utopia*），参与编写《当世界被忽略：政治理论、文化研究与希腊文化的影响》（*When Worlds Elide：Political Theory，Cultural Studies，* *and the Effects of Hellenism*)。

斯坦利·费希（Stanley Fish），佛罗里达国际大学法学教授，被誉为"戴维森·卡恩"荣誉教授。曾为《纽约时报》线上专栏"再思考"（*Think Again*）撰写文章，近期出版专著《在我们自己的时代拯救世界》（*Save the World on Your Own Time*）。

迈克尔·艾伦·吉莱斯皮（Michael Allen Gillespie），杜克大学政治学、哲学系教授，被誉为"杰瑞·G.与帕特里夏·克劳福德·哈伯德"荣誉教授。出版著作《黑格尔、海德格尔和历史的基础》（*Hegel, Heidegger and the Ground of History*）、《尼采之前的虚无主义》（*Nihilism before Nietzsche*）、《现代性的神学起源》（*The Theological Origins of Modernity*）；参与编写《尼采新视域：关于哲学、美学和政治学的探索》（*Nietzsche's New Seas：Explorations in Philosophy，Aesthetics and Politics*）、《批准宪法》（*Ratifying the Constitution*）、《政治人与经济人》（*Homo Politicus，Homo Economicus*）等。围绕政治哲学史、政治思想与公共哲学、宗教和政治的关系等相关问题发表过多篇文章；曾获美国国家人文基金会、德意志学术交流中心、邓普顿基金会、自由基金会、埃尔哈特基金会、国家人文科学中心、杰克·米勒基金会、塞尔基金会等多项资助。同时，他也是政治、经济和人文研究"格斯特项目"和美国价值观与制度研究"杜克大学项目"负责人。

鲁斯·W.格兰特（Ruth W. Grant），杜克大学政治学与哲学系教授，凯南伦理研究所高级研究员。专门从事近代初期政治思想与政治伦理研究，近期出版论文集《邪恶的命名与判断》（*Naming Evil，Judging Evil*），目前正在撰写姊妹篇《寻找善良》（*In Search of Goodness*）。

斯坦利·豪尔瓦斯（Stanley Hauerwas），被誉为杜克大学神学伦理学系"盖尔伯特·T.罗维"教授。著作涉及多个学科领域，如系统神学、哲学神学与伦理、政治学理论、社会科学和医学伦理哲学等。出版多部著作，包括《顺应宇宙：以教会为证和自然神学》(*With the Grain of the Universe：The Church's Witness and Natural Theology*)、《大学的现状：学术知识和神的知识》(*The State of the University：Academic Knowledge and the Knowledge of God*)。

戴维·A.何克满(David A. Hoekema)，凯尔文学院哲学教授，曾任该校教务长、主管学生生活的临时副校长，美国哲学协会前任执行主席。出版专著《校园准则与道德共同体》(*Campus Rules and Moral Community*)。

伊丽莎白·基斯(Elizabeth Kiss)，杜克大学凯南伦理研究所创会理事（1997年至2006年）。2006年成为位于亚特兰大的国家女子文理学院——阿格尼斯·斯科特学院第八任校长。撰写过多篇关于道德判断与教育、人权、种族冲突与民族主义中的人权理论运用、权利与公正的女权主义争论、侵犯人权中的公正问题的文章。任校长期间，她领导了一个战略计划，确立了该校六大主要目标之一，即致力于将学校建设成"一个恪守公平、勇敢、诚实、尊重和责任等价值承诺的生活实验基地，并通过政策的制定和实施来塑造这些价值观，在全校范围提供进行持续道德反思、审议和行动的机会"。

帕琴·马克尔(Patchen Markell)，于芝加哥大学教授政治理论。出版著作《被认识所束缚》(*Bound by recognition*)，并在《政治理论与美国政治科学评论》(*Political Theory and American Political Science Review*)等期刊发表过多篇文章，目前正在参与一项关于汉娜·阿伦特的《人的条件》(*The Human Condition*)的研究。

苏珊·简·麦克威廉斯（Susan Jane McWilliams），波莫纳学院助教，撰写《梭罗的身体与灵魂》（*Thoreau on Body and Soul*）一文，收录在由杰克·特纳汇编的著作《亨利·戴维·梭罗的政治伙伴》（*A Political Companion to Henry David Thoreau*）中。

J. 唐纳德·穆恩（J. Donald Moon），卫斯理大学社会研究院"伊斯拉与塞西尔"荣誉教授，社会科学与跨学科项目负责人。研究领域包括：当代自由主义理论、民主公民权利、福利国家的道德基础、公民教育等，著有《共同体建设：道德多元化与悲剧性冲突》（*Constructing Community：Moral Pluralism and Tragic Conflict*）。

詹姆斯·伯纳德·墨菲（James Bernard Murphy），达特茅斯学院教授，曾获美国国家人文基金会、学术团体协会、埃尔哈特基金会、曼哈顿研究所、皮尤慈善信托基金会提供的研究资助和奖励。他撰写了两部专著，编写了两部著作，其关于"教育中的智性美德"问题的文章，发表在《纽约时报》、《教育未来》和《哲学与社会政策》等期刊上。

朱莉·A. 鲁本（Julie A. Reuben），哈佛大学教育学院教授。出版著作《现代大学的形成：智力转化与道德边缘化》（*The Making of the Modern University：Intellectual Transformation and the Marginalization of Morality*），围绕"高校、政治、学校公民教育的关系"问题发表过多篇文章。

乔治·舒尔曼（George Shulman），于纽约大学加勒廷学院任教，著有《美国预言：美国政治中的种族与救赎》（*American Prophecy：Race and Redemption in American Politics*）。

伊丽莎白·V. 斯佩尔曼（Elizabeth V. Spelman），史密斯学院哲学系教授，人文学系"芭芭拉·里士满"荣誉教授。著有《修复：脆弱世界中的重建冲动》(*Repair: the Impulse of Restore in a Fragile World*), 当前正在编撰一部新著, 拟定书名为《哲学与荒芜: 咖巴久研讨会文集》(*Philosophy and Waste: the Garbagio Seminars*)。

参考文献

Adams, Henry. *The Education of Henry Adams.* New York: Penguin, 1995.

Adorno, Theodor. *Negative Dialectics.*Translated by E.B. Ashton. New York: Continuum International Publishing Group, 2004.

Almond, Gabriel, and Sidney Verba.*The Civic Culture.* Princeton, N.J.: Princeton University Press, 1963.

———. *The Civic Culture Revisited.* Boston: Little, Brown, 1980.

American Anthropological Association. *Statement on Ethnography and Institutional Review Boards.*Arlington, Va.: American Anthropological Association, 2004.

Anderson, Elizabeth. "Integration, Affirmative Action, and Strict Scrutiny", *NYU Law Review* 77 (2002): 1195-271.

Appiah, Kwame Anthony. *The Ethics of Identity.* Princeton, N.J.: Princeton University Press, 2005.

Arendt, Hannah. *Between Past and Future.* New York: Penguin, 1993.

———. *Eichmann in Jerusalem: A Report on the Banality of Evil.* New York: Penguin, 1994.

———. *The Human Condition.* Chicago: University of Chicago Press, 1958.

———. *The Life of the Mind.* New York: Harcourt, 1971.

———. "What Is Freedom?" *Between Past and Future.* New York: Penguin, 1993.

Aristophanes. *The Clouds.The Complete Plays of Aristophanes.* New York: Bantam Books, 1988.

Aristotle. *Nicomachean Ethics.* Translated by Richard McKeon. New York: Random House, 1941.

Armitage, David. "John Locke, Carolina, and the Two Treatises of Government", *Political Theory* 32, no. 4 (2004): 602-627.

Arthur, J., and A. Shapiro.*Campus Wars: Multiculturalism and the Politics of*

Difference. Boulder. Westview Press, 1995.

Ashmore, Robert B., and William C. Starr.*Ethics across the Curriculum*. The *Marquette Experience*. Milwaukee. Marquette University Press, 1991.

Astin, A., et al. *The American Freshman*. *Thirty-Five Year Trends*. Los Angeles. Higher Education Research Institute, Graduate School of Education and Information Studies, University of California, Los Angeles, 2002.

Atlas, James. *The Battle of the Books*. New York. Norton, 1992.

Aufderheide, Patricia, ed. *Beyond PC*. *Toward a Politics of Understanding*. St. Paul, Minn.. Graywolf Press, 1992.

Baldwin, James. *The Fire Next Time*. New York. Dell, 1977.

——.*The Price of the Ticket*. *Collected Nonfiction*, *1948-1985*. New York. St. Martin' s Press, 1985.

Balfour, Lawrie. *Evidence of Things Unsaid*. Ithaca, N.Y.. Cornell University Press, 2001.

Barber, Benjamin. *An Aristocracy of Everyone*. New York. Oxford University Press, 1992.

Barry, Brian. *Justice as Impartiality*. Oxford. Oxford University Press, 1995.

Battistoni, Richard. *Civic Engagement across the Curriculum*. *A Resource Book for Service-Learning Faculty*. Providence, R.I.. Campus Compact Press, 2001.

Beck, Paul Allen, and M. Kent Jennings. "Pathways to Participation", *American Political Science Review* 76 (1982). 94-108.

Bellah, Robert. *Habits of the Heart*. *Individualism and Commitment in American Life*. Berkeley. University of California Press, 1996.

Bennett, Jane, and Michael Shapiro.*The Politics of Moralizing*. New York. Routledge, 2002.

Bennett, William J. "A Time for Clarity", *Wall Street Journal*, September 10, 2002.

Berlant, Lauren. *The Queen of America Goes to Washington City*. Durham, N.C.. Duke University Press, 1997.

Berman, Paul, ed. *Debating P.C.*. *The Controversy over Political Correctness on College Campuses*. New York. Dell Publishing, 2002.

Bestor, Arthur. "Thomas Jefferson and the Freedom of Books", *Three Presidents and Their Books*, edited by Arthur Bestor, 1-44. Urbana. University of Illinois Press, 1955.

Blackburn, Simon. *Ruling Passions*. Oxford. Oxford University Press, 1998.

Blake, William. *Blake*. *Complete Writings*. Edited by Geoffrey Keyne. London. Oxford University Press, 1969.

——. *Marriage of Heaven and Hell*. New York. Dover, 1994.

Bloch, Ernst. *The Principle of Hope*.Translated by Neville Plaice, Stephen Plaice, and Paul Knight. Vol. 1. Cambridge: MIT Press, 1995.

Blum, Lawrence. "Against Civic Schooling", *Social Philosophy and Policy* 21 (winter 2004).

——. "Antiracism, Multiculturalism, and Interracial Community: Three Educational Values for a Multicultural Society", *University of Massachusetts Office of Graduate Studies and Research Distinguished Lecture Series 1991-1992*. Boston: University of Massachusetts Press, 1992.

——. "Ethnicity, Identity, and Community", *Justice and Caring*, edited by K. A. Strike, M. S. Katz, and N. Noddings. New York: Teachers College Press, 1999.

——. "Racial Virtues", *Working Virtue*, edited by Rebecca Walker and P. J. Ivanhoe. Oxford: Oxford University Press, 2007.

Bok, Derek. *Our Underachieving Colleges*. Princeton, N. J.: Princeton University Press, 2006.

——. *Universities and the Future of America*. Durham, N.C.: Duke University Press, 1990.

——.*Universities in the Marketplace: The Commercialization of Higher Education*. Princeton, N. J.: Princeton University Press, 2003.

Booth, Wayne C. *The Company We Keep: An Ethics of Fiction*. Berkeley: University of California Press, 1988.

Bourdieu, Pierre. *Distinction: A Social Critique of the Judgement of Taste*.Translated by Richard Nice. Cambridge: Harvard University Press, 1984.

——.*Homo Academicus*.Translated by Peter Collier. Stanford, Calif.: Stanford University Press, 1988.

——.*Outline of a Theory of Practice*. Cambridge: Cambridge University Press, 1990.

Boyer, John W. *Three Views of Continuity and Change at the University of Chicago*. Chicago: University of Chicago Press, 1999.

Brechin, Gray. *Imperial San Francisco: Urban Power, Earthly Ruin*. Berkeley: University of California Press, 1999.

Bromwich, David. *Politics by Other Means: Higher Education and Group Thinking*. New Haven, Conn.: Yale University Press, 1992.

Brooks, David. "The Organization Kid", *Atlantic Monthly*, April 2001.

Brown, Norman O. *Love's Body*. Berkeley: University of California Press, 1990.

Brown, Wendy. *Politics Out of History*. Princeton, N.J.: Princeton University Press, 2001.

——.*States of Injury*. Princeton, N. J.: Princeton University Press, 1995.

Browning, Christopher R. *Ordinary Men: Reserve Police Battalion 101 and the Final Solution in Poland.* New York: Harper Perennial, 1998.

Bryson, Gladys. "The Emergence of the Social Sciences from Moral Philosophy", *International Journal of Ethics* 42, no. 3 (1932): 304-23.

Burtchaell, James Tunstead. *The Dying of the Light: The Disengagement of Colleges and Universities from Their Christian Churches.* Grand Rapids, Mich.: W. B. Eerdmans, 1998.

Callahan, Daniel, and Sissela Bok.*Ethics Teaching in Higher Education.* New York: Plenum Press, 1980.

Callahan, David. *The Cheating Culture: Why More Americans Are Doing Wrong to Get Ahead.* New York: Harcourt, 2004.

Calvert, Robert, ed., *To Restore American Democracy: Political Education in the Modern University.* Lanham, Md.: Rowman and Littlefield, 2006.

Camus, Albert. "The Wager of Our Generation", *Resistance, Rebellion, and Death.* New York: Vintage, 1960.

Caputo, John. *Against Ethics: Contribution to a Poetics of Obligation with Constant Reference to Deconstruction.* Bloomington: Indiana University Press, 1993.

Carlebach, Julius. *Karl Marx and the Radical Critique of Judaism.* London: Routledge, 1978.

Carnochan, W. B. *The Battleground of the Curriculum: Liberal Education and the American Experience:* Stanford, Calif.: Stanford University Press, 1993.

Carpini, M. X. D., and S. Keeter.*What Americans Know about Politics and Why It Matters.* New Haven, Conn.: Yale University Press, 1997.

Carter, Stephen. *Civility.* New York: Harper Perennial, 1998.

Cartledge, Paul. "Deep Plays: Theatre as Process in Greek Civic Life", *The Cambridge Companion to Greek Tragedy*, edited by P. E. Easterling.Cambridge: Cambridge University Press, 1997.

Cavell, Stanley. *The Claim of Reason.* New York: Oxford University Press, 1999.

———. "Knowing and Acknowledging", *Must We Mean What We Say*?, 238-66. London: Cambridge University Press, 1976.

Center for Academic Integrity.*The Fundamental Values of Academic Integrity.* Clemson, S.C., 1999.

Chesterton, G. K. *What I Saw in America.* London: Dodd, Mead, 1922.

Cohen, Randy. *The Good, the Bad, and the Difference.* New York: Random House, 2003.

Colby, Anne, Elizabeth Beaumont, Thomas Ehrlich, and John Corngold. *Educating for Democracy*：*Preparing Undergraduates for Responsible Political Engagement*. San Francisco：Jossey-Bass，2007.

Colby，Anne，et al.，eds. *Educating Citizens*：*Preparing America's Undergraduates for Lives of Moral and Civic Responsibility*. San Francisco：Templeton Foundation，2003.

Coles，Robert. "The Disparity between Intellect and Character"，*Chronicle of Higher Education*，September 22，1995，A68.

Coles，Romand. *Beyond Gated Politics*：*Reflections for the Possibility of Democracy*. Minneapolis：University of Minnesota Press，2005.

——. *Rethinking Generosity*：*Critical Theory and the Politics of Caritas*. Ithaca，N.Y.：Cornell University Press，1997.

——. *Self/ Power/ Other*：*Political Theory and Dialogical Ethics*. Ithaca，N.Y.：Cornell University Press，1992.

Colleges That Encourage Character Development：*A Resource for Parents*，*Students*，*and Educators*. Philadelphia：John Templeton Foundation，1999.

Connolly，William. *The Ethos of Pluralization*. Minneapolis：University of Minnesota Press，1995.

Connor，W. Robert. "Moral Knowledge in the Modern University"，*Ideas 6*，no.1 (1999)：56-69.

Cremin，Lawrence. *American Education*：*The National Experience*，*1783-1876*. New York：Harper and Row，1980.

D'Souza，Dinesh. *Illiberal Education*：*The Politics of Race and Sex on Campus*. New York：Free Press，1991.

Dahl，Robert. *Democracy and Its Critics*. New Haven，Conn.：Yale University Press，1989.

Derrida，Jacques. "The Principle of Reason：The University in the Eyes of Its Pupil"，*Diacritics* 13，no.3 (fall 1983) .

Dewey，John. *Democracy and Education*. New York：Macmillan，1916.

——. "My Pedagogic Creed"，*The Early Works*，*1882-1898*.Carbondale：Southern Illinois University Press，1972.

Dietz，Mary. "Working in Half-Truth：Habermas，Machiavelli and the Milieu Proper to Politics"，*Turning Operations*：*Feminism*，*Arendt*，*and Politics*.New York：Routledge，2002.

Duffy，E. A.，and I. Goldberg.*Crafting a Class*：*College Admissions and Financial Aid*，*1955-1994*. Princeton，N. J.：Princeton University Press，1998.

Eagleton，Terry. "The Death of Self-Criticism"，*Times Literary Supplement*，November 25，1995，6.

Ehrenberg, R. G. *Tuition Rising: Why College Costs So Much.* Cambridge: Harvard University Press, 2000.

Ehrlich, Thomas, ed. *Civic Responsibility and Higher Education.* Phoenix: Oryx Press, 2000.

Elias, J. L. *A History of Christian Education: Protestant, Catholic, and Orthodox Perspectives.* Malabar, Fla.: Krieger Publishing, 2002.

Eliot, George. *Middlemarch.* New York: Bantam Books, 1985.

Elson, R. M. *Guardians of Tradition: American Schoolbooks of the Nineteenth Century.* Lincoln: University of Nebraska Press, 1964.

Emerson, Ralph Waldo. *Selected Essays, Lectures and Poems.* New York: Bantam Books, 1990.

Engell, James, and Anthony Danger field. *Saving Higher Education in the Age of Money.* Charlottesville: University of Virginia Press, 2005.

Erdman, David V. *Prophet against Empire.* New York: Dover, 1977.

Erikson, Erik H. *Childhood and Society.* New York: Norton, 1963.

Euben, J. Peter. *Corrupting Youth: Political Education, Democratic Culture, and Political Theory.* Princeton, N. J.: Princeton University Press, 1997.

——. Introduction. *Greek Tragedy and Political Theory.* Berkeley: University of California Press, 1986.

——. *Platonic Noise.* N. J.: Princeton University Press, 2003.

Fine, Benjamin. *Democratic Education.* New York: Crowell, 1945.

Fisch, Linc. *Ethical Dimensions of College and University Teaching: Understanding and Honoring the Special Relationship between Teachers and Students.* Vol. 66, *New Directions for Teaching and Learning.* San Francisco: Jossey-Bass, 1996.

Fish, Stanley. "Aim Low", *Chronicle of Higher Education*, May 16, 2003. http://chronicle.com.

——. "Consequences", *Doing What Comes Naturally: Change, Rhetoric, and the Practice of Theory in Literary and Legal Studies.* Durham, N.C.: Duke University Press, 1989.

——. *How Milton Works.* Cambridge: Belknap Press of Harvard University Press, 2001.

——. "Intellectual Diversity: The Trojan Horse of a Dark Design", *Chronicle of Higher Education*, February 13, 2004, B23. http://chronicle.com.

——. "Is Everything Political?" *Chronicle of Higher Education*, March 29, 2002. http://chronicle.com.

——. "Liberalism Doesn't Exist", *There's No Such Thing as Free Speech ... And It's a*

Good Thing Too. New York: Oxford University Press, 1994.

———. "Make'Em Cry", *Chronicle of Higher Education*, March 5, 2004. http://chronicle.com.

———. *Professional Correctness: Literary Studies and Political Change*. Oxford: Clarendon Press, 1995.

———. "The Same Old Song", *Chronicle of Higher Education*, July 11, 2003. http://chronicle.com.

———. "Save the World on Your Own Time", *Chronicle of Higher Education*, January 23, 2003. http://chronicle.com.

———. "Why We Built the Ivory Tower", *New York Times*, May 21, 2004, A23.

Fitzgerald, F. Scott. *This Side of Paradise*. New York: Scribner's, 1920.

Flathman, Richard. "Liberal versus Civic, Republican, Democratic, and Other Vocational Education: Liberalism and Institutional Education", *Political Theory* 14, no. 1 (1996): 4-32.

Foner, N., and G. Frederickson, eds. *Historical and Contemporary Perspectives on Immigration, Race, and Ethnicity in the United States*. New York: Russell Sage, 2004.

Foucault, Michel. *Discipline and Punish: The Birth of the Prison*. New York: Pantheon Books, 1977.

———. *The Foucault Reader*. Edited by Paul Rabinow. New York: Pantheon Books, 1984.

———. *Power/Knowledge*. New York: Pantheon Books, 1980.

———. "What Is Enlightenment?" *In The Foucault Reader*, edited by Paul Rabinow. New York: Random House, 1984.

Franklin, Benjamin. *The Autobiography of Benjamin Franklin*. New York: Touchstone, 2004.

Fraser, Nancy. *Justice Interruptus: Critical Reflections on the "Postsocialist" Condition*. New York: Routledge, 1997.

French, Peter, and Jason A. Short, eds. *War and Border Crossings: Ethics When Cultures Clash*. New York: Rowman and Littlefield, 2005.

Friedman, Marilyn. "Beyond Caring: The Demoralization of Gender", *Science, Morality, and Feminist Theory*, edited by M.Hanen and K. Nielsen. Calgary: University of Calgary Press, 1987.

———.*Feminism and Community*. Philadelphia: Temple University Press, 1995.

Friedman, Thomas L. "9/11 Lesson Plan", *New York Times*, September 4, 2002.

Frost, Robert. "The Black Cottage", *The Poetry of Robert Frost*. New York: Henry Holt, 1979.

Frye, Northop. *Fearful Symmetry.* Princeton, N.J.: Princeton University Press, 1947.

Fullinwider, R. K., and J. Lichtenberg.*Leveling the Playing Field: Justice, Politics, and College Admissions.* New York: Rowman and Littlefield, 2004.

Gallin, A., ed. *Ex Corde Ecclesiae: Documents Concerning Reception and Implementation.* Notre Dame.: University of Notre Dame Press, 2006.

——.*Negotiating Identity: Catholic Higher Education since 1960.* Notre Dame: University of Notre Dame Press, 2000.

Galston, William. "Civic Education in the Liberal State", *Liberalism and the Moral Life*, edited by Nancy Rosenblum, 90-91. Cambridge: Harvard University Press, 1989.

——. "Civic Knowledge, Civic Education and Civic Engagement: A Summary of Recent Research", Paper presented at the Civic Virtue Symposium, Campbell Public Affairs Institute, 2002.

Garber, Marjorie, Beatrice Hanssen, and Rebecca L. Walkowitz, eds. *The Turn to Ethics.* New York: Routledge, 2000.

Gardner, Howard. *The Disciplined Mind.* New York: Penguin, 1996.

Geertz, Clifford. "Deep Play", *Daedalus* 101, no. 1 (1972).

*General Education in a Free Society.*Introduction by J. B. Conant. Cambridge: Harvard University Press, 1945.

Geuss, R. *The Idea of a Critical Theory: Habermas and the Frankfurt School.* New York: Cambridge University Press, 1981.

Giamatti, A. Bartlett. *A Free and Ordered Space: The Real World of the University.* New York: Norton, 1988.

——. *The University and the Public Interest.* New York: Atheneum, 1981.

Gilligan, Carol. *In a Different Voice*, Cambridge: Harvard University Press, 1983.

Gilroy, Paul. *The Black Atlantic: Modernity and Double Consciousness.* Cambridge: Harvard University Press, 1993.

Giroux, Henry. *Schooling and the Struggle for Public Life.* Minneapolis: University of Minnesota Press, 1988.

Gitlin, Todd. *The Twilight of Common Dreams.* New York: Metropolitan Books, 1995.

Glazov, Jamie. "The University Is Not a Political Party, or Is It?" Frontpagemagazine. com, March 28, 2003.

Gleason, P. *Contending with Modernity: Catholic Higher Education in the Twentieth Century.* New York: Oxford University Press, 1995.

Glenn, Charles Leslie. *The Myth of the Common School.* Amherst: University of Massachusetts Press, 1988.

Glover, Jonathan. *Humanity: A Moral History of the Twentieth Century.* New Haven, Conn.: Yale University Press, 2000.

Goldhill, Simon. "The Great Dionysia and Civic Ideology", *Nothing to Do with Dionysus? Athenian Drama in Its Social Context*, edited by John J. Winkler and Froma I. Zeitlin. Princeton, N. J.: Princeton University Press, 1990.

Gould, E.*The University in a Corporate Culture.* New Haven, Conn.: Yale University Press, 2003.

Graham, Hugh Davis. *Collision Course: The Strange Convergence of Affirmative Action and Immigration Policy in America.* Oxford: Oxford University Press, 2002.

Grant, Ruth. "The Ethics of Talk: Classroom Conversation and Democratic Politics", *Teachers College Record* 97, no. 3 (1996): 470-82.

——. "Political Theory, Political Science, and Politics", *Political Theory* 30, no. 4 (2002): 577-95.

Greene, Jay P. "Review of *Civic Education*", *Social Science Quarterly* 81 (June 2000): 696-97.

Greenstein, Fred I. "Harold J. Lasswell's Concept of Democratic Character", *Journal of Politics* 30, no. 3 (1968): 696-709.

Gross, Jane. "A Long-Distance Tether to Home: New Technology Binds College Students and Parents", *New York Times*, November 5, 1999, B1.

Grube, G. M. A. *Plato: Five Dialogues.* Indianapolis: Hackett, 1981.

Grundy, Pamela. *Learning to Win: Sports, Education, and Social Change in Twentieth-Century North Carolina.* Chapel Hill: University of North Carolina Press, 2001.

Gutmann, Amy. "Civic Education and Social Diversity", *Ethics* 105 (April 1995): 557- 79.

——, ed. *Multiculturalism: Examining the Politics of Recognition.* Princeton N. J.: Princeton University Press, 1994.

——. "Why Should Schools Care about Civic Education", *Rediscovering the Democratic Purposes of Education*, edited by Lorraine Smith Pangle and Thomas L. Pangle, 73-90. Lawrence: University of Kansas Press, 2000.

Guttmann, Allen. *From Ritual to Record: The Nature of Modern Sports.* New York: Columbia University Press, 1978.

Habermas, Jürgen. *Between Facts and Norms.* Cambridge: MIT Press, 1996.

Hall, Edith. "The Sociology of Athenian Tragedy", *The Cambridge Companion to Greek Tragedy*, edited by P. E. Easterling. Cambridge: Cambridge University Press, 1997.

Halliwell, Stephen. *The Aesthetics of Mimesis: Ancient Texts and Modern Problems.* Princeton, N. J.: Princeton University Press, 2002.

Harpham, Geoffrey. *Shadow of Ethics: Criticism and the Just Society.* Durham, N.C.: Duke University Press, 1999.

Harpham, Geoffrey Galt. *Getting It Right: Language, Literature, and Ethics.* Chicago: University of Chicago Press, 1992.

Hart, D. G. *The University Gets Religion: Religious Studies in American Higher Education.* Baltimore: Johns Hopkins University Press, 1999.

Hartley, Matthew, and Elizabeth L. Hollander. "The Elusive Ideal: Civic Learning and Higher Education", *The Public Schools*, edited by Susan Fuhrman and Marvin Lazerson. New York: Oxford University Press, 2005.

Hellenbrand, H.*The Unfinished Revolution: Education and Politics in the Thought of Thomas Jefferson.* Newark: University of Delaware Press, 1989.

Herschel, Abraham. *The Prophets.*Vol. 1. New York: Harper and Row, 1962.

Heyd, David. *Toleration: An Elusive Virtue.* Princeton, N.J.: Princeton University Press, 1996.

Hill, Christopher. *The World Turned Upside Down: Radical Ideas during the English Revolution.* New York: Penguin, 1978.

Hinman, Lawrence. *Ethics: A Pluralistic Approach to Moral Theory.* Fort Worth, Texas: Harcourt Brace, 2004.

Hobbes, Thomas.*Leviathan.*Edited by Edwin Curley. Indianapolis: Hackett, 1994.

Hochschild, Jennifer. *Facing up to the American Dream: Race, Class, and the Soul of the Nation.* Princeton, N. J.: Princeton University Press, 1996.

Hockstader, Lee. "Surprise Front-Runner in La. Governor's Race: Son of Indian Immigrants Seeks 'Bubba' Vote", *Washington Post*, October 4, 2003, A6.

Hoekema, David A. *Campus Rules and Moral Community.* Lanham, Md.: Rowman and Littlefield, 1994.

Hoeveler, J. D. *Creating the American Mind: Intellect and Politics in the Colonial Colleges.* Lanham, Md.: Rowman and Littlefield, 2002.

Hoffman, Shirl J., ed. *Sport and Religion.* Champaign, Ill.: Human Kinetics Publishers, 1992.

Hofstadter, R., and W. P. Metzger.*The Development of Academic Freedom in the United States.* New York: Columbia University Press, 1955.

Hogan, D. "Moral Authority and the Antinomies of Moral Theory: Francis Wayland and Nineteenth-Century Moral Education. *Educational Theory*, winter 1990.

Holmes, Alexander B. *Ethics in Higher Education: Case Studies for Regents.* Norman: University of Oklahoma Press, 1996.

Holt, Richard. *Sport and the British: A Modern History.* Oxford: Clarendon Press,

1989.

Honig, Bonnie. "Difference, Dilemmas, and the Politics of Home", *Democracy and Difference: Contesting the Boundaries of the Political*, edited by Seyla Benhabib. Princeton, N. J.: Princeton University Press, 1995.

Horowitz, H. L. *Campus Life: Undergraduate Cultures from the End of the Eighteenth Century to the Present*. New York: Knopf, 1987.

Hume, David. *An Inquiry Concerning the Principles of Morals*. Indianapolis: Bobbs-Merrill, 1957.

——. "Of the Delicacy of Taste and Passion", *Selected Essays*. Oxford: Oxford University Press, 1994.

Hunter, James Davison. *The Death of Character: Moral Education in an Age without Good or Evil*. New York: Basic Books, 2000.

Hutchins, R. M. *Education for Freedom*: Baton Rouge: Louisiana State University Press, 1943.

Hutton, James G. *The Feel-Good Society: How the "Customer" Metaphor Is Undermining American Education, Religion, Media and Healthcare*. West Paterson, N. J.: Pentagram Publishing, 2005.

Hyman, H. H., C. R. Wright, and J. S. Reed.*The Enduring Effects of Education*. Chicago: University of Chicago Press, 1975.

Jacob, Philip E. *Changing Values in College*. New York: Harper and Row, 1957.

Jay, Martin.*The Dialectical Imagination*. Boston: Little, Brown, 1973.

Jaynes, Gerald. "Immigration and the Social Construction of Otherness", *Historical and Contemporary Perspectives on Immigration, Race, and Ethnicity in the United States*, edited by G. Frederickson and N. Foner. New York: Russell Sage, 2004.

Jennings, Bruce, James Lindemann Nelson, and Erik Parens. *Values on Campus: Ethics and Values Programs in the Undergraduate Curriculum*. New York: Hastings Center, 1994.

Jennings, M. Kent, and Richard G. Miemi.*Generations and Politics*. Princeton, N. J.: Princeton University Press, 1918.

Joseph, James. "Public Values in a Divided World: A Mandate for Higher Education", *Liberal Education* 88, no. 2 (2002): 6-16.

Kant, Immanuel. "An Answer to the Question: What Is Enlightenment?" *Political Writings*, edited by Hans Reiss. Cambridge: Cambridge University Press, 1991.

——. *Gesammelte Schriften*. Edited by Königlich-Preussischen Akademie der Wissenschaften zu Berlin. Berlin: de Gruyter, 1902.

——. *Groundwork of the Metaphysics of Morals*.Translated by H. J. Paton. New York:

Harper Torchbooks, 1964.

Katznelson, Ira. *Desolation and Enlightenment.*New York: Columbia University Press, 2003.

Keniston, Kenneth. *Youth and Dissent*. New York: Harcourt Brace Jovanovich, 1967.

Keohane, Nannerl O. "Moral Education in the Modern University", *Proceedings of the American Philosophical Society* 142, no. 2 (1998): 244-57.

Kettering Foundation.*Higher Education Exchange*, edited by David W. Brown and Deborah Witte. Dayton, Ohio: Kettering Foundation, 2003.

Kimball, Roger. *Tenured Radicals*. New York: Harper Collins, 1991.

King, Patricia. "Why Are College Administrators Reluctant to Teach Ethics?" *Synthesis* 10, no. 4 (1999).

Kiss, Elizabeth. "The Courage to Teach, Practice, and Learn: Student Affairs Professionals as Moral Educators", *Exercising Power with Wisdom: Beyond in Loco Parentis*, edited by James Lancaster. Asheville, N.C.: College Administration Publications, 2006.

Kohlberg, Lawrence. *The Philosophy of Moral Development.*Vol. 1. San Francisco: Harper and Row, 1981.

Kotulak, Ronald. "Teens Driven to Distraction", *Chicago Tribune*, March 24, 2006.

Kroger, Jane. "Identity Development during Adolescence", *Blackwell Handbook of Adolescence*, edited by G. Adams and M. Berzonsky, 205-26. Cambridge: Blackwell, 2003.

Kupperman. Joel. *Character*. New York: Oxford University Press, 1991.

Lagemann, E. C. *Private Power for the Public Good: A History of the Carnegie Foundation for the Advancement of Teaching*. Middletown, Conn.: Wesleyan University Press, 1983.

Lane, J. C. "The Yale Report of 1828 and Liberal Education: A Neorepublican Manifesto", *History of Education Quarterly 27*, no. 3 (1987): 325-38.

Langton, Kenneth, and M. Kent Jennings. "Political Socialization and the High School Civics Curriculum in the United States", *American Political Science Review* 62 (1968): 852-67.

Langton, Kenneth, M. Kent Jennings, and R. Niemi. "Effects of the High School Curriculum", *The Political Character of Adolescence: The Influence of Families and Schools*, edited by P. A. Beck, M. K. Jennings, E. Andersen, B. G. Farah, R. Jansen, K. P. Langton, T. E. Mann, and G. B. Markus. Princeton, N. J.: Princeton University Press, 1974.

Lasswell, Harold D. *Politics: Who Gets What, When, How.* Glencoe, Ill.: Free Press, 1936.

——. "The Structure and Function of Communication in Society." *The Communication of Ideas*, edited by Lyman Bryson. New York: Harper and Brothers, 1948.

——. *World Politics and Personal Insecurity*, New York: McGraw-Hill, 1935.

Latour, Bruno, and Steven Woolgar.*Laboratory Life: The Social Construction of Scientific Facts.* Beverly Hills: Sage Publications, 1979.

Lauter, P., and F. Howe.*The Conspiracy of the Young.* New York: World, 1970.

Lebow, Richard Ned. *The Tragic Vision of Politics.* Cambridge: Cambridge University Press, 2003.

Lentricchia, Frank. *Modernist Quartet.* Cambridge: Cambridge University Press, 1994.

Leslie, W. B. *Gentlemen and Scholars: College and Community in the "Age of the University", 1865-1917.* University Park: Pennsylvania State University Press, 1992.

Levy, Leonard W. *Jefferson and Civil Liberties: The Darker Side.* Cambridge: Harvard University Press, 1963.

Light, Andrew. "Public Environmental Philosophy", *Higher Education Exchange*, edited by David White Brown and Deborah Witte. Dayton, Ohio: Kettering Foundation, 2003.

Littré, Émile. *Dictionnaire de la langue française*, vol. 7. Paris: Gallimard et Hachette, 1958.

Liu, Eric. *The Accidental Asian: Notes of a Native Speaker.* New York: Vintage Books, 1998.

Locke, John. *Of the Conduct of Human Understanding.* Edited by Ruth Grant and Nathan Tarcov. Indianapolis: Hackett, 1996.

——. *Some Thoughts Concerning Education. The Educational Writings of John Locke*, edited by James L. Axtell. Cambridge: Cambridge University Press, 1968.

——. *Two Treatises of Government.* Edited by Peter Laslett. Cambridge: Cambridge University Press, 1988.

Longino Helen. *Science as Social Knowledge: Values and Objectivity in Scientific Inquiry.* Princeton, N. J.: Princeton University Press, 1990.

MacIntyre, Alasdair. *After Virtue.* Notre Dame: Notre Dame University Press, 1981.

——. *Dependent Rational Animals: Why Human Beings Need the Virtues.* Peru, Ill.: Open Court Publishing, 1999.

——. "The Idea of an Educated Public", *Education and Values: The Richard Peters Lectures*, edited by Graham Haydon, 15-36. London: University of London Press, 1987.

———. *Three Rival Modes of Moral Enquiry*: *Encyclopedia*, *Genealogy and Tradition*. Notre Dame: University of Notre Dame Press, 1998.

Macklin, Ruth. "Problems in the Teaching of Ethics: Pluralism and Indoctrination", *Ethics Teaching in Higher Education*, edited by Daniel Callahan and Sissela Bok. New York: Plenum Press, 1980.

Mahoney, K. A. *Catholic Higher Education in Protestant America*: *The Jesuits and Harvard in the Age of the University*. Baltimore: Johns Hopkins University Press, 2003.

Malone, Dumas. *Jefferson and His Time*. Vol. 6, *The Sage of Monticello*. Boston: Little, Brown, 1981.

Marcia, James E. "Identity in Adolescence", *Handbook of Adolescent Psychology*, edited by J. Adelson. New York: John Wiley, 1980.

Markell, Patchen. *Bound by Recognition*. Princeton, N. J.: Princeton University Press, 2003.

———. "The Insufficiency of Non-Domination: " *Political Theory 30*, no. 1 (February 2008): 9-30.

Marsden, G. M. *The Soul of the American University*: *From Protestant Establishment to Established Nonbelief*. New York: Oxford University Press, 1994.

Marx, Karl. "Critique of Hegel's Doctrine of the State", *Early Writings*, edited by Rodney Livingstone and Gregor Benton. New York: Penguin, 1992.

———. "On the Jewish Question", *The Marx-Engels Reader*, edited by Robert C. Tucker, 26-52. New York: Norton, 1978.

———. *A World without Jews*. Edited by Dagobert D. Runes. New York: Philosophical Library, 1959.

Mathisen, James A. "From Civil Religion to Folk Religion: The Case of American Sport", *Sport and Religion*, edited by Shirl J. Hoffman. Champaign, Ill.: Human Kinetics Publishers, 1992.

McClellan, B. Edward. *Moral Education in America*. New York: Teachers College Press, 1999.

McCumber, John. *Time in the Ditch*: *American Philosophy and the McCarthy Era*. Evanston, Ill.: Northwestern University Press, 2001.

McLellan, David. *Marx before Marxism*. New York: Harper and Row, 1970.

———. *The Young Hegelians and Karl Marx*. London: Macmillan, 1969.

McMurtrie, Beth. "Silence, Not Confrontation, Over 'Mandatum'", *Chronicle of Higher Education*, June 14, 2002.

Mearsheimer, John J. "The Aims of Education", *Philosophy and Literature* 22, no. 1 (1998): 137-55.

Mellow, James R. *Invented Lives: F. Scott and Zelda Fitzgerald.* New York: Ballantine, 1986.

Merelman, R. M. *Making Something of Ourselves: On Culture and Politics in the United States.* Berkeley: University of California Press, 1984.

Meyer, D. H. *The Instructed Conscience: The Shaping of the American National Ethic.* Philadelphia: University of Pennsylvania Press, 1972.

Mignolo, Walter. *The Idea of Latin America.* New York: Blackwell, 2005.

Milgram, Stanley. *Obedience to Authority: An Experimental View.* New York: Harper and Row, 1974.

Mill, John Stuart. *On Liberty and Considerations on Representative Government. On Liberty and Other Essays*, edited by John Gray. Oxford: Oxford University Press, 1988.

Miller, Stephen G. *Arete: Greek Sports from Ancient Sources.* 2nd ed. Berkeley: University of California Press, 1991.

Minow, Martha. *Making All the Difference: Inclusion, Exclusion, and American Law.* Ithaca, N.Y.: Cornell University Press, 1990.

Morison, S. E. *The Founding of Harvard College.* Cambridge: Harvard University Press, 1935.

Morrison, Toni. "Introduction: Friday on the Potomac", *Race-ing Justice, Engendering Power*, edited by Toni Morrison. New York: Pantheon, 1992.

Moulds, George Henry. "The Decline and Fall of Philosophy", *Liberal Education* 50 (1964).

Murphy, James Bernard. "Against Civic Schooling", *Social Philosophy and Policy* 21 (winter 2004): 221-65.

——. "Good Students and Good Citizens", *New York Times*, September 15, 2002.

Muthu, Sankar. *Enlightenment against Imperialism.* Princeton, N. J.: Princeton University Press, 2003.

Nakkula, Michael J., and Eric Toshalis. *Understanding Youth: Adolescent Development for Educators.* Cambridge, Mass.: Harvard Education Press, 2006.

National Academy of Sciences. *On Being a Scientist: Responsible Conduct in Research.* Washington: National Academy Press, 1995.

"New England's First Fruits (1643)", *The Founding of Harvard College*, edited by Samuel Morison. 1935. Cambridge: Harvard University Press, 1995.

Nie, Norman. *Education and Democratic Citizenship in America.* Chicago: University of Chicago Press, 1996.

Nie, Norman, and D. Sunshine Hillygus. "Education and Democratic Citizenship", *Making Good Citizens: Education and Civil Society*, edited by Diane Ravitch and Joseph P.

Viterri, 30-57.New Haven, Conn.: Yale University Press, 2001.

Nie, Norman, Jane Junn, and Kenneth Stehlik-Barry. *Education and Democratic Citizenship in America*. Chicago: University of Chicago Press, 1996.

Niebuhr, Gustav. "Salem Journal: Witches Appeal to a Political Spirit", *New York Times*, October 31, 1998, A8.

Niemi, Richard G., and Jane Junn. *Civic Education*. New Haven, Conn: Yale University Press, 1998.

Nietzsche, Friedrich. *On the Genealogy of Morals*. Translated by W. Kaufmann and R. J. Hollingdale. New York: Vintage, 1969.

Nique, C. *Commentl'ecole devint une affaire d'etat (1815-1840)* . Paris: Nathan, 1990.

Novak, Michael. "The Natural Religion", *Sport and Religion*, edited by Shirl J. Hoffman. Champaign, Ill.: Human Kinetics Publishers, 1992.

Novak, S. J. *The Rights of Youth: American Colleges and Student Revolt*, 1798-1815. Cambridge: Harvard University Press, 1977.

Nussbaum, Martha. *Cultivating Humanity: A Classical Defense of Reform in Liberal Education*. Cambridge: Harvard University Press, 1998.

Oakeshott, Michael. "Rationalism in Politics", *Rationalism in Politics and Other Essays*, 5-42. Indianapolis: Liberty Fund, 1991.

O' Neill, Onara. *Construction of Reason*. Cambridge: Cambridge University Press, 1989.

——. "Ethical Reasoning and Ideological Pluralism", *Ethics* 98 (1988) .

Oren, Michael B. "Schindler's Liszt", *New Republic*, March 17, 2003, 25-28.

Ozar, David. "Learning Outcomes for Ethics across the Curriculum Programs", *Teaching Ethics* 2, no. 1 (2001): 1-29.

Pangle, Lorraine Smith, and Thomas L. Pangle. "What the American Founders Have to Teach Us about Schooling for Democratic Citizenship", *Rediscovering the Democratic Purposes of Education*, edited by Lorraine M. McDonnell, P. Michael Timpane, and Roger Benjamin, 21-46. Lawrence: University of Kansas Press, 2000.

Parekh, Bhikhu. "Superior People: The Narrowness of Liberalism from Mill to Rawls", *Times Literary Supplement*, February 25, 1994, 1.

Pavela, Gary. "Fifteen Principles for the Design of College Ethical Development Programs", *Synthesis* 10, no. 2 (1999) .

——. "A Renewed Focus on Student Ethical Development", *Synthesis* 10, no. 2 (1999) .

Perry, Michael. *The Idea of Human Rights: Four Inquiries*. New York: Oxford

University Press, 1998.

Perry, William G. Jr. *Forms of Ethical and Intellectual Development in the College Years*. San Francisco: Jossey-Bass, 1999.

Pierce, Bessie Louise. *Civic Attitudes in American School Textbooks*. Chicago: University of Chicago Press, 1930.

Pitts, Jennifer. *A Turn to Empire*. Princeton, N. J.: Princeton University Press, 2005.

Plato. *The Collected Dialogues of Plato, Including the Letters*. Translated by E. Hamilton and H. Cairns. Princeton, N. J.: Princeton University Press, 1982.

——. *Crito. Five Dialogues*. Translated by G. M. A. Grube. Indianapolis: Hackett, 1981.

——. *Euthyphro, Apology, Crito, Phaedo, Phaedrus*. Translated by H. N. Fowler: Cambridge: Harvard University Press, 1999.

——. *Protagoras*. Translated by C. C. W. Taylor. Oxford: Oxford University Press, 2002.

——. *The Republic*. Translated by Allan Bloom. New York: Basic Books, 1991.

Polanyi, Karl. *The Great Transformation: The Political and Economic Origins of Our Time*. Boston: Beacon Press, 1957.

Poliakoff, Michael B. *Combat Sports in the Ancient World: Competition, Violence, and Culture*. New Haven, Conn.: Yale University Press, 1987.

Putnam, Hilary. *Ethics without Ontology*. Cambridge: Harvard University Press, 2004.

Putnam, Robert. *Bowling Alone: The Collapse and Revival of American Community*. New York: Simon and Schuster, 2000.

Ramsey, P., J. F. Wilson, and G. F. Thomas. *The Study of Religion in Colleges and Universities*. Princeton, N. J.: Princeton University Press, 1970.

Ravitch, Diane. "Education and Democracy", *Making Good Citizens: Education and Civil Society*, edited by Diane Ravitch and Joseph P. Viterri, 15-29. New Haven, Conn.: Yale University Press, 2001.

Rawls, John. *Political Liberalism*. New York: Columbia University Press, 2005.

——. *A Theory of Justice*. Cambridge: Harvard University Press, 1971.

Reinhardt, Mark. *The Art of Being Free*. Ithaca, N. Y.: Cornell University Press, 1997.

Reisman, D., and G. Grant. *The Perpetual Dream*. Chicago: University of Chicago Press, 1978.

Reuben, Julie A. *The Making of the Modern University: Intellectual Transformation and the Marginalization of Morality*. Chicago: University of Chicago Press, 1996.

——. "Reforming the University: Student Protests and the Demand for a 'Relevant' Curriculum", *Student Protest since 1960*, edited by Gerard J. DeGroot, 153-68. New York: Addison Wesley Longman, 1998.

Rich Adrienne. "*Toward a Woman-Centered University: On Lies, Secrets, and Silence: Selected Prose, 1966-1978*, 125-55. New York: Norton 1979.

Rogin, Michael Paul. *Fathers and Children: Andrew Jackson and the Subjugation of the American Indian*. New Brunswick, N. J.: Transaction Publishers, 1991.

Rorty, Richard. *Contingency, Irony, and Solidarity*. Cambridge: Cambridge University Press, 1989.

Ross, Dorothy. *The Origins of American Social Science*. New York: Cambridge University Press, 1991.

Rousseau, Jean-Jacques. "Discourse on the Origin of Inequality", *The Basic Political Writings*. Indianapolis: Hackett, 1987.

Royce, J. *Race Questions, Provincialism, and Other American Problems*. New York: Macmillan, 1908.

Rudolph, Frederick. *The American College and University: A History*. New York: Knopf, 1962.

——. *Curriculum: A History of the American Undergraduate Course of Study since 1636*. San Francisco: Jossey-Bass, 1977.

——. *Essays on Education in the Early Republic*. Cambridge: Belknap Press of Harvard University Press, 1965.

Sanford, N., and J. Adelson. *The American College: A Psychological and Social Interpretation of the Higher Learning*. New York: John Wiley, 1962.

Scanlon, Thomas. "Contractualism and Utilitarianism", *Utilitarianism and Beyond*, edited by Amartya Sen and Bernard Williams. Cambridge: Cambridge University Press, 1982.

——. "Fear of Relativism", *The Difficulty of Tolerance*. Cambridge: Cambridge University Press, 2003.

Schlesinger, Arthur Jr. *The Disuniting of America*. New York: Norton, 1992.

Schrecker, E. W. *No Ivory Tower: McCarthyism and the Universities*. New York: Oxford University Press, 1986.

Schwartz, Arthur J. "It's Not Too Late to Teach College Students about Values", *Chronicle of Higher Education*, June 9, 2000, A68.

Scott, James C. *Domination and the Arts of Resistance*. New Haven, Conn.: Yale University Press, 1990.

Seigel, Jerrold. *Marx's Fate*. Princeton, N. J.: Princeton University Press, 1978.

Sewall, Gilbert T. "History Textbooks at the New Century", *A Report of the American Textbook Council*. New York: American Textbook Council, 2000.

Shapiro, H. "Liberal Education, Moral Education", *Princeton Alumni Weekly*, January 27, 1999.

Shulman, James L., and William G. Bowen. *The Game of Life: College Sports and Educational Values*. Princeton, N.J.: Princeton University Press, 2001.

Skrentny, David. *The Ironies of Affirmative Action: Politics, Culture, and Justice in America*. Chicago: University of Chicago Press, 1996.

——. *The Minority Rights Revolution*. Chicago: University of Chicago Press, 2002.

Slaughter, S., and L. L. Leslie. *Academic Capitalism: Politics, Policies, and the Entrepreneurial University*. Baltimore: Johns Hopkins University Press, 1997.

Sloan, Douglas. *Faith and Knowledge: Mainline Protestantism and American Higher Education*. Louisville, Ky.: Westminster John Knox Press, 1994.

——. "The Teaching of Ethics in the American Undergraduate Curriculum, 1876-1976", *Ethics Teaching in Higher Education*, edited by David Callahan and Sissela Bok. New York: Plenum Press, 1980.

Smith, Barbara Herrnstein. *Belief and Resistance: Dynamics of Contemporary Intellectual Controversy*. Cambridge: Harvard University Press, 1997.

Smith, Rogers. *Civic Ideals*. New Haven, Conn.: Yale University Press, 1997.

Smith, Wilson. *Professors and Public Ethics*. Ithaca, N. Y.: Cornell University Press, 1956.

Stites, F. N. *Private Interest and Public Gain: The Dartmouth College Case*, 1819. Amherst: University of Massachusetts Press, 1972.

Sugrue, M. "We Desired Our Future Rulers to Be Educated Men: South Carolina College, the Defense of Slavery, and the Development of Secessionist Politics", *History of Higher Education Annual* 14 (1994): 39-72.

Sumner, W. G. *What Social Classes Owe to Each Other*. Caldwell, Id.: Caxton Printers, 1986.

Taylor, Bill. "Integrity: A Letter to My Students", http://www.academicintegrity. org.

Taylor, Charles. "Cross-Purposes: The Liberal-Communitarian Debate", *Philosophical Arguments*. Cambridge: Harvard University Press, 1995.

——. "Neutrality in Political Science", *Philosophy, Politics, and Society*, edited by Peter Laslett and W. G. Runeiman. Oxford: Blackwell, 1967.

——. "The Politics of Recognition", *Multiculturalism: Examining the Politics of Recognition*, edited by Amy Gutmann. Princeton, N. J.: Princeton University Press,

1994.

Thelin, John R. *A History of American Higher Education.* Baltimore: Johns Hopkins University Press, 2004.

Thompson, E. P. *Witness against the Beast.* New York: New Press, 1993.

Tocqueville, Alexis de. *Democracy in America.* 2 vols. Translated by Phillips Bradley. New York: Vintage, 1990.

——. "Fortnight in the Wilderness", *Journey to America*, edited by J. P. Mayer. New York: Doubleday, 1971.

Tomasi, John. "Civic Education and Ethical Subservience", *Moral and Political Education*, edited by Stephen Macedo and Yael Tamir, 193-220. New York: New York University Press, 2002.

Topper, Keith. *The Disorder of Political Inquiry.* Cambridge: Harvard University Press, 2005.

Towes, John Edward. *Hegelianism: The Path toward Dialectical Humanism*, Cambridge: Cambridge University Press, 1985.

Townsend, Kim. *Manhood at Harvard: William James and Others.* New York: Norton, 1996.

Truman, David. *The Governmental Process: Political Interests and Public Opinion.* New York: Knopf, 1951.

Twenge, J. M. "College Students and the Web of Anxiety", *Chronicle of Higher Education.* July 13, 2001, 44.

Verba, Sidney, Kay Lehman Schlozman, and Henry Brady. *Voice and Equality: Civic Volunteerism in American Politics.* Cambridge, Mass.: Harvard University Press, 1995.

Vitz, Paul C. *Censorship: Evidence of Bias in Our Children's Textbooks.* Ann Arbor, Mich.: Servant Books, 1986.

Vonnegut, Kurt. *A Man without a Country.* New York: Random House, 2007.

Votaw, C. W. "Courses in Religion", *Religious Education* 5. no. 4 (1910) : 295-302.

Walzer, Michael. "Moral Education and Democratic Citizenship", *To Restore American Democracy: Political Education and the Modern University*, edited by Robert Calvert. Lanham, Md.: Rowman and Littlefield, 2006.

——. "Nation and Universe", *Tanner Lectures on Human Values*, Brasenose College, Oxford University, May 1-8, 1989.

Warch, R. *School of the Prophets: Yale College, 1701-1740.* New Haven, Conn.: Yale University Press, 1973.

Waters, Mary. *Black Identities*. Cambridge: Harvard University Press, 1999.

Weber, Max. "Science as a Vocation", *From Max Weber*, edited by H. H. Gerth and C. Wright Mills. New York: Oxford University Press, 1958.

Weinrib, E. J. "Legal Formalism: On the Immanent Rationality of Law", *Yale Law Journal* 97, no. 6 (1988): 949-1016.

Weissbourd, Richard. "Moral Teachers, Moral Students", *Educational Leadership* 60, no. 6 (March 2003): 6-11.

Welch, C. *Religion in the Undergraduate Curriculum: An Analysis and Interpretation*. Washington: Association of American Colleges, 1972.

Wheeler, Benjamin Ide. "An Address to Freshmen, 1904", *The Abundant Life*, edited by Monroe Deutsch. Berkeley: University of California Press, 1926.

Whitehead, Alfred North. *The Aims of Education and Other Essays*. New York: Macmillan, 1929.

Whitehead, J. S. *The Separation of College and State: Columbia, Dartmouth, Harvard, and Yale, 1776-1876*. New Haven, Conn.: Yale University Press, 1973.

Wilde, Oscar. "Phrases and Philosophies for the Uses of the Young", *The Chameleon*, 1894.

Williams, Bernard. *Ethics and the Limits of Philosophy*. Cambridge: Harvard University Press, 1985.

——. *Truth and Truthfulness*. Princeton, N. J.: Princeton University Press, 2002.

Willimon, William H. "Old Duke-New Duke: A Report to the President", 2000. http://collegiateway.org.

Wilson, Andrew. *World Scripture: A Comparative Anthology of Sacred Texts*. New York: Paragon House, 2003.

Wilson, John K. *The Myth of Political Correctness: The Conservative Attack on Higher Education*. Durham, N. C.: Duke University Press, 1995.

Winch, Peter. *The Idea of a Social Science and Its Relation to Philosophy*. New York: Humanities Press, 1958.

Winchester, Elhanan. *A Plain Political Catechism Intended for the Use of Schools in the United States of America*. Greenfield, Mass.: Dickman, 1796.

Winthrop, J. "A Model of Christian Charity", *The Norton Anthology of American Literature*, edited by Ronald Gottesman et al. New York: Norton, 1989.

Wolfe, Alan. *One Nation after All: What Middle-Class Americans Really Think about God, Country, Family, Racism, Welfare, Immigration, Homosexuality, Work, the Right, the Left, and Each Other*. New York: Penguin, 1999.

——. *The Transformation of American Religion: How We Actually Live Our Faith*.

New York: Free Press, 2003.

Wong, David B. "Is There a Distinction between Reason and Emotion in Mencius?" *Philosophy East and West* 41, no. 1 (1991): 31-44.

Zagzebski, Linda. *Virtues of the Mind.* Cambridge: Cambridge University Press, 1996.

Zeitlin, Froma I. "Thebes: Theater of Self and Society in Athenian Drama", *Nothing to Do with Dionysus? Athenian Drama in Its Social Context*, edited by John J. Winkler and Froma I. Zeitlin. Princeton, N. J.: Princeton University Press, 1990.

Zernike, Kate. "Lesson Plans for Sept. 11 Offer a Study in Discord", *New York Times*, August 31, 2002, 1.

Zolo, Daniolo. *Democracy and Complexity.* University Park: Pennsylvania State University Press, 1992.

Zook, G. F. *Higher Education for American Democracy: A Report of the President's Commission on Higher Education.* Washington: United States Government Printing Office, 1947.

致　谢

　　本书的创作缘起于杜克大学针对当下高校道德教育的三个核心问题召开的一次工作会议，即"为什么、是否以及怎样开展大学道德教育"。衷心地感谢所有参与者，他们的智慧和积极参与帮助我们促成了该项计划，如果本书有任何闪光之处，都是因为他们作出了突出贡献。此外，其他为本书作出贡献的人包括：伊娃·布兰（Eva Brann）、杰弗里·哈芬（Geoffrey Harpham）、乔赛亚·马卡乌（Josina Makau）、达谢尔·纳瓦兹（Darcia Narvaez）、加里·帕维拉（Gary Pavela）和比尔·泰勒（Bill Taylor），以及杜克大学的同事们：埃文·查尼（Evan Charney）、特洛伊·多斯特尔特（Troy Dostert）、南·基奥恩（Nan Keohane）、菲奥纳·米勒（Fiona Miller）、诺厄·皮卡斯（Noah Pickus）、凯西·鲁迪（Kathy Rudy）、汤姆·斯普拉根斯（Tom Spragens）和王德威（David Wong）。

　　虽然斯坦利·费希没能参加到最初的会议中，但我们仍然要给予他特别的感谢，因为他对道德与公民教育发人深省的批判，促使我们更为深入地思考这种教育的价值与目的。会议中最令人兴奋的一种声音来自于凯里·麦克威廉斯，然而他的不幸离世使我们失去了一位富有远见的同事。我们非常感激他的女儿苏珊·麦克威廉斯能够参加到交流中，并完成她父亲未竟的章节。

　　凯南伦理研究所为本次会议提供了经济支持，并为来自众多学科领域、拥有不同观点的教师与学者提供了一个学术交流的平台，使大家能够聚集在一起探讨教育事业的核心道德问题。我们十分感谢比尔·柯蒂斯（Bill Curtis）、戴维·麦基弗（Dave McIvor）以及安德鲁·泰吉珊（Andrew Terjesen）对本研究的大力支持与帮助。尤其是戴维，为我们其中一人（不是伊丽莎白）所遭遇的技术难题提供了有价值的帮助。 XIV

感谢各位参与者能够耐心、善意地配合本书的每次修改。感谢杜克大学出版社的编辑考特尼·伯杰（Courtney Berger），以及为本书日臻完善而付出时间与努力的读者们。

我们本打算感谢彼此，但是经过深思熟虑后并没有那样做，不仅因为这种做法似乎是一种"自我陶醉"，更因为我们都认为这种致谢并无必要。这本书是我们关于道德伦理和教育之争论的成果，这一争论不仅增进了我们对该主题的理解，同时也建立并巩固了我们之间的友谊。我们谨以此书为邀请，诚盼大家加入到我们及所有参与者充满生机的讨论中来。

索　引

（本索引词条后的数字为原书页码，即本书边码）

译 后 记

在全球化浪潮席卷社会生活各领域的 21 世纪，种种迹象表明，不同民族、不同文化、不同宗教之间的碰撞、摩擦乃至对立、冲突的现象日益凸显。基于以上背景，我国思想政治教育的学科基础由"原理、方法、史论"所组成的"三重结构"逐渐扩充为"原理、方法、史论、比较"并存的"四维驱动"，旨在拓宽国际视野、深化问题意识、把握共性特征、寻找互通方法。毋庸置疑，美国道德教育起步之早、理论研究之深、实践探索之广，已形成了其日臻完善且独具特色的研究方法与理论基础，于世界各国学者间关注甚多。与此同时，美国将青少年道德发展与品格养成置于教育的关键地位，分阶段地应用不同方法与手段针对不同学段的青少年特点开展道德教育，并且尤为注重大学阶段的教育与大学中的道德教育。鉴于我国对高校大学生思想政治教育的深切关注与研究需要，以及中美两国在道德教育领域具有较高的可比性与互通性，开展对美国道德教育学术成果的研究势在必行。

在美国，伴随着逾百家伦理中心与大学项目的建立，21 世纪各高校中处于边缘化地位数十年的道德教育在美国高等教育界迎来复苏，美国学界自此展开了关于在校园内开展伦理与道德教育的激烈探讨与深入研究。基于此，长久致力于道德教育问题研究的杜克大学积极开展题为"道德教育与大学教育的目的"的学术探讨，亚利桑那州立大学政治学特伦斯·鲍尔教授评价道，"道德教育领域最好的学者都参与到本次关于道德教育性质及范畴的讨论中"。作为杜克大学道德研究中心主任，曾获"全美最优秀女性"荣誉称号的伊丽莎白·基斯教授从事道德与政治哲学及公共伦理等方向的研究,并终身致力于推动美国公民的道德养成及反思。她与彼得·尤本教授从美国高校道德教育的历史入手,以"反思当代大学的德育使命"为旨趣,为美国学界对大学道德教育的研究提供了最前沿的理论依据。

本书以当前美国备受质疑和争议的前沿性话题"高校是否应当承担本科学生道德和伦理方面的教育"为基础,围绕"开展道德教育所可能遭遇的风险与困难"展开讨论,并针对诸位学者的多种观点进行横向对比与深入探究,借助不同学科领域支持者、怀疑论者以及高等教育"伦理复归"批评者之间的"对话",实现了关于这一命题的深入探索。纵观本书逻辑,可分为四部分。首先,以当代美国高等教育的历史、社会、政治以及文化现实为背景,阐释了现今道德教育所面临的两个核心问题,即"为何要进行伦理复归"以及"为何是现在"。文中引言部分率先审视了道德教育的本质以及学界对伦理问题关注程度的衰落与复归,随即总结了美国高校道德教育的发展脉络,提出当今的教育机构应深入透视历史发展的经验教训,以解决当代关于道德教育争论中的核心问题。其次,围绕着"大学何为"展开对当代美国高校道德教育合理范畴的探讨。重点描述了针对斯坦利·费希所提出的"大学应该付诸其全部精力关注学术目标,而非道德目标","同时大学必须从灌输公民美德的想法中彻底抽离,应该并且只应该推进与学术研究和教学相关的道德规范"的观点在学界所引发的"争论"。再次,围绕"高等教育中的政治与道德教育"这一命题,记叙了美国文化和政治等特征是如何在高校内强化学生价值观,以及其在当今美国主流机构和高校所面临的种种障碍。最后,围绕"何种美德?谁的品格?"展开终极探讨,提出应结合课程内容、教师榜样、朋辈影响、行为准则、课外活动等多个维度,在高校中推进学生美德的形成及切实做法。

作为论及当代美国高校"伦理复归"核心问题的名家之作集锦,本书以哲学、政治学和宗教等因素为背景,围绕"当代大学的德育使命"这一中心问题,针对大学道德教育职能、教学伦理范畴、德育实施路径等相关内容展开论述。不难看出，本书对当代美国高校道德教育的突出贡献在于：第一，系统性地将美国高校道德教育的历史总结并划分为殖民时期、泛新教主义时期、自由主义时期、民主的危机与公民教育的复兴时期以及衰退与复兴时期，并且全面梳理了美国学界关于道德教育的争论视角及观点；第二，围绕"大学何为"这一根本性问题展开学术争鸣，提出道德与公民教育运动并非是道德教化，而是确保学生能够有机会深入思考道德问题，并以较高的道德标准开展学术研究、进行校园生活，在勤于思考与自我批评中，形成并坚持自我道德观；第三，基于文化多样性、贫富两极化、种族斗争和公民认同斗争等现实，通过解读道德、伦理、政治和权力的关系来探讨政治和文化给当今道德教育带来的挑战和机遇；最后，关注道德教育所应培养的美德与品格特征及其在当今美国高校的实现路径。毋庸置疑，道德教育的发展要充分把握高等教育的本质，顺应时代的要求，认清学生的根本诉求。本书合编者在对当代大学角色进行深入思考后提出，当代美国大学理应承载四项道德教育任务，即表达和审视我们共同追求的道德目标；质疑道德借口，并传授学生做出价值判断的实践智慧；培养丰富的道德想象力以及培养道德责任感。

自 2013 年开展本书的翻译工作以来，经历了信心满满、踌躇满志的初期尝试，但求最大限度地感知作者的核心精神，真实还原美国学界对于该问题的激烈争鸣；经历了困难重重、夜不能寐的中期挫败，常常深陷于如何以最精准的语言呈现出文章精髓观点的思考与精彩争论；经历了团队协作、彼此支持的后期整理，虽仅有绵薄之力，仍期盼将作品以尽善尽美之态呈现于读者眼前。四年的时间，收获与挫败、自信与质疑……各种感情交织，心中五味杂陈。

收尾之际，心中充满感激。首先，感谢东北师范大学党委书记、思想政治教育研究中心主任杨晓慧教授，他对我国思想政治教育学科发展的前瞻布局，对团队学术精神的悉心培养及青年教师视野的开拓都给予了极大的助力；他给予我们出国深造、投身比较研究的机会与信心，给予我们承担本书翻译任务的巨大勇气。其次，感谢思想政治教育研究中心的全体同人对本书的后期整理与完善所提供的巨大帮助，其赋予我们的灵感与提升使本书日臻完善。最后，感谢人民出版社的武丛伟编辑，其严谨的工作态度与细致的文本反馈使得本书得以顺利出版。

译事艰难，让人如履薄冰，虽几经校改、反复斟酌，但囿于作者学识才力，舛误之处定然在所难免，恳请方家不吝指正。

孙纪瑶　段　妍

2016 年 10 月

责任编辑:武丛伟

封面设计:汪　莹

图书在版编目(CIP)数据

反思当代大学的德育使命/(美)伊丽莎白·基斯,J.彼得·尤本 主编;
　孙纪瑶,段妍 译. —北京:人民出版社,2017.3
(思想政治教育前沿译丛/杨晓慧主编)
书名原文:Debating Moral Education:Rethinking the Role of the Modern
　University
ISBN 978 - 7 - 01 - 017748 - 9

Ⅰ.①反…　Ⅱ.①伊…　②彼…　③孙…　④段…　Ⅲ.①大学生-德育-
研究-美国　Ⅳ.①G641

中国版本图书馆 CIP 数据核字(2017)第 102686 号

反思当代大学的德育使命

FANSI DANGDAI DAXUE DE DEYU SHIMING

[美]伊丽莎白·基斯　J.彼得·尤本　主编

孙纪瑶　段　妍　译

人 民 出 版 社 出版发行

(100706　北京市东城区隆福寺街 99 号)

北京中科印刷有限公司印刷　新华书店经销

2017 年 3 月第 1 版　2017 年 3 月北京第 1 次印刷
开本:710 毫米×1000 毫米 1/16　印张:23.75
字数:340 千字

ISBN 978 - 7 - 01 - 017748 - 9　定价:48.00 元

邮购地址 100706　北京市东城区隆福寺街 99 号
人民东方图书销售中心　电话 (010)65250042　65289539